中国当代青年法学家文库

实 质 刑 法 系 列

实质犯罪论

（第二版）

刘艳红　著

The Criminal Theory of Substance

中国人民大学出版社

·北京·

总 序

近代中国命运多舛，历经战火和民主思想洗礼的法律学科百废待兴。中华人民共和国成立后法治建设也走过了一段曲折、艰难的道路。改革开放的春风吹拂大地，万象更新。伴随着经济的飞速发展，我国在立法、司法、执法、守法等法治建设的方方面面取得了长足发展，法治在社会治理的方方面面发挥着重要的作用。我国的法律体系趋于完备，各个法律部门具有“四梁八柱”功能的规则体系已经建成，无法可依的时代已经成为历史，中国特色社会主义法律体系已基本形成。可以说，在立法方面，我们用短短几十年的时间走过了西方几百年走过的道路。与此同时，司法体系已基本完备，司法作为解决纠纷、维护社会正义最后一道防线的功能日益凸显，依法行政和法治政府建设也有长足进步。法学教育欣欣向荣，蓬勃发展，法学院从最初的寥寥几所发展到今天的六百多所，在校法学学生已逾三十万人。

中国市场经济腾飞的四十年也是我国法学研究蓬勃发展的四十年。风雨百年过，智慧树常青。得益于法学前辈融汇东西的学术积累，经过学界同仁的不懈探索和创新，各个法学学科都涌现出了一大批杰出的法学家。他们不仅躬耕学问、立身治学，而且积极为国家法治建设贡献智慧。他们严谨治学，具有深厚的法学功底，深谙各部门法的骨骼和精髓，并归纳总结出自成一派的法学观点；他们借鉴域外，精通比较法学的逻辑和方法，在博采众长之后，致力于完善我国的相关法学理论。多年的刻苦钻研早已使他们成为中国当代法治和法学教育的大梁，并在著作等身之际桃李天下，培育出更多优秀的青年学者。

当下法学发展的社会环境更是得天独厚。中国以昂扬的姿态迈入新时代，在党的领导下，我国的经济与社会发展更加繁荣昌盛，经济总量已跃居世界第二位。在习近平总书记的领导下，社会治理模式愈见清晰，“一带一路”宏伟倡议彰显大国担当，“中国梦”植根于每一个百姓的心里。全面依法治国被确立为国家治理的基本方略，建设法治中国、全面建设法治国家开始成为社会发展大方向和主旋律。党的十八大强调法治是治国理政的基本方式，并围绕全面推进依法治国、加快建设社会主义法治国家的战略目标，规定了法治建设的阶段性任务，强调要更加注重发挥法治在国家治理和社会管理中的重要作用。党的十九大报告更是以宪法为纲，突显了法治在社会发展中不可替代的基本性作用，全面依法治国使中国站在了新的历史起点。

对于我们法律人而言，这不仅是最好的时代，也是新的起点。历经半个多世纪，中国的法学发展从中华人民共和国成立初期的百废待举，学习西方的法律内容和格局，到如今逐渐形成自己的理论体系和话语体系，经历了从“照着讲”到“接着讲”的过程，法学已全面服务于国家治理，并深切关注人类命运共同体的前途和命运。随着科学技术的飞速发展和社会矛盾的日益变化，法学研究也面临着前所未有的挑战。随着我国经济转轨、社会转型，社会结构和执法环境发生了深刻变化，如何以问题为导向，如何利用法律思维解决现实社会问题，成为当代法学与实践相结合的新思路和新机遇。

法学学科以法的发展为研究对象，以公平正义为主要价值追求，不同于其他学科之处在于其实践性。“问渠哪得清如许？为有源头活水来”。法学学者要注重理论研究，但不可囿于象牙塔中，而应当走进生活、走向社会，密切关注我国的法治建设实践。法学学者需要守经，既坚守法治理念，守护法治精神，维护社会正义，也要与时俱进、不断创新，切不可因循守旧、故步自封。法学学者需要注重对域外有益经验的借鉴，但不可定于一尊，奉某一外国法律制度为圭臬，忽视本国法治实践，照搬照抄外国的法律制度。面对任何社会问题，法学学者都有义务和责任展开相应的法治思维，以法治的方法解决我国的现实问题。在互联网和各项新的科学技术飞速发展、日新月异的今天，法学学者不仅要思考当下所遇到的法律问题，也要思考未来的法治走向和可能面临的问题。这些都对青年学者们提出了更高更新的要求。所幸我们的法学学者一直在孜孜不倦地努力，不断贡献着智慧与力量。

中国人民大学出版社邀请我组织这套“中国当代青年法学家文库”，我欣然同意。这套书收录了我国当代青年法学研究者中的佼佼者们的代表作。入选著作具有以下特征：既秉持我国法学研究的脉络和精神传统，又反映我国当代法学研究的创新发展水平；既注重对基础理论的深入研究，又注重解决重大社会现实问题；既注重立足于中国学术研究，又有广博的域外研究视野；既博采众长，又落足于中国法学学科体系、话语体系的创新发展。这些作品综合运用了多种研究方法，探索了中国法学研究可能的学术转向，既有效吸收其他学科的研究方法和研究成果，也使法学研究的方法和成果能够为其他学科的学者所借鉴。我希望这套文库的问世，能够为国家法治建设建言献策，为中国法学理论的构建添砖加瓦，为世界法律文化的发展注入中国元素，为中国法治文化的传承贡献一份应有的力量。

是为序。

王利明

2018年4月

目　录

上　篇　实质的犯罪论之提出

中　篇　实质的犯罪论之本体

上　篇

实质的犯罪论之提出

第一章 犯罪论体系的去平面化与阶层化

我国传统犯罪构成理论自20世纪90年代开始"面临严峻的挑战"已是不争的事实，其中，改良派与激进派的观点最为引人注目。改良派主张在维持传统犯罪构成理论基本框架和格局基础上进行技术性改良，其方法大抵是对传统犯罪构成理论体系作部分要件增删、名称置换或诸要件之间顺序的重新排列；激进派主张抛弃传统犯罪构成理论基本架构，实现犯罪构成的阶层化，因此，激进派实为"推倒重来论者"。激进派的观点是当下颇为有力的学说。虽然激进派内部存在构成要件符合性、违法性、有责性的"三阶层"与客观违法构成要件与主观有责构成要件的"二阶层"之间的观点分歧，但其共性是，犯罪论体系的建构应由传统平面体系演变为阶层化体系。

阶层化体系遵循客观到主观的定罪思路，其背后体现了刑法客观主义立场；提倡阶层化体系，首先就应对我国刑法犯罪构成平面化特质进行深刻反思和剖析。而支撑平面化犯罪论体系的是我国刑法主客观相统一原则，这决定了检省传统犯罪论体系平面化特质理应从主客观相统一的角度进行。然而，刑法学者虽然早已提出我国"传统犯罪构成理论是平面化"的命题[①]，也早已展开过对主客观相统一原则的批判和清理[②]，但联系主客观相统一原则展开对犯罪构成理论平面化特质的系统探讨付之阙如。为此，下文拟以主客观相统一原则为视角，对我国犯罪论体系

① 参见陈兴良：《刑法研究》，第5卷·刑法理论Ⅱ，43页，北京，中国人民大学出版社，2021。

② 参见上书，156－158页。

平面化的有关问题展开剖析，这些问题大致包括：为何说我国传统犯罪构成体系是平面化的？主客观相统一原则与四要件体系平面化形成之间有何关系？四要件体系的平面化特质给我国刑法理论与司法实践带来了哪些危害？我国犯罪论体系如欲发挥作为犯罪成立阀门之作用，如何在主客观相统一向客观主义演进过程中寻找根基？等等。概而言之，即联系主客观相统一原则对我国犯罪构成体系的平面化展开为什么（形成）、是什么（表现）和有什么（危害）等方面的分析，以期为犯罪论体系阶层化的探讨提供更加充分的理论前提。

一、主客观相统一原则如何促进平面四要件体系形成

主客观相统一原则是在特定时期由苏联刑法学者在运用马克思主义批判大陆法系刑法学的弊端并力图构建社会主义的犯罪构成理论过程中提出来的。[①] 然而，主客观相统一原则与四要件犯罪构成理论之间有何关联？前者对后者的形成有何影响？后者又是如何体现和反映前者？这是确立在客观主义视野下分析犯罪论体系所要解决的前提性问题。

犯罪论体系最初是与罪刑法定原则紧密联系的。"近代刑法学之父"费尔巴哈（von Feuerbach）根据心理强制说明确将罪刑法定确立为刑法的原则，该原则要求将任何行为作为犯罪并对之科以任何刑罚，必须根据法律的规定来确定。据此，费氏认为 Tatbestand 是"'包含在一定种类的违法行为的法的概念之中的所有特别行为或者事实的总体'，外部行为或结果等客观要素当然属于构成要件，一定的目的或者特定犯罪之下的故意那样的主观性要素也属于构成要件"[②]，同时，费氏将 Tatbestand 这一概念法律化，当违法行为包括依法属于某罪概念的全部要件时就成立犯罪。于是，罪刑法定原则与 Tatbestand 理论紧密联系在了一起。尤其值得注意的是，"费尔巴哈只把犯罪行为的客观要件归入

① 参见何秉松：《苏联犯罪构成理论的历史与现状》，载《法学研究》，1986（4）。

② ［日］西原春夫：《犯罪实行行为论》，戴波、江溯译，28 页，北京，北京大学出版社，2006。

Tatbestand 中，而把主观属性（罪过）排除在犯罪构成之外，将它们看作是犯罪人负刑事责任和具备可罚性的第二个（除 Tatbestand 之外）独立的条件”[①]。经过后来的刑事古典学者的进一步发展，Tatbestand 的事实性与违法和有责的价值性愈加分离，层次愈加清楚。

遗憾的是，其后的许多德国学者开始更为广泛地解释 Tatbestand 的内容，将犯罪行为的所有必要的客观和主观要件都包括进来，如贝尔纳（Bernal）。[②] 而 Tatbestand 被引入苏联刑法学界之后，刑法学者将之译成为“犯罪构成”；同时，受政治意识形态的影响，苏联刑法学者对 Tatbestand 提出了错误的批判，使本为犯罪成立条件之一的、事实性的 Tatbestand 概念经由马克思辩证唯物主义的洗礼，而发展成为所谓的主客观相统一的理论体系。此一时期的刑法旗手、著名学者特拉伊宁明确根据马克思主义唯物辩证法的基本原理，从主观辩证法与客观辩证法的形式和内容、反映与被反映的辩证关系出发，断章取义地错误批判德国学者所说的 Tatbestand 概念，指出：德国刑事古典学派学者所主张的 Tatbestand 是“人为地割裂犯罪构成的统一概念”的“犯罪构成的客观结构”，应该依据“马克思主义的方法论”，将“犯罪构成的客观结构和主观结构”有效统一，因此，“犯罪构成乃是苏维埃法律认为决定具体的、危害社会主义国家的作为（或不作为）为犯罪的一切客观条件和主观条件（因素）的总合”[③]。同时期的皮昂特科夫斯基也明确指出，“犯罪构成永远是犯罪行为必要的客观特征和主观特征的统一”[④]。这样，在批判发端于刑事古典学者、以新康德主义为哲学根据、以形式主义构成要件理论为基石的犯罪论体系的同时，以及在错误地吸纳贝尔纳等德国学者的观点的基础上，以特拉伊宁为首的一批苏联学者使“犯罪构成”进一步被定格为以社会危害性为价值基础、以糅合客观

---

① 何秉松、科米萨罗夫、科罗别耶夫主编：《中国与俄罗斯犯罪构成理论比较研究》，4 页，北京，法律出版社，2008。

② 参见上书，4－5 页。

③ ［苏］特拉伊宁：《犯罪构成的一般学说》，薛秉忠等译，48－49 页，北京，中国人民大学出版社，1958。

④ ［苏］皮昂特科夫斯基：《社会主义法制的巩固与犯罪构成学说的基本问题》，载《苏维埃刑法论文选译》，第 1 辑，85 页，北京，中国人民大学出版社，1955。

（客体与客观方面）与主观（主体与主观方面）为结构样态的犯罪成立理论，犯罪成立诸要件总和的“犯罪构成”最终成为压倒多数的观点。这样，主客观相统一原则被奉为与资产阶级刑法理论相区别的圭臬，并止步于此；与之相适应，罪刑法定原则长期被排除出刑法典，因为在主客观相统一框架下主观与客观诸要件总和意义上的犯罪构成，同罪刑法定原则的实质性联系不大。

我国刑法理论在创始之初，完全移植了苏俄刑法成果，主客观相统一原则及犯罪构成理论在我国得到确立和展开。我国 20 世纪 80 年代最权威的刑法学教材明确指出，“社会主义刑法关于犯罪构成是主客观相统一的原则，正是在辩证唯物主义理论的指导下，在资产阶级片面强调客观或者片面强调主观的基础上产生的。苏联刑法学者批判了资产阶级刑法理论的客观主义和主观主义，坚持了社会主义刑法主客观相统一的原则。特别在犯罪构成理论中，不仅重视犯罪行为，也重视主观罪过。认为刑事责任中的主观要素和客观要素不是处于对立和分裂的状态，而是辩证地组成犯罪构成统一体”；在犯罪构成的具体定义上，则明确指出，“犯罪构成就是依照我国刑法的规定，决定某一具体行为的社会危害性及其程度而为该行为构成犯罪所必需的一切客观要件和主观要件的有机统一”①。在对具体犯罪的认定中，我们也是秉承“主客观相统一是我国刑法学中犯罪构成的精髓”，“是我们认定犯罪所必须坚持的基本原则”② 而展开的；此后，除却极少数专著性教材，其他所有刑法学教材在长达二十多年的时间里基本秉承了“犯罪构成是一系列主客观要件的有机统一”这一主导思想，同时也基本上一成不变地使用着三十多年前的犯罪构成这一概念。

在具有“政治正确”优势的主客观相统一原则之下，我国刑法理论一直认为，主客观相统一是定罪的基本原则，它贯穿在犯罪概念、犯罪构成、社会危害性等理论之中；犯罪概念与犯罪构成之间是抽象与具体的关系，严重社会危害性是犯罪的本质特征，由犯罪概念和犯罪构成揭

① 高铭暄主编：《中国刑法学》，76－77、75 页，北京，中国人民大学出版社，1988。

② 刘明祥：《试论盗窃罪犯罪构成中的主客观相统一问题》，载《法学评论》，1985（2）。

示出来，行为符合犯罪构成是定罪的唯一标准。为此，传统学术观点认为，“犯罪构成是由一系列主客观要件相互联系、相互作用组成的统一整体。因此，犯罪构成是主客观相统一的定罪基本原则的忠实体现”[①]。总之，通过“将客体与客观方面进一步提升为‘客观’，将主体与主观方面进一步提升为‘主观’，主观与客观的统一（主客观相统一），成为我国犯罪论体系的基本特点乃至核心”[②]，四要件体系自此成为主客观相统一原则的重要载体；“主客观相统一”成为“我国刑法学中犯罪构成的精髓，是我们认定犯罪所必须坚持的基本原则”[③]，主客观相统一原则在某种程度上成了犯罪构成的同义语，犯罪构成理论因此又可被称为主客观相统一的犯罪构成理论。

二、主客观相统一体系核心问题：平面化之分析

主客观相统一的犯罪构成理论体系亦即传统的四要件体系最为突出的缺陷是体系的平面化。然而，四要件体系的平面化是如何形成的？这种平面化有哪些特征？如何看待学者关于四要件体系非平面化的辩护？

首先，四要件体系的平面化是如何形成的？

我国通说四要件犯罪构成诸要件之间“有机统一”的哲学根基及方法论，是马克思主义唯物辩证法中的“整体—部分”哲学理论。如果是主客观要件的有机统一，则应该体现有机性。但问题在于，四要件犯罪构成理论往往逐一分析客体、客观要件、主体与主观要件，其中任一要件都不可或缺，只有每一个要件都具备才能成立犯罪，并据此认为“所谓有机统一，就是说这些要件是有内在联系的、缺一不可的”[④]，“缺乏任何一个方面的要件，犯罪构成的整体就不能存在”[⑤]。这种犯罪论体

① 高铭暄：《关于中国刑法学犯罪构成理论的思考》，载《法学》，2010（6）。

② 张明楷：《以违法与责任为支柱构建犯罪论体系》，载《现代法学》，2009（6）。

③ 刘明祥：《试论盗窃罪犯罪构成中的主客观相统一问题》，载《法学评论》，1985（2）。

④ 高铭暄、马克昌主编：《刑法学》，9版，47页，北京，北京大学出版社、高等教育出版社，2019。

⑤ 高铭暄：《对主张以三阶层犯罪成立体系取代我国通行犯罪构成理论者的回应》，载赵秉志主编：《刑法论丛》，2009年第3卷·总第19卷，9页，北京，法律出版社，2009。

系被陈兴良教授称为“一存俱存、一损俱损”的关系。[①] 在此，统一论者将主客观要件的相加等同于“统一”，将“统一”毫无理由地当作是“有机”。其实，主客观相统一关系的实质是部分之和等于整体，它根源于马克思主义唯物辩证法中全面的、联系的观点。“唯物辩证法把世界看作相互联系的统一整体，因而要求用全面、联系的观点来看整体与部分的关系。整体是由部分组成的，不了解部分就不能清晰地把握整体。因此，把个别事物从普遍联系中抽取出来，进行单独的、分别的研究，是完全必要的。但是，辩证法在强调研究个别事物时，要求看到它同整体以及整体中其他部分之间的联系。割断联系，就看不清任何一个最简单的事物；抛开整体，就弄不清组成它的各个部分”[②]。据此，犯罪构成由四个要件亦即四个部分组成，如果每一部分不能得到满足，犯罪构成整体就无法实现；部分得不到说明和印证，整体也就不存在。所谓全面、联系的观点，强调的是一致性与共存性；落实到四要件体系，强调的是四个要件的同时存在性，认定犯罪时的同时考量性，体现的是“整体等于部分的总和”这一哲学命题。“但按照唯物辩证法的系统观特别是现代系统论的观点，这个哲学命题并不正确。因为整体功能并不等于各部分的简单相加，各要素之间相互联系、作用的方式不同，系统的整体就具有不同的功能。”[③] 因此，“整体—部分”的答案根本就没有回答有机统一中的有机性问题。其只有具备内在的特定的机理，对于犯罪的认定而言才能称之为有机性；如果仅仅是共存性与一致性，那么完全无须说是主客观四要件的有机统一。所以，这种基于马克思主义唯物辩证法的全面的、联系的观点对于主客观要件如何统一的回答，实际上等于没有回答；整体与部分的哲学关系被主客观相统一的犯罪构成理论演绎成为犯罪构成理论与四个要件之间总和与零部件的关系，它强调的是全面性与总和性；四个要件是否在一个层面上支撑犯罪构成理论于是成为

---

① 参见陈兴良、罗欣（记者）：《为什么要取代主客观相统一原则》，载《检察日报》，2007-11-01。

② 李秀林、王于、李淮春主编：《辩证唯物主义和历史唯物主义原理》，4版，143页，北京，中国人民大学出版社，1982。

③ 焦旭鹏：《关于“回到塔甘采夫”的刑法学反思》，载陈兴良主编：《刑事法评论》，2009年第25卷，北京，北京大学出版社，2009。

关键，其最终的结果，则是四要件体系平面化特点的形成。

其次，为何说我国犯罪构成四要件体系是平面化的?

有观点认为，我国“平面的犯罪构成的特点是，犯罪构成由具有等价性的要件组成，各个要件处于平面关系，行为要么符合全部构成要件，因而构成犯罪；要么一个要件也不符合，根本不成立犯罪”[①]。笔者对这种看法存有疑问。我国犯罪构成的四要件具有等价性，即它们可以被一视同仁地对待，但是，符合所有要件而成立犯罪或一个要件不符合而不成立犯罪并不是我国犯罪构成体系平面化的特征。如果说这是平面化的特征，那么，德、日犯罪论体系也可以说是平面化的了。德、日三阶层犯罪论体系中，构成要件符合性、违法性与有责性这三个犯罪成立条件中任何一个条件不符合，犯罪都不能成立；如果符合了三个条件亦即全部条件，犯罪才能成立。可见，平面化体系与阶层体系的区分并不在于每一条件是否不可或缺，而在于各个条件之间的内在关系，归纳起来，应为如下三点：一是各成立条件之间是相互依存还是各自独立；二是各成立条件之间是处于同一水平线还是立体的存在；三是各个成立条件之间是相互递进、由前推后，还是无前无后或者前后均可。正如金字塔的层级：下一层是上一层的基础，上一层是在认同下一层的前提下而存在或展开的。整个金字塔只能由下而上，而不能由上而下，否则，金字塔将会倒塌。这就是层级的意义。

对照分析，我国犯罪构成四要件体系显然是平面而非阶层的。

其一，我国犯罪论体系中的四要件是各自独立的。四要件中每一个要件都不是为了递进到下一个要件而存在的，或者说，它们之间不具有相互依存的关系，各自可以独立存在，谁也不是谁的基础或者前提，谁也不是谁的后果或展开。之所以如此，是因为四要件之间是处于同一水平线上的。平面体系的各个成立条件都在同一水平线上，故而先后顺序既不严格也不明显；随意抽掉一个要件或者随意调换某个要件的位置，都不影响这个体系的存在。正如桌面上摆放的积木，四个积木拼成一个图形，拿掉其中一块甚至两块也能拼成一个图形；四块积木中的任何一

① 张明楷：《犯罪构成理论的课题》，载《环球法律评论》，2003（秋季号）。

块可放左边也可放右边，可放上边也可放下边，总之，可以随意摆放而绝不会导致积木倒塌。

其二，在平面四要件体系之下，托放这四块积木的桌子起了支撑作用。这张桌子，对于平面四要件体系来说，就是社会危害性理论。因为无论在苏联还是在我国刑法学界，“目前的主流观点仍然是将社会危害性视为一个主客观的统一体，它包含了主观与客观两个方面的决定要素与其他选择性评价要素，正因为有质的区别，才能够有效区分此罪与彼罪，由于量的不同，才会有刑法所规制的犯罪与情节轻微的非犯罪行为的划分”①。以主客观相统一为载体的社会危害性理论，是我国犯罪概念的内容，犯罪概念又是犯罪构成的基础，犯罪构成只是犯罪概念的反映和体现，它只是为抽象的犯罪概念发挥具体操作认定犯罪的作用，所以，我国的主客观相统一的犯罪构成理论与主客观相统一的社会危害性犯罪概念，可谓天然一致、契合无二。这也说明了对社会危害性理论进行反思和批判的必要性。②

其三，四要件之间并不存在相互递进、由前推后的关系，而是无所谓前后或者前后均可。在我国刑法理论与实践中，既可以从犯罪客体至客观行为着手认定犯罪，又可以舍去犯罪客体直接从犯罪客观行为入手，再至犯罪主观方面认定犯罪，还可从犯罪主体入手，再至主观和客观等方面认定犯罪，更可舍去犯罪客体与主体，只需结合主观罪过与客观行为认定犯罪。而且，其中每一种观点的主张者都认为自己的顺序符合犯罪认定的规律：从犯罪客体入手认定犯罪的学者认为，“就我个人而言，我一直坚持客体、客观方面、主体、主观方面的传统排列。我始终认为这种排列方式符合人们发现犯罪、认定犯罪的认识规律”③；主张删去犯罪客体要件者则指出，犯罪客体是犯罪概念中的内容，应该被排除在犯罪构成要件之外④；力主以犯罪主体为起点认定犯罪者则反

① 薛双喜：《苏俄刑法学关于社会危害性理论的论争》，载《中国刑事法杂志》，2010（3）。

② 参见陈兴良：《刑法研究》，第5卷·刑法理论Ⅱ，66、86-89页，北京，中国人民大学出版社，2021。

③ 高铭暄：《对主张以三阶层犯罪成立体系取代我国通行犯罪构成理论者的回应》，载赵秉志主编：《刑法论丛》，2009年第3卷·总第19卷，8页，北京，法律出版社，2009。

④ 参见张明楷：《法益初论》（增订本），导言，4页，北京，商务印书馆，2021。

驳，“犯罪行为本身的发展过程无一例外地呈现为，符合犯罪主体要件的人基于其主观犯罪心理态度的支配，实施一定的犯罪行为，进而危害一定的客体。笔者所主张的‘犯罪主体要件—犯罪主观要件—犯罪客观要件—犯罪客体要件’的排列顺序，以行为发展之内在逻辑为依据，鲜明地反映了犯罪行为自身的形成过程与发展规律，故而相对而言更为合理、可取”[①]；主张同时删去犯罪客体与犯罪主体要件者则表明，“犯罪构成是在主观罪过支配下的客观行为构成某一犯罪时所应当具备的主客观要件的有机整体”，“在这个犯罪构成中只有两个必要的构成要件，即作为主观要件的主观罪过状态和作为客观要件的客观危害表现。主观要件是定罪的内在依据，客观要件是定罪的外在依据”[②]。还有论者提出了二者混杂的判断顺序，主张四要件排列顺序为犯罪客观方面—犯罪主体—犯罪主观方面—犯罪客体[③]，等等。如果四要件之间存在着层层递进的关系，则刑法理论上也不可能存在将四要件颠来倒去都可以称其为犯罪构成理论的各种所谓理论体系。而且，将这些犯罪客观到犯罪主观或者犯罪主观到犯罪客观等不同的分析路径或者三要件说、四要件说运用到实务中去，居然可以殊途同归。

最后，对我国犯罪构成四要件体系不是平面而是立体的观点之回应。

有学者认为我国犯罪构成四要件体系不是平面的：一方面，“犯罪的三个基本特征或曰基本属性即社会危害性、刑事违法性、应受刑罚惩罚性与犯罪构成之间的关系是：说明与被说明的关系；体现与被体现的关系；抽象与具体的关系。因此，犯罪构成与犯罪概念有这样一些关系，能说四要件的犯罪构成是平面的吗”[④]？另一方面，“从四要件犯罪构成内部结构上看，我国的犯罪构成是主客观相统一的有机整体，主观见之于客观，客观检验主观，这也不能说是平面的”。在四要件之下，“认定一个行为是否具有犯罪构成，需要对这些要件和要素逐一进行分析和认定，

① 赵秉志：《论犯罪构成要件的逻辑顺序》，载《政法论坛》，2003（6）。

② 杨兴培：《“犯罪客体”的反思与批评》，209页，北京，法律出版社，2009。

③ 参见刘远：《犯罪构成模式的反思与重构》，载梁根林主编：《犯罪论体系》，221页，北京，北京大学出版社，2007。

④ 高铭暄：《对主张以三阶层犯罪成立体系取代我国通行犯罪构成理论者的回应》，载赵秉志主编：《刑法论丛》，2009年第3卷·总第19卷，7页，北京，法律出版社，2009。

由整体到个别，又由个别再回到整体，有时还要对诸如‘情节严重’、‘情节恶劣’、‘数额较大’等决定罪与非罪界限的综合性要件要素进行分析认定，这样有先有后、有分有合、有步骤地由抽象到具体，又由具体到抽象的认定过程，难道就不是区分了层次，不是立体”①？

对以上观点，笔者以为值得商榷。上述理由一不但不能证明我国犯罪构成四要件体系不是平面化的这一命题，还恰恰证明了笔者所说的社会危害性与四要件体系之间是“桌子与四块积木”之间的关系，桌子是基础，积木是放置于其上的一套工具。有主客观相统一的“桌子”作为基础，四块积木之间也因此是主客观相统一的，并因此是各自独立的、平面的。更何况，四要件犯罪构成理论是否平面，并不取决于它自身与犯罪概念之间的关系，它们之间的关系只是犯罪构成理论的外部关系；而对平面化的指责是针对四要件构成理论自身内部的关系而言，是指四要件之间缺乏逻辑性、层次性，类似于平板一块。因此，犯罪概念的三特征与犯罪构成的四要件之间所具有的互动关系并不能证明四要件体系不是平面化的。理由二也难以成立：四要件在实际的认定中固然有着先认定哪一个要件再分析哪一个要件的物理性的先后顺序，但是，如前所述，这一顺序因人而异，可以以四要件中的任何一个要件为“先”、任一要件为“后”，其先后顺序是随意的；而且，这种物理性的“有先有后”不等于阶层性。这种看法实际上是“把阶层与顺序相混淆，从而得出四要件的犯罪构成体系也存在递进理路的结论。其实，阶层，又称为位阶，是指一种不可变更的顺序关系。因此，阶层关系或者位阶关系，虽然也是一种顺序，但由各阶层之间的内在关系所决定，这种顺序是固定而不可变动的”②。显然，阶层性中的先后顺序一定是具有功能性的，是根据内在的机理调整出来的一种顺序，它不可随意更改先后，只能由先而后、由前推后，如同金字塔般由下而上、上以下为前提。因此，所谓平面化，并不是指各要件之间的分析没有先后。所谓“阶层性”，也绝不是仅仅指各要件的适用之物理先后之顺序，而应该是一种递进关

① 高铭暄：《对主张以三阶层犯罪成立体系取代我国通行犯罪构成理论者的回应》，载赵秉志主编：《刑法论丛》，2009年第3卷·总第19卷，7页，北京，法律出版社，2009。

② 陈兴良：《刑法研究》，第6卷·刑法总论Ⅰ，338页，北京，中国人民大学出版社，2021。

系：一层一层地进展，最后得出结论；前一层对后一层有推定作用，符合了前一层的才能进入后一层，层层对照，最终定论；不能从后一层反推前一层，只能由初级层逐步进入高级层。之所以说德、日构成要件符合性、违法性与有责性是三阶层体系，正是因为它具有这样的特征，如果行为因为不符合构成要件“而在犯罪构成系统的第一个评判层面上就被剔除，用不着还对它做下一层面（违法性、有责性）上的判断。能够进入第二个评判层面（行为的违法性）的，只能是构成要件符合性的举止（行为——引者注）”[①]。如果以从有责性、违法性到构成要件符合性这一顺序来分析某种行为是否成立犯罪，则是无法展开，也不可能得出正确结论的。而且，平面的犯罪论体系在各自证明了之后“又由具体回到抽象”，恰恰是其没有阶层性的体现。阶层犯罪论体系通过每一个阶层的分析最终得出的结论即是定论，它不需要从具体到抽象、从抽象到具体地来回关照；在四要件体系下具体与抽象之间的来回对照检查恰恰证明了它是在平面的体系之内操作的，因为在立体的层级体系之内，根本不允许有来回检视，只能层层展开，最终定夺。

三、主客观相统一平面体系在理论与实践中的危害

以主客观相统一原则为基础的平面四要件体系，在刑法理论与司法实践中存在着似是而非与规范说理的缺失，在刑法理论上存在着逻辑说理上的似是而非及主、客观要素的混淆等问题，在司法实践中则存在着主观化、入罪化及难以解决实践问题等贻害。下文逐一展开分析。

（一）似是而非及规范说理缺失：“主客观相统一”平面体系的套套逻辑

主客观相统一原则及“主客观相统一”平面四要件体系重在强调统一，但又从未能准确回答如何统一，于是，平面四要件体系在理论逻辑上存在着特别突出的似是而非：看似正确，看似说理，其实什么都没有说，只不过是在套套逻辑里兜圈子。

主客观相统一原则及四要件体系在逻辑上是一个无法证伪的命

① Vgl. Wessels/Beulke/Satzger, Strafrecht Allgemeiner Teil, 50. Aufl., 2020, Rn. 134.

题，这便是套套逻辑。“所谓套套逻辑，是指一些言论，在任何情况下都不可能是错的。说得更严谨一点，套套逻辑不可能被想象为错！假若我说：‘四足动物有四只脚。’这怎可能会错呢？句子内的后半部重述了前半部的意思，即使我们花很大工夫也不可能想象到它在怎样的情况下会是错的。在地球上、火星上它不会错，在宇宙任何地方它也不会错。这句话的一般性确实厉害，但内容究竟说了些什么？其实什么也没有说！我们想破脑袋也知道是对的，但不知其内容。就是说，套套逻辑的内容是空洞的，半点解释能力也没有。”① 统一论者关于主客观相统一原则中以及四要件体系中主客观如何统一的说明正是典型的套套逻辑。

传统观点明确表示，“中国刑法学犯罪构成理论体系在整体格局上表现为两大块四要件耦合式的结构。两大块就是根据主客观相统一原则将犯罪构成整体上划分为客观要件和主观要件两个板块”②，由此，主客观相统一原则的核心应该是由主观要件与客观要件组成一个统一体，于是，以此为基础构建的犯罪构成必然是主观要件与客观要件的有机统一，换言之，强调主、客观要素的整体性、统一性及有机性，应该是主客观相统一原则对于平面四要件体系的最核心要求。如前述，统一论者认为，“所谓‘有机统一’，说明这些要件不是简单地相加，而是密不可分的有机统一的整体”③。迄今，这样的观点仍然未变，比如，“犯罪构成并不是各个主客观要件的简单相加即所谓‘总和’，而是各个要件相互内存在着密切联系的有机统一整体”④。在此，我们看到的是循环定义，用“有机统一”界定“有机统一”，正如在说“四足动物有四只脚”；而所谓的“不是简单地相加”，因为后半段的循环定义，反而变成了“不是简单地相加又是什么”的疑问。可见，主客观相统一的四要件体系在逻辑上存在着先天缺陷，它始终在“有机统一就是有机统一”这

① 张五常：《经济解释》，卷一·科学说需求，39页，北京，中信出版社，2010。
② 高铭暄：《关于中国刑法学犯罪构成理论的思考》，载《法学》，2010（6）。
③ 高铭暄主编：《中国刑法学》，77页，北京，中国人民大学出版社，1988。
④ 马克昌主编：《刑法》，4版，34页，北京，高等教育出版社，2017。

样的套套逻辑里兜圈子，它是一个缺乏他证的伪命题，在逻辑上无立足点。[①]

---

① 刑法理论上试图跳出套套逻辑并充分展开“何为主客观相统一”的论者也不少。然而，综观其观点，却都是在客观归罪与主观归罪的层面上错误地解说主客观相统一原则。比如，有学者指出，主客观相统一原则是指“在认定某一行为是否构成犯罪时，必须坚持行为人主观上有犯罪的故意或过失的罪过，客观上又实施了危害社会的行为，行为人只对其罪过的内容中所包含的行为与结果负刑事责任，在行为人罪过中不包含的行为与结果，行为人则不负刑事责任”[陈忠林：《刑法》（总论），255页，北京，中国人民大学出版社，2003]。在将主客观相统一原则运用于定罪时，有学者认为，“在定罪阶段上，主客观相统一原则表现为：犯罪的主观要件（故意、过失、目的、动机）与犯罪客观要件（行为、结果、特定的犯罪前提等）的有机统一”（聂立泽：《刑法中主客观相统一原则研究》，49－50页，北京，法律出版社，2004）；以及“主客观相统一是刑法学的基本原则，它既符合实践的要求，也符合刑法的精神”，“如果在认定犯罪时不考虑罪过，而只考虑后果，那只能是客观归罪”（阴建峰：《主客观相统一原则必须坚持》，载《人民法院报》，2003－10－16）。在分析具体犯罪类型时，有学者表明，“任何犯罪构成都是主客观的相统一。主客观相统一包含两层含义：一是指犯罪构成既包括主观要件，又包括客观要件，二是指犯罪的主客观要件是有机统一的整体，主观方面是对客观方面的反映，犯罪故意原则上只能建构在对犯罪构成客观事实认识基础之上，不能超出犯罪构成的客观方面对行为人提出认识上的要求，否则便有主观归罪之嫌”［李希慧、童伟华：《论行为犯的构造》，载《法律科学》，2002（6）］。时至最近，仍有学者明确指出，我国刑法“犯罪构成理论摈弃了以前资产阶级以行为或行为人为中心的主客观相脱离的犯罪构成体系的弊端，把犯罪构成视为主客观的统一体，因而具有一定的进步性”（杨兴培：《“犯罪客体”的反思与批评》，204页，北京，法律出版社，2009）；或者说，“犯罪论中的主客观相统一原则主要包括成立条件上的主客观要素的共存性和一致性”，因此，在犯罪认定时“应当考虑主观和客观两个方面”［陈山：《刑法学中主客观相统一原则的承继或废弃》，载《中国刑事法杂志》，2009（2）］，等等。

这种将主、客观要件的有机统一解释为反对主观归罪/客观归罪，是较之于套套逻辑更为糟糕的一种看法。如果说套套逻辑只是逻辑不清、语焉不详，那么认为主客观要件的有机统一是反对主观/客观归罪的“高级理论”，是刑法理论上的常识性错误。在20世纪50年代，在苏联社会主义国家成立之初，作为社会主义刑法学者的特拉伊宁强烈地受到时代政治至上观念的影响，错误地将刑事古典学派的客观主义等同于客观归罪，将刑事人类学派的主观主义立场总结为主观归罪，以表明在特定历史条件下以马恩列斯思想为指导的社会主义国家刑法在政治上的正确性。如果我们能够历史地看待这一点，也许不应该对特拉伊宁作过多的指责。但是，今天，在西方刑法学说史及德、日刑法理论等已成为刑法学界人所共知的知识背景的情况下，在客观主义与主观主义、行为无价值与结果无价值等往日或许高深如今却已然为法学院系的刑法专业研究生所必须掌握的基础知识的前提下，仍然简单地将主客观相统一原则作为客观归罪或主观归罪的对立面而存在，并以此把持“正确”话语展开对主客观相统一原则的维护，很显然是在21世纪犯着20世纪的错，而且是一错再错。如果对这种基本话语不进行拨乱反正，盲目地顾名思义认为主客观相统一当然既不是客观归罪又不是主观归罪，盲目地沿用特拉伊宁反对资产阶级刑法的“战果”，错误地理解德、日刑法理论中的客观主义与主观主义，只会使我国刑法学的研究止步不前，这或许将成为我国刑法学发展的最大贻害。

对于主客观相统一原则在逻辑上的自证其有以及其何谓主客观相统一的语焉不详，曾有学者批判指出："辩证统一说与所谓'主客观一致'、原则性与灵活性结合，诸如此类的'原则'，在基本思维的形式上是典型的似是而非的诡辩"，"在方法论上，这类'原则'构成了刑法理论中的数个偏安之隅。它们的共同特点是，用哲学的、政治的、经济的、社会的或者伦理的抽象展开来代替法律学本身的规范逻辑与论证以及刑事法律认定中的实际规则"[①]。简言之，主客观相统一原则是什么，尽管赞成论者反复解释，但是，实际上它仍然那么模糊不清，根本无法使人明了其真实的内涵，但是，赞成主客观相统一原则的学者对上述批判不以为然，并反驳指出："主客观相统一原则是对事物联系方式的一种辩证的反映。我们承认它的普遍性是由于该原则不断地得到确证。""对于行为人来说，主客观相统一原则意味着，只有在客观上实施了法定的危害行为，在主观上出于罪过，才能承担刑事责任。对于研究者来说，必须按照犯罪的主客观矛盾的属性来思考犯罪概念和犯罪构成的对立统一问题。主客观相统一遵循的是辩证逻辑或辩证思维。这种逻辑是完全不同于形式逻辑的一种非纯形式而是和认识内容相结合的逻辑。辩证逻辑研究的思维形式（概念、判断、推理）是和内容不可分离地联系着的形式，并伴随着由低级向高级发展的过程。正因如此，列宁说辩证逻辑、辩证法、认识论'是同一个东西'。"[②] 笔者以为，赞成论者的反驳恰恰证明了主客观相统一原则的似是而非：其一，赞成论者无非认为，在定罪过程中应该同时考虑客观上的行为要素与主观上的罪过要素，为此，当然要强调主客观相统一。问题是，在认定犯罪的问题上，从来没有人否认对客观与主观要素的统一考虑，而所要追究的问题恰恰在于如何统一，恰如陈兴良教授所言，"主客观相统一并不在于要不要

① 李海东：《刑法原理入门（犯罪论基础）》，9－10页，北京，法律出版社，1998。

② 薛瑞麟：《迟来的反批评——对话〈刑法原理入门〉序之作者》，载《比较法研究》，2009（3）。

统一而在于如何统一”[1]，这才是主客观相统一原则的软肋，也是赞成论者仍然没有回答的。其二，赞成论者套用马克思主义唯物辩证法的思维提出主客观相统一原则遵循了高于形式逻辑的辩证逻辑，然而，这除变相地回答了主客观相统一原则的哲学基础与发生学来源之外，仍然丝毫没有涉及主客观如何统一的问题。可见，主客观相统一原则非但以往没有交代清楚何谓主客观的有机统一，而且至今仍然盘桓在避开矛盾、外围兜圈的套套逻辑里，让人们对于何谓主客观相统一仍一头雾水，难以明白。这不是似是而非，又是什么？然而，令人费解的是，目前尚有刑法学者不满足于主客观相统一原则在刑法领域的运用，还试图进一步将其“发扬光大”于刑事诉讼领域，将之与刑事证明标准联系起来，认为“主客观相统一原则与刑事证明标准的动态辩证统一关系”，对于“指导司法机关正确地把握法律真实与客观真实之间的关系而对定罪量刑大有裨益”[2]。刑事证明标准的层次性是依据证明的确定性之不同而根据证据证明力之高低所作的区分，如果仅仅因为在证据的使用过程中涉及主、客观不同性质的证据，就基于“联系”的立场将主客观相统一原则运用到诉讼证明之中，显然违背了刑事证明标准客观性之要求。

“主客观相统一”命题自身论证上的似是而非必然导致在具体问题运用说理中的似是而非。

以犯罪既、未遂的区分学说为例。我国刑法理论通说认为，犯罪既遂与未遂的区分标准是主客观相统一的构成要件说。“故意犯罪的完成形态即既遂形态负刑事责任的根据，在于其完全具备主客观相统一的犯罪构成要件”，因此，“所谓犯罪既遂，是指行为人所故意实施的行为已经具备了某种犯罪构成的全部要件”，亦即具备了“主客观相统一的四个方面的犯罪构成要件”[3]。这种以主客观相统一的构成要件说作为既、

① 陈兴良：《刑法研究》，第5卷·刑法理论Ⅱ，130页，北京，中国人民大学出版社，2021。

② 聂立泽、苑民丽：《主客观相统一原则与刑事证明标准的层次性研究》，载《法学评论》，2011（2）。

③ 高铭暄、马克昌主编：《刑法学》，9版，142-143页，北京，北京大学出版社、高等教育出版社，2019。

未遂的区分标准，在理论上和逻辑上都是似是而非的。犯罪既遂与未遂是在犯罪成立前提之下所讨论的问题，既然我国刑法理论认为任何犯罪包括未遂或者预备都是符合犯罪构成要件的行为，换言之，不符合“主客观相统一”的四要件的行为是不可能成立犯罪的，那么这就意味着，犯罪未遂也与犯罪既遂一样，都是具备了犯罪构成四要件的行为。既然如此，用主客观相统一的构成要件说又如何能区分既遂与未遂？对此，统一论者似乎有所预见，因为统一论者说，“行为符合主客观相统一的犯罪构成，是使行为人负刑事责任的科学根据。这既适用于故意犯罪的完成形态，也适用于故意犯罪的未完成形态”。这样的观点当然容易使人误以为犯罪的既遂与未遂等未完成形态是“完全划一、毫无差异的”，于是，统一论者继续指出，完成形态的构成是基本的，未完成形态的构成是修正的，但是，“应当注意，修正的犯罪构成也是要件完整齐备的犯罪构成，因为犯罪构成只能是一个主客观诸要件有机统一和紧密结合的整体”。这就更不妥当了，如此反复强调只是加深了人们的印象：好像犯罪未遂与既遂根本没有什么不同！为此，统一论者只好勉力解释，基本的与修正的犯罪构成要件还是有区别的，区别在于“具体要件的内容上有所不同”[①]。统一论者立论清晰了然：犯罪既遂与未遂都是符合主客观相统一构成要件的行为，只不过前者符合基本的犯罪构成，后者符合修正的犯罪构成，而基本的与修正的犯罪构成的区别在于其“内容不同”。问题是：究竟“内容上有何不同”？统一论者丝毫未有涉及。显然，根据主客观相统一的构成要件理论根本解释不了犯罪既、未遂之区分，主客观相统一构成要件理论的似是而非性被暴露无遗。

再以单位犯罪为例。对于法律没有明文规定的单位犯罪，有观点主张，根据是自然犯还是法定犯来区别处理。对于单位盗窃、诈骗等自然犯，可以追究自然人的刑事责任；对于贷款诈骗等法定犯，如果单位责任人员确实不知道其行为违法的，就不能追究其刑事责任。[②] 对此有学

① 高铭暄、马克昌主编：《刑法学》，9版，143页，北京，北京大学出版社、高等教育出版社，2019。

② 参见张军：《刑法纵横谈》，314页，北京，北京大学出版社，2008。

者指出："这种从主客观相一致原则要求出发来论证行为人是否需要承担刑事责任的方法固然不错，但如果其明确知道是在从事违法犯罪活动，而且起着较大作用，是否就应该承担刑事责任?"[①] 至于法无明文规定的犯罪，单位可否成为其主体，向来是个争议很大的问题。如果是单位责任人员不知本单位有关行为比如贷款是违法的，然后形成单位意志并实施了此行为，对这种情况可否按照贷款诈骗罪追究该负责人的刑事责任，其实已经游离了法无明文规定的单位犯罪如何处理的问题，而是演变为对行政犯罪来说违法性认识是否主观故意的必备条件的问题。此时定或不定贷款诈骗罪，都不是在主客观相统一原则下所要讨论的问题，而应是在明确了违法性认识是不是主观故意的必备条件之后所要解决的问题。将这一问题置换为"从主客观相一致原则要求出发来论证行为人是否需要承担刑事责任"的问题，似乎指明解决法无明文规定的单位犯罪应该遵守主客观相统一原则及使用主客观相统一的犯罪构成理论来分析。然而，至少在统一论者看来，所有的犯罪包括自然人犯罪不都是遵循着统一论者所说的主客观相统一的犯罪构成理论吗？这样的分析显然是似是而非的。

对于《刑法》第31条规定的单位犯罪中的"其他直接责任人员"，有学者指出，基于刑事政策的考虑以及主客观相统一原则的要求，其他直接责任人员应当是指积极地直接实施单位犯罪行为并对单位犯罪起主要作用的单位成员。[②] 对单位犯罪中的"其他直接责任人员"的认定，主要在于确定对单位犯罪主体的处罚范围。在单位行政管理负责人人数较多的情况下，无论是根据有关人员在单位犯罪中所发挥的作用（重要作用说）或是其是否直接实施了单位犯罪的行为（行为参与说）来认定是否为"其他直接责任人员"，还是采取"积极地直接实施单位犯罪行为并对单位犯罪起主要作用"的"行为参与＋重要作用"的折中论，都体现了对"其他"限定解释之立场，这与主客观相统一原则之间实在看

① 卢勤忠：《刑法应设立单位贷款诈骗罪》，载《政治与法律》，2009（1）。

② 参见李翔：《单位自首正当性根据及其认定》，载《法学家》，2010（4）；石磊：《论单位犯罪的直接责任人员》，载《现代法学》，2006（1）。

不出有什么联系。如果说根据折中论认定“其他直接责任人员”时，考虑到了单位有关责任人员的主观意志，那么，在重要作用说或者行为参与说中，不也一样考虑其他责任人员在单位意志中的主观罪过吗？照此逻辑，持重要作用说和行为参与说的学者都可以说“根据主客观相统一原则的要求”而采取某学说。这样的说法显然是似是而非的。更何况，就“其他直接责任人员”的确定来说，实际上是一个对“其他”如何合理解释以在遵循罪刑法定原则形式合理性的前提下实现其实质合理性亦即处罚的适当性的问题。换言之，是采取限制解释还是扩大解释的问题。它是一个解释立场和方法的问题，与主客观相统一原则根本毫无关联。

个罪分析说理中的似是而非也随处可见。以A等非法拘禁案为例：A因为与B在生意往来上的纠纷，对B因自身涉嫌非法买卖爆炸物的行为特别关注。在B被取保候审逃跑后，A积极配合司法机关追捕B。在一次行动中A终捕获B并强行将B控制在自己的轿车内，后A等人在车内将B的头部按住二十多分钟而致其死亡。对于本案，有观点分析认为，“被告人A向司法机关提供犯罪嫌疑人行踪线索的行为既是其作为一个国家公民的权利，也是其应尽的义务，不具有非法性；被告人A既没有实施非法拘禁行为，也没有非法拘禁的犯罪故意，根据主客观相统一原则的要求，其行为不构成非法拘禁罪”①。在此，A的行为是否构成犯罪不是关注的重点，在方法论的意义上使用主客观相统一原则所存在的问题才是关键所在。上述观点，传递的信息是，它强调的是主观和客观二者之间“统一”或者说“一致”，是对平面四要件不分彼此、不分层次的一体化重视。这种观念和定罪方法，给人的感觉是“主观＋客观”或者“客观＋主观”的合二为一。这种思维模式与法律的思维模式格格不入：事实上，在分析一个具体案件时，应有的法律思维模式是，先对法律规范进行解释，比如，对非法拘禁罪的“法定构成要件作

① 高铭暄、王俊平：《扭送在逃嫌疑犯的行为不应构成非法拘禁罪》，载赵秉志主编：《刑事法判解研究》，总第16辑，77页，北京，人民法院出版社，2010。

出解释，特别需要注意立法者所作出的价值取向。然后在这个基础上进行决定，具体的案件是否符合该法律规范，也就是说，该规范是否适用于该案件”①。而在主客观相统一的平面四要件体系之下，我国理论和实务工作者往往直接根据主客观统一论的要求，先说某种行为的主观方面如何，再说其客观方面如何，然后将二者统一起来，得出构成或不构成某种犯罪的结论；至于某种行为的主、客观方面为什么是论者主张的“如何”之观点，例如，为什么认为A“既没有实施非法拘禁行为”“也没有非法拘禁的犯罪故意”，就看不到论者在案件事实与法律规范之间来回往返以及由此展开的充分说理了。

如果刑法学是精确的法学，则似是而非的“主客观相统一”的提法可以休矣；如果不存在只考虑主观内在意志即可定罪的情况，而必须结合客观行为才能定罪，则“主客观相统一”的提法就没有意义；如果不存在只根据犯罪行为或者犯罪结果即可定罪的情况，而必须结合主观要素才能定罪，则“主客观相统一”的说法就没有存在的必要；如果任何时候，任何要素都需要根据对主观与客观两方面要素的综合考量，换言之，既然对犯罪构成的判断无时无刻不是“主客观相统一”的，又何必强调“主客观相统一”？

（二）主观化与入罪化：主客观相统一平面体系对人权保障之不力

主客观相统一原则或者主、客观要件的有机统一，到底是谁和谁统一？换言之，在主观与客观中，谁是主导？是以主观要件为核心来论及客观要件与之的有机统一？还是以客观要件为核心来论及主观要件与之的有机统一？前述刑法理论对此问题回答的乏力直接导致从字面上很多观点认为，既然是主观和客观的统一，主观在前，客观在后，那么，实务中认定犯罪当然是以主观为主、客观为辅，当然先查主观再考虑客观，“导致‘主客观相统一’之名得出倾向于‘主观主义’的结论”②。

① ［德］N. 霍恩：《法律科学与法哲学导论》，罗莉译，126页，北京，法律出版社，2004。

② 郑军男：《论定罪中的“主客观相统一原则”》，载《法制与社会发展》，2005（4）。

于是，以主观为主导的主客观相统一的定罪模式在实践中大行其道。

平面体系四要件间的等价性与无序性，导致很多学者主张从犯罪主体至主观方面再至客观等方面来认定犯罪，这种观点通过一些学者结合实务中认定犯罪的“规律”又得到了进一步的发展。“在现实生活中，任何犯罪都是主体对法律所保护的客体的侵犯，而主体只有通过一定的中介才能作用于客体。这样就形成了一切犯罪构成的基本结构，即犯罪主体—中介—犯罪客体。在这里犯罪主体和犯罪客体是犯罪构成这个有机整体的两极，连接着两极的中介是犯罪主体进行的犯罪活动。由于任何犯罪活动都是人的有意识的活动，都是人的内部主观意识与其客观的外部犯罪活动过程的统一，它又可以分为犯罪活动的主观方面（简称犯罪主观方面）和客观方面（简称犯罪客观方面）。”[①] 因此，在实践的具体运用中，对犯罪的认定就应遵循从主观到客观的路线，否则，在“没有查清主观前，根本就不可能认定行为的客观性质，不可能解决构成要件该当性的问题”。“如果离开主体的能力，就根本不可能认定主观方面的内容。”[②] 当然，除却平面化的特点使然，主客观相统一原则中“主”字打头，使得该原则在字面上传递了主观在前的意义，让很多人认为应遵循从主观到客观的思维模式，而且这种思维在实务中也随处可见，由此导致了平面体系定罪过程中的主观化和入罪化。

在犯罪成立与否的问题上，“从主观到客观认定犯罪，即先考虑行为人，再分析行为人的心理状态，进而追查行为人实施了何种行为，侵犯了何种法益，难以避免‘先抓人，后填补事实’的现象”[③]。在司法实践中这种做法目前仍有一定的市场。例如，2019 年 8 月，被告人胥某在网上结识被告人李某、穆某，李某提议通过绑架捞钱，胥某、穆某均表示同意。后来三人通过网络初步商定了作案计划，同时确定 9 月

① 何秉松：《犯罪构成系统论》，91 页，北京，中国法制出版社，1995。

② 陈忠林：《中、德、日现行犯罪论体系的重构》，载梁根林主编：《犯罪论体系》，189 页，北京，北京大学出版社，2007。

③ 张明楷：《刑法学》，2 版，137 页，北京，法律出版社，2003。（新版无此话。——编辑注）

14 日，李某、穆某分别与胥某汇合，汇合后再寻找具体绑架目标、商量具体绑架方法等。9 月 14 日下午，李某与胥某会合并到两小区踩点，后在一家宾馆内等待穆某时被警方抓获，同时，穆某在抵达后也随即落网。法院认为三人确定实施绑架他人、勒索钱财的作案计划，商量准备作案工具、伪装工具等，通过网络搜索“绑架”等关键词，表明三人为了实施犯罪，制造条件，系犯罪预备，依法可以比照既遂犯减轻处罚，并据此判决三人的行为构成绑架罪。① 本案中，在无具体绑架对象的情形下三人的行为竟然被定为绑架罪，可以说，这是典型的从主观到客观认定犯罪导致的错误结论。先抓到三人，再通过讯问得知其主观上有“想绑架”的意图，客观上则通过将胥某、李某的行为解释为绑架罪预备，再借助主客观相统一的四要件体系，使三人的行为符合绑架罪的主体、主观方面以及客观方面和客体四要件，那么，结论当然是三人的行为构成了绑架罪。

然而，这种主客观相统一的思路存在重大缺陷。对犯罪的认定应该遵循犯罪行为本身的规律，即发生了案件事实，存在某种犯罪的行为，再查找对该行为和其结果负责的行为人并确定其罪过的存在与否，以决定最终是否能够责令某人对某种行为承担刑事责任。据此思路分析本案，三人并没有明确的绑架对象，三人也没有实施绑架的行为；三人的行为虽然被解读为绑架犯罪预备，但是，除了胥某、李某到两处踩点，其并无任何别的预备之举，诸如准备工具、恐吓被害人或接近被害人等，而且胥某与李某两人仍在等待穆某汇合，尚未寻找具体绑架目标、商量具体绑架方法。此时，既缺乏绑架的客观事实，到两小区踩点的行为又远离绑架的实行行为，且无任何迹象显示这种踩点的“预备”有向绑架实行行为发展的可能性，何以被定了绑架罪？

如果不是凭借三人主观上的供述，或者说，如果三人拒不承认是“想绑架”，那么，本案显然是无法定罪的。这意味着，我国传统主流的主客观相统一的构成要件理论其实在很大程度上是以主观为先导、为基

① 参见江苏省扬州市邗江区人民法院（2020）苏 1003 刑初 99 号刑事判决书。

调的构成要件理论，在客观事实似有还无的情况下，往往都是通过主观要素的蛛丝马迹来认定犯罪的成立与否的。更何况，即便行为人在绑架罪意图的支配下实施了踩点的行为，但根据犯罪预备的有关理论，也不一定都构成犯罪预备。如果预备行为的危险程度并不高，或者预备行为长时间处于静止状态，预备行为转化为实行行为的意图也不明显等，那么，所谓的预备行为其实根本不能成立犯罪的预备，充其量也只能成立不可罚的预备。处罚诸如本案中的危险性程度低的预备行为，实际上就是重视和强调行为人的主观要素而忽视客观要素的体现，其背后，正是主观主义的理念在起作用。因此，对类似案件的认定，如果秉承客观主义的立场，就会得出无罪的结论。刑法只处罚值得处罚的法益侵害行为，空泛地谈论主客观相统一的四要件体系，就会偏离了认定犯罪应该坚守的客观主义基本立场，导致定罪的主观化和处罚的扩大化。

曾经沸沸扬扬的李某富案，同样体现了我国刑法主客观相统一的四要件体系是多么地强调主观要素。被告人李某富因怀疑妻子王某与张男有不正当关系而与王某争执，王某离家出走，李某富去岳父家寻找并在后者家中吃完晚饭，后李某富从厨房里拿出两把菜刀，边磨刀边自语："我今天就把你们都杀了！"并写下遗书称，"要带张男和岳父一起上黄泉路"。为逼岳父说出王某的下落，他把岳父叫到屋外僻静处，继续以杀人相威胁。见岳父老泪纵横，李某富才将掐着岳父脖子的手松开。此时已是深夜，李某富悄悄从厨房拎了菜刀出门，准备去找张男寻仇，因不知道张男的住处，转了一圈后于次日凌晨拎着菜刀回屋。接到报警守候在屋内的警察将李某富逮住并从其身上搜出了遗书。[①] 法院经审理，判决李某富犯故意杀人罪，处以3年有期徒刑。本案中李某富为了实现其"要杀人"的念头，磨了菜刀，威逼了岳父，寻找了被害人，只因未能找到被害人张男，李某富便回家。根据刑法有关犯罪预备的规定，李某富的行为固然属于为了实施故意杀人罪而准备工具、制造条件，但问题是，李某富出门寻找张男未果之后，并未继续其行为而是悄然回家，

① 参见孟亚生：《"杀人"二字不可乱说》，载《记者观察》，2010（9）。

这说明，李某富的行为是故意杀人预备的中止，该行为应该属于不可罚的预备中止，亦即其对被害人人身法益的侵害根本达不到动用刑罚惩处的程度，因此，李某富应该无罪。退一步而言，如果没有足够的证据证明李某富的行为是故意杀人预备行为的中止，则李某富的行为就是故意杀人罪的预备行为，当然应该动用刑罚惩处之，亦即按照故意杀人罪（预备）来定罪。果如此，由于李某富的预备行为并未造成任何实质性的危险，因此，在量刑时，理应根据其预备行为的危险性较小而减轻或免除刑罚，即要么在3年以下适用刑罚要么免除刑罚，而不是判处3年有期徒刑。法院的最终判决充分体现了主客观相一致的原则，主观上写遗书"要杀人"，客观上磨了刀并带刀出门找了被害人，主客观一致，当然就很容易得出李某富的行为成立故意杀人罪之结论；并且，纵然李某富的行为并未在客观上造成任何危害他人生命法益的危险，但其写遗书表达了杀人意愿，逼问岳父、寻找其妻子并且还出门寻找张男，这些都证明其主观上的杀人意图非常强烈或者说非常明显。如果不是基于对李某富的主观危险性的判断，法院就不可能在李某富的行为并未有客观上实害的情况下判处3年有期徒刑的偏重刑罚。可见，主客观相一致在实践中其实是以主观为先导的，想杀人、要杀人的主观意图，决定着李某富的行为性质。正是法院判案时对于李某富主观意图的过于倚重，才导致此案在判决后争议四起。北大法律信息网直接以"称'要杀人'却没杀人仍获刑"为题热烈讨论了对此案的看法，同时就"李某富的行为是不是故意杀人罪"做了一项网络调查，有近九千名网友参与调查，其中：认为"不是的，有杀人想法但并没有实施"的占52.34%；认为犯罪未遂，已经着手实行犯罪但没有得逞的占35.03%；另有8.59%的网友认为李某富的行为有罪，但不是故意杀人罪。[①] 民意的观点是否正确姑且不问，上述调查至少表明，主客观相统一的四要件体系的确在不同程度上存在着过于考虑行为人及其主观要素的倾向，"'要杀人'却没杀人"由此才会成为该案件的关键词而备受各界关注；对于李某富主观上

① 参见《称"要杀人"却没杀人仍获刑》，载《人民之友》，2010（6）。

想杀人、要杀人的主观罪过的过于倚重，使得司法机关有意强化李某富客观上“磨刀霍霍”的行为，从而在构成犯罪的层面终于实现了主客观相统一。显然，主观化导致入罪化，主观化也导致了重刑化。

再如，在区分故意伤害罪与殴打行为的界限时，传统刑法理论和实务认为，“要把故意殴打他人和故意伤害他人两种不同性质的故意区分开来。所谓殴打的故意，其目的是使被害人遭受身体上的痛苦而不是损害被害人的健康。而伤害的故意则不仅要使被害人遭受痛苦，而且要损害其身体健康”①。事实上，对伤害与一般殴打行为很难根据主观故意内容予以区分，从造成被害人身体损伤的结果即从客观上区分它们才是不二选择，否则，在故意内容无法查明之时就会导致此类案件的难以定性，而故意内容，在大多数案件中，正是难以查明之处。又如，在区分恶意透支行为是否成立信用卡诈骗罪时，通说的观点是，“行为人主观上是否具有非法占有的目的，是区分恶意透支和善意透支的主要界限”②。在透支之时，无人清楚行为人究竟是否具有非法占有的目的；在透支之后钱款被挥霍，行为人无力偿还之时，亦难以据此认定行为人具有非法占有的目的。以非法占有目的具有与否区分透支行为的恶意性和善意性，不但不具有可操作性，还会导致透支事实发生后对行为人透支行为性质认定的随意性与入罪化倾向。类似的情况还存在于很多经济财产犯罪之中。

在犯罪既遂与未遂的认定上，主客观相统一的构成要件说是传统刑法理论所认为的犯罪既遂与未遂的区分标准，它导致实践中对犯罪既、未遂认定时强烈的主观化与随意入罪化。

前述表明，主客观相统一的构成要件理论根本回答不了犯罪既、未遂究竟何以区分的问题，并导致理论和逻辑上的似是而非。那么，问题出在哪里？回答是：主客观相统一的构成要件说既适用于既遂，又适用于未遂，还适用于预备与中止，因为所有的犯罪停止形态都是在犯罪成

---

① 最高人民检察院《刑事犯罪案例丛书》编委会编写：《刑事犯罪案例丛书（伤害罪）》，7页，北京，中国检察出版社，1992。

② 陈国庆、韩耀元、吴峤滨：《〈关于办理妨害信用卡管理刑事案件具体应用法律若干问题的解释〉理解与适用》，载《人民检察》，2010（2）。

立这一前提之后所讨论的形态阶段问题，而犯罪的成立的判断依据在我国刑法理论中本身又是主客观相统一的犯罪构成理论，既用这一理论判断犯罪的成立与否，又用同样的理论判断犯罪的停止形态，不但会让人误以为“犯罪的未完成形态与完成形态的犯罪构成模式是完全划一、毫无差异的”①，而且会让人误以为犯罪成立与否和犯罪故意停止形态的区分模式也是毫无差异的。事实上，根据《刑法》第 23 条的规定，从客观上分析犯罪行为是否得逞才是犯罪既遂与未遂的区分标准，由于犯罪分子意志以外的原因而未得逞的是未遂，反之是既遂。因此，既、未遂之区分应以行为人对法益之侵犯或者危害的客观结果是否发生为标准，亦即应该从客观上而不是从主观上去区分既遂与未遂。遗憾的是，在司法实践中，既、未遂区分的主观化立场随处可见。例如贵港市港北区人民检察院指控，2017 年 10 月 26 日 15 时 30 分许，梁某向被告人周某强求购人民币 100 元的毒品甲基苯丙胺，并通过支付宝向周某强支付了 100 元毒资，双方约定在贵港市城区防洪堤进行交易。同日 16 时许，民警在贵港市港北区控水务污水厂附近的防洪堤边抓获正要进行毒品交易的周某强和梁某。法院认为，被告人周某强成立贩卖毒品罪既遂，判处有期徒刑九年。② 还有判决明确指出“以卖出为目的而非法收购毒品的行为，也应认定为贩卖毒品”③。最高人民法院有关毒品犯罪审判工作的《南宁会议纪要》《大连会议纪要》《武汉会议纪要》等司法解释和指导性文件，在坚持从严惩处毒品犯罪的指导思想下，也坚持这一观点。④

这种在主客观相统一的背景下以犯罪的主观目的为标准的做法也得到了部分学者的认可。比如，有观点认为，“根据我国传统的刑法理论犯罪构成要件说，如果行为人所故意实施的某一犯罪行为已经具备了刑法分则所规定的客观要件，就构成犯罪既遂”，因此，“行为人只要是以

---

① 高铭暄、马克昌主编：《刑法学》，9 版，143 页，北京，北京大学出版社、高等教育出版社，2019；张明楷：《刑法学》(上)，6 版，152－153 页，北京，法律出版社，2021。

② 参见广西壮族自治区贵港市港北区人民法院（2018）桂 0802 刑初 55 号刑事判决书。

③ 广西壮族自治区钦州市灵山县人民法院（2015）灵刑初字第 89 号刑事判决书。

④ 参见高贵君、马岩、方文军、李静然：《〈全国法院毒品犯罪审判工作座谈会纪要〉的理解与适用》，载《人民司法》，2015（13）。

出卖为目的，对妇女、儿童实施了拐骗、绑架、收买、贩卖、接送、中转等行为中的任何一个行为，即使没有卖出，也已经具备了拐卖妇女、儿童罪的全部客观要件，就已经属于犯罪既遂”[①]；“如果是以贩卖为目的而实施了非法收买毒品的行为，即使毒品尚未卖出，仍具备了贩卖毒品罪的全部客观要件，就已经属于犯罪既遂”[②]。根据主客观相统一的构成要件说，只要行为人具备某种犯罪目的而且客观上实施了印证此种目的的行为，亦即主客观是相统一的，就可以成立犯罪既遂；至于该种行为对法益的危害结果是否发生，例如，是否买卖成功，均不影响贩卖妇女、儿童罪或贩卖毒品罪既遂的成立。果如此，行为人成功地将毒品卖出的是既遂，没有卖出的也是既遂，因为无论成功卖出毒品与否，行为人的主观上的贩卖目的都是一样的。既然如此，此两种行为当然均可被视为既遂了。这样的看法不但从内容上违背了刑法对犯罪未遂中“未得逞”的规定，而且将轻重完全不同、结果实现与否各异的两种行为当作同一性质亦即既遂来处理，也违反了罪责刑相适应的刑法基本原则。

不能犯未遂是否成立犯罪的问题，是主客观相统一的犯罪构成要件理论充分体现了主观主义的另一适例。我国刑法理论历来主张处罚不能犯未遂，如误把白糖当砒霜的工具不能犯、误把稻草人当真人的对象不能犯、误把可以捕捞的季节当作不能捕捞水产品的季节的时间不能犯等。“在工具不能犯的未遂中，行为人主观上具备明显的犯罪故意并且外化为行动；从客观上看，虽然由于行为人所误选的犯罪工具的性质而使得行为缺乏完成犯罪和达到既遂的性质，但是这种行为是与行为人的犯罪意识和意志密切联系在一起并受其支配的。因而从主客观统一上看，这种行为具备严重危害社会的犯罪性质和犯罪构成要件”，它与能犯未遂一样，“都是同时具备了主观罪过和客观犯罪行为这两个犯罪构成中最基本的因素。二者的齐备和统一，决定了不能犯未遂也具有相当程度的社会危害性，这种主客观要件的统一及其所决定的行为的社会危

---

① 周光权：《刑法各论》，4版，56页，北京，中国人民大学出版社，2021。

② 袁江华：《贩卖毒品罪既遂与未遂的区别及认定》，载《人民司法》，2008（12）。

害性，就是不能犯未遂构成犯罪及追究行为人刑事责任的科学根据”[①]。“从主客观统一上看，在一般情况下，能犯未遂往往比不能犯未遂具有较大的社会危害性，因此，对能犯未遂一般应较不能犯未遂从重处罚”[②]。然而，在此遗憾地看到，主客观相统一的犯罪构成要件理论在认定不能犯未遂是否成立犯罪、是否具有可罚性时，没有考虑到此类行为客观上绝对不可能发生法益的侵害或者危险，而是固执地认为客观上实施了某种行为，主观上具备实施某种犯罪的故意，按照主客观相统一原则及其犯罪构成理论，理所当然地成立犯罪。于是乎，不能犯未遂就具备了可罚性。问题是：在此层面上所统一的客观方面是否还能称为犯罪的客观方面？譬如，射杀稻草人的行为还能叫杀人行为吗？如果认为可以，那显然是基于这样的逻辑：出于杀人故意的射杀行为当然是杀人行为，既然是杀人行为，又有主观故意，主客观相统一，当然就可以作为故意杀人罪的未遂予以处罚了。可见，传统刑法理论虽然一再声称是根据主客观相统一的犯罪构成要件理论来确定不能犯未遂的可罚性的，但实际上，显然是以主观罪过为出发点来确定所谓的客观方面以及主客观之统一的。也因此，我国传统刑法理论对不能犯未遂的处罚一直饱受诟病。有学者早已指出，这种做法不仅没有坚持主客观相统一原则导致主观归罪，而且还有扩大刑法处罚范围之嫌疑。[③] 虽然有学者辩称，处罚不能犯未遂的传统刑法“理论与我国刑法的主客观相统一的原则是有一定距离的”，言下之意，这是“典型的主观主义的观点”而不是主客观相统一。[④] 问题是，是否主客观相统一是由传统观点公开宣称的，并非他人随意指责；辩护者的辩词恰恰反衬了传统观点的主观主义倾向。时至今日，这种以主观主义为基调处罚不能犯的观点仍然颇有市场，比如，认为“没有必要区分不能犯未遂与不可罚的不能犯，凡不能犯均具

① 高铭暄主编：《刑法学原理》，第2卷，330页，北京，中国人民大学出版社，1993。

② 高铭暄、马克昌主编：《刑法学》，9版，153页，北京，北京大学出版社、高等教育出版社，2019。

③ 参见张明楷：《刑法的基本立场》（修订版），336页以下，北京，商务印书馆，2019。

④ 参见陈家林：《不能犯新论》，载《国家检察官学院学报》，2000（1）。

有可罚性，应以犯罪未遂论处”[1]。这种观点，实属违反罪刑法定原则刑罚法规适当性的典型代表，因为，处罚根本不可能造成任何危害后果的行为即属处罚了不应当处罚的行为，实乃侵犯人权之举。也许，我国刑法学者之所以长期坚持处罚不能犯未遂，正是想坚持不懈地贯彻主客观相统一的构成要件体系，因为“不能犯未遂应否负刑事责任的问题”已被上升到“关系到我国刑法中犯罪构成基本理论的能否贯彻”[2] 的高度。可见，只要坚持主客观相统一的犯罪构成要件理论，就不难想象不能犯未遂适用我国刑法的结局。

再如，有学者明确主张“中国犯罪构成理论不必移植德、日”，而应在坚持同时应该在完善我国“主客观相一致原则指导下的平面的犯罪构成理论体系”的基本立场之上[3]，主张犯罪既遂与未遂的区分“应当以犯罪行为是否造成预想的最终实害结果或者足以造成该结果发生的危险状态为标志”[4]。这样的观点，和前述倚重犯罪目的认定贩毒或贩卖人口案件的既、未遂如出一辙；所谓“预想的”结果也就是行为人通过犯罪行为希望达到的结果和实现的目的。换言之，该种观点其实意在强调通过犯罪目的的实现与否来判断既、未遂之认定，其通过主观目的限制客观结果的做法充分体现了其主观主义的倾向以及由此造成的对行为人主观要素的过分依赖。如 A 系某市教育局局长，同乡 B 主动送给 A 现金 2 万元，请求 A 将其从县城某中学调至该市某中学任教师。A 拿了这 2 万元钱，但其后一直没有机会调动 B，后案发。本案中 A 的行为是既遂还是未遂？根据上述观点，A 的犯罪目的应该是获取他人贿赂并且为行贿者谋取利益，换言之，A 预想达到的结果是“取财＋谋利”。但是，A 取财之后没能为行贿人谋利，因此，A 的行为是未遂。之所以会得出这样的结论，显然是因为犯罪人预想的结果亦即犯罪目的具有多

① 孙国祥：《刑法基本问题》，339 页，北京，法律出版社，2007。

② 赵秉志主编：《刑法总则要论》，470 页，北京，中国法制出版社，2010。

③ 参见彭文华：《犯罪构成本原论及其本体化研究》，362、369 页，北京，中国人民公安大学出版社，2010。

④ 彭文华：《论刑事法治视野中的犯罪既遂标准》，载《法学评论》，2009（2）。

重性，“行为人在实施犯罪行为时会存在多层次的目的，究竟以哪一层次的目的作为犯罪既遂的标准，犯罪目的实现说并没有予以回答”[①]。如果按照法益侵犯或者危害的客观结果是否发生之标准，那么，对受贿罪既遂与未遂的认定，“无论是索取财物的受贿罪还是收受财物的受贿罪，都以是否取得他人财物作为受贿罪的未遂与既遂的区分标准。在一般情况下，是否取得财物是容易认定的”[②]，换言之，不是以主观上行为人的目的是否实现为标准的——尽管取得他人财物也是其目的之一，但毕竟，受贿罪的目的并不全然或者说并不仅仅是取得他人财物。据此，就很容易得出A的行为成立受贿罪的既遂之正确结论。这说明，即便对犯罪既、未遂的区分不是持主客观相统一的犯罪构成要件说的学者，只要其仍然赞成主客观相统一的犯罪构成要件理论和主客观相统一的刑法基本原则，或者说，只要其仍然是在“主客观相统一”这一话语体系之下研究犯罪的既、未遂问题，仍然会体现出十足的主观化甚至入罪化。实务中提出的极有市场的，认定受贿罪既、未遂的承诺说正是从另一个侧面对受贿罪多重目的的肯定，该说主张“只要承诺为他人谋取利益，就应当视为既遂，是否已经接受贿赂则在所不论”[③]。这样的观点显然只关注到了为他人谋取利益是受贿罪中行为人所预想实现的结果，却忽略了收受财物才是本罪的根本目的，所以，它当然同样是不妥的。

平面四要件体系在定罪过程中的主观化与入罪化，是该体系的最大弊端。“犯罪论研究的是一行为可罚性的一般之法律要件”[④]，对这一法律要件的适用，其结果事关当事人自由、生命等基本的人权问题。平面四要件体系的主观化，意味着我国犯罪构成理论所承认的一般法律要件从根本上缺乏认定犯罪的客观标准；平面四要件体系的入罪化，表明该

---

① 徐光华：《犯罪既遂问题研究》，25－26页，北京，中国人民公安大学出版社，2009。

② 陈兴良：《刑法研究》，第13卷·刑法各论Ⅲ，610页，北京，中国人民大学出版社，2021。

③ 袁宏山：《受贿罪理论研究述评》，载《山东警察学院学报》，2010（3）。

④ ［德］耶赛克、魏根特：《德国刑法教科书》(上)，徐久生译，269页，北京，中国法制出版社，2017。

体系的重点在于对“可罚性”的重视，而忽略了对不可罚行为建立应有的出罪机制。刑法的本质是限制国家刑罚权的发动以保护善良人与犯罪人的权利免受国家权力的不当侵害，而平面四要件体系的主观化与入罪化恰恰和刑法作为人权保障法的本质相违背。总之，平面化的犯罪构成体系是在犯罪成立这一逻辑前提下对犯罪结构进行分析的理论，更合乎有罪推定的思维习惯。[①] 反观大陆法系的犯罪论体系，“各个犯罪成立条件呈现出递进的逻辑关系，各个犯罪构成要件之间存在明确的位阶关系。司法工作者在进行犯罪认定的时候，必须严格地按照犯罪构成要件之间的位阶关系依次判断。并且，这一判断过程，也是去罪化的过程，为辩护留下了广阔的空间。根据这一犯罪论体系，有罪抑或无罪，结论存在于判断的终点”[②]。平面四要件体系应该何去何从，答案已然明了。

（三）难以解决实际问题：主客观相统一平面体系无法应对实践需求

由于主客观相统一的四要件体系在各个要件上同等置重，基于各个要件之间的平面关系，主客观相统一的四要件体系在司法实践中常常面临无法解决的问题。

以极具代表性的共同犯罪问题为例。我国刑法学者与实务工作者在认定共犯时，提及最多的就是主客观相统一。对于我国《刑法》第 25 条的规定，刑法学者首先认为，“我国刑法关于共同犯罪的规定采取的是主客观相一致的犯罪和定罪理论”[③]，基于这种主客观相统一原则角度的解读，刑法理论上进而衍生了解释论上主客观相统一的共犯认定原理，“共同犯罪作为一个特殊的犯罪类型，必须具有……主客观统一性。共同犯罪不仅仅是客观事实的集合，它是行为人在一定的主观心理态度支配下实现行为实施的结合，所以在评价共同犯罪时，不能忽视构成行

① 参见陈兴良：《刑法研究》，第 5 卷・刑法理论Ⅱ，43 页，北京，中国人民大学出版社，2021。

② 同上书，第 43 页。

③ 刘宪权、杨兴培：《刑法学专论》，247 页，北京，北京大学出版社，2007。

为结合的心理事实”[①]。但此种观点在共同犯罪的认定中存在诸多问题。

其一，如果因为《刑法》第25条中关于“共同犯罪是指二人以上共同故意犯罪”的规定就认为我国刑法共同犯罪立法是采取的主客观相统一原则，那么，综观《刑法》诸多条文，比如总则中正当防卫、紧急避险、犯罪中止等，分则中的故意杀人罪、故意伤害罪、伪证罪等规定了主观罪过的罪名，都有规定主观方面与客观行为，按照主客观相统一论者的逻辑，所有这些条文的规定都体现了主客观相统一原则。既然如此，认为共同犯罪的规定体现了主客观相统一原则又有何独特的意义？或者说，根据这样一个放之所有条文、所有刑法制度与具体犯罪而皆准的原则，如何能够认定共同犯罪？

其二，仅仅根据《刑法》第25条中“共同故意犯罪”的表述就得出共同犯罪立法体现了主客观相统一原则，对于那些没有故意或过失等罪过表述的条文，是否意味着它们不是主客观相统一的？比如，《刑法》总则中有关从犯、胁从犯等的条文，分则中有关抢劫罪、诈骗罪、聚众斗殴罪等的规定，尤其是，分则中绝大多数的个罪是没有规定主观罪过的，对于这些没有规定主观方面要素的总、分则条文而言，是否对某种类型的犯罪人或者对某个具体罪名的认定就不是要求主观与客观的统一？主客观相统一论者显然不这么认为。既然主客观相统一既是我国刑法的基本原则又贯穿于犯罪论体系之中，无论刑法条文中是否规定主观方面的要素，对它们的认定，当然也应从主客观相统一的立场进行。

根据以上两点的分析，可以得出结论：《刑法》第25条中“共同故意犯罪”六个字所要表达的，绝不是在认定共同犯罪时既要考虑主观方面又要考虑客观方面这样的主客观相统一原则所要求的主客观的统一性，而应该是：我国刑法仅承认故意的共同犯罪而反对过失的共同犯罪。如果仅因《刑法》第25条中有“故意”二字就认为刑法立法的规定表达的是“主客观相统一”原则，就无法回答为何那些没有“故意”或“过失”规定的条文也要从主客观相统一原则的立场来理解，进而也

① 齐文远主编：《刑法学》，3版，155页，北京，北京大学出版社，2016。

无法回答为何我国的犯罪构成理论是主客观相统一的，而后一点，不正是统一论者的基本立论吗？所以，从条文中有无故意或过失等罪过要素的规定，不能解读出《刑法》第25条对共同犯罪的规定体现了主客观相统一的犯罪和定罪理论。

其三，采用主客观相统一的四要件说或者主客观相统一原则导致很多实际问题无法解决。

例一：无法准确地认定共同犯罪。以实行犯与教唆犯、帮助犯的区别为例，根据主客观相统一原则认定共同犯罪的基调，有学者主张，区分实行犯与教唆犯、帮助犯只能以主观与客观相统一的犯罪构成要件为标准，主观上具有实行构成要件行为的故意、客观上具有该当构成要件的行为，就应当认为是实行犯，否则，就是教唆或帮助犯。[①] 然而，贯彻在实践中，主客观相统一的构成要件说难以发挥实效。比如，某日晚，王、刘、俞等人吃完晚饭后在街上闲逛，刘抱怨口袋没钱，俞想起同学孙在外打工刚回来，认为孙肯定有钱，且家中没其他人，便提议去孙家抢点钱。在俞带领下，他们携带凶器来到孙家附近。俞因自己和孙是同学而害怕被认出，在详细描述孙家房屋结构、室内人员情况和骗取孙开门的借口之后，俞在离孙家百来米处放风兼看守摩托车。[②] 本案中，俞究竟是实行犯还是教唆犯或帮助犯？根据主客观相统一的构成要件说，俞主观上具有抢劫罪的故意，客观上实施了放风行为而未直接入室劫取他人财物，于是俞不能被认定为实行犯，而只可能是教唆犯或帮助犯了。问题是，这样的结论是错误的。

因为在共同犯罪中，实行犯是有别于教唆犯、帮助犯和组织犯的一种具有其独特内涵和重要价值的存在。与教唆犯和帮助犯相比，实行犯具有更高的危险性；实行犯是实施了实行行为之人，教唆犯和帮助犯属于教唆、帮助他人实行犯罪之人，是对实行犯的教唆和帮助。实行行为作为基本构成要件的行为，与包含在修正构成要件中的教唆行为和帮助

---

① 参见陈兴良：《共同犯罪论》，2版，47页，北京，中国人民大学出版社，2006。

② 参见江瑞晋、陆习江、解梅娥：《室外放风者是否构成入室抢劫的共犯》，载《江苏法制报》，2010-01-05，A7版。

行为，在构成要件的定型意义上有明显的区别。本案中，王、刘等人虽说没钱花，但如不是俞提议抢劫，则此案可能不会发生；俞提议抢劫之后，他还明确了具体的被害人为孙，为了让刘、王等人准确地到达犯罪地点，俞亲自带领大家来到孙家附近并详述了孙家住宅特征；怕孙认出自己，俞才未与刘、王等人亲自入户抢劫，即便如此，俞并未撒手不管，而是在孙家附近放风，以便同伙抢劫顺利。可以说，俞在整个犯罪中所起的作用巨大，离开了俞的谋划和指挥，刘、王等人的抢劫行为可能无法实施。换言之，俞的行为与直接实施抢劫罪客观构成要件中的抢劫行为性质无异，只是前者的作用更重要，俞只是与刘、王等的分工不同而已，对之应该以抢劫罪的共同实行犯处理，而不是以抢劫罪的教唆犯或者帮助犯处理。当今大陆法系国家通行的实行犯与教唆、帮助犯区别问题上的客观实质说就认为，应对实行犯的实行性规范地、价值地加以理解，即实行犯和教唆、帮助犯的区别“不应当仅仅以是否实施了刑法分则中各个犯罪的实行行为为标准来加以判断，而应当参照各个行为人在共同犯罪中是否具有主要地位，对结果的发生是起着重要作用还是辅助作用，是不是支配了结果的发生过程等，进行实质性的判断”①。在此，简单而抽象地按照主客观相统一的构成要件说，就会认为俞的行为不符合抢劫罪客观构成要件，于是得出俞不是实行犯而是教唆犯与帮助犯的结论。如果立足于俞在整个案件中客观上所起的实质作用，就不会将俞当作教唆犯或帮助犯，而会认定其为实行犯。再比如，根据主客观相统一的构成要件说区分实行犯与教唆犯和帮助犯，间接正犯能否符合这一标准显然存在争议，某些共同实行犯的行为，例如按住被害女性的身体以帮助男性强奸的行为、共同犯罪中背后的大人物的行为等，也反映了类似的问题。

例二：无法解决片面共犯问题。甲杀乙，持刀紧追乙，丙见状，在乙必经之处放置一块石头，乙恰好逃经此处并被石头绊倒，甲得以顺利杀乙。丙能否成为甲故意杀人罪的共犯？这即是共同犯罪领域长期有争

① 黎宏：《日本刑法精义》，2版，255页，北京，法律出版社，2008。

执的片面共犯的问题，亦即在共同犯罪行为之中，一方以加功的意思并协力于他人的犯罪行为，而对方并不知情，从而缺乏共同意思联络的情况。片面共犯能否成立共同犯罪，是我国刑法学界长期讨论却仍见分歧的一个重要问题。否定论者曾指出，片面共犯仅有“片面联系”而缺乏“双方一致的主观联系”，“主张‘片面共犯’成立的人违反主客观统一的基本原则，以共同行为为标准，而忽视、抛弃了主观联系性这一标准，这是‘客观归罪’的反映”[①]。肯定论者则认为：“我们认为片面共犯是可能存在的”，“暗中故意帮助他人实施故意犯罪，被帮助者虽不知情，但帮助者既与他人有共同犯罪的故意，又有共同犯罪的行为，根据主客观相一致的原则，按片面共犯论处，是比较适宜的，怎么能说这是‘客观归罪’呢?”[②] 同样是主客观相统一原则和主客观相统一的构成要件说，在肯定论者那里，它是认同处罚片面共犯的理由；在否定论者那里，却是反对承认片面共犯的理由。如此滑稽的局面，充分暴露了根据所谓的主客观相统一的构成要件理论根本无法解决片面共犯这样的实际问题。事实上，上述案件中，如果不处罚丙，显然违背了国民的规范意识，因为舍却丙的暗中帮助行为，甲难以顺利杀死乙，丙的行为在性质评价上已然具备侵犯乙生命法益的可罚程度；但是，如果独立处罚丙，则丙缺乏故意杀人罪的定型行为，亦即杀害乙的杀人行为，其罪名根本无从确定；如果以间接正犯处罚丙，又违背了间接正犯的基本原理，因为间接正犯是指利用不知情的他人作为工具实施犯罪的情形，更何况，对于片面的教唆犯、帮助犯等其他不是实行犯的情况还不能套用间接正犯来处理。所以，目前理论与实务的通说均是承认片面的共犯。对片面共犯的承认，与刑法理论对过失共同犯罪的承认都暴露出了一致的问题，那就是，刑法理论面对纷繁多样而又难以解决的犯罪现实的妥协姿态，是刑法归责问题难以解决又必须解决时不得已采取的一种出路，它们都是刑法客观解释的产物；其背后，反映了共同犯罪本质学说即犯罪

① 曹子丹、汪保康：《共同犯罪的若干问题研究》，载甘雨沛主编：《刑法学专论》，197、199页，北京，北京大学出版社，1989。

② 马克昌主编：《犯罪通论》，3版，516页，武汉，武汉大学出版社，1999。

共同说与行为共同说之争在犯罪现实冲击下的博弈。犯罪共同说与行为共同说是对于共同犯罪究竟是什么的共同这样最根本问题的回答，它决定着共同犯罪的处罚范围和形式，这些问题根本就不是我国刑法主客观相统一原则和主客观相统一的构成要件理论这样似是而非的命题所能涵盖的。即便是在刑事立法上直接将片面共犯规定为共犯的国家，“也是因为理论上存在障碍以及出于处理案件的方便，才通过立法类推的方式规定为共同犯罪的”①。因此，如果无视片面共犯问题的特殊性，而继续沿用主客观相统一论来分析片面共犯的可处罚性，不但无助于实践中问题的解决，而且还会使我国刑法共犯理论继续停步不前。

除却共同犯罪领域，其他很多领域也存在着采用主客观相统一的四要件理论无法解决的问题。例如，在对犯罪未遂着手的认定上，早期刑法理论认为，“犯罪实行行为的着手是主客观相统一的概念，是指行为人已经开始实施刑法分则规定的具体犯罪构成客观方面的行为”②。当今刑法理论仍然主张，“着手实行犯罪体现了具体犯罪构成要件的统一，它具备主观和客观两个基本特征：主观上，行为人实行具体犯罪的意志已经直接支配客观实行行为并通过后者开始充分表现出来，而不同于在此之前实施犯罪的意志；客观上，行为人已开始直接实行具体犯罪构成客观方面的行为”③。近些年来，面对众多学者提出的应以客观实质说作为我国刑法着手认定的学说，统一论者指出，“我国刑法理论中关于犯罪实行行为着手的含义的通说是科学的，即犯罪实行行为的着手是主观与客观的有机统一，它在实质上具有侵害刑法所保护的法益的紧迫危险性，同时又具有符合刑法分则规定的具体犯罪构成客观方面这一形式上的特征。可以说，犯罪实行行为的着手既是主客观的统一，又是实质与形式的统一”。“从我国学者近年关于实行的着手的论述来看，虽然几

① 赵秉志：《“片面共犯”不能构成共同犯罪——解析应否承认片面共犯之争》，载《检察日报》，2004-07-08，3版。

② 高铭暄主编：《中国刑法学》，173-174页，北京，中国人民大学出版社，1989。

③ 高铭暄、马克昌主编：《刑法学》，9版，150页，北京，北京大学出版社、高等教育出版社，2019。

乎无一例外地强调了着手客观上的法益侵害的现实危险性，但是与此同时，也大多指出了实行的着手所具有的体现行为人的犯意这一主观特征。犯罪实行行为的着手是主客观有机统一的概念的观点，仍然是我国刑法学界的主流学说。”[①] 统一论者的种种看法，根本无助于对犯罪着手的认定。《刑法》第 23 条规定的“已经着手实行犯罪”体现的是对犯罪客观行为起点之界定。换言之，客观行为如何认定，依赖于对“着手”的界定，在客观行为认定本身存有疑问的情况下，在因为着手与否无法定夺而无法明确客观行为是否开始之时，泛泛而谈根据主客观相统一的构成要件理论又如何能解决实际问题？主客观相统一应该建立在主观罪过与客观行为均已了然的前提之下，而“着手”之争其实意味着客观行为之有无并未明确，在此情况下，主客观相统一根本就无从说起。所以，用主客观相统一的构成要件理论解决“着手”，无异于缘木求鱼。也正因为如此，用“已经开始实施刑法分则规定的具体犯罪构成客观方面的行为”解释“着手”只能是同义反复式的循环解释。德、日刑法理论在着手认定问题上的主观说、客观说、折中说等学说正是为了从不同角度提供标准来判断是否“已经开始实施刑法分则规定的具体犯罪构成客观方面的行为”，这些学说与主客观相统一构成要件说的最大区别在于，虽然它们各自存在差异和优缺点，但是，根据这些学说可以解决实际问题，而不是像后者一样根本无助于对“着手”的认定。

例如，甲在网上因琐事与乙发生争执，两人相约于某日在市中心公园某地一决胜负。当日，甲邀请好友丙、丁、戊等人持械赶至公园，但未见乙等人。后甲等人又多次到公园寻找乙等人，仍未见。因形迹可疑，甲等人被巡查民警查获，遂案发。本案的关键在于：甲的行为可否被认定为已经着手实施聚众斗殴罪的客观行为？如果着手可以认定，则本罪可被定性为未遂；如果认为甲尚未开始着手实施聚众斗殴罪的客观行为，则本罪不能被认定为未遂，只能被认定为犯罪预备。根据主客观

① 赵秉志：《论犯罪实行行为着手的含义》，载《东方法学》，2008（1）。相似的观点还可参见邹佳茗：《实行着手之限制与主客观统一说之提倡》，载《法学评论》，2011（1）。

相统一的着手学说，本案中甲的行为能否被认定为着手根本难以回答，因为统一论者要求先确定甲主观上有聚众斗殴的意志，客观上必须是“行为人已开始直接实行具体犯罪构成客观方面的行为”。前一点不存在问题，后一点则需要分析：甲是否已开始直接实行聚众斗殴罪犯罪构成客观方面的行为？主客观相统一的犯罪构成要件说显然只是告诉我们，在客观行为已然确定的情况下再与主观方面统一，“着手”方才可以确定。可是，现在问题的关键恰恰在于需要明确甲是否实施了聚众斗殴罪的客观行为。目前，主观说因明显扩大了刑法处罚范围且增加了刑法操作上的主观随意性而早已受到排斥，客观说的内部又存在形式与实质的客观说：前者认为，只要形式上开始实施具体犯罪构成客观上的行为，“着手”就可以认定，比如本案中甲的行为就可以认定为“着手”；后者主张，仅仅从形式上实施了犯罪构成中的客观行为不一定都为“着手”，还要求行为人所实施的行为具有紧迫地威胁或者侵害法益的危险性，据此，甲的行为不能被认定为“着手”。很显然，客观的实质说更具合理性。甲纠集多人前往公园准备与乙斗殴，虽然在表面上看来开始实施了聚众斗殴罪的客观行为，但是甲的行为仅仅聚了众，而没有进入斗殴，没有给社会的管理秩序造成妨害；而法律不禁止一般性质的聚众，但是禁止聚众性质的斗殴，因为后者才会侵犯国家对社会的管理活动和社会公共管理秩序。根据客观实质说，就可以准确地寻找到着手认定的“时点”，这样的“时点”，是主客观统一说所无法提供但显然又非常需要的。泛泛而谈的主客观相统一的着手理论，既然不愿意抛弃主客观相统一的空架子，当然就不可能深入到“着手”这一客观事实的内部去分析它，也就永远只能停留在诸如甲纠集了多人，当然就是开始实施聚众斗殴的客观行为这样最浅显的层面来进行着所谓的主客观相统一，根据如此逻辑，得出甲的行为构成聚众斗殴罪未遂的结论也就不足为奇了。[①]事实上，甲的行为应该被认定为犯罪的预备，考虑到聚众斗殴罪的轻罪

① 参见朱铁军：《纠集数人持械寻人斗殴未果如何定性》，载《检察日报》，2004-08-05，3版。

属性，此时就不应处罚甲的预备行为。当然，考虑到主客观相统一的构成要件说其落脚点就是形式上是否符合客观构成要件的判断，理论上有观点认为其实质就是形式的客观说。[①] 果如此，则从另一个侧面说明了我国刑法主客观相统一的构成要件说是多么的似是而非，放弃这样的统一立论，当然是顺理成章了。

再如对于犯罪中止的认定、偶然防卫的处理、个罪的适用，等等，主客观统一的四要件体系都面临着难以解决的实际问题。充斥着空洞说教意味的主客观相统一的构成要件理论仅仅满足于“主观＋客观”的统一思路，而不愿意尝试深入到主观要素或客观要素内部寻找解决问题的真实途径；它一再地反映出自身在解决具体问题上的乏力，并使我国刑法研究长期故步自封于这种主客观相统一的解释论。如果一项理论只是为了自说自话而不是致力于解决实践问题，则其存在本身就是令人怀疑的。

（四）主、客观要素混淆：主客观相统一平面体系对主、客观要素界分的冲击

主观要素和客观要素不但性质不同，而且功能不同，在定罪中的意义也应不同。然而，主客观相统一的构成要件理论以及主客观相统一原则的应用导致我国刑法理论主、客观要素界分的混乱，这种混乱体现在两个方面：一是界分层次的混乱，二是界分性质的混乱。

首先，对主、客观要素界分层次的冲击。

早期的统一论者早已指出，“对犯罪嫌疑人、被告人追究刑事责任，必须同时具备主客观两方面的条件，即符合犯罪主体条件的人，在其故意或者过失危害社会的心理支配下，客观上实施了一定的危害社会的行为，对刑法所保护的社会关系构成了严重威胁或已经造成现实的侵害。如果缺少其中主观或客观任何一个方面的条件，犯罪就不能成立，不能

① 参见钱叶六：《犯罪实行行为着手研究》，39－40页，北京，中国人民公安大学出版社，2009。

令该人承担刑事责任"[①]。这意味着，主客观相统一是针对具体罪名能否成立时所使用的原则和方法，是在一个犯罪构成之内主观要素与客观要素的统一，而不是超越于具体罪名的抽象统一。也正因为如此，后期的统一论者才会持续认为，在定罪过程中，主客观相一致原则具体表现为四个犯罪构成要件的有机统一，它是确定行为是否构成犯罪以及构成何罪的唯一标准[②]；也因此，实践中使用主客观相统一原则也都是在针对具体个罪的适用层面而言，比如，甲故意使用石头砸乙，统一论者会分析，根据甲主观上是否有致乙死亡的故意，以及甲砸乙造成的后果，认定甲的行为构成故意杀人或者故意伤害罪。换言之，主客观相统一都是在具体某个犯罪或者某种犯罪形态的层面上使用的。

然而，统一论者在贯彻其学说时往往超越具体罪名或者犯罪形态的层次，在抽象意义上予以使用。例如，在故意犯罪的停止形态认定中，存在着"低位犯罪"与"高位犯罪"犯罪形态认定的问题，比如，甲欲杀乙，后见乙其状可怜，遂放弃了杀意，但为了逞报复之快，以刀削断乙的手指，后离去。此案中，甲放弃了故意杀人罪的故意，并停止了对乙的杀人行为，该一行为成立故意杀人罪的中止；但甲实施了其他较之杀人罪为轻的犯罪，即在故意伤害意图的支配下以断指为内容伤害了乙，该行为成立故意伤害罪的既遂。究竟对甲此两种行为如何定性？有观点认为，应该对甲认定为故意杀人罪的中止，甲故意伤害乙的行为认定为故意杀人罪中止中的"造成损害"的因素，即"将'低位犯罪'既遂的内容作为'高位犯罪'中止的内容表现出来，对行为人考虑适用'应当减轻'的法定情节"；并认为，这样做的优点是"尽可能全面地保持了主客观一致的内容，即不仅在主观上充分考虑到了行为人放弃'高位犯罪'犯意这一要素，而且在客观上考虑了行为最终造成的社会危害

① 高铭暄、马克昌主编：《刑法学》，9版，47-48页，北京，北京大学出版社、高等教育出版社，2019。

② 参见梁华仁、陈清浦：《刑法谦抑性的价值回归》，载赵秉志主编：《主客观相统一原则：刑法现代化的坐标——以奸淫幼女罪为视角》，107页，北京，中国人民公安大学出版社，2004。

后果，并且也考虑到了‘低位犯罪’造成的损害。可见，这种处理方式真正坚持了主客观相结合”[①]。在故意犯罪停止形态的罪名适用上，以上观点将甲杀人主观故意中止与故意伤害客观损害二者之间的主客观加以统一，认定甲为故意杀人罪中止并将后者作为前者的损害情节予以考虑。在此，我们看到的是故意杀人罪的主观方面与故意伤害罪的客观损害相统一，由此造成的疑问是：主客观相统一究竟是在哪个层面的“统一”？是具体罪名中主观要素与客观要素的“统一”，还是抽象的、超越于具体犯罪构成及罪名之上的主、客观要素的统一？主、客观要素的界分本来是在同一罪名之内，统一论者的理论观点也都是在具体罪名之中讨论主观与客观要素的统一，既然如此，将主客观相统一的构成要件理论及原则超越于具体罪名之上来使用，当然是对主、客观要素界分层次的冲击。这样的做法除会泛化主客观相统一的内涵与外延之外，还会泛化主客观相统一的四要件的使用。之所以如此，概因主客观相统一概念本身极易变化，具有随意解释的无穷可能性。

其次，对主、客观要素界分性质的冲击。

主观要素表达的是行为人的犯罪故意、过失或目的、动机等内在心理活动和状态，客观要素体现的是行为人所实施的外在行为及其所致后果，二者之间性质各异，区分明显。然而，统一论者的观点时常将主观要素演绎成主客观相统一，将客观要素也演绎成主客观相统一，于是乎，主观要素和客观要素之间的界限变得极为模糊，以至于分不清一种要素究竟是主观的还是客观的。比如，在犯罪因果关系的认定中，传统学说认为，刑法中的因果关系不但有必然的因果关系，还有偶然的因果关系，两者皆能令行为人对其行为引起的结果承担责任。同时，传统观点也明确主张，“我国刑法中的犯罪构成是主客观诸要件的统一，具有犯罪构成才能够追究刑事责任。解决了刑法上的因果关系，只是确立行为人对特定危害结果负刑事责任的客观基础，但不等于解决了其刑事责

① 刘宪权：《故意犯罪停止形态相关理论辨正》，载《中国法学》，2010（1）。

任”[①]。换言之，因果关系本身是犯罪客观方面的要素，但是，在必然与偶然因果关系的演绎下，或者说，在统一论者的一贯思路下，作为犯罪客观方面要素的因果关系被演绎成了一个“主客观相统一”的因素。例如，“甲男夜间在街道上拦截乙女，欲行强奸，乙挣脱后逃脱，甲在后面追时，乙被丙开的汽车轧死。必然论认为，只有丙的行为同乙的死亡之间存在刑法上的因果关系，而偶然论则认为，甲的行为同乙的死亡之间存在偶然因果关系，甲亦应对之承担责任”[②]。再如，“甲基于杀人的故意投毒于乙的水杯中，乙中毒之后、在被毒死之前，突然被丙开枪打死”[③]。在这里，“欲行”“故意”，“都成了区分客观因果关系所要考虑的情节。上述案例在分析客观方面构成要件时夹杂了主观方面的因素”，“在很大程度上把本来是客观方面问题的因果关系变成了一个主客观相统一的概念”，这些都“反映了主客观混淆的误区”[④]，也反映了我国刑法理论“把主客观要件的统一理解成主客观要件混合一体”[⑤] 的误区。

在对具体犯罪的分析中，主客观相统一的立论同样常常导致主观要素与客观要素的混淆。

一方面，在分析某一犯罪的主观要素是否存在时，他们会说应该从主、客观要素的统一性来分析。以贷款诈骗罪为例：《刑法》第 193 条规定，“以非法占有为目的，诈骗银行或者其他金融机构的贷款，数额较大的”，构成贷款诈骗罪。如何判断行为人是否具有非法占有的目的，向来是理论上和实务中分析本罪是否成立以及其与民事贷款纠纷的区别的重要着力点。从司法解释到刑法理论，再到司法实务，对于本罪之非法占有目的的分析都是采用主客观相统一的方法与路径。“金融诈骗犯罪都是以非法占有为目的的犯罪。在司法实践中，认定是否具有非法占

① 高铭暄、马克昌主编：《刑法学》，9 版，77 页，北京，北京大学出版社、高等教育出版社，2019。

② 李希慧主编：《刑法总论》，176 页，武汉，武汉大学出版社，2008。

③ 侯国云主编：《刑法学》，113 页，北京，中国政法大学出版社，2005。

④ 夏勇：《我国犯罪构成理论研究视角疏议》，载《法商研究》，2003 (2)。

⑤ 夏勇：《定罪与犯罪构成》，203 页，北京，中国人民公安大学出版社，2009。

有为目的，应当坚持主客观相一致的原则，既要避免单纯根据损失结果客观归罪，也不能仅凭被告人自己的供述，而应当根据案件具体情况具体分析。根据司法实践，对于行为人通过诈骗的方法非法获取资金，造成数额较大资金不能归还，并具有下列情形之一的，可以认定为具有非法占有的目的：（1）明知没有归还能力而大量骗取资金的；（2）非法获取资金后逃跑的；（3）肆意挥霍骗取资金的；（4）使用骗取的资金进行违法犯罪活动的；（5）抽逃、转移资金、隐匿财产，以逃避返还资金的；（6）隐匿、销毁账目，或者搞假破产、假倒闭，以逃避返还资金的；（7）其他非法占有资金、拒不返还的行为。但是，在处理具体案件的时候，对于有证据证明行为人不具有非法占有目的的，不能单纯以财产不能归还就按金融诈骗罪处罚。”① 在此，是否逃跑、挥霍或使用骗取的资金进行违法犯罪活动或者抽逃资金、隐匿账目等，本属于犯罪的客观方面，却全部被运用在验证是否“有意”亦即不归还贷款，如果是的，则意味着具有非法占有的目的。这样，通过主观上是否“有意不还”与客观上是否“没打算还”——主客观相一致的统一，贷款诈骗罪的非法占有目的就得到了验证，该罪与民事借贷纠纷的界限也“豁然清楚”。问题是，如果这样，似乎关于贷款诈骗只要论述是否具有非法占有目的就可以决定该罪是否成立了，因为在分析此目的是否具备时早已提前考虑了所有的客观要素。既然主观目的是主观要素，可其中为何存在如此之多的客观要素？究竟什么是主观要素？什么是客观要素？譬如，是否“非法获取资金后逃跑”已经被用来作为客观性质的要素认定主观非法占有目的具备与否，这是否意味着此时该要素已经变成了主观要素？如果是，在非法占有目的具备后，此一目的又与何种客观行为进行统一？如果不是，它又如何成为论证主观要素之时所要考虑的要素？

另一方面，在分析犯罪的客观要素是否存在时，统一论者也会说，应该从主客观相统一的角度来进行。以贪污罪中的“非法占有”要素为例：《刑法》第 382 条规定，“国家工作人员利用职务上的便利，侵吞、

① 2001 年 1 月 21 日最高人民法院《全国法院审理金融犯罪案件工作座谈会纪要》。

窃取、骗取或者以其他手段非法占有公共财物的，是贪污罪”。为了分析贪污罪中的“非法占有”，理论与实践同样采取了主客观相统一的论证方法与路径。这种路径的基本观点很清楚：“‘非法占有’是从主客观两个方面而言的，行为人在主观上具有通过非法手段控制财物的犯罪故意，在客观上利用职务便利控制了该财物，使该财物处于合法所有人或合法持有人失控的状态。”因此，“贪污罪之房产犯罪中，只要行为人利用职务便利，达到长期控制公有房产的目的，客观上使该公有房处于所在国有单位长期失控的状态，就可以认定为非法占有了该公有房产”[①]。再以盗窃罪为例：在分析盗窃罪的主观故意时，理论上有观点认为，“要科学地阐述盗窃罪主观方面的构成要件，必须以主客观相统一为原则”[②]；在分析盗窃罪的客观要素之一盗窃数额时，理论上也有观点认为，“认定盗窃数额要坚持主客观相一致”[③]。问题是，盗窃罪中的主观故意与非法占有的目的均属主观要素，而盗窃数额的大小属客观要素。然而，传统理论对这两种性质各异的要素均主张应从主客观相统一的角度进行认定。

通过分析“非法占有”这一诸多犯罪的法定要素，可以发现：如果将非法占有规定为犯罪的目的，那么，理论和实务会要求从主客观相统一的角度分析判断其是否具备；如果将其规定为客观行为，理论和实务还是要求从主客观相统一的角度分析判断其是否成立。同样地，对于盗窃罪的主观要素及客观要素，都可以从所谓主客观相统一原则的角度进行分析。在此，主客观相统一原则成为万能钥匙：论证主观要素时它上阵，判断客观要素时也要靠它；论证经过论证后的主、客观方面的统一时还是它。它既没有针对性，又那么灵活；它表明，在什么情况下，适用主客观相统一是不清楚的。本来应该是就犯罪构成的四个大的要素的主、客观的相统一，但却时时在对具体主观或客观要素的判断中使用；

① 曹坚：《国有经济发展新模式下特殊贪污犯罪对象的认定问题》，载《政治与法律》，2010（1）。

② 刘明祥：《试论盗窃罪犯罪构成中的主客观相统一问题》，载《法学评论》，1985（2）。

③ 熊选国：《认定盗窃数额要坚持主客观相一致》，载《人民司法》，1992（12）。

似乎随时随地，也不管何种要素，都需要，也都可以适用主客观相统一原则，而所有的主观要素和客观要素，也随时可以通过对方的存在加以验证。于是乎，主观与客观要素之间的界限越来越模糊，以至于分不清到底是何种性质的要素。

在以上四个方面大的危害之外，主客观相统一的构成要件说还有其他危害。例如，有论者认为，既然我国刑法理论认为，犯罪是主观要件与客观要件的统一，那么，根据《刑法》第 14 条、第 15 条关于犯罪的故意与过失的规定，在故意或过失之下所发生的犯罪的危害结果就可称为“主观危害结果”或“主观结果”了。① 犯罪的危害结果是客观的，而这些结果又是在故意或者过失的心态主导下发生的，为了体现或者说从概念上体现我国刑法的主客观相统一原则，于是，将犯罪的危害结果定性为“主观犯罪结果”或“主观结果”似乎成为当然之理。问题是：又有哪一个犯罪中的行为不是在故意或者过失支配下实施的？又有哪一个犯罪主体不是具有故意或者过失心态的行为人？据此逻辑，是否也可将这些行为统称为“主观客观行为”或“主观行为”，而将犯罪主体称为“主观行为主体”或“主观主体”？这显然是荒诞的。在此，虽然论者错误地理解主客观相统一的犯罪构成是导致类似于“主观犯罪结果”等荒诞不经的提法的重要原因，但是，作为我国主流刑法理论之标杆的“主客观相统一原则”以及“主客观相统一”平面体系的危害由此也可见一斑。

以主客观相统一原则为基础的主客观相统一的四要件体系平面化存在的上述种种问题，决定了该原则和四要件体系终结的命运。平面四要件体系在逻辑上立足点的阙如以及解释能力的匮乏，决定了应该由更具说服力的犯罪论体系取而代之；其在主观化和入罪化方面存在的侵犯人权之大忌，和在面对共犯、认识错误等具体问题时的解决不力，以及对刑法主、客观要素界分的冲击等种种问题，则使取代平面四要件体系的犯罪论体系呼之欲出，亦即以客观主义为立场、以明确界分客观与主观

① 参见谢彤：《主观犯罪结果刍议》，载《刑事法学》，2001（8）。

要素为内容、以阶层化的体系为方向的犯罪论体系，应该是今后我国犯罪论体系的探讨方向。

四、结 语

在犯罪认定的问题上，从来不存在脱离主观要件的客观归罪或者脱离客观要件的主观归罪，刑法理论中所有犯罪的认定都是既有主观要素又有客观要素的，问题的关键就是在面临主观主义或者客观主义的价值选择时，必须有一个基本立场，亦即，是坚持主观主义还是坚持客观主义，否则，泛泛谈论主、客观要件的有机统一根本无法解决实际问题。

在主观与客观的价值择一之中，我国刑法应当选择客观主义而非主观主义。一方面，犯罪发生的事实顺序决定了犯罪构成体系应该从客观到主观。韦塞尔斯（J. Wessels）指出，刑法上立案需要的连接点，“是与社会危害性后果有关的人之举止”，亦即人的行为，“追究举止责任的根据是犯了不法行为；每个刑法上的调查在方法上皆是以此开始”[①]。正是因为先有行为以及由此导致的结果，司法人员才会据此寻找证据与线索，寻求物证与人证的帮助，进而指认犯罪嫌疑人，确定其有无责任，最终确定犯罪成立与否。犯罪客观行为再至主观诸要素的确认和寻找，换言之，发生学意义上的客观到主观的顺序，决定了犯罪的认定模式应该从客观到主观，而不是相反，亦不是泛而论之的主客观的统一。另一方面，刑法处罚的结构特点也决定了应该从客观到主观。刑法处罚的特点决定了定罪过程具有客观主义的天性，以客观主义为主导的刑法观才是符合犯罪认定规律的。“法律处罚的基本结构——这种法律处罚只能在犯罪之后并且因为犯罪而实行——并且同时为处罚标准创立一项原则，即按照犯罪与罪责的严重程度来处罚。”[②] 只有在犯罪行为发生之后才能讨论刑法处罚的问题，这意味着“行为”才是先导，是

① Vgl. Wessels/Beulke/Satzger, Strafrecht Allgemeiner Teil, 50. Aufl., 2020, Rn. 132.

② ［德］奥斯弗里德·赫费：《存在跨文化刑法吗？——一种哲学尝试》，朱更生译，载《浙江大学学报（人文社会科学版）》，2000（2）。

核心，是适用刑法的前提；与此同时，确定罪之成立时，并非意味着单独依据客观的行为即可定性，还必须考虑罪责，并在此基础上考虑刑罚之轻重。为此，首先认定客观的行为，再考虑实施该行为的主观罪责，方才符合刑法处罚犯罪的结构原理。

以客观主义为基调构建我国的犯罪论体系，当然就不能再固守主客观相统一的平面四要件体系，而应建立阶层犯罪论体系。犯罪论体系的阶层化是克制平面四要件体系种种缺陷、实现刑法客观主义的根本路径。“与逻辑分析的认识论相对应，犯罪构成体系必然呈现出重视间架结构、讲究层次级别的倾向，是为立体的犯罪构成。今天，德、日的犯罪论体系，无论是古典型、新古典型还是目的型，无不体现立体特征，这与其强调犯罪构成的逻辑分析是分不开的。”[①] 因此，实现犯罪论体系阶层化不单是克服平面四要件体系缺陷的根本出路，同时也是实现司法逻辑的最好途径。在阶层化的犯罪论体系之中，目前存在着三阶层与二阶层的区分，前者为构成要件符合性、违法性与有责性，后者为违法构成要件与有责构成要件。考虑到违法与有责在当今刑法理论之中与构成要件符合性判断的融合趋势，以违法和有责构建二阶层犯罪论体系应该是反制平面四要件体系的最好出路。“无‘行为’便无‘行为人’，无‘不法’便无‘责任’。只有在对行为作了评价之后，要追究到行为人身上的责任判决才有余地。”[②] 可见，违法与责任是所有犯罪行为的基点，正因为如此，我国有学者提出应当以违法与责任为支柱构建犯罪论体系[③]，主张犯罪构成由客观（违法）构成要件与主观（责任）构成要件两阶层组成。但是二阶层体系绝非不考虑构成要件符合性，而是主张，不法的评价本身即需借助对构成要件符合性的判断，这使得作为抽象类型的构成要件符合性的判断实际所具有的是推导不法的机能，而不法的

---

① 莫洪宪、彭文华：《德日犯罪论体系之利弊分析》，载赵秉志主编：《刑法论丛》，第19卷，139页，北京，法律出版社，2009。

② ［德］约翰内斯·韦塞尔斯：《德国刑法总论》，李昌珂译，40页，北京，法律出版社，2008。

③ 参见张明楷：《以违法与责任为支柱构建犯罪论体系》，载《现代法学》，2009（6）。

判断是以构成要件符合性为前提的。对此，德国学者指出，评判一个发生事件是否为不法，需要通过两个评判层面上的审查，一是审查行为的构成要件符合性，二是确认无正当化事由介入。[①] 通过这两个阶段，对违法性的审查才能得出结论。既然如此，构成要件符合性与违法性的判断合二为一在不法阶层中，当然是可行的；基于同样的道理，构成要件符合性与有责性的判断就可以合二为一为主观罪责构成要件。

首先，违法与有责的二阶层体系对犯罪的认定虽然也是同时考虑主观要素与客观行为，但是它绝不泛泛而论所谓的主客观相统一，而是通过不断排除入罪事由，清晰地说明究竟违法阻却要素抑或责任阻却事由是否具备，从而最终得出犯罪成立与否的结论；对于违法性不具备的行为就无须进行到有责性的层面探讨，从而逻辑清晰，说理充分，最大限度地克服了平面四要件体系的似是而非。其次，二阶层体系将会使得犯罪的认定遵循从行为违法性的评判到主观有责性的判断，体现的是从客观到主观的犯罪认定逻辑，将会克服主客观相统一的平面四要件体系的主观化和入罪化；二阶层体系对共犯问题将会更有效地予以解决，根据实质二阶层论体系，参与他人并不违法的行为，例如，参与他人奉令执行枪决犯人的行为，就不会因其符合构成要件而被认定为共犯，这就明确地给正当防卫等可罚性阻却事由确定了位置，不至于在平面四要件体系之下将此种行为当作符合构成要件的行为，或者为了排除其犯罪性而对之再作一次社会危害性评价。同时，通过实质二阶层体系可以准确认定实行犯与教唆犯、帮助犯的界限，避免将刑事责任能力作为犯罪构成的主体要素时所造成的共犯处罚上的漏洞等诸多问题，从而充分应对实践需要。二阶层体系明确划分了客观要素和主观要素的界限，违法是客观的、有责是主观的，德、日刑法中的公认命题表明了在违法性与有责性评价阶段各自的客观与主观色彩，由此避免了我国平面四要件体系下主、客观要素模糊不清等问题。

---

① Vgl. Wessels/Beulke/Satzger, Strafrecht Allgemeiner Teil, 50. Aufl., 2020, Rn. 181.

当然，仅仅从打破“主客观相统一”传统四要件体系平面化缺陷的角度，主张二阶层体系的建立，只是表明了该体系所具有的客观化优势，而不是主张实质二阶层体系的充要条件。只有深入阶层化体系内部，直面三阶层体系与二阶层体系之分野，剖析三阶层体系与二阶层体系各自的优劣，才能真正使二阶层体系的确立获得犯罪论体系层面的正当性。

第二章　三阶层抑或二阶层：阶层体系之选择

实现我国传统四要件犯罪构成理论的去平面化，其后果必然是提倡犯罪论体系的阶层化。可以说，将我国犯罪论体系从苏俄化转为德日化，从平面化转换为阶层化，是“中国刑法学界目前对通说体系的集体性反思”[①] 之后大部分刑法学者的主张，在此基础之上，进一步产生了三阶层与二阶层之分；对刑法犯罪论体系的讨论也渐由“平面化抑或阶层化”深化为“三阶层抑或二阶层”的问题。然而，主张阶层化体系，并不代表我国犯罪论体系改革已完全达成共识，这其中，还有几阶层之分，换言之，究竟是主张三阶层体系抑或二阶层体系，是阶层化主张者内部所存在的分歧，也是阶层化主张者所面临的不同体系选择。根据当下中国学者所主张的三阶层及其哲学立论“分离命题”，应提倡以实质二阶层作为阶层化体系的实施方案。

一、三阶层 vs 二阶层：当下中国犯罪论体系新争点

在犯罪论体系的改革行进了二十多年之后，当下中国犯罪论体系改革呈现出一种相对明显的势态，在传统平面四要件体系与阶层化体系之间形成了各有阵营的状况：前者集中体现在老一辈刑法学者主编的刑法教科书中，后者集中体现在以改革派为代表的刑法学者主编或独著的刑

① 冯亚东等：《中国犯罪构成体系完善研究》，序言，2 页，北京，法律出版社，2010。

法教科书中。虽然传统阵营中也有主张对平面四要件体系进行改进者，例如或主张将四要件顺序变革为犯罪主体、犯罪主观方面、犯罪客观方面、犯罪客体[①]，或将顺序变更为犯罪主体、犯罪客体、犯罪客观方面、犯罪主观方面，或仅主张去掉客体等，从根本上，他们都只是对四要件体系作表面上的微调，与最典型、最传统的四要件体系并无任何实质差别，因而仍属传统平面四要件体系阵营。改革派之所以得名，是因为这些学者不惮于通说的影响，主张放弃我国传统四要件体系，力主以阶层化体系取代之，并由此产生了三阶层与二阶层两种代表性观点。三阶层体系主张构成要件该当性、违法性、有责性的体系[②]，二阶层体系推崇客观违法构成要件与主观有责构成要件的体系。需要特别指出的是，有的体系是二要件，但其实质绝非二阶层。比如犯罪的客观构成要件与犯罪的主观构成要件体系[③]，或主观要件与客观要件体系[④]，它们无非是将以往四要件中的客体与客观方面统一于客观构成要件之下，将主体与主观方面统一于主观构成要件之下，因而只是对四要件的另一种排列组合而已，它们还是“采用四要件的犯罪构成体系的话语系统”[⑤]，而非二阶层。与之相类似的，还有所谓“二层次四要件犯罪构成论”[⑥]，在此不赘述。

在犯罪论体系阶层化思潮之下，究竟主张三阶层还是二阶层，是在对犯罪论体系进行深化改革过程中所必然面临的更深层次的问题。如果说，在去平面化而提倡阶层化体系之初，重点在于根植阶层化的观念，对于几阶层问题可能无须在意，“阶层性是德日犯罪论体系的精华之所在。无论是二阶层、三阶层还是四阶层，只要犯罪成立条件之间存在逻

---

① 参见赵秉志：《论犯罪构成要件的逻辑顺序》，载《政法论坛》，2003（6）。

② 参见陈兴良主编：《刑法学》，3版，上海，复旦大学出版社，2016。

③ 参见曲新久：《刑法的精神与范畴》，152－206页，北京，中国政法大学出版社，2000。

④ 参见杨兴培：《犯罪构成原论》，135－136页，北京，中国检察出版社，2004。

⑤ 陈兴良：《刑法研究》，第6卷·刑法总论Ⅰ，327页，北京，中国人民大学出版社，2021。

⑥ 许发民：《二层次四要件犯罪构成论》，载《法律科学》，2007（4）。

辑上的位阶关系，就可以保证定罪的正确性”[①]，那么，当阶层化成为共识之后，不论几阶层一律均可的观点恐怕将受到诟病，毕竟，“体系化等于精致化”，“高度开发的社会需要精致的价值体系”[②]，不同的体系有不同的价值功能，构建严密的而且在几阶层问题上有分别的体系，由此成为犯罪论体系阶层化之后所必然面临的现实问题。虽然主张三阶层的学者从位阶的结构支撑功能、价值取向功能及思维方法功能的角度表明了提倡三阶层的理由[③]，提倡二阶层的学者从“以违法与责任为支柱构建犯罪论体系”[④] 的命题出发，间接表明了力主二阶层的合理性。但是，泛泛而论阶层体系在位阶支撑价值取向以及思考经济等方面的优越性，对于理解为何要放弃平面体系也许是有意义的，但对于为何选择三阶层而不是二阶层的问题并无助益，因为，它们本是阶层化体系的共同优点，二阶层同样具备；仅仅从“违法与责任为支柱构建犯罪论体系”的命题出发，也不能得出违法构成要件与责任构成要件二阶层的合理性，因为“区分违法与有责是当今刑法法理上的最大贡献，而且在此问题上也绝不可能再走回头路”[⑤]，无论几阶层概莫能外，换言之，三阶层同样是以违法和责任为支柱构建犯罪论体系的。

可见，对几阶层问题的回答，不能基于阶层化体系的共有特点亦即刑法学内部的知识结构进行，只有结合德、日犯罪论的过往与现状，了解三阶层与二阶层背后的哲学思潮和研究范式，比较它们各自的优劣与利弊得失，以及它们中何者更加符合中国的土壤、何种体系所代表的研究范式更加符合当下中国刑法学研究之需求等一系列问题并综合考虑之后，才能得出最后的答案。

---

① 陈兴良：《刑法研究》，第 6 卷 · 刑法总论Ⅰ，338 页，北京，中国人民大学出版社，2021。

② 许玉秀：《犯罪阶层体系及其方法论》，6 页，台北，作者自版，2000。

③ 参见上书，328－331 页。

④ 张明楷：《以违法与责任为支柱构建犯罪论体系》，载《现代法学》，2009（6）。

⑤ Küper，Der entschuldigende Nostand-ein Rechtsfertigungsgrund，JZ 1983，S. 88ff.

二、中国三阶层的性质：形式古典犯罪论体系

德、日刑法三阶层体系历经20世纪初至当今社会的嬗变，其内部有很多分野，其称呼各不相同，代表性的理论体系主要有古典的、新古典的或目的论或目的理性体系。我国学者主张的三阶层（以下简称“中国三阶层”）是何种性质的三阶层，必须首先加以明确。从中国三阶层的理论中可以发现，它是，至少是，最为接近形式古典三阶层的犯罪论体系。

中国三阶层的出发点是“三关系”和“三原则”，即认为犯罪论体系不仅仅是一个法律概念和法律制度的问题，而且是一种思维方法；作为一种思维方法，它涉及主观与客观、事实与价值、形式与实质三对关系问题，据此，犯罪论体系的建构必须遵循客观判断优于主观判断、形式判断先于实质判断（又可称为定型判断先于非定型判断）、事实判断优于法律判断“三原则”[①]。“三关系”与“三原则”提出之后，直接奠定了其后所有三阶层主张者的基本立场，并成为“旗帜鲜明地主张引入三阶层的犯罪论体系”[②] 的重要理由。

在古典三阶层体系中，一定的生活事实经构成要件该当性判断并得出肯定结论之后，才是具有刑法意义的事实，即它一方面成为犯罪构成事实，另一方面具有构成要件该当性。对于符合构成要件的行为随后要进行违法性的判断。有些行为虽然具有构成要件该当性，但在一定条件下，该行为可能为社会和法律所允许，实质上并不违反法秩序，即此种该当于构成要件的行为不具有违法性，从而不构成犯罪。有责性的判断用来检验行为人是否对于该当于构成要件且违法的行为应承担刑事责任。在这三个条件中，构成要件该当性只是针对犯罪成立的事实而言，不含价值色彩，因此，它被认为是犯罪成立的形式要件；违法性和有责性则是对于行为是否成立犯罪的价值判断。构成要件该当性的判断在某

---

① 陈兴良：《刑法研究》，第6卷·刑法总论Ⅰ，260－267页，北京，中国人民大学出版社，2021。

② 同上书，326页。

种程度上具有形式性、明确性，通过构成要件该当性首先设定一个限制性框架，接着进行客观实质违法性及行为人主观有责性判断。这样，“犯罪论体系通过阶段性的深入，即由形式性判断进入实质性判断，由对客观性要素的判断进入对主观性要素的判断，从而力图确保裁判官判断的正确、适当”，因此，“构成要件该当性、违法性、有责性这种犯罪论体系是一种行之有效的做法”①。形式的判断主要是对于抽象事实是否该当于构成要件的判断，实质的判断主要是对于该当于构成要件的事实在客观上是否不法以及相关行为人是否具有谴责可能性的主观判断，从形式到实质的判断同时也是从事实到价值、从定型到非定型的判断。例如，我国《刑法》第232条规定了故意杀人罪，在“A欲杀害B，B实施防卫行为反杀A”的案件中，B实施了故意杀人行为，因为“杀害行为”与“他人”都是描述性概念，所以“B实施了故意杀人行为”的构成要件便是一种形式的事实描述，但是，并非所有的故意杀人行为均是违法的，我们仍然需要在违法性阶层对其进行实质的价值判断，后者因为掺杂了“违法”这一价值因素，因而属于价值判断。

中国三阶层所说的形式到实质、事实到价值的判断进路，首先是以构成要件的中性、无色为前提的，只有存在中性而无价值色彩的构成要件且当行为符合该构成要件时，这一判断也才可能表明“有符合某种犯罪类型的事实存在”②，从而才能称其为事实、形式与定型的判断；然后再进行该行为是否违法与有责的判断，此为价值、实质与非定型的判断。这些决定了中国三阶层具有无价值性这一古典犯罪论体系的最重要特性。中国三阶层明确主张“构成要件该当性与违法性加以区分”③，反对构成要件向违法性靠拢。这意味着，当构成要件是纯粹的事实判断时，其才有可能与违法性相区分。中国三阶层也的确这样认为：“构成

① ［日］西田典之：《日本刑法总论》，第2版，王昭武、刘明祥译，51页，北京，中国人民大学出版社，2013。

② 许玉秀：《犯罪阶层体系及其方法论》，10页，台北，作者自版，2000。

③ 陈兴良：《刑法研究》，第6卷·刑法总论Ⅰ，408页，北京，中国人民大学出版社，2021。

要件该当性作为一种事实判断，为犯罪认定确定一个基本的事实范围。违法性作为一种法律判断，将违法阻却事由排除在犯罪之外。有责性作为一种责任判断，解决行为的可归责性问题。这三个要件的功能是不可替代的，缺一不可。”[①] 中国三阶层对构成要件该当性作为事实与形式判断的推崇，表明了其与注重规范性构成要件要素运用及对之予以价值和实质判断的新古典体系有别；中国三阶层所隐含的对于故意、过失作为罪责要素体系地位的维护及对于其作为主观构成要件要素的反对[②]，对于客观构成要件要素中主观要素的运用的反对，也表明其不同于以目的行为论为基础的目的论体系。中国三阶层也不是以罗克辛（Claus Roxin）为代表的学者所主张的目的理性体系，目的理性体系是以“新康德主义和新黑格尔主义”[③] 为哲学基础的，新康德主义强调的是“价值和评价作用”[④]，新黑格尔主义强调的是形而上学，同时将黑格尔最富特色的客观唯心主义改造为富含个人感情的主观唯心主义等[⑤]，这些特性与中国三阶层强调构成要件定型性与事实性以及违法的客观性等基本理论有根本差异。

中国三阶层以形式构成要件为前提，强调构成要件与违法性、有责性的区分，决定了它在性质上是古典的三阶层体系。在古典三阶层体系中，构成要件理论不含立法者的价值评价和违法及有责性内容，因而只是一个纯事实描述的行为类型；以之为出发点建立的犯罪论体系是“受到自然科学实证主义影响”[⑥] 的结果。为此，中国三阶层也可以说是带有法实证主义色彩的形式古典犯罪论体系。

---

① 陈兴良：《刑法研究》，第 6 卷・刑法总论 Ⅰ，255 页，北京，中国人民大学出版社，2021。

② 参见上书，425－426 页。

③ ［德］托马斯・李旭特：《德国犯罪理论体系概述》，赵阳译，载《政法论坛》，2004（4）。

④ 刘建伟：《新康德主义法学》，6 页，北京，法律出版社，2007。

⑤ 参见卓英子：《新黑格尔主义法学》，174 页，北京，法律出版社，2006。

⑥ 许玉秀：《犯罪阶层体系及其方法论》，12 页，台北，作者自版，2000。

三、实质二阶层：中国三阶层“分离命题”破解之必然

（一）中国三阶层的哲学立论——“分离命题”

“分离命题（the separability thesis）”是法实证主义学派对其核心问题即法与道德的关系问题所提出的命题，也是法实证主义学派提出的最重要命题。针对自然法学派所主张的法与道德不分或者过于紧密的联系，法实证主义学派力主划清法与道德的界限，从19世纪中期的奥斯丁（John Austin）开始，到当代的法实证学派代表人物哈特（H. L. A. Hart），都一直强调法律与道德的分离，否认“在法律和道德之间有某种交叉”或联系。此即法实证主义所主张的“分离命题”——“法律与道德的分离”①。“分离命题”受到了诸多批判，英语世界最著名的法哲学者德沃金（Ronald M. Dworkin）基于“法作为道德整体”观念对“分离命题”予以了有力回击②，德语世界最著名的法哲学者阿列克西（Robert Alexy）从“法与正确性”的命题出发，重新搭建了实证主义和非实证主义之争的舞台，从法的正义或曰正确性的角度对“分离命题”进行了批判。③“分离命题”是法实证主义学派所提出的“社会事实命题”“社会习惯命题”等数个命题中最为重要的一个命题，后两个命题只是从逻辑和概念上论证法律与道德的可分性，其最终是为“分离命题”服务的。换言之，正是通过“分离命题”，法实证主义学派割断法律与道德之间的“必然联系”，又以“社会事实命题”和“社会习惯命题”为之服务重构了实证主义的法律观。④

---

① ［英］H. L. A. 哈特：《实证主义和法律与道德的分离（上）》，翟小波译，载《环球法律评论》，2001（2）。

② 参见［美］德沃金：《法律帝国》，李常青译，158－245页，北京，中国大百科全书出版社，1996。

③ 参见［德］罗伯特·阿列克西：《法与正确性》，王晖译，载《比较法研究》，2010（4）。

④ 参见刘杨：《道德、法律、守法义务之间的系统性理论》，载《法学研究》，2010（2）。

中国三阶层的建立实际上也是以“分离命题”为前提的，只不过，其内容并非指法与道德的分离，而是指构成要件该当性的事实判断与违法性、有责性的价值判断之间的分离。这两种看似不同的内容，其实质是相同的。在中国三阶层主张者看来，构成要件是纯粹的事实类型，它是与价值无涉的形式判断，违法性、有责性作为实质价值判断，是在构成要件该当性判断之后进行的。“分离命题”能否成立由此成为三阶层与二阶层的分野。剖析“分离命题”，其前提是，构成要件具有超然、先于违法性、有责性的独立地位，这与“分离命题”认为存在纯粹形式上的法律规则和强调形式合法性①的观念异曲同工；其内容是，独立的构成要件能够与违法性、有责性的判断相分离，它背后隐含的观念是，强调在构成要件该当性的判断中拒绝渗入实质价值因素，这与“分离命题”的“不沾染价值”②，即“对于实质合法性之诉求”③ 的拒绝如出一辙；其方法论，是实证主义的。中性、无色、不作实质判断的构成要件概念强调的是事实与经验等法实证主义的特性，从构成要件该当性事实判断到违法性、有责性价值判断这一看似逻辑清晰的递进关系，强调的是在“一般性、描述性、形式性的基础上看清任何法体系的一些基本而重要的共同特征”④，以实现对犯罪成立理论体系性的把握，而这正是法实证主义者对法体系论深刻研究后的结果，也是“法实证主义者最重要的贡献”之一。⑤

然而，构成要件的发展史即其与违法性、有责性的融合史表明，“分离命题”的前提并不存在；犯罪认定的司法过程表明，形式与实质、事实与价值相分离的判断只是应然层面的内容，“分离命题”的内容在

① 参见［德］哈贝马斯：《法的合法性——〈事实与规则〉要义》，载郑永流主编：《法哲学与法社会学论丛》（三），2页，北京，中国政法大学出版社，2000。

② ［爱］莫里斯·凯利：《西方法律思想简史》，王笑红译，324页，北京，法律出版社，2010。

③ ［德］哈贝马斯：《法的合法性——〈事实与规则〉要义》，载郑永流主编：《法哲学与法社会学论丛》（三），2页，北京，中国政法大学出版社，2000。

④ 颜厥安：《法与实践理性》，305页，北京，中国政法大学出版社，2003。

⑤ 参见上书，305页。

实然层面难以成立；基于现代法哲学思潮的发展与法律思维的转型，对刑法犯罪论体系的研究应由早期实证主义经验思考，转为对违法性与有责性进行规范研究的本体论思考，“分离命题”的方法论也难以维系。

（二）“分离命题”的前提并不存在：构成要件的崩溃史

构成要件的发展史表明，构成要件的发展过程也就是其独立性日益消亡的过程，亦是其与违法性、有责性日益融合的过程，这推动了以构成要件该当性为第一阶层的三阶层体系的没落，以及以客观违法构成要件与主观有责构成要件为内容的二阶层体系的出现。

很显然，中国三阶层体系所体现的从形式到实质、从事实到价值的判断进路，是以构成要件的中性、无色为前提的；只有存在中性而无价值色彩的构成要件，且当行为符合该构成要件时，这一判断也才可能表明“有符合某种犯罪类型的事实存在”[①]，从而才能称其为事实、形式与定型的判断；然后进行该行为是否违法与有责的判断，则是价值、实质与非定型的判断。这种犯罪论体系“简单而明了，故能深入人心，成为通说达数十年之久，而无争议”[②]。

然而，考察构成要件的发展史可以看出，构成要件理论早已由中性、无色的事实类型而发展为价值评判类型，由独立的犯罪成立外部轮廓而发展为作为通说的违法、有责类型。

构成要件与违法性的关系经历了早期的相互毫无联系及至当今的“违法构成要件”通说之形成。与20世纪初德国的古典法实证主义哲学思潮相一致，贝林（Ernst Beling）在1906年提出，构成要件理论是“纯粹事实描述的”、“没有价值判断”和“不含有任何违法要素”[③]的犯罪类型的特殊外部轮廓。在贝林看来，构成要件是对行为、结果等要素进行纯粹描述性的类型事实，依据它无法判断行为是否违法、行为人是否有责。然而，短短十几年之后，迈耶（M. E. Mayer）对规范性构成要件要素的发现动摇了贝林的构成要件论。迈耶认为，构成要件要素

---

① 许玉秀：《犯罪阶层体系及其方法论》，10页，台北，作者自版，2000。

② 洪福增：《刑法理论之基础》，1页，台北，刑事法杂志社，1977。

③ Vgl. Beling, Die Lehre vom Verbrechen, 1906, S. 112, 146f.

分为描述性的和规范性的，前者通过感知可以把握，后者是与价值相关联的要素、是具有评价必要性的要素，而刑法上的价值评价涉及的就是违法与否的问题，因此，迈耶指出这些规范性构成要件要素乃是“真正的违法性要素”，它们“不是违法性的佐证，而是违法性的认识根据，它们本身属于违法性要素的组成部分”[①]。在此，迈耶与贝林一样，赞同在一般情况下构成要件具有违法性征表的机能，但在规范性构成要件要素的情况下，它在本质上就是违法性要素，是违法性的认识根据。迈耶将构成要件视为违法性认识根据，使得违法性开始渗透到构成要件之中，二者之间的关系也从此开始紧密。迈耶同时也认为，规范性构成要件要素也属于主观构成要件要素，构成要件不再是纯客观的，它也含有对主观的、内在的、心理的判断，它需要法官根据行为人的内在世界进行价值补充，例如，财产犯罪中的占有意图属于主观的构成要件要素，而不是罪责要素，有无占有意图也成为判断行为合法与违法的界限。正因为如此，迈耶进一步指出，构成要件的“主观要素是真正的违法性要素，但不是罪责要素，既不是纯正的罪责要素，也不是不纯正的罪责要素”[②]。从迈耶的规范性构成要件要素学说中可以得出结论：主观构成要件要素是规范性构成要件要素的推广，并使得构成要件与违法性之间的关系更加紧密。

麦兹格（Edmund Mezger）在迈耶的理论上前进了一步，他认为，构成要件是违法行为的类型，构成要件与违法性间的关系不仅仅是认识根据，而是存在根据，即行为符合构成要件，原则上就成为违法性的根据。麦兹格认为，“根据个人主张，构成要件这种表示是将被特别类型化的立法，依照刑法的目的而制作的特别的‘不法类型’……构成要件意味着为达到某一特殊目的而明示的被要求的不法界限。立法者制作构成要件的行为就是宣布法律上的可罚性。立法通过形成特别构成要件而制作特别的违法性，因此，行为符合构成要件并非单纯的违法性的认识

① M. E. Mayer, Der Allgemeiner Teil des deutsch strafrechts, 2. Aufl., Heidelberg, 1923, S. 184f.

② Ibid., S. 186.

根据，正确地说，应当是存在的根据"[1]。这样，迈耶的构成要件是违法性的认识根据说，发展成为麦兹格的构成要件是违法性的存在根据说。

从贝林中性、无色的构成要件理论，到迈耶的违法性认识根据说，及至麦兹格的违法性存在根据说，构成要件与违法性之间，由最初的没有关系变成具有紧密联系。当事实发生的行为与刑法规定的构成要件相吻合时，具备构成要件该当性；又由于构成要件是违法类型，具备了构成要件该当性的行为，基本上就可以推断是违法的了，如果没有违法阻却事由，便可以认定行为具备了违法性。对于作为违法类型的构成要件，亦有人称为"不法构成要件（Unrechtstatbestand）"，因为构成要件已被看作是用来描述各种不同犯罪行为的"不法内涵"[2]。"构成要件本来只有独立于违法论才能发挥其固有的机能，贝林的意图也在于此。但是，综观德国与日本构成要件理论发展的历史，简直就是构成要件论向违法论靠近的历史。它只不过就是原本价值无涉的、客观的描述性构成要件逐渐开始承载价值、逐渐开始包含大量的主观性和规范性这两种要素的历史。在我看来，构成要件论至少在德国已经快到达发展的终点了。"[3] 此后，"把构成要件看作是违法类型"遂成为"普遍的见解"[4]。当今德、日学者均普遍承认构成要件作为违法类型的观念。根据罗克辛的观点，违法性要素无法从构成要件中被剔除出去，它们是构成要件无法缺少的组成部分；所有决定违法的情况即构成要件要素应该能在一起构建违法性，这样，在行为完全该当于构成要件之时，就可以得出"行为是违法"的结论。[5] 至于义务犯，其义务更是由构成要件要素和违法性要素共同组成。[6]

---

① 转引自［日］竹田直平：《法规范及其违反》，239－240页，东京，有斐阁，1961。

② 林山田：《刑法通论》（上册），116页，台北，台兴印刷厂股份有限公司，1996。

③ ［日］西原春夫：《犯罪实行行为论》，戴波、江溯译，25页，北京，北京大学出版社，2006。

④ ［日］福田平、大塚仁编：《日本刑法总论讲义》，李乔等译，43页，沈阳，辽宁人民出版社，1986。

⑤ Claus Roxin，Offene Tatbestände und Rechtspflichtmerkmale，Berlin，1970，S. 152.

⑥ Ibid.，S. 134.

我国有学者认为，构成要件符合性阶层具有区别于违法性阶层的独立意义。正当防卫事由的成立意味着法律容许了这类正当化行为，此处存在一个容许规范。在与构成要件无关的情况下，其并不能证立对方具有容忍义务。如果不区分构成要件与违法性，则在没有给予相应的容许规范的保护的前提下，会出现当甲主动侵害乙时，乙合理实施正当防卫，甲仍然可以反击乙并主张正当防卫的情形。[①] 因此，构成要件符合性与违法性相区分，在判断是否提供容许规范的情况下，具有独立意义。

但是，这样的观点值得商榷，因为符合构成要件并不意味着某一行为已经被终局性地认定为违法，而只是意味着我们将其“推定”为违法，故只要其具有违法阻却事由，仍然能够阻却违法，上述学者的观点显然是将“符合构成要件的行为原则上违法”误解为“符合构成要件的行为一律违法”，存在理论上的误读。换言之，当一个行为被法律宣告符合构成要件时，该行为只是在一定程度上被认定是具有法益侵害性的存在，立法者仍然可能为其设立构成要件该当行为的解脱规则（Freigaberegelung）[②]，即违法阻却事由。

构成要件与有责性同样经历了由早期毫无联系及至当今“有责构成要件”通说之形成。

有责性即罪责，对“刑法上的罪责，不妨做这样的理解：‘尽管行为人有呼应规范要求的能力，却仍为不正的行为。’刑罚的发动，必须建立在这个罪责的基础上”[③]。简言之，罪责最基本的含义是“有辨别能力的正常人”[④] 应对其行为负责。因此，有责性即为对所实施犯罪行为的应受谴责性，其内容主要包括故意、过失、动机、精神状态、行为能力等。分析故意在犯罪论体系中的地位，深刻揭示了构成要件与有责

① 参见蔡桂生：《构成要件论》，210－211页，北京，中国人民大学出版社，2015。

② Vgl. Roxin，Rechtfertigung-und Entschuldigungsgründe in Abgrenzung von sonstigen Strafausschließungs- gründe，JuS，1988，S. 425ff.

③ 林东茂：《一个知识论上的刑法学思考》，增订3版，251页，北京，中国人民大学出版社，2009。

④ Bockelmann，Über das Verhältnis von Täterschaft und Teilnahme，1949，S. 5.

性之间的融合。

在20世纪初期古典犯罪论体系之下，故意属于责任的范畴，对故意的传统理解是，“故意犯作为责任要素、责任形式”，同样地将“过失理解为过失犯中的责任要素与责任形式”①。但是，后来人们逐渐认识到罪责不能等同于行为的主观方面，故意和过失也属于主观的构成要件，亦即是对犯罪事实的认识，只要行为人认识到某一行为的构成要件，并且仍去实施它，就可证明故意的存在。换言之，构成要件与有责性之间并非毫无联系，只有对前者有认识才有可能存在后者。而且，故意在摆脱其违法性认识的内涵而只限于对犯罪事实的认识之后，更意味着它已具备了独立的主观构成要件地位，“在后来的目的型犯罪论体系中故意却与违法性认识分离而独自成为主观的构成要件要素。故意在犯罪论体系中的这种根本性转位，成为区别古典型犯罪论体系和目的型犯罪论体系的标志”②。自此，故意也不仅仅是有责性的内容，也成为构成要件中的内容，故有主观的构成要件之说。如果说以往学说中将故意的犯罪论体系地位几乎无可争议地划归到有责性范畴的话，那么当今刑法理论已一致认可故意已由纯粹责任要素而同时成为构成要件要素与责任要素③，这是“故意在犯罪体系中所具有的双重地位和双重功能”之体现，它一方面是指“在构成要件阶段故意作为行为的样态意味着对于构成要件所有客观性要素的认识和容忍。另一方面在责任阶段故意作为责任的形式体现行为人心情的无价值”④。即使不承认故意在犯罪论体系中双重地位的学者，在研究犯罪论体系之时至少也要先问问：“在构成要件符合性、违法性以及责任的犯罪成立要件之中，故意、过失应当属于哪一个要件呢?”⑤ 很显然，如果不是故意、过失由纯粹的有责性

① ［日］山口厚：《论过失》，付立庆译，载《河南省政法管理干部学院学报》，2010（5）。

② 金昌俊：《韩国的犯罪故意论及其启示》，载《河北法学》，2010（11）。

③ 参见［德］托马斯·李旭特：《德国犯罪理论体系概述》，赵阳译，载《政法论坛》，2004（4）。

④ 同上文。

⑤ ［日］大谷实：《刑法讲义总论》，新版2版，黎宏译，118页，北京，中国人民大学出版社，2008。

要素发展为构成要件要素，就不会有此疑问。

以奸淫幼女犯罪为例：只要肯定幼女的年龄不满 14 周岁属于构成要件，行为人奸淫幼女的行为是否该当于该犯罪的构成要件，就必须结合其实施奸淫行为的对象的年龄，以及其主观上对幼女年龄的认识来断定。而对行为客体的年龄等的认识问题，涉及的是故意的内容，这属于有责性讨论的范畴。可见，在讨论构成要件该当性时，诸如对行为客体的认识等内容，既涉及构成要件的问题，又涉及有责性的问题。当行为人对构成要件发生错误认识，例如，误将成年女性当作幼女并诱惑与之发生性关系时，不成立奸淫幼女犯罪的故意，不构成强奸罪。在此，行为人的行为是否该当于奸淫幼女犯罪的构成要件，并不是纯客观的事实的判断，而必须借助于主观的认识要素与是否可以谴责的价值判断。

当责任要素在构成要件中日益增多且其地位受到瞩目之后，当构成要件与有责性之间的关系日益融合之后，构成要件不再是可以独立于有责性的抽象类型，而是演变为作为有责类型的构成要件。譬如《德国刑法典》第 240 条“强制罪”第 1 款规定，“非法以暴力或明显的恶意胁迫，强制他人为一定行为，容忍或不为一定行为的，处 3 年以下自由刑或者罚金”。第 2 款规定，“非法是指为卑鄙之目的而使用暴力或者恶意胁迫”。在此，行为人主观上是否具备“卑鄙之目的”或“恶意”，成为判断胁迫行为是否该当于强制罪的要素，而这样的要素，在古典犯罪论那里本来属于有责性的范畴，但是，当这些有责性的概念融入构成要件之后，它们就成为有责性构成要件要素，对它们进行适当的判断，比如，行为人的强制行为是否具有某种特定的卑鄙目的或者恶意，才能得出该行为是否该当于构成要件的结论。同理，在本罪中，违法性要素也成为构成要件中的要素，因为行为是否“非法”既是违法性的判断，也是构成要件该当性的判断。可见，在“强制罪”里，根本就不存在古典犯罪论所说的中性、无色的构成要件；这里的构成要件，典型的是以违法构成要件和有责构成要件的面貌出现的。正因为如此，对于类似这样的罪名中构成要件该当性的判断，“法官正是通过确定那些建构了可谴责性的情况来了解构成要件的完成”情况的，当行为人不存在主观认识方面的错误时，亦即可谴责性可以成立时，“这个强制行为才是该当于构成要件的”①。此时，法官只有完成了对行为人主观上可谴责性的判断才能得出该行为是否该当于构成要件的结论。这表明，纯粹的事实判断，无关乎有责的、价值无涉的形式与定型判断，不但因为有责性构成要件的判断而不存在，也因为有责性构成要件的判断而成为不可能。

当今日本刑法学界仍有学者“否定责任具有类型化，而构成要件该当性应解释为不具有推定责任功能”②，亦即否定构成要件与责任之间的关系。但是，这种观点只是极少数学者的主张，绝大多数学者如大塚仁、大谷实、西田典之、前田雅英、佐伯仁志、庄子邦雄、板仓宏、山中敬一等，都主张构成要件既是违法类型，同时也是责任类型。③ 再考虑到上述德国学说的嬗变，可以说，构成要件违法、有责类型说是当今德、日的通说。

构成要件与违法性、有责性之间从毫无联系到彼此融合的历史表明，“构成要件论的发展史，实际上同时是构成要件论崩溃的历史”，“本来应当发挥独立于违法性之机能的构成要件，逐渐靠近违法性”；本来和有责性无关的构成要件，逐渐靠近有责性。“构成要件”逐渐“承载了内容丰富的价值，因此失去了其独立性，最终埋没在违法性”和有责性之中，“销声匿迹了”④。既然构成要件难以和违法性、有责性划清界限，既然构成要件的独立地位难以维持，中国三阶层的提出也就缺乏前提和基础了，主张二阶层也就成为必然。

（三）“分离命题”的内容无法实现：事实与价值的融合

即使构成要件的独立地位可以得到承认，即使以形式构成要件作为犯罪论体系的出发点，即使带有浓重法学实证主义色彩的三阶层犯罪论

---

① Claus Roxin，Offene Tatbestände und Rechtspflichtmerkmale，Berlin，1970，S. 154.

② ［日］川端博：《刑法总论》，余振华译，113 页，台北，元照出版有限公司，2008。

③ 参见［日］西田典之、山口厚、佐伯仁志编集：《注释刑法》，第 1 卷，261－262 页，东京，有斐阁，2010。

④ ［日］西原春夫：《犯罪实行行为论》，戴波、江溯译，295 页，北京，北京大学出版社，2006。

体系能够维持，即使在方法论问题上主张实证主义的分析方法，对一个行为成立犯罪与否的判断，也无法精确地顺应客观到主观、形式到实质及事实到价值的逻辑过程。构成要件自身结构与内部要素决定了，在对犯罪认定的实际过程中，构成要件该当性的判断根本不可能与违法性、有责性的判断相分离；客观到主观、形式到实质及事实到价值的判断进路只能是在应然层面而言，在实然层面无法做到。

中国三阶层使用的是法实证主义方法，以彼之矛攻彼之盾，不妨使用法实证主义有关理论来反驳、分析其所存在的问题。应然与实然的区分是法实证主义极为重要的内容。奥斯丁对应然与实然的区分奠定了法实证学派对这一问题的基本思路，他指出，“法律是什么是一回事，法律应当是什么是另一回事”[①]。休谟（David Hume）最早在区分实证与规范的意义上区分了应然与实然，他认为，自然科学属于“实然（sein）”，规范科学属于“应然（sollen）”[②]。凯尔森（Hans Kelsen）从法律秩序的实际效果区分了“应当”和“是”，亦即应然和实然。他指出，法律秩序的效力依靠它与现实的一致、依靠它的“实效”，“在法律秩序的效力与实效之间所存在的关系”可以说就是“应当”与“是”之间的紧张关系。[③] 哈特在凯尔森的基础上，也对应然和实然作了区分：对一件实在的事实作陈述性的、能够被人们的观察和推理感受的是实然的法，为人类行为确立的有效的行为规则是应然的法。[④] 总之，区分法的实然与应然，是法实证学派的著名论断，并且其合理性也为其他法学派别所吸收。

刑法犯罪论体系是为了应对在实际生活中如何认定犯罪的成立，而经由刑法理论工作者所提出的系统理论，因此，犯罪论体系的适用对象

---

① ［英］奥斯丁：《法理学的范围》，刘星译，147页，北京，中国法制出版社，2002。

② ［爱］莫里斯·凯利：《西方法律思想简史》，王笑红译，323页，北京，法律出版社，2010。

③ 参见［奥］凯尔森：《法与国家的一般理论》，沈宗灵译，137页，北京，中国大百科全书出版社，1996。

④ 参见［英］哈特：《法律的概念》，第3版，许家馨、李冠宜译，88-91页，北京，法律出版社，2018。

是形形色色的刑事案例，它是面向“实务”的“一项便利的判断工具”[①]。这决定了“刑事法学主要研究规范的‘实然’”而非应然，建构犯罪论体系不能“谨守法实证主义的理路，以实证法的概念分析为已足”[②]。在刑法理论上，对于如何认定犯罪也许可以描述性构成要件为中心建立严格的逻辑体系，但在面向实务时，由于违法或犯罪毕竟属于规范性问题，因此必须考察体系所内含的价值理念，“规范之学，价值自由是不可能的”[③]。从应然层面而言，构成要件该当性、违法性及有责性的确表达了事实到价值、形式到实质、客观到主观的逻辑递进过程，然而，这只是三阶层“按照自然科学和经验社会科学的程序”[④]所传递的表面讯息；于实然层面，根本无法实现。

从构成要件的自身结构分析。古典的犯罪论体系所希冀的构成要件结构是封闭的，即立法者对构成要件的各要素能详尽描述，法官只需将案件事实与构成要件描述进行对接。然而，受法典特性、立法水平、语词表达等各种因素的影响，封闭的构成要件全然只是理想的图景，这决定了构成要件必然具有开放性。自威尔哲尔（Hans Welzel）提出了开放的构成要件概念后，理论上有观点认为“不应该肯定这样的‘开放的构成要件’以日本刑法第 95 条第 1 款所规定的妨害执行公务罪为例，作为本罪的成立要件，公务的合法性虽然必要，但这不应该理解为不属于构成要件的违法要素，而应该直截了当地理解为构成要件要素”[⑤]。这种拒绝开放的构成要件的观点极为片面，它对于缩小开放的构成要件的范围具有积极意义。但是，“作为实际问题，对过失犯、不真正不作为犯等，不可能规定完结的构成要件”[⑥]，这些构成要件不同于含有规

---

①② 许玉秀：《犯罪阶层体系及其方法论》，7 页，台北，作者自版，2000。

③ 林东茂：《一个知识论上的刑法学思考》，增订 3 版，240 页，北京，中国人民大学出版社，2009。

④ ［德］罗伯特·阿列克西：《法律论证理论》，舒国滢译，42 页，北京，中国法制出版社，2002。

⑤ ［日］山口厚：《刑法总论》，第 3 版，付立庆译，34 页，北京，中国人民大学出版社，2018。

⑥ ［日］大塚仁：《刑法概说（总论）》，第 3 版，冯军译，135 页，北京，中国人民大学出版社，2003。

范性要素的构成要件，后者在构成要件中至少有相关文字表述，前者没有任何文字表达，比如过失犯的注意义务等，均需法官价值补充之后才能得出是否该当于构成要件的结论。因而，开放的构成要件概念无疑具有实然层面的存在空间。甚至在有的学者看来，纯封闭的构成要件并不存在，在封闭与开放的“这两种构成要件之间作出区分，至少作为犯罪论体系上的问题，是没有什么值得一提的意义的。在这两种构成要件的场合，构成要件符合性无外乎就是违法性本身”[①]。

以不真正不作为犯为例：虽然不承认开放的构成要件概念的学者会认为，“作为义务不是非类型的、实质的违法性问题，无作为义务人的不作为根本不具有构成要件该当性，即在违法性问题之前，一定是作为构成要件该当性的问题”[②]。但是，在具体判断行为是否该当于不作为犯的构成要件时，必须联系行为人是否具备作为的义务，而作为义务在刑事立法上的付之阙如，导致必须借助法官的价值评价予以补充，从而，不作为犯构成要件该当性的判断无法实现三阶层所主张的纯形式事实的判断，而只能是实质价值评价。在“丈夫（甲）殴打妻子（乙）后不予救助致其死亡”[③] 案中，按照中国三阶层的主张，对于甲的行为就应该先进行该当于故意杀人罪构成要件的事实判断。然而，恰恰是在这第一个阶层难以进行该当与否的判断：刑法并未规定不作为的故意杀人罪的作为义务范围及种类，对于不作为的故意杀人罪而言，其构成要件是开放的；而具备何种作为义务以及是否具备履行义务的能力，均是不

---

① ［日］西原春夫：《犯罪实行行为论》，戴波、江溯译，49 页，北京，北京大学出版社，2006。

② ［日］吉田敏雄：《不真正不作为犯の体系と构造》，3 页，东京，成文堂，2010。

③ 柳华颖：《丈夫殴打妻子后不予救助致其死亡的定性》，载《人民法院报》，2012－03－22，7 版。本案基本案情为：甲（男）、乙（女）是夫妻，二人共同经营一家便利店。某日晚，甲、乙在朋友处发生争吵，甲殴打乙，后于凌晨二人回店。次日晨，丙到店找乙，发现甲在二楼床上睡觉，乙躺在地面草垫上不动。丙叫醒甲，甲抱起乙呼喊但未见反应。丙告知甲的家人后离开，甲也随即离店出走。甲的家人打了急救电话，医生赶来后发现乙尚有体温，但经做心电图确认其已死亡。经鉴定，乙因肝破裂、胸骨和多根肋骨骨折等全身多处损伤引起的循环、呼吸障碍死亡。本案显然不能成立作为方式的故意杀人罪，对其定性可能只有两种：或是就前一阶段的殴打行为成立故意伤害罪，或是认定甲的行为成立不作为故意杀人罪。

作为故意杀人罪构成要件的内容；只有在甲具备救助乙的作为义务却未能履行时，才能得出其该当于不作为故意杀人罪构成要件的结论。分析本案，甲是否具备救助义务取决于其是否预见到自己殴打乙的行为会发生致人伤或亡的结果。甲殴打乙后，凌晨二人回到了便利店。这表明，当时乙所显现出来的情况可能并不严重；到店后，由于时间已晚二人便休息，甲也未能意识到乙的伤情很严重。对于乙第二天可能出现的死亡后果，甲没有任何预见可能性。在丙发现乙的异样并打电话告诉甲的家人后，甲于医生来前一小时左右离店出走。至此，甲本应积极履行救助的义务，因为乙失去反应的行为与甲前一天的殴打明显存在联系，亦即乙的现状系甲的行为所造成。在发现乙没有反应的情况下，即使不是甲的殴打行为所致，根据甲、乙紧密的共同体关系，甲也不应置乙于不顾而离店出走。

在补充作为开放的构成要件的不作为犯时，确定其义务来源有形式的法义务说与实质的法义务说两种学说：前者主要是指根据法律、习惯法、契约以及先行行为等产生的义务；后者主要是基于刑法的法益保护目的这一实质层面而演绎出来的作为义务。[①] 根据形式的法义务说，乙的死亡后果虽然在案发时不能确定一定是由甲所造成，但甲事后“供述回到便利店后曾看见”乙“吃消炎药”[②]，这说明至少在盖然层面上，可以确定该后果与甲的殴打即其先行行为有关。根据实质的法义务说，甲、乙因婚姻关系而存在的超紧密生活状态，决定了甲对乙具有排他性的救助义务，在乙的生命、身体、健康法益受到侵害或者威胁的情况下，甲应进行及时救助。总之，根据形式或实质的法义务说，甲均对乙具有救助的义务。在甲具有救助义务的前提下，在甲可以作出及时打急救电话等行为以帮助、救助的前提下，甲没有履行帮助、救助义务，以致乙死亡，则甲的行为该当于不作为故意杀人罪的构成要件。

---

① 参见［日］吉田敏雄：《不真正不作为犯の体系と构造》，3页，东京，成文堂，2010。

② 柳华颖：《丈夫殴打妻子后不予救助致其死亡的定性》，载《人民法院报》，2012－03－22，7版。

按照中国三阶层的观点，本应先对甲的行为进行该当于某罪构成要件的判断，再进行违法性、有责性的判断，最终得出犯罪是否成立的结论。然而，不作为故意杀人罪的构成要件是开放性的，在法官对之予以补充评价时，必须借助实质的违法性来判断行为人是否具备作为的义务，从而对构成要件该当性的事实判断必须借助价值判断才得以完成，本该是定型的形式的判断结果却必须借助“非定型的实质违法性”才得以完成。三阶层的“三原则”由此停留在应然层面，在实然层面上，根本无法贯彻。

从构成要件的组成要素分析，构成要件的组成要素最基本的划分是描述性/规范性构成要件要素和客观/主观的构成要件要素，虽然它们类别不同，但在构成要件该当性判断的实然层面，均需从实质与价值进行补充。

根据能否通过人的感官感觉到以及是否需要法官的价值补充判断，构成要件要素可分为描述性与规范性构成要件要素：前者采用描述性概念，通过人的感官可以感知，例如货币、妇女、儿童等；后者以规范性概念为载体，必须借助法官的价值评价，比如合法性、伪造、陷害等。一方面，规范性构成要件要素的存在，决定了对构成要件该当性的判断无法单纯从事实与形式的层面进行。比如，甲在动车行驶过程中，趁旅客熟睡之际假装上厕所，顺手拿走了行李架上一包物品。经查，该包内均为食品，价值不过百元。本案中，甲的行为是否该当于盗窃罪的构成要件？刑法对盗窃罪客观行为的规定有5种之详细，即普通型盗窃数额较大的、多次盗窃、入户盗窃、携带凶器盗窃、扒窃。甲的行为显然不属于多次盗窃、入户盗窃和携带凶器盗窃，是否为普通型盗窃或扒窃，关键在于二者如何区分，或者说关键在于如何定义扒窃。考虑到前者有数额要求而后者没有，基于扒窃定义的射程范围，可将扒窃限制理解为对贴身财物的窃取，即“steal by touching body（接触身体的偷窃）”，其与普通型盗窃的不同之处正在于，它是接触身体的盗窃，从保护人身法益的角度考虑，刑法才没有对之设立数额要求，体现了从严入罪的精神；“但这种盗窃造成的财产损失通常不大，且易被发觉抓获，处罚可从宽”[①]，据此，甲的行为不能该当于扒窃型盗窃罪的构成要件。可见，对扒窃的理解，难点在于联系不同类型盗窃罪的立法目的，从区分扒窃与普通型盗窃的角度，予以合理的限定。这是规范目的论的解释结果，是价值考量之后得出的结论。

另一方面，描述性与规范性构成要件要素之间的区分也是相对的，“即便是纯粹描述性的概念也都可能是模糊的”，就算是相对明确的“数量概念”，“价值决定也可能扮演了一定的角色”[②]，这导致“描述性要素与规范性要素之间的区别”也“很模糊”[③]，因此，即使对于看似是描述性的构成要件要素也需要进行价值补充。《刑法》第297条规定，“违反法律规定，携带武器、管制刀具或者爆炸物参加集会、游行、示威的”，构成非法携带武器、管制刀具、爆炸物参加集会、游行、示威罪。本罪中，“武器”一词本来看似极其容易理解，比如刀、枪等就是人们熟知的武装器械。但是，假的武器是否可被认定为武器，硫酸是否为武器，普通的棍棒是否为武器？显然，对于“‘武器’这个构成要件要素，不能仅透过感官的观点来解释”，“只有能当作武器使用的工具，才应该被认为法律意义上的武器”，立足于“法的目的和价值标准”，“透过目的论的解释”，“对这里武器的概念必须采广义的解释”[④]，因此，假的武器或者硫酸或者普通的棍棒并不关键，关键是这些工具是否用来攻击他人、侵犯他人健康或身体法益。可见，在判断携带武器参加集会、游行、示威罪的构成要件时，对于描述性的构成要件要素“武器”，难以通过纯事实的判断得出是否该当于该罪的构成要件的结论。

根据是记载行为外在的客观现象还是行为人内在的主观心理，构成要件要素可以分为客观与主观的构成要件要素：前者涉及行为及有关外

---

① 储槐植：《解构轻刑罪案，推出“微罪”概念》，载《检察日报》，2011-10-13，3版。

② Puppe, Kleine Schule des jursitischen Denkens, 4. Aufl., 2019, S. 33.

③ ［日］西原春夫：《犯罪实行行为论》，戴波、江溯译，49页，北京，北京大学出版社，2006。

④ ［德］Bernd Schünemann：《刑法体系思想导论》，许玉秀译，载许玉秀、陈志辉编：《不移不惑献身法与正义——许迺曼教授六秩寿辰》，273-274页，台北，新学林出版股份有限公司，2006。

界现象，比如行为是赌博还是脱逃还是伤害，行为客体是尸体还是虚假信息还是公文等；后者涉及行为人的内在心理现象，比如罪过、动机、目的等。客观与主观的构成要件要素之间的复杂关系，以及主观的构成要件要素判断的复杂性，决定了在实然层面对构成要件该当性的判断无法实现客观到主观、事实到价值的递进关系；对很多客观的构成要件要素的判断必须借助主观的构成要件要素才能进行。比如诈骗罪，我国《刑法》第266条只规定了“诈骗公私财物，数额较大的”行为是其构成要件，但是，学理和实务普遍认为，该罪客观的构成要件必须包含行为人的欺诈行为、被害人的财产处分这两个基本要素。其中，对于什么是“财产处分”，“依照德国许多刑法学者与联邦最高法院的看法，所谓财产处分是指：‘直接导致财产减损的任何行为、不作为或容忍；处分者除了发生错误之外，仍有自由的意思决定。’”[①] 在此，作为客观的构成要件要素的“财产处分”内含有错误认识与自由的意思决定这些主观的构成要件要素。在判断某一行为是否该当于诈骗罪的构成要件时，就只有通过对被害人主观要素的判断才能得出正确的结论。需特别指出的是，“刑法对客观要素之态度异于主观要素之态度，亦即对于客观要素刑法皆将其明示于构成要件之内，唯独对于主观要素，有时将其明示于构成要件之内”，“但有时并未将其明示于构成要件之内”[②]。因此，在判断某一要素是客观还是主观的构成要件要素时，不能仅凭条文中文字的表述，而应分析客观的构成要件要素的内部结构和可能存在的行为人心理对之成立与否的影响，判断其是否同时含有主观的构成要件要素的成分。

总之，分析构成要件的结构及组成要素，从实然层面而言，几乎对所有构成要件都是开放性的，几乎对所有的构成要件要素的判断都需要价值补充。这些导致几乎对所有的构成要件该当性的判断都需要在违法性及有责性的价值层面进行。中国三阶层所说的客观到主观、形式到实

---

① Vgl. Thomas Fischer，Strafgesetzbuch，65. Aufl.，2018，§263. Rn. 70.

② 蔡墩铭：《现代刑法思潮与刑事立法》，237页，台北，汉林出版社，1996。

质判断的逻辑过程至多只能停留在应然层面。正如康德所言，理论有必要一直进行更新，以达到对于实务足够适用的状态，这一点是可能的。[①] 放弃三阶层，主张构成要件与违法性和有责性分别融合为一体的二阶层，正是基于区分应然与实然、理论与实务的理性态度。

（四）“分离命题”方法论难以维系：由实证论到本体论

从刑法本体论结构及思维方式出发，应该提倡二阶层。中国三阶层所蕴含的“分离命题”是立足于法实证主义学派、以实证为方法的；法哲学思潮中从实证论到本体论的过渡表明，“分离命题”的方法论难以维系，中国三阶层也因此难以成立。

中国三阶层力主“以构成要件论为逻辑起点建构我国的犯罪论体系”[②]，这里的“构成要件”作为抽象的行为“类型”“具有某种封闭性，它使行为形成一个封闭的区间，从而将不具有构成要件该当性的行为排除在犯罪之外，起到了第一道关卡的作用”。同时，基于“构成要件的形式化”[③] 的考虑，又主张构成要件该当性与违法性的区分。显然，中国三阶层是典型的基于法实证主义而建构的犯罪成立理论。认为存在着封闭的构成要件概念，正是基于法实证主义学派关于“法律是一个封闭的体系，司法判决能够从预先存在的前提中演绎出来”[④] 这一核心命题而提出的；认为通过封闭的构成要件概念可以实现对构成要件该当性的判断之看法，则是秉承了法实证主义学派认为的“判决可以从事先确定了的规则中逻辑地推演出来”的基本观点[⑤]；主张对构成要件该当性的判断可以与违法性相分离，则是深受法实证主义学派“否认价值

---

① 参见［德］约阿希姆·赫尔希：《论刑法理论与实务的紧张关系》，牛露露译，载《中国刑事法杂志》，2012（2）。

② 陈兴良：《刑法研究》，第6卷·刑法总论Ⅰ，589页，北京，中国人民大学出版社，2021。

③ 同上书，408页。

④ ［美］布莱恩·比克斯：《法律实证主义：思想与文本》，陈锐编译，3页，北京，清华大学出版社，2008。

⑤ 参见李桂林、徐爱国：《分析实证主义法学》，2页，武汉，武汉大学出版社，2000。

判断在法学科学中的意义”[①] 这一“分离命题”的当然延伸意义之影响。

贝林时代古典犯罪论体系被深深地打上了时代的烙印。以形式构成要件概念为出发点构建的古典犯罪论体系是与风靡于19世纪至20世纪的法实证主义风潮紧密相连的。当时各人文学科都笼罩在“是否科学”的追问之下，在达尔文进化论、牛顿力学、波尔（Niels Henrik David Bohr）量子力学等自然科学巨大声誉的影响下，人文科学面临巨大的压力，如何和自然科学一样给人类的进步带来可见的影响，成为当时人文社会科学理论工作者的最重要使命。在法学领域，“法学是一门科学吗”[②] 成为法学者的集体焦虑；法学作为人文社会科学的特性使人们对“法学的成就是什么”深感怀疑，性急的法学者甚至提出了“作为科学的法学的无价值性”之命题，断言法学不是一门科学，认为自然科学“有着高贵的尊严”，“它们只关心自然的、永恒的、绝对的东西”，而“法学只关注偶然，法学尽管是一门科学，却不像其他科学那样能够并且应当对现实以及人们的生活产生影响；另一方面也可以理解为：法学作为‘科学’从理论上说是无价值的，它并非‘科学’，不符合‘科学’一词的真正定义”[③]。为了使刑法学更具备科学的特性，刑法学者纷纷尝试从实定法的角度探讨犯罪的成立要件，“刑法史上第一个成形的”，同时也是形式的古典犯罪论体系由此产生，“创造古典犯罪理论的李斯特和贝林，其生存时代的学术思想背景为‘法实证主义’（rechtswissenschaftlischer），认为只有纯依经验，遵循实证法，法官才能受法律的拘束，作出的判决才会客观可信”[④]。在犯罪构成要件论上，古典犯罪论体系主张其为中性、无色且与违法、有责性均相区分的抽象类型。

---

① 陈景辉：《法律的界限——实证主义命题之展开》，47页，北京，中国政法大学出版社，2007。

② ［德］冯·耶林著，奥科·贝伦茨编注：《法学是一门科学吗?》，李君韬译，43页，北京，法律出版社，2010。

③ ［德］冯·基尔希曼：《作为科学的法学的无价值性》，赵阳译，载《比较法研究》，2004（1）。

④ 吕秉翰：《刑法犯罪论体系之流变》，载《吴凤学报》，1996（9）。

在违法性上，虽然古典犯罪论体系首次区分了形式违法性与实质违法性，并认为形式违法性是“与法律的矛盾”，亦即行为人的行为与实证法对立的状态①，但是，其对违法性的思考很少从法秩序的整体立场予以实质性的考虑，从而使对违法性的判断“仅局限于形式法规之事实判断”，而轻视“就违法阻却事由存在与否作价值之判断”②。在有责性上，采取心理的责任论，与结果的发生具有因果联系的故意与过失被认为是责任要素，“对于外界变化的心理关系，是容易凭经验加以验证的。我认识这是一个人，我要他死，而且我将这个人杀死，具备这种心理关系，就是故意杀人。我不知道这是一个人，我不慎将这个人杀死，具备这种心理关系，就是过失致死。这种心理关系可以找到旁证，凭生活经验判断，到底是故意或过失”，“如果不是故意或过失，依古典犯罪论，就没有罪责”③。这种简单的经验思维，重视了行为人的心理事实，忽视了心理事实与刑法规范之间的具体结合关系，亦即判断责任的有无应该考虑行为人是否违反了法规范所赋予的义务、是否具有非难可能性；同时它也排斥了超法规的责任阻却事由如期待可能性理论等在有责性中的运用，而且将故意定位为对构成要件该当性和违法性的双重认识。至于构成要件该当性与违法性和有责性之间，是毫无联系的，即在构成要件该当性的判断中只是对于事实是否该当于构成要件的判断，无关违法与有责的价值评判；而违法和有责之间的关系是纯粹的外部与内部、客观与主观的关系。总之，李斯特（Franz von Listz）及贝林时代的古典犯罪概念首先是受到自然主义理论的影响，这一理论试图以自然科学追求精确的理想来要求人文科学，因而刑法体系也应当与此相应，植根于

① 参见［德］耶赛克、魏根特：《德国刑法教科书》(上)，徐久生译，319页，北京，中国法制出版社，2017。

② 余振华：《刑法违法性理论》，2版，74页，台北，瑞兴图书股份有限公司，2010。

③ 林东茂：《一个知识论上的刑法学思考》，增订3版，250页，北京，中国人民大学出版社，2009。

可量度的、经验上可控制的成分。[①] 因此，这种古典犯罪论体系看起来更具备“科学”的气质。

这种古典犯罪论体系的首要任务就是构筑实证法意义上可验证的犯罪类型即构成要件概念。通过将构成要件的“研究范围限定在经验领域，限定在对各自研究对象的客观性描述范围内，从而建立一种经验上可验证”[②] 的理论，即“科学”的、一种体系上可以自足的理论。如此一来，在构成要件的内涵上，力主将其与违法、有责划清界限，类似于凯尔森的纯粹法理论，试图建立纯粹的类似于科学概念的构成要件，将正与不正、可谴责与不可谴责、善与恶等都从构成要件的内容中剔除；而将构成要件的外延，圈定为可检验的事实，如果是需要价值评判的事实，则不符合对法体系形式化的要求，“一个描述刑法规范的法律原则必须如此的形式化：如果一个人实施了一般的法律规范所规定的一个犯罪行为，那么一个组织应当规定一个制裁。这一制裁是从前一个法律规范而来，这一在前的法律规范又是由一般的法律规范而来”[③]。换言之，作为类型的法律规范必须具有普遍性、形式性，主张一般抽象正义，排斥具体个案正义。这个时代的法官适用刑法上的构成要件也极为简单：既然法典是自给自足的，构成要件也是单纯的经验事实，那么法官在判决案件时只需要将案件事实与法条进行机械对接就可以了。除了成文法典，法官对条文的适用在立法者的潜意识中都被认为可能是滥用或擅断，“用孟德斯鸠经典的表述就是，法官不外乎是‘宣告及说出法律的嘴巴’”[④]。

古典犯罪论体系过于注重法的可验证性，尤其是超现实地强调以形式推理为己任、以概念的逻辑演绎为方法、以抽象事实为内容的构成要

---

① 参见［德］托马斯·李旭特：《德国犯罪理论体系概述》，赵阳译，载《政法论坛》，2004（4）。

② ［英］尼尔·达克斯伯里：《法律实证主义：从奥斯丁到哈特》，陈锐编译，前言，10页，北京，清华大学出版社，2010。

③ 转引自上书，前言，10页。

④ ［德］乌尔弗里德·诺依曼：《法律教义学在德国法文化中的意义》，郑永流译，载郑永流主编：《法哲学与法社会学论丛》（五），15页，北京，中国政法大学出版社，2002。

件概念，比如，关于外部的违法和内部的有责之间的区分就过于绝对，使对违法的理解局限于对案件事实的“外部描述”而非“熟思的描述”[①]；对犯罪成立的判断也局限于一般性表达的法律和据此定型的构成要件，局限于采用中立形式主义的分析方法，难以适用于实践个案。构成要件该当性的判断根本不可能从一般性的行为类型中逻辑地推演，既然构成要件是一般性地表达犯罪行为的类型，那么，连构成要件自己也难以判断案件事实是否与之该当；而且，这样的构成要件与违法性之间显然是存在矛盾的，因为前者在实际操作中根本无法离开后者，但在逻辑层面又被强行分离。这种重实证而轻价值是古典犯罪论体系的最大缺陷。

然而，现代刑法教义学的基础是本体论。“现代法律思想的一个重要的进步是，由世纪之交的实证论过渡到了接下来几十年的本体论的思考方法。”[②] 本体论的兴起意味着古典犯罪论体系的终结与各种目的论体系的交替出现；中国三阶层也注定不可能在目的论体系盛行的当今时代有生存空间。

本体论即 ontology，这个词中的“on”在古希腊文中为“ont”，在英文中为 being，因此，本体论是关于“是”的学说。根据德国哲学家沃尔夫（Christian Wolff）的定义，“本体论，论述各种抽象的、完全普遍的哲学范畴，如‘是’以及‘是’之成为一和善，在这个抽象的形而上学中进一步产生出偶然性、实体、因果等范畴”[③]。据此，本体论是形而上学的，而在西方哲学的理解中，形而上学这一概念本身就说明它不能是经验的，因而本体论是反经验主义的，它具有超经验性；而在经验之外的本体论，是本质主义的，即是“关于事物本质的必然真理的

① 陈志龙：《构成要件理论之变迁》，载林山田编：《刑事思潮之奔腾——韩忠谟教授纪念文集》，57 页，台北，韩忠谟教授法学基金会，2000。

② Edmund Mezger，Moderne Wege der Strafrechtsdogmatik，Duncker & Humbolt，Berlin-München，1950，S. 9.

③ ［德］黑格尔：《哲学史讲演录》，第 4 卷，贺麟、王太庆译，189 页，北京，商务印书馆，1978。

学说”[①]。本质主义是在西方思想史上具有悠久传统的一种观念模式，寻求现象背后的本质也是人们的一种根深蒂固的思维倾向。柏拉图的理念论就是这种本质主义的典型代表：各种各样善的东西的背后必定有一个共同本质，这种共同本质就是“善”的理念。[②] 作为本质主义的本体论，往往代表了理性本身，甚至它直接“被认为是理性主义的”[③]。这使本体论得以“作为一种理性化地解释和说明这个世界的本原及其运作机制的思维模式”[④] 而存在。而对作为本质的理性之探求，决定了本体论必然是以实质理性为其价值内核的。形而上学主义、反经验主义、本质主义、（实质）理性主义，成为本体论的基本特征，而这一切，其实可以被概括为非实证主义。因为，法实证主义的最大特点就是“反本质主义和反基础主义”[⑤]，主张经验事实，强调形式规则，反对理性主义。在法哲学派别上，关注法的存在与效力、法的正当性及法与道德等“实质哲学问题”[⑥] 的学说，比如自然法学派、新康德主义法学派以及新自然法学派的主张，大致可归入本体论的范畴，譬如给本体论下定义的沃尔夫本人就是一位自然法学者。

在19世纪末、20世纪初，“法实证主义在德国盛极一时，终于导致纳粹浩劫。希特勒就是以合法的方式取得政权，以合法的方式遂行极权统治，以合法的方式犯下滔天大罪”[⑦]。对法实证主义的批判自此开始，其后“至少50年来在德国法哲学中拒绝甚至谴责法律实证主义几乎成为一种礼仪上的要求”[⑧]。基于对法实证主义的反思，以拉德布鲁赫

① 俞宣孟：《本体论研究》，3版，20、17页，上海，上海人民出版社，2012。

② 参见单锋、胡欣诣：《法哲学中的反本质主义和反基础主义》，载《南京社会科学》，2009（2）。

③ 俞宣孟：《本体论研究》，3版，93页，上海，上海人民出版社，2012。

④ 徐陶、刘立夫：《何物存在：中西哲学本体论的差异与会通》，载《江西社会科学》，2012（3）。

⑤ 单锋、胡欣诣：《法哲学中的反本质主义和反基础主义》，载《南京社会科学》，2009（2）。

⑥ 舒国滢：《法哲学：立场与方法》，9页，北京，北京大学出版社，2010。

⑦ 朱高正：《康德的自然法学——自由与和平的哲学》，载郑永流主编：《法哲学与法社会学论处》（二），267页，北京，中国政法大学出版社，2000。

⑧ ［德］诺贝特·赫斯特：《法律实证主义辩护》，袁治杰译，载《比较法研究》，2009（2）。

(Gustav Radbruch）等为代表的新康德主义者主张将法与法的理念即“法的安定性、正义性与合目的性”[①] 相连，“于是，在正义的形式之下，实证法和道德之间的必然联系就此形成”[②]，“分离命题”自此破解，实证论开始让位于本体论，刑法学理以及犯罪论体系的发展也深受此影响。

实证论“封闭的法律体系”的理想，导致犯罪论体系中的构成要件亦被认为是完美的无关价值的抽象类型，因此，对于实证论来说，“立法者的意志”就是一切，所有法律都涉及它，它在法律领域里是万能的，而刑法的任务，以至于也被认为是“依靠刑事立法，给犯罪和刑罚下一个定义，把刑法的具体规定，乃至刑法的每一个基本概念和基本原则发展成完整的体系”[③]。然而，对于法律规范和法律体系来说，最重要的基础不仅关系到立法者的意志，而且取决于法律的效力；在构成要件该当性与违法性、有责性的判断、适用上，法官“应当与立法者做‘创造性的对谈’，做规范目的之诠释。所以，对于刑法规范的诠释，当然涉及价值判断，提出的答案只能是互为主观的，不会是绝对客观的”[④]。这样的认识“意味着一个放弃单方面的实证论的观点而向着接近现代思考方法的进步。同样‘法律’也不是处在法的最后，因为法律只有通过嵌入到具有更高的自我存在的价值的公正性当中才称其为‘法’。同样，这个价值是作为‘精神的存在’，是本体论的研究对象。近来它是所有刑法教义学的基础”[⑤]。于是，为了克服实证主义的缺陷，

---

① ［德］G. 拉德布鲁赫：《法哲学》，王朴译，导论，6页，北京，法律出版社，2005。

② ［德］罗伯特·阿列克西：《德语世界的法哲学——〈德语法学思想译丛〉总序》，张龑译，载《环球法律评论》，2011（1）。

③ ［德］李斯特著，［德］施密特修订：《德国刑法教科书》，徐久生译，3页，北京，北京大学出版社，2021。

④ 林东茂：《一个知识论上的刑法学思考》，增订3版，240页，北京，中国人民大学出版社，2009。

⑤ Edmund Mezger，Moderne Wege der Strafrechtsdogmatik，Duncker & Humbolt，Berlin-München，1950，S. 8.

使犯罪论体系从“古典犯罪论的内容空洞中摆脱出来”[1]，刑法学者开始采用本体论的研究方法重构刑法犯罪论体系。在实证论支配下发展起来的犯罪论体系中的概念，诸如行为、构成要件、违法与有责等，大多是形式的范畴，而在本体论影响之下，它们开始要进行实体价值上的转换，而“实体”一词“在本体论和近代理性主义哲学中具有重要的意义，在休谟这样的经验主义者看来却是没有意义的”[2]。这决定了转换的不仅仅是概念本身，还必须要与犯罪存在的实际结构相结合。这种结构注定了是一种遵循事物自身规律的物本逻辑结构，因为“事物逻辑结构是与世界层级构造的本体论相联系的，事物逻辑结构建立犯罪与存在之间的联系”[3]。基于本体论“没有本质的那么存在的便是没有价值的”[4] 的核心观点，刑法犯罪论由单纯形式的范畴论转换为具有价值评价色彩的目的论体系，古典犯罪论体系的三阶层在内容和结构上均发生了深刻变化。

与价值无涉的构成要件概念首先受到冲击。行为概念是刑法体系的出发点，也是构成要件的核心范畴。本体论首先批判了自然主义的行为概念，认为这是对行为本质的实体的错误认识。价值行为论的观念认为，“作为行为的犯罪”中的行为是具体化了的意思，它以某种危害结果为前提或者具有发生危害结果的危险性，并且结果与意思活动之间具有关联性。[5] 在超越自然主义思考的基础之上，价值行为论者提出，“不用做更多解释就可以承认，行为的概念在刑法体系中是价值概念的

---

① ［德］阿恩特·辛恩：《德国犯罪理论的发展及现状》，徐久生译，载《国家检察官学院学报》，2009（2）。

② 俞宣孟：《本体论研究》，3版，287页，上海，上海人民出版社，2012。

③ ［德］阿恩特·辛恩：《德国犯罪理论的发展及现状》，徐久生译，载《国家检察官学院学报》，2009（2）。

④ Edmund Mezger，Moderne Wege der Strafrechtsdogmatik，Duncker & Humbolt，Berlin-München，1950，S. 9.

⑤ 参见［德］李斯特著，［德］施密特修订：《德国刑法教科书》，徐久生译，143－146页，北京，北京大学出版社，2021。

一个终点”[1]。从自然主义行为论到价值行为论的理论递进，导致主要以行为类型事实为内容的构成要件理论不再被看作是来源事实的一个抽象概念，而是被看成对行为进行否定评价的具体概念。主观违法与规范要素的发现，则使构成要件的内容以及其与违法性和有责性之间的关系进一步发生改变。主观违法构成要件要素——“个人不法”（personales Unrecht），则使构成要件的范围既包括客观的构成要件要素，也包括主观的构成要件要素，这已成为现今人们的普遍共识[2]；构成要件该当性与违法性之间的关系展开了破冰之旅。构成要件面临着规范的构成要件要素的冲击，承认构成要件的开放性、规范性成为至今的主导趋势；构成要件与有责性之间的隔阂通过主观构成要件要素也得以打破。如果说以往刑法学者“重视概念法学方法论，促进了构成要件论的繁荣”，那么在本体论思维方式之下，同时也是纳粹暴政后“出于对实定法的不信任”，刑法学者在犯罪论体系的构建中非常强调“构成要件的价值性格”，以至于“将构成要件该当性消融在违法性和有责性”之中，最终“加速了构成要件的没落，促进了存在论的刑法理论发展”[3]。换言之，本质主义思维的本体论，关注着构成要件的价值色彩，这促进了构成要件与违法、有责之间的紧密关系，却也加速了构成要件从独立走向没落的旅程。既然如此，以构成要件独立性为前提的三阶层根本难以维持。

违法性面临着如何在对形式违法性的讨论中引入实质违法性的内容，此即违法性的实体化问题。在本体论思考之下，学者得出了“犯罪是不正当的和可谴责的行为”这一价值思考意义上的重要结论，而不正当亦即不法，可谴责亦即有责，“违法包含了朴素的价值评判，即行为从共同体生活的秩序中脱离出来。罪责是其违法行为在个人道义上的答

① Edmund Mezger, Moderne Wege der Strafrechtsdogmatik, Duncker & Humbolt, Berlin-München, 1950, S. 12.

② 参见［德］托马斯·李旭特：《德国犯罪理论体系概述》，赵阳译，载《政法论坛》，2004 (4)。

③ ［日］西原春夫：《犯罪实行行为论》，戴波、江溯译，77-78页，北京，北京大学出版社，2006。

责性”[1]，实质的违法性日渐受到重视。违法不再是纯客观的，人们终于关注到并最终认可了行为内在主观的一面；在目的犯、倾向犯、表意犯等诸多不同种类的犯罪中，主观的违法要素被认为对于证明行为的违法性具有至关重要的作用。自此，违法“并非仅仅从客观要素得到解释，另一方面，罪责中也并非仅仅包含主观要素”；同时，违法还包括实质上的行为反社会性，并且对违法性的思考还开始在“构成要件该当行为与阻却违法事由之关联性上”[2] 进行，从而使构成要件该当性与违法性之间的关系有别于古典犯罪论体系下明确相区分的思维模式。违法性由此告别了客观外部要素的特点而呈现出主观化，它与责任之间的区分不再依靠客观或者主观这种经验科学的特色来进行了。

有责性开始脱离单纯的心理责任论而驶入规范责任论的范畴。故意、过失等由单纯作为责任要素而发展为同时作为构成要件要素，非难可能性、可谴责性等在故意、过失之外考虑责任是否成立的观念开始出现，超法规的责任阻却事由如期待可能性理论得以运用。本体论视野下的责任观念具有规范性，它是以义务违反为基础的，具有因果联系的故意和过失未必一律是责任的要素，在行为当时如果不能期待行为人作出合法的选择，则不能对行为人进行非难。而“以现象论—本体论为哲学基础发展”[3] 起来的目的行为理论甚至“将所有的主观因素归入违法性，罪责则被大大地规范化，不再包含主观因素。犯罪论体系发展表明，违法性认识不是故意的组成要素，故意只是对构成要件该当性的认识，其为主观的构成要件要素，违法性认识是有责性中的要素。尤其是对于超法规的违法阻却事由的否定，比如排斥适用期待可能性理论阻却违法就是典型的例子，从而使得刑法远离了活生生的人以及‘大众’面对冰冷的理论化的现行法以及教义衍生的有效性实际的利益需求”[4]，

---

① Edmund Mezger, Moderne Wege der Strafrechtsdogmatik, Duncker & Humbolt, Berlin-München, 1950, S. 21.

② ［日］木村龟二：《刑法总论》，244 - 245 页，东京，有斐阁，1986。

③ ［德］托马斯·李旭特：《德国犯罪理论体系概述》，赵阳译，载《政法论坛》，2004（4）。

④ Carsten Momsen, Die Zumutbarkeit als Begrenzung strafrechtlicher Pflichten, Nomos, 2006, S. 28.

因而更被认为不切实际。现今的责任观念仍然在规范责任论的航道上继续前行。比如，对于什么是故意，“司法判例所采用的主要是19世纪学者的观点，虽然此种故意理论仍然代表当今学界通说，但其本身的缺陷是明显且不可弥补的”[①]。当今刑法学者纷纷加入对故意理论的探讨之中，并且日益不满足于从认识与意志因素双方面来限定故意的内容，将故意的核心问题集中在对于侵害法益的危险的预见上，意志因素对于故意成立的作用日渐削弱。本体论思维下的这种“规范性罪责概念”(normativer Schuldbegriff)[②] 至今仍然在很大程度上被认可。

四、结　语

综上所述，刑法理论与法哲学思维的发展使“分离命题”彻底告以破解。在构成要件作为违法与有责类型的今天，独立意义的构成要件已然消失，“分离命题”的前提早已并不存在，所谓“三要件表现出明显的位序性和层次感”[③]，只是我们对古典犯罪论体系的美好记忆；对构成要件该当性的判断无法离开对违法性和有责性的实质判断[④]，将之从违法性与有责性中分离出来并不妥当，这意味着在构成要件该当性判断中“事实与价值二分法”已宣告“崩溃”[⑤]，“分离命题”的内容在实然层面难以成立；现代法律思维从实证论到本体论的转换表明，“分离命题”的方法论亦无法维系。既然如此，将构成要件分别与违法性、有责性糅合在一起，将三阶层改为违法构成要件与有责构成要件二阶层体系，正是面对现实的务实态度。面对古典三阶层的崩溃，以及构成要件日益与违法性、有责性相融合的事实，实质二阶层当然主张，构成要件是违法、有责类型，关于违法性的理论采用实质违法性说，其实

①② ［澳］格雷格·泰勒：《关于德国刑法中故意的论争》，李立丰译，载赵秉志主编：《刑法论丛》，第19卷，398页，北京，法律出版社，2009。

③ 阮齐林：《犯罪构成理论对公诉要点与顺序的影响》，载《人民检察》，2011（1）。

④ 参见［日］野村稔：《刑法总论》，全其理、何力译，85页，北京，法律出版社，2001。

⑤ ［美］希拉里·普特南：《事实与价值二分法的崩溃》，应奇译，7页，北京，东方出版社，2006。

质违法性的判断基准则是法益侵害或者威胁的后果；关于有责性的理论则主张规范责任论，即责任不仅仅是行为人认识到结果可能发生的心理事实，还需从规范角度判断其具有非难可能性，因此，在特殊情况下，还需要行为人具有期待可能性才能对故意或过失的心理状态进行谴责。

这样的二阶层将以往形式、类型的构成要件与实质、个别的价值判断亦即违法性和有责性糅合在了一起，因此，可称为实质二阶层。实质二阶层也是目的论的，亦即甄别值得处罚的行为以法益保护为目的，对刑法中违法构成要件与有责构成要件进行解释适用，以避免处罚不该处罚的行为，因此，它亦可称为目的二阶层，或者全称为实质目的二阶层体系。此即为实质犯罪论的体系内容，但为了行文方便，下文一律称为实质二阶层体系。

第三章 罪刑法定原则与实质二阶层的法治根基

如果说联系我们对四要件体系去平面化以及中国三阶层存在的问题进行的探讨，使实质二阶层的确立获得了刑法哲学、刑法理论以及教义逻辑上的正当性，那么，于此之外，无疑还应联系我国现有立法分析实质二阶层的正当性问题。在现有刑事立法背景下，如果实质二阶层亦能从中找到立足点与适用空间，则说明，实质二阶层并非空中楼阁或者仅仅是理论上的抽象概念，而是具有立法需求支撑的犯罪论体系。联系我国《刑法》第1条规定的刑法目的考察，其所确定的打击犯罪的主要目的与我国《刑法》第3条规定的罪刑法定原则具有一致性，它们导致我国的罪刑法定原则缺乏正确的出罪机制。此为主张以实质二阶层为内容的实质犯罪论的根本理由，也是实质犯罪论存在的正当化根据，因为后者正是克服了前者的缺陷而为笔者所倡导的一种理论。

一、我国刑法目的、任务与罪刑法定原则立法存在的问题

任何法律都源于立法者的某种特定目的，我国刑事立法者的目的体现于现行《刑法》第1条："为了惩罚犯罪，保护人民，根据宪法，结合我国同犯罪作斗争的具体经验及实际情况，制定本法。"刑法目的并非刑法本身的目的，而正是刑事立法者制定和适用刑法的目的，因此，我国《刑法》第1条规定的立法目的实际上就是刑法目的，我国刑法目的也是"惩罚犯罪、保护人民"。

一般而言，目的和任务是存在区别的，但是，我国刑法的目的和任务却是一致的。《刑法》第 2 条规定："中华人民共和国刑法的任务，是用刑罚同一切犯罪行为作斗争，以保卫国家安全，保卫人民民主专政的政权和社会主义制度，保护国有财产和劳动群众集体所有的财产，保护公民私人所有的财产，保护公民的人身权利、民主权利和其他权利，维护社会秩序、经济秩序，保障社会主义建设事业的顺利进行。"该条前段意在表达"刑法的任务"是"用刑罚同一切犯罪行为作斗争"，这实际是"惩罚犯罪"的另一种表述方式而已；该条后段具体表述了要"惩罚"哪些"犯罪"，"保护人民"哪些具体利益。显然，整个第 2 条无非是第 1 条"惩罚犯罪、保护人民"的同义反复或者具体化而已，可以说，"刑法任务是刑法目的的展开"①。总之，刑法的目的与刑法的任务一样，都是"惩罚犯罪、保护人民"。这种观点，在以前及现在都是整个刑法学界的通说。各种版本的教科书将刑法的目的与任务放在一起讨论，也是因为这个理由。

刑法的目的是刑法机能的基础②，刑法的目的与任务是刑法机能的表现形式，可以说我国《刑法》第 1、2 条的规定也是刑法社会保护机能的立法体现。既然刑法的目的是"惩罚犯罪、保护人民"，而"'惩罚犯罪，保护人民'基本上是一种政治化的语言，如果将其翻译成法律语言，则应当是指'维护社会秩序，保护合法权益'，这显然是刑法社会保护机能的体现"③。

和我国刑法的目的与任务体现了刑法的社会保护机能相一致的是，我国《刑法》第 3 条规定的罪刑法定原则同样体现了刑法的社会保护机能，而非这一法治国原则本该具有的人权保障机能。

我国《刑法》第 3 条规定，"法律明文规定为犯罪行为的，依照法律定罪处刑；法律没有明文规定为犯罪行为的，不得定罪处刑。"该原

① 高铭暄、马克昌主编：《刑法学》（上编），13 页，北京，中国法制出版社，1999。（新版无此表述。——编辑注）

② 参见逄锦温：《刑法机能研究》，武汉大学法学院刑法专业 2002 年博士学位论文，21 页。

③ 周少华：《罪刑法定与刑法机能之关系》，载《法学研究》，2005（3）。

则甫经面世，受到的热烈赞誉和激烈批评恰成正比。目前学界均赞成将《刑法》第3条前段称为积极罪刑法定，将后段称为消极罪刑法定。赞赏第3条者认为，西方刑法之罪刑法定原则只片面强调了人权保障、司法权之限制，我国罪刑法定原则克服了西方刑法该原则的片面性，既注重保护社会、打击犯罪，又注意保障人权、限制司法权[①]，因此，它是"罪刑法定原则的新发展"，"具有相当的创造性"，"充分吸取了人类法制文明成果……体现了更为全面和科学的精神"，"体现并衬托了一部刑法典的光辉"，云云。在肯定者看来，"对刑法典中罪刑法定原则的立法化无论作多么高的评价，都不过分"。

以天赋人权为逻辑起点、以对抗国家刑罚权为内容、以维护个人自由权利为目标的罪刑法定原则，其根本机能是保障人权而不是保护社会。肯定我国罪刑法定原则具有"全面性"的学者，实际上误解了经典的罪刑法定原则。罪刑法定原则作为起源于启蒙时代自由、民主、人权精神的法治原则，其根本作用在于防止国家刑罚权的滥用以保护弱小的个人，其根本机能为人权保障。"现今状态的罪刑法定主义可以说是'应从裁判官的擅断（可以说是全能的国家）来保护无力的个人，这是源生于启蒙时代的自由精神'"，"这种见解并不是新的见解，是大家所熟知的，已经是陈旧的"[②]。对此问题再花笔墨进行讨论显属多余。可对比中西方罪刑法定原则的含义：后者是"法无明文规定不为罪不为刑（nullum crimen sine lege，nulla poena sine lege）"，前者为"法有明文规定即为罪即为刑，法无明文规定不为罪不为刑"。后者只强调"无法无罪无刑"，前者却率先强调"有法有罪有刑"，而后才是"无法无罪无刑"。其一，"有""无"之间，相差万里。"无法无罪无刑"体现了入罪禁止机能，因此，它亦可被称为出罪原则；它要求刑法对于犯罪与刑罚

① 参见薛瑞麟、杨书文：《论新刑法的基本原则》，载《政法论坛》，1997（5）；何秉松主编：《刑法教科书》，63-67页，北京，中国法制出版社，2000；曲新久：《刑法的精神与范畴》，384页，北京，中国政法大学出版社，2000。

② ［日］齐藤诚二：《刑法基本概念之周边》，谢志鸿译，载［德］许迺曼等：《法治国之刑事立法与司法》，94页，台北，许玉秀发行，1999。

的范围事先尽量加以明确的规定，以使公民事先了解自己自由的领域；它强调入罪从严，以确保公民权利的空间免受法官的罪刑擅断，其根本目的在于限制国家刑罚权的滥用，它体现的是对公民自由人权的保障。“有法有罪有刑”体现了出罪禁止机能，因此，它亦可被称为入罪原则；它要求刑法对于犯罪与刑罚的范围事先尽量加以宽泛的规定，以使法官有定罪的根据；它强调有罪必罚和出罪从严，以确保公民的违法行为必然受到法律的追究，其根本目的在于确保国家刑罚权的有效行使而不至于落空，它体现的是惩罚和打击犯罪、维护社会秩序的社会保护机能。正因为如此，现行《刑法》在严密刑事法网方面颇下功夫且成效显著——“新刑法有一个突出的特点，这就是严密刑事法网，强化刑法的保护社会功能”①。其二，先“无”后“有”还是先“有”后“无”，亦差别极大。《刑法》第3条将积极罪刑法定规定在前，将消极罪刑法定规定在后，这不是一个简单的语言排序或者语言习惯问题，而是表明，我国罪刑法定原则并非着重于人权保障机能的发挥，而是致力于社会保护机能的实现。如果我国罪刑法定原则采用先“无”后“有”的表述，那么，赞赏我国《刑法》第3条的观点也许是可以接受的——它克服了经典的罪刑法定原则的片面性，在强调人权保障的同时还注重了刑法的社会保护机能——毕竟，先“无”体现的仍然是入罪禁止机能和人权保障，虽然后“有”，但这是在强调限制国家刑罚权之后的，可以看作是为了追求完美而作的表述。但是，在目前先“有”后“无”的表述之下，情况就大不相同：第3条后段虽然采用了经典罪刑法定原则的表述方式，然而，后段表述更像是前段规定的逻辑衍生。问题是，现代刑法理论普遍认为，“考虑到权力的自我扩张倾向的事实，我们必须将刑法的保障机能作为绝对原理看待”②。这意味着消极的罪刑法定应该成为罪刑法定原则唯一的表述方式，或者退一步——至少应该表述在积极罪刑法定之前，而不是如我国《刑法》目前的表述方式。

---

① 储槐植：《新刑法的社会保护功能》，载《法制日报》，1997-05-24，7版。

② ［日］阿部纯二等编：《刑法基本讲座》，第1卷·基础理论·刑罚论，9页，东京，法学书院，1992。

当我国刑事立法者选择将积极罪刑法定规定在前段时，我国罪刑法定原则所主要体现的仍然不是人权保障机能而是社会保护机能。“惩罚犯罪、保护人民的思想开宗明义地在刑法第1条和规定刑法基本原则的第3条至第5条中突出表现出来……在刑法第3条至第5条的三个原则中，请看哪一个原则不是包含着惩罚犯罪、保护人民的思想？罪刑法定原则，其基本内容是：什么行为是犯罪，该判什么样的刑罚，都必须有刑法的明文规定……从这三个基本原则的内涵和外延，可以看出，惩罚犯罪，保护人民，乃是文中自有之义，只不过不同基本原则是从不同侧面体现这一思想而已。”[①] 总之，我国罪刑法定原则是以社会保护机能为首要价值取向，人权保障机能退居其后，仅为社会保护机能之附随。

二、我国罪刑法定原则功能、使命的错位与社会保护功能的强化

刑法的天然属性当然是社会保护，然而，现代各法治国家的刑法莫不强调保障无辜的人不受刑事责任追究和被告人的合法权利不受侵犯的人权保障思想，换言之，人权保障机能是刑法的重要机能。

刑法的社会保护机能源于刑法的惩罚性之本质特性，刑法的人权保障机能则源于罪刑法定原则。经典意义上的罪刑法定原则，倡导法无明文规定不为罪不为刑，它使刑法对于何种行为构成犯罪以及对犯罪应处何种刑罚都有了明确的标准，“有了这个标准之后，如果刑法没有规定要处罚的行为，国家就不能给予刑罚。因此对于人民而言，刑法的存在一方面固然是入罪的标准，但是另外一方面同时也是人民自由权利的保证书”[②]。因此，罪刑法定的最重要意义在于它“使刑法能够具有法确实安定性，并因为明确地规定国家刑罚权之范围，而足以保障人权，使

① 曹子丹：《惩罚犯罪、保护人民思想的突出体现》，载《政法论坛》，1997（2）。

② 黄荣坚：《基础刑法学》（上），12页，台北，元照出版有限公司，2012。

刑法产生保障机能”[①]。自此，刑法在其社会保护机能之外，终于有了人权保障机能，而后者，正是罪刑法定原则人权保障机能的实践结果。刑法的社会保护机能意在保护社会上合法之人的权利，人权保障机能意在保护犯罪之人的权利，二者构筑起了“既是善良人的大宪章，也是犯罪人的大宪章”意义上的刑法。

结合前述刑法目的与任务是刑法社会保护机能立法体现的论断，在由谁来承载刑法社会保护机能与人权保障机能的功能、使命上，正确的分工应该是：刑法社会保护机能由刑法目的与任务体现，刑法人权保障机能由罪刑法定原则赋予。

在刚进入21世纪的时候，我国刑法学界有观点曾认为，刑法社会保护与人权保障双重机能均应由刑法目的与任务之立法来赋予；并因此对我国《刑法》第1、2条只体现了刑法的社会保护机能而没有体现人权保障机能提出了批评，认为这是刑法的人权保障机能未得到全面贯彻和充分重视的结果。[②] 笔者认为，这种观点源于对“刑法社会保护机能由刑法目的与任务体现，刑法人权保障机能由罪刑法定原则赋予”这一命题的不了解。的确，《刑法》第1、2条只追求社会保护，不强调人权保障，是否存在价值取向上的问题？回答是否定的。“刑法是规定犯罪和刑罚的法律，刑罚是刑法最本质的构成要素。自古至今，刑罚的目的无非在于惩罚和预防犯罪，这使刑法天然地就具有一种保护社会的机能，国家制定刑法的目的就是要通过刑罚这一手段实现对社会的保护。”[③] 我国刑法目的与任务符合刑法天然具有的社会保护机能，通过《刑法》第1、2条这两个基础性条文将刑法的社会保护机能内涵于其中，正是顺应刑法惩罚特性之举。因此，我国《刑法》第1、2条关于刑法目的和任务的规定无疑是合理的，它们宣扬刑法的社会保护机能无非是彰显了刑法的本能特性而已。刑法的人权保障机能，并非刑法天生

① 郑逸哲：《罪刑法定主义七十年》，载林山田等主编：《刑法七十年之回顾与展望纪念论文集》，91页，台北，元照出版有限公司，2001。

② 参见梁根林：《“刀把子”、“大宪章”抑或“天平”?》，载《中外法学》，2002（3）。

③ 周少华：《罪刑法定与刑法机能之关系》，载《法学研究》，2005（3）。

所具有的机能，而是随着民主法治的进化后天由罪刑法定原则的天然机能——人权保障——所赋予的，它自然不应该，也不需要由刑法的目的和任务来体现，而应通过罪刑法定原则的立法化来体现。此之谓让“上帝的归上帝，恺撒的归恺撒”。

我国刑事立法恰恰混淆了《刑法》第 1、2 条与第 3 条各自的功能使命，双向表述的罪刑法定原则，使刑法目的、任务与原则都同样体现了社会保护机能：本该由刑法目的与任务承载的社会保护机能又通过罪刑法定原则进一步强化；本该由罪刑法定原则体现的人权保障机能却似有还无。第 3 条将积极罪刑法定规定在前、消极罪刑法定规定在后的立法方式，表明我国刑事立法者本身追求的就是将“惩罚犯罪，保护人民”或者“用刑罚同一切犯罪行为作斗争”的刑法任务、刑法自身所具有的社会保护机能强加于或者说移植于罪刑法定原则；通过立法化的合法方式，将社会保护机能、出罪禁止机能统一于刑法的目的、任务和原则三者之上！对于我国刑事立法本身而言，这种做法充分实现了立法意志的统一，实现了刑法自身体系的首尾一致，从逻辑上而言，似乎很完整。然而，也恰恰由于第 3 条的立法方式，刑法目的、任务与罪刑法定原则各自应承载的功能被混同和单一化，前者所应承载的社会保护机能与后者所应承载的人权保障机能被统一于“惩罚犯罪、保护人民”的诉求之下！

总之，现行《刑法》第 1、2、3 条的立法，使我国刑法目的、任务与罪刑法定原则各自本应承载的功能发生错位，使本该区分的却加以统一，使本该突出的却予以淡化，刑法目的、任务与罪刑法定原则的各自的地位、特色与作用被抹杀。此乃刑事立法上的不足。

立法上刑法目的、任务与原则之功能、使命错位的直接后果，是刑法人权保障机能的缺失。

规定罪刑法定原则的目的应该是赋予并强化刑法的人权保障机能，舍此，毫无意义。而罪刑法定原则强化的是刑法天生所具有的社会保护机能，淡化了其本身所应具有的人权保障机能，从而失去了罪刑法定原则立法化的真正意义。罪刑法定原则不是以限制而是以确保国家刑罚权的行使为主要目的，不是以保障个人自由而是以惩罚犯罪、保护社会为最高目标；它只是复制了经典罪刑法定原则的语词，而并未传承罪刑法定原则的精神理念；它使罪刑法定原则由出罪原则蜕变为入罪原则；它强调社会保护机能而弱化了人权保障机能。

正是因为立法者将社会保护的价值取向附加在了本该只承载人权保障机能的罪刑法定原则之上，正是因为罪刑法定原则体现了我国刑事立法重打击犯罪的价值取向，导致罪刑法定原则在我国刑事立法中成了一个入罪原则。这样，本该由罪刑法定原则衍生至整部《刑法》的人权保障机能，因我国《刑法》第3条的规定而发生了断裂，并由此导致了我国刑法人权保障机能的先天不足。

刑法人权保障机能的先天不足导致我国刑法的机能模式之中社会保护机能强而人权保障机能弱，而刑法的社会保护与人权保障机能之间的对立与统一、冲突与选择，决定了刑法机能模式的动态平衡发展过程。人权保障机能不足，非但使刑法机能模式的博弈关系难以形成，而且直接影响到刑法社会保护机能本身的功效发挥；其最终受损者，不但是弱小的个人，更有社会共同体——包括以维持稳定社会秩序为目标的立法者。

三、实质二阶层体系与经典罪刑法定原则法治理念之契合

《刑法》第1、2、3条一味对刑法社会保护机能的强化，意味着刑法对社会保护机能与人权保障机能的立法调整失败。如何面对《刑法》第3条的立法失误？一种流行的观点认为，应该修改刑事立法——“我国刑法第3条应该删除前半段的规定。”然而，法学理论工作者如果不去研究“如何根据现有的法律解决案件，却站在立法中心主义的立场，想着怎样去完善规范性的法律，自觉不自觉地将自己置身于立法者的角色……不断地呼吁对成文法进行所谓的及时废、立、改”，显然属于违背法学研究职业思维的“释法立场的错位”[①]。站在法学理论工作者的

① 陈金钊：《法官释法的意识形态》，载张士宝主编：《法学家茶座》，第14辑，15-16页，济南，山东人民出版社，2007。

立场，针对我国罪刑法定原则的缺陷从刑法理论上作出必要、合理的反应，以推进刑事司法过程中人权保障机能之实现，才是正确的因应之道。

罪刑法定原则的本意在于以形式的成文刑法保障国民的自由人权，“法无明文规定不为罪不为刑”是对禁止入罪的人权保障机能的完整体现。此时，强调从形式上理解刑法构成要件有利于充分发挥罪刑法定的人权保障之价值理念，因为形式上的解释强调从抽象的、一般的意义上理解构成要件，强调对犯罪成立与否的判断远离价值的成分，从而避免因法官个人的喜怒好恶左右定罪量刑，避免将具有严重社会危害性但刑法没有明文规定为犯罪的行为当作犯罪处理，以确保公民的自由、人权。总之，针对经典罪刑法定原则，强调认真对待法律规则、强调犯罪论的形式化有利于最大限度地实现刑法的人权保障机能。

我国刑法罪刑法定添加了禁止出罪的社会保护机能。其背后，深刻体现了立法者对国家刑罚权的维护。面对我国的罪刑法定原则，我国刑事司法者以及刑法理论工作者不能遵循形式的犯罪论和刑法解释论，不能单纯坚持“司法克制主义”。面对具有出罪禁止机能的我国罪刑法定原则，必须允许法官针对个案进行价值判断，采取实质的犯罪论，以实现罪刑法定原则本该具有的出罪正当化机能。“积极的罪刑法定原则造成了罪刑法定原则在刑事法治中的功能缺陷”，它剥夺了“法官的……不定罪权”，“法官对行为进行价值判断的权利被剥夺，司法权对立法权的限制将失去依托，实现个别公正、保护具体权利的梦想也将成为泡影，对刑事法治必将构成毁灭性的重创”[①]。为此，针对我国“法有明文规定即为罪即为刑”、禁止出罪的罪刑法定，显然应该追问：果真是刑法有规定就必须处罚吗？法定的罪与刑在实质上是否合理？个别的、具体的正义是否必须让位于抽象的、一般的正义？形式上的正义是否会掩盖实质上的非正义？对这样问题的回答，要求我们应该透过“法律明

① 沈琪：《刑事法治视野中的罪刑法定原则——对我国刑法第 3 条的反思》，载《刑事法学》，2003（3）。

文规定为犯罪行为”的形式，致力于对刑法构成要件从实质合理角度进行解释，对于法虽有明文规定但规定本身不尽合理的构成要件，通过实质的刑法解释限制其适用，从而实现刑法处罚范围的合理化，将不该处罚的行为排除在刑法圈之外，充分实现罪刑法定的人权保障机能。“并不是所有以法律为依据的处罚都符合合法性原则的要求”①。除却形式上的法律依据，是否具备内在的处罚必要性和合理性，是否处罚了实质上不该处罚的行为，是检验其实质上是否合法的关键。因此，为了避免出现“使人民看到惩罚，但是却看不到罪行”的非法治结果，建立“有罪不一定罚”的出罪机制，在行为成立犯罪与否的判断过程中，“司法能动主义”的价值衡量应该是被允许的。我们不能因为《刑法》第3条的前段规定就“简单地认为，‘只要有法律的规定，对什么样的行为都可以科以刑罚，而且可以科处任何刑罚’。根据犯罪的内容，是否有必要用刑罚进行处罚（处罚的必要性和合理性），而且对于该种犯罪所定的刑罚是否与其他犯罪相平衡（犯罪上刑罚的均衡），亦即从实体的正当程序的角度来强调罪刑法定的意义”②。简言之，应该建立以形式的、定型的犯罪论体系为前提，以实质的可罚性为内容的实质犯罪论体系，相应地，对刑法规范应从是否达到了值得处罚的程度进行实质解释。以非法吸收公众存款罪为例：我国《刑法》第176条规定，“非法吸收公众存款或者变相吸收公众存款，扰乱金融秩序的，处……”。该条对非法吸收公众存款罪的规定极为简单，如何认定“非法吸收公众存款”成为理论和实践中的难题。目前学界对此问题的代表性观点是：“不管采取什么名义吸收公众资金，只要是还本付息，未经批准的，就可以认定为非法吸收公众存款”。这种观点将还本付息等同于存款，忽略存款作为银行业务的属性，从而人为地扩大了非法吸收公众存款罪的适用范围，将一些民间借贷、公司发行债券等行为都作为本罪处理。事实上，本罪的立法目的是禁止和打击与银行存款业务相冲突的非法吸收公众

① ［美］道格拉斯·N. 胡萨克：《刑法哲学》，谢望原等译，12页，北京，中国人民公安大学出版社，2004。

② ［日］野村稔：《刑法总论》，全理其译，46页，北京，法律出版社，2001。

"存款"行为，对本罪行为的认定不应局限于"存款"所具有的还本付息这一形式特征，而应从吸收公众存款是否未经批准，或者是否将合法吸收的公众存款非法用于货币、资本经营等实质角度进行。[①] 只有如此，才能实现非法吸收公众存款罪处罚范围的合理化，做到法律虽有明文规定但因实质上不具备处罚合理性而不定罪，从而真正实现罪刑法定原则的人权保障机能。在我国刑法罪刑法定原则的背景之下，主张犯罪论的实质化与经典罪刑法定原则的人权保障精神密切相关，唯有通过实质犯罪论建立"有罪不一定罚"的出罪机制，才能实现法治国的法治理念。

事实上，罪刑法定原则的立法化除了与一国法治观念紧密相连，也与立法技术密切相关。经典罪刑法定原则"法无明文规定不为罪不为刑"也罢，我国罪刑法定原则"法有明文规定即为罪即为刑、法无明文规定不为罪不为刑"也好，它们均要求刑法对犯罪有"明文规定"，"法律明文规定"是罪刑法定原则表达法治理念的前提。如果刑事立法技术无法达致明文规定的水准，意欲实现罪刑法定原则的立法化或者在其立法化之后意欲践行罪刑法定原则，就会存在困难和阻碍。比如，"1979年刑法典没有明确规定罪刑法定原则，是有其特殊历史原因的。从客观上讲，当时立法经验不足，刑法分则罪名规范比较粗疏，明文规定需要追究的犯罪行为不够完全，这是一个重要因素"[②]。此乃立法技术的落后阻碍罪刑法定原则立法化的活例。1997 年修订《刑法》之时，立法技术较之以前有了长足的进步，体现在刑法中的各种犯罪之立法：罪名数量增加，罪行细化，个罪罪名、罪状更加明确，法定刑档次、等级更加清晰，总之，《刑法》对犯罪"明文规定"的水准大胜以前。可以说，现行《刑法》的立法水准基本上提供了推行罪刑法定原则的技术因素。然而，这并不意味着理论和实践对于何谓"明文规定"没有争议。何谓"明文"？何种程度才叫"明文"？《刑法》第 335 条规定，"医务人员由

① 参见王作富、王宝树：《认定"非法吸存"：刑法须兼顾商权保护》，载《检察日报》，2007－07－26，3 版。

② 赵秉志、肖中华：《罪刑法定原则的确立历程》，《河北法学》，1998（3）。

于严重不负责任，造成就诊人死亡或者严重损害就诊人身体健康的"，构成医疗事故罪。据此，医院里的行政管理人员、后勤人员是否属于第335条中的"医务人员"？对此，理论上和实践中均存极大争议。显然，"明文规定"之"明文"都只是相对的。纵然现行《刑法》在规定罪刑法定原则、取消类推制度的同时，已经很好地考虑到了"刑法条文的具体设计和立法技术符合罪刑法定原则的基本要求"[①]，但是，这种"符合"充其量只能是大致地符合，"明文"的相对性决定了罪刑法定化了的法条只能是一种抽象化和概括化的罪刑法条，因此，在法治国的要求下，不仅无法即无犯罪，即使有法律，也未必都有犯罪。认为"对于法律明文规定为犯罪行为，必须定罪处刑"[②] 的观点，显然是从形式上理解刑法罪刑法定原则的结果；是否有犯罪，除了依照法律的"明文"规定，还必须从"质"上判断犯罪是否成立。对于医疗事故罪的前述问题，有观点认为，凡是医院等医疗卫生机构中的工作人员，都是医务人员，因此，从事行政或后勤的人员也是医务人员，他们可以成为医疗事故罪的主体。显然，这是从"医务人员"本身的字面含义以及单个主体是否与医疗机构之间具有人事关系等形式的角度理解本罪主体的结果，它没有看到本罪的实质是处罚专业性极强的医疗行为中的失职行为，与医疗行为无关的行为虽有可能导致病患死伤，但这不是本罪的处罚范围。站在实质的角度理解本罪主体，就应限定其为医疗卫生机构中从事医护、药检等与救治病患有关的工作人员，行政人员与后勤人员不属本罪中的"医务人员"。在我国刑事立法对"明文规定"的实现程度虽较以往有进步但离明确性原则尚有极大差距的背景之下，宜主张犯罪论的实质化，对于某种行为是否成立犯罪既进行法律是否有"明文"规定的形式审查，也进行是否达到了值得处罚的必要性与合理性的实质审查，从而将法有明文规定却不一定构成犯罪的行为排除在刑法处罚范围之

① 最高人民检察院：《关于修改刑法十个重点问题的研究意见》。转引自赵秉志、肖中华：《罪刑法定原则的确立历程》，《河北法学》，1998（3）。

② 杨春洗：《罪刑法定原则的法典化——新刑法的一个重大发展》，载《政法论坛》，1997（2）。

外，并且，对于经审查不属于明文规定，因而不能处罚的行为确保其不被定罪的自由，而后者，是对“法无明文规定不为罪不为刑”经典罪刑法定原则的实践保障。

总之，强调追求实质的合理性、实质正义价值理念的实质犯罪论，其提出不是针对经典的禁止入罪的罪刑法定原则，而是针对我国禁止出罪的所谓积极罪刑法定。针对我国罪刑法定原则，笔者主张，为防止立法者利用罪刑法定原则强行推行恶法或者处罚形式上符合构成要件但实质上不应处罚的行为，应该实现犯罪论的实质化，强调对刑法构成要件从实质上进行解释，以将法虽有明文规定但规定本身不合理的行为或者不属明文规定而不能处罚的行为排除在刑法处罚范围之外，“从而使刑法规定的犯罪真正限定在具有严重的法益侵犯性的行为之内”[①]。这正是针对我国罪刑法定原则的本土化错位采取的刑法理论上的防范措施。而且，对于经典罪刑法定原则的实现而言，实质的犯罪论还能够起到排除不够明确的刑法规范之适用，以进一步实现刑法处罚范围的合理性的作用。

在我国，提倡实质的犯罪论被认为是危险的事情，因为，人们总是担心，法官会利用实质合理性这类不甚明确的价值判断擅入人罪。显然，对实质犯罪论的怀疑是因为没有看到我国与日本等国家在罪刑法定原则上的区别。既然我国的罪刑法定原则以入罪为主，既然我国的刑事立法并没有优先考虑限制国家刑罚权以保障公民的权利和自由，既然目前又不可能即刻修改《刑法》，删掉第 3 条的前段规定，而且这种希望修改罪刑法定原则立法规定的“立法中心主义的立场与情结”只能显示刑法理论研究者的水平较低和“释法立场的错位”，那么，从刑法理论工作者以及法官职业思维出发，从“解释中心主义”“司法中心主义”立场出发，为了实现经典罪刑法定原则的回归，必须倡导犯罪论的实质化，建构“走向实质解释的刑法学”。提倡实质的犯罪论，对于法律有明文规定的行为是否成立犯罪进行实质可罚性的衡量，对于虽具有形式

① 张明楷：《法益初论》（增订本），326 页，北京，商务印书馆，2021。

违法性但不具有实质违法性的行为进行出罪解释，从而通过刑法适用来矫正刑事立法存在的问题；它不像日本刑法学的实质犯罪论那样是对形式犯罪论的纠偏，而是通过实质的犯罪论及对构成要件的实质解释实现罪刑法定原则的回归。如果说，我国的积极罪刑法定彻底抹杀了罪刑法定原则本该具有的出罪正当机能，并和消极罪刑法定一起构筑了一个封闭的定罪堡垒，那么，实质的犯罪论则打开了我国刑法定罪原则和刑法封闭定罪体系的一个出罪缺口，它能够从实质上实现架空积极的罪刑法定原则，还法官以部分的不定罪权。总之，实质的犯罪论及其刑法解释论旨在对作为形式正义之体现的刑法规范进行解释，以阐明其蕴含的实质正义，充分实现罪刑法定原则的人权保障机能。

如果说，在我国现行《刑法》颁布之初，从事犯罪论形式化与实质化问题研讨的学者并不多，那么，近些年来国内批判形式的犯罪论并自觉不自觉地主张实质犯罪论的观点显著增多。例如，有观点认为，“在我国刑法学中，形式化地理解犯罪论的主张仍然广有市场”。“在建构合理的犯罪论的过程中，必须在法益保护的观念下，坚持实质主义的评价方式”，亦即实现“犯罪论的实质化”①。再如，有观点指出，“在一般情况下，形式的罪刑法定原则优于实质的罪刑法定原则，但是当形式的罪刑法定原则明显违背了实质的罪刑法定原则的理念时就有必要以实质的罪刑法定原则来进行矫正”②。显然，这一观点是立足于罪刑法定原则的实现并在刑法的形式合理性与实质合理性发生冲突之时提出的矫正方案。而所谓“以实质的罪刑法定原则来进行矫正”，在司法适用的层面上，只能是通过坚持对刑法构成要件进行是否具有可罚性的实质解释来甄别值得处罚的法益侵害行为。在同样批判我国罪刑法定原则立法方式的前提之下，另有观点认为，应当“看到罪刑法定对符合形式的构成要件行为排除定罪的出罪正当化解释的另一方面的机能（法有明文规定也未必为罪）”，因此，“在司法实践中不能够而且也不应当‘有罪必

① 周光权：《刑法学的西方经验与中国现实》，载《政法论坛》，2006（2）。

② 王充：《罪刑法定原则论纲》，载《法制与社会发展》，2005（3）。

罚’”，为此该论者主张通过“法益、实质违法性、期待可能性的导入”，“把罪刑法定的出罪正当化解释机能贯彻到具体案件的解决之中”①。这与实质的犯罪论倡导的处罚实质上可罚的法益侵害行为在理念上同出一辙，所不同者，实质的犯罪论是通过系统化的有关犯罪成立与否的判断体系及其解释方法来实现罪刑法定原则的出罪机能，而不仅仅是通过对外国刑法中个别概念、个别理论的引入。也因此，实质的犯罪论能够避免片段性地引入某个理论或者概念所造成的与我国刑法犯罪构成理论体系可能不协调的局面。总之，为了区分罪刑法定原则与刑法目的和任务的功能、使命，更为了充分实现罪刑法定原则的人权保障机能并挽救我国刑事法治精神在立法上的缺失，应该在司法适用中提倡以出罪机能为导向、以坚持处罚必要性与合理性为标准的实质犯罪论。

至于《刑法》第 3 条后段消极的罪刑法定是否需要实质的犯罪论，需分两个层面分析。“法无明文规定不为罪不为刑”包括两层含义。其一，法律根本没有任何规定，比如，《刑法》第 236 条规定的强奸罪是以妇女为对象的犯罪，如果实践中发生强奸男性的案件，即使其社会危害性再大，也不能以实质上具备了处罚的必要性与合理性为由突破刑法的规定，而对强奸男性的行为于法外定罪。换言之，在刑法对某种行为根本没有任何有罪规定的情况下，必须坚持普遍的正义而牺牲个案的正义，即使社会危害性再大，也不能对其作为犯罪予以处罚。对于这类问题，在当今普唱法治之歌的世界各国，似无讨论的必要。其二，法律有规定，但法律规定本身的“明确性”受到质疑，是否属“明文规定”尚存疑问之时，能否以实质的处罚必要性和合理性为由对某些行为作出有罪评价？表面来看，如果对此问题作肯定回答，那么，这与笔者所倡导的实质犯罪论的原意显然相违背。“法无明文规定不为罪不为刑”，如果主张对法律没有明文规定的行为从处罚必要性角度进行实质的解释，其结果可能会造成刑法处罚范围的扩大。但是，实际上，笔者

① 付立庆：《善待罪刑法定》，载《法学评论》，2005（3）。

认为这与其说是实质的犯罪论所面临的问题，不如说是经典罪刑法定原则能否允许作扩大解释——更具体地说能否允许作不利于被告人的扩大解释的问题。可以说，这是针对实质的犯罪论提出的伪问题。传统罪刑法定原则允许作有利于被告人的扩大解释，这是不争的事实；传统罪刑法定原则也面临被要求适当地允许作不利于被告人的扩大解释的问题，这也是不争的事实，比如，日本刑法基于对共同犯罪中正犯的扩大解释而将共谋共同正犯作为正犯处理；德国刑法将“硫酸”解释为“武器”；我国、德国、日本刑法将“电流”理解为盗窃罪中的“财物”；我国《刑法》将大型拖拉机解释为“汽车”；日本刑法将“汽油车”理解为“汽车”；我国《刑法》将“男男卖淫”解释为第358条“组织他人卖淫罪、强迫他人卖淫罪”中的“卖淫”，对第269条“犯盗窃、诈骗、抢夺罪”采取“较大数额不要说”和“广义盗窃、诈骗和抢夺罪说”；等等，中外刑法的此类例子不胜枚举。很显然，作不利于被告人的扩大解释正在是否违背罪刑法定原则的质疑之下且争且行。扩大解释虽然不同于笔者所言的实质犯罪论所力倡的实质的刑法解释，但很显然，作为论理解释方法的扩大解释更多的是从法理而不是从文理进行的，而从法理进行解释往往从是否有利于实现刑法人权保障与社会保护双重价值目标的角度进行综合衡量，这意味着它们更多地要考虑处罚的必要性——保护社会要求处罚范围扩大、保障人权要求处罚范围缩小，可见，扩大解释更多地或者主要地是从实质而不是从形式角度进行的。也因此，认为扩大解释不当地扩大了刑法处罚范围的指责似乎就很“自然”地过渡为“实质的犯罪论是否会不利于被告人、是否会扩大刑法处罚范围”的担心。对此，笔者的观点是，实质的犯罪论本身并不存在借用实质可罚性擅自扩大刑法处罚范围的问题，如果有，那也是当今刑法理论与实践允许使用扩大解释的结果，是扩大解释往往从实质可罚性角度分析犯罪成立与否的结果，这是扩大解释本身是否合理的问题，而不是实质的犯罪论本身的问题。在从实质可罚性角度进行扩大解释使表面看起来似乎是由实质犯罪论导致刑法处罚范围扩大的情况下，就不应横加指责实质的犯罪论及立场，而应看到其背后深层的原因——扩大解释被允许使用。当然，因充分实现罪刑法定原则人权保障精神之故，笔者很希望禁绝不利于被告人的扩大解释，由此可避免因扩大解释的运用而致使实质的犯罪论遭受不当的指责——“宜绝横拜，以塞觊觎之端”！然而，这在当今刑法学理论和刑事司法实践中何其不现实？因为当代刑法学理论一致同意“类推解释是被禁止的，扩张解释是被允许的”，而作适当的不利于被告人的扩大解释也被认为是合理的，因而，无论是作有利于还是作不利于被告人的扩大解释，其最大功效在于它能够实现行为的可罚性与法的安定性之间的良性平衡。刑法学者愈来愈认为，“在对法律规范的解释方面，法院不是选择对被告人最为有利的解释，而是选择正确的解释”[①]。在法律存在疑问或争议时，应当以一般的法律解释原则消除疑问，而非一概作出有利于被告人的解释。[②] 有利于被告人的出罪解释虽然缩小了刑法的处罚范围，但是刑法解释不可能在任何场合都作出有利于被告人的解释[③]，而且，缩小刑法处罚范围并非就是合理的，“在现实中，人们解释刑法时，常常不考虑行为的可罚性……甚至在觉得某种行为应受刑罚处罚时，也采取限制解释，将值得处罚的行为排除在刑法规制之外”[④]，从而使刑法解释偏离刑法处罚范围必须适当的刑法解释理念。在此背景之下，笔者认为，从主张实质犯罪论的原初意义上而言，应该仅仅将实质犯罪论限于出罪解释，通过提倡实质的犯罪论建立“有罪不一定罚”的出罪机制，反对将之运用于《刑法》第 3 条的后段，以避免成为“无罪不一定不罚”的入罪机制。如果因为扩大解释的运用而导致与实质的犯罪论难以截然分清并致使后者遭受指责，那么，今后需要进一步讨论的问题恐怕是以何种方式保证扩大解释，进而也等于保证实质的犯罪论及实质的刑法解释不会破坏罪刑法定原则的人

---

① ［德］耶赛克、魏根特：《德国刑法教科书》(上)，徐久生译，231 页，北京，中国法制出版社，2017。

② 参见［德］Claus Roxin：《德国刑事诉讼法》，吴丽琪译，145 页，台北，三民书局，1998。

③ 参见张明楷：《“存疑时有利于被告”原则的适用界限》，载《吉林大学社会科学学报》，2002 (1)。

④ 张明楷：《刑法理念与刑法解释》，载《法学杂志》，2004 (4)。

权保障机能，而不是“实质的犯罪论是否会扩大刑法处罚范围”的伪问题。

四、结 语

如果考虑到我国的罪刑法定原则事实上是一项入罪原则而非经典罪刑法定原则所体现的出罪原则，那么提倡建立实质的犯罪论体系，推动形式与实质的犯罪论的争论在我国的展开，应是我国刑法学者所不可回避的任务。一方面，罪刑法定原则这一法治国的人权保障原则要求对我国传统四要件的犯罪论体系进行改造，因为这种犯罪论体系被普遍认为是一种“实际上是以犯罪已经成立为前提的”[①] 体系，换言之，它是以有罪为前提，无罪判断是最后得出的逻辑结论，体现的是有罪推定的思维方式。这与罪刑法定原则明显相违背。但是，由于以往任何对四要件论重新加以排列，或者增加或减少一个要件的做法都无法动摇这一传统犯罪构成体系的根本，为了充分体现罪刑法定原则的人权保障机能，“我国刑法学界越来越多的学者主张直接采用大陆法系的犯罪构成理论体系”[②]，因为这一模式是对非罪行为的逐步排除过程，能够为行为人的无罪辩护提供广阔的空间。形式与实质的犯罪论来源于日本刑法学者围绕三段论式的犯罪论体系所产生的争论，这样，如果按照目前盛行的“移植论”者的主张直接引入大陆法系三段论式的犯罪论体系，那就意味着在当前日本刑法学界所存在的犯罪论的形式化与实质化争论日后在我国的犯罪论中是不可避免的，与其引进之后面对，莫如引进之时就结合此问题直接构建具有形式或实质特色的犯罪论体系。以此角度审视，根据德、日三段论式的犯罪论体系的缺陷，结合实质主义评价方式，构建客观违法构成要件与主观责任构成要件这一实质二阶层体系，无疑具有极大的现实意义和超前价值：前者是指其一举解决了我国犯罪构成的

① 杨丹：《感想与感悟：刑法学的一种观感式叙说——访著名刑法学家陈兴良教授》，载冯军主编：《比较刑法研究》，460页，北京，中国人民大学出版社，2008。

② 陈兴良：《刑法研究》，第6卷·刑法总论Ⅰ，306-307页，北京，中国人民大学出版社，2021。

改造问题，完全实现了中国犯罪论体系的“本土化”；后者是指其直面日本学界形式与实质犯罪论之争并且基于后一立场对于中国引进该体系之后所必然面临的同一问题提前进行了解决。可见，实质二阶层体系之确立，非但在法哲学思潮与刑法理论上反映了犯罪论体系的更迭交错，而且，它的提出，对于弥补我国《刑法》第3条罪刑法定原则所欠缺的出罪机制还大有裨益。因此，实质二阶层体系非但不会侵犯人权，反而有利于限定刑法的处罚范围，充分实现刑法的人权保障机能。此即为实质二阶层体系的法治根基，也是其在我国刑事立法上获得的正当化根据之一。

第四章 犯罪概念"但书"与实质二阶层的出罪功能

实质二阶层体系具有弥补我国罪刑法定原则出罪机制欠缺的机能，这是实质二阶层体系在我国刑事立法上获得的正当化根据之一；除此之外，实质二阶层体系还能够通过构成要件所内含的即前述前田雅英教授所主张的"值得科处刑罚的违法性和有责性"概念，拦截一部分形式上符合构成要件的违法犯罪行为，从而达到出罪的功能。这种功能与我国《刑法》第13条"但书"部分所具有的出罪功能具有高度的自洽性。虽然刑法学界对于《刑法》第13条犯罪概念中的社会危害性理论大多持批评立场，但是，对该条后半段中的"但书"部分均持肯定态度。原因就在于，"但书"的功能在于出罪而不是入罪，而社会危害性理论的最大危险正在于可能随意入罪。虽然，在现有刑事立法背景之下，《刑法》第13条的"但书"部分在我国传统平面四要件体系下难有合适的定位，但是，实质二阶层体系所具有的出罪渠道，使这一体系与我国《刑法》第13条"但书"部分高度自洽，这是实质二阶层体系在我国刑事立法上获得的正当化根据之二。

我国《刑法》第13条犯罪概念中的"但书"具有重大的立法和司法价值。在立法上，它通过收缩犯罪圈，满足了刑法谦抑的要求；在司法上，它通过协调情与法，保证了实质合理性的实现。[①] 因此，尽管理论与实务在犯罪概念"但书"如何出罪上分歧明显，但对于这一"但

① 参见储槐植、张永红：《刑法第13条但书的价值蕴涵》，载《江苏警官学院学报》，2003（2）。

书”具有出罪功能大抵并无异议。随着罪刑法定原则的法典化及德、日阶层犯罪论体系在我国的深入推行，我国犯罪论体系正逐步孕育出变革的巨大能量，而犯罪论体系阶层化已然是日益明朗的演进方向。基于克服传统四要件体系下“但书”出罪功能的弱化，立足于阶层化体系阐释现行刑法犯罪概念，以有效扬“但书”出罪之长、避第 13 条前段规定入罪之短，是犯罪论体系实现阶层化之后所面临的现实问题。对实质二阶层体系而言，这一问题更具有迫切性。基于实质犯罪论视野所主张的以法益保护为目的、以客观违法构成要件与主观有责构成要件为内容的实质二阶层体系，由于其建立在规范性的处罚必要性概念的基础之上，极易导致“有处罚必要性则犯罪成立”的指责和怀疑。为了匡正刑法理论上的误解，更为了回答在实质二阶层体系之中《刑法》第 13 条的体系地位问题，下文拟以第 13 条犯罪概念的“但书”所具有的出罪功能为视角，联系二阶层体系的出罪机制，对上述问题予以分析。

一、《刑法》第 13 条犯罪概念“但书”出罪功能之肯定

尽管我国犯罪概念与四要件犯罪构成之间究竟是何种关系，历来是理论与实务争论的焦点，且因二者之间关系的不同主张而有定罪标准一元化与否之别，即四要件犯罪构成是否为定罪的唯一标准，但自我国学者储槐植教授从肯定“但书”出罪功能的角度提出“善待社会危害性观念”之后[①]，国内学者大抵在犯罪概念“但书”的出罪功能上取得了一致肯定意见，其分歧主要为犯罪概念“但书”的出罪方式不同。

如果四要件犯罪构成是出入罪的唯一标准被确信，则犯罪概念“但书”之出罪功能从属于犯罪构成，犯罪概念“但书”作为出罪的直接依据被排斥。例如，有观点认为，《刑法》第 13 条犯罪概念既要求立法者根据行为的性质、情节，将应受刑罚处罚的有社会危害性行

① 参见储槐植、张永红：《善待社会危害性观念——从我国刑法第 13 条但书说起》，载《法学研究》，2002 (3)。

为规定为犯罪，又要求司法机关在解释具体犯罪的构成要件时应使犯罪构成整体所反映的社会危害性达到应受刑罚处罚的程度，但犯罪概念不是认定犯罪的具体标准，“但书”也不是宣告无罪的具体标准。[①]在当下，该种观点依旧为不少四要件犯罪论体系捍卫者所支持，如有论者认为：“司法实践中脱离刑法分则具体犯罪的犯罪构成标准而直接以但书作为司法出罪化依据的做法，是司法者没有对立法者予以最大尊重的根源。”[②]

如果犯罪概念之“但书”是出罪的标准之一被认可，且是可以据以直接出罪的实质性标准，则尽管由此导致的定罪标准二元化会遭受诸多诟病，但该论调并非没有话语权。例如，有学者认为，“在考察某种行为是否构成犯罪时，固然必须根据刑法条文的规定，同时需要认定该行为的社会危害性程度，如果行为情节显著轻微危害不大的，就应当适用刑法第 13 条‘但书’的规定，不认为是犯罪”，且“在判决宣告无罪时，可在宣告无罪判决的法律文书中，同时引用刑法第 13 条和刑事诉讼法第 15 条第 1 项的规定作为法律根据”[③]。再如，有学者指出，面对处于罪与非罪边缘的疑难案件，在形式上似乎都符合犯罪构成四要件，但在总体评价上难以定夺时，较之客体要件的实质性判断出罪，以犯罪概念之“但书”作为出罪公开处断理由，更显法律维护社会公平正义之神圣与庄严。[④] 复如，有学者主张，犯罪的认定分为两步：第一步，看是否符合犯罪构成，如果不符合，则直接排除其犯罪性（形式判断）；第二步，如果符合犯罪构成，再看是否情节显著轻微、危害不大，如果是，则不认定为犯罪，否则，才认定为犯罪（实质判断）。[⑤]

事实上，审判实践中求诸犯罪概念之“但书”明示或默示出罪的，

---

① 参见张明楷：《刑法学》(上)，6 版，120 页，北京，法律出版社，2021。

② 李翔：《从“但书”条款适用看司法如何遵循立法》，载《法学》，2011 (7)。

③ 高铭暄、马克昌主编：《刑法学》，9 版，85－87 页，北京，北京大学出版社、高等教育出版社，2019。

④ 参见冯亚东等：《中国犯罪构成体系完善研究》，230－232 页，北京，法律出版社，2010。

⑤ 参见储槐植：《刑事一体化》，485－486 页，北京，法律出版社，2004。

并不鲜见。例如，上海市静安区人民检察院诉张美华伪造居民身份证案[①]：上海市第二中级人民法院认为我国《刑法》第13条的规定，揭示了犯罪应当具有社会危害性、刑事违法性和应受刑罚惩罚性等基本特征，其中，作为犯罪本质特征的社会危害性是“认定犯罪的基本依据”，“某些表面符合刑法分则规定的犯罪构成客观要件的行为，只要它属于刑法第13条规定的对社会危害不大、不认为是犯罪的行为，也就不具有刑事违法性和应受刑罚惩罚性。因此，把握行为的社会危害性程度，是界定罪与非罪的关键”。

追根溯源，犯罪概念与四要件犯罪构成在定罪上的角色定位，是苏联刑法学史上悬而未决的议题之一。A. A. 皮昂特科夫斯基与A. H. 特拉伊宁是苏联时期两位最著名的刑法学权威，其中，前者于1954年发表了《社会主义法制的巩固与犯罪构成学说的基本问题》一文，主张《苏俄刑法典》第6条对犯罪行为所规定的一般概念，仅负有从政治上对苏维埃刑法中的犯罪行为作一般说明的任务。[②] 对此，A. H. 特拉伊宁提出了尖锐的批判：“这种说法把政治评价和法权评价割裂开来，从而歪曲了苏维埃刑事立法中政治原则与法权原则的相互关系；这种说法是直接违背苏维埃刑事立法的总的方针和苏维埃立法者一再表述的意志的。”[③] 也即围绕着赞同还是否定“把犯罪概念和犯罪构成割裂开来的‘二元论’观点”，苏联时期的刑法学者内部产生了较大的分歧，从而导致了在犯罪概念之“但书”出罪方式上的差异。

苏联（俄）刑法学理论在我国展开后，该问题如影随形。其实，除了1950年《中华人民共和国刑法大纲草案》外，其后的历次刑法草案均沿用了《苏俄刑法典》第6条的犯罪概念之“但书”规定，即“形式上虽然符合本法典分则任何条文所规定的要件，但因为显著轻微，并且

① 参见《上海市静安区人民检察院诉张美华伪造居民身份证案》，载《中华人民共和国最高人民法院公报》，2004（12）。

② 参见［苏］A. H. 特拉伊宁：《犯罪概念和犯罪构成》，载中国人民大学刑法教研室编译：《苏维埃刑法论文选译》，4页，北京，中国人民大学出版社，1956。

③ ［苏］A. H. 特拉伊宁：《犯罪构成的一般学说》，薛秉忠等译，52页，北京，中国人民大学出版社，1958。

缺乏损害结果而失去危害社会的性质的行为，不认为是犯罪行为”[①]。因此，虽然关于贯穿着社会危害性理论的犯罪概念之“但书”的出罪方式分歧迥然，但对于其所具有的出罪功能分歧甚微。不过，犯罪概念之“但书”的出罪功能及方式常常被作为我国刑法规定“立法定性＋定量”的犯罪成立条件[②]与否不可或缺的内容而进行争辩。

二、“但书”出罪功能于平面四要件体系定位之尴尬

在阶层犯罪论体系下构成要件理论大抵是在形式的犯罪概念下直接展开的，“将犯罪定义为具备构成要件符合性、违法性与有责性三项属性的行为，即形式意义的犯罪概念，目的在于合乎逻辑地整理犯罪，建立体系”[③]。与之不同，在四要件犯罪论体系下对犯罪概念的阐释采取了独特的结构，即作为犯罪基本属性——严重的社会危害性、刑事违法性、应受惩罚性（三特征说）——的混合的犯罪概念与作为犯罪具体特征的四要件犯罪构成。我国传统刑法理论通说认为，相当严重的社会危害性既是犯罪概念的本质属性，又是犯罪构成的本质属性。然而，在四要件犯罪论体系下社会危害性是入罪与出罪的实质性评判标准，而并非犯罪构成的要件之一，尽管在四要件犯罪构成中能够独立充当实质评判标准的唯有犯罪客体，但排除犯罪性事由使得求诸前置或后置的犯罪客体充当实质评判标准的设想均难以企及。[④]

针对上述结构性特征所引发的问题，部分苏联（俄）刑法学者是求诸犯罪构成诸要件的合力来“弥补”的，即通过犯罪构成诸要件的齐备来征表社会危害性。社会危害性则被阐释为犯罪的本质特征且被置于犯罪概念中，这导致了混合的（或实质的）犯罪概念与犯罪构成之间含混

① ［苏］A. H. 特拉伊宁：《犯罪概念和犯罪构成》，载中国人民大学刑法教研室编译：《苏维埃刑法论文选译》，57－58页，北京，中国人民大学出版社，1956。

② 参见储槐植：《论我国刑法中犯罪概念的定量因素》，载《法学研究》，1988（2）。

③ ［日］曾根威彦：《刑法原论》，83－84页，东京，成文堂，2016。

④ 参见梁云宝：《超法规的违法性阻却事由之外置化》，载《法学评论》，2011（6）。

不清的关系，其影响深远并延续至今。而作为混合的犯罪概念重要内容的“但书”规定也因此在出罪方式上陷入了体系上的两难之境。具体而言有以下几个方面。

其一，若对四要件犯罪构成作实质化理解，则会导致“但书”的体系性地位飘忽不定，助长刑罚权在入罪与出罪上的恣意。毋庸置疑，对四要件犯罪构成作实质化理解，则犯罪构成是定罪的唯一得到遵循的标准，但通过犯罪构成诸要件、排除犯罪性事由等的合力来征表社会危害性，即齐备犯罪构成诸要件而无排除犯罪性事由，逻辑上必然使犯罪概念之“但书”与犯罪构成之间呈现出“掩耳盗铃”式的尴尬。例如，有论者指出：“当刑法分则条文对犯罪成立条件的表述已经将情节显著轻微的情形排除在犯罪之外时，只要行为符合刑法分则规定的成立条件，就应当认定为犯罪，而不能以情节显著轻微危害不大为由宣告无罪。”[①] 再如，有论者指出：“分则中基本罪状的定量因素抬高了具体的犯罪构成门槛，使所有属于‘情节显著轻微危害不大的’危害行为以不符合‘犯罪构成’为由而被过滤掉，从而使总则第 13 条的规定在分则中有了具体的依托。”[②] 等等。

扬弃四要件犯罪论体系而支持二阶层体系[③]，并在该体系下否定可罚的违法性理论——“可罚的违法性是一个不必要的概念”[④]，似乎能够维持对于构成要件是出入罪的唯一标准的确信，但实际效果并不乐观。换言之，早期的目的行为论在对“构成要件”作无色、中性理解的前提下，对于具有构成要件符合性的行为，复以轻微价值而否定其可罚性，在构成要件理论发生了实质性变革后，已无采取该理论的必要。[⑤] 诚然，在阶层犯罪论体系下该论调并不缺乏合理性。事实上，在阶层化

① 张明楷：《刑法学》(上)，6 版，120 页，北京，法律出版社，2021。

② 牛忠志：《驳“但书符合形式犯罪构成的行为说”》，载《河南大学学报（社会科学版）》，2012 (1)。

③ 参见张明楷：《刑法学》(上)，6 版，134－136 页，北京，法律出版社，2021。

④ 同上书，148 页。

⑤ 参见陈志龙：《人性尊严与刑法体系入门》，修订 5 版，338 页，台北，作者自版，1998。

犯罪论体系将根基确立或置换为新康德哲学并发生实质性变革后，原本在“微罪问题”的解决上发挥重要作用的可罚的违法性理论逐步式微，相应地，“微罪问题”的解决在刑事实体法上转而求诸告诉乃论之罪（不告不理）等的设定，在刑事程序法上求诸微罪不举或停止程序之规定，而非在合法与违法的价值判断上寻求应对之道。[①] 对于微罪概念及其不罚或轻罚的理念，储槐植教授也表示赞赏，并指出，“从总体上认真查纠、从宽发落多数轻微罪案，方能分化突显、有力打击少数严重罪案，此乃宽严相济得以称之为刑事政策的真谛所在”[②]。因此，扬弃四要件犯罪论体系而转向二阶层犯罪论体系后，立法上所保留的犯罪概念之“但书”规定在可罚的违法性意义上，无疑因中性、无色构成要件的扬弃而使得求诸“违法构成要件”判断客观的法益侵害或威胁时值得科处刑罚的违法性判断进退两难。不过，实务中因刑事程序法的出罪不力而进入审判的微罪案件，使可罚的违法性理论在日本实质性地处于废而不弃的状态，却是显性的。

至于在四要件犯罪论体系下对四要件犯罪构成作实质化理解，也是“一厢情愿”的愿景。毕竟，四要件犯罪论体系在草创之初，苏联（俄）刑法学者实质性地吸纳了同时代德国犯罪论体系的部分内容，犯罪概念“但书”规定实质性地充当了可罚的违法性理论的角色。同时，四要件犯罪论体系确立后结构相对稳定，并不存在类似于阶层犯罪论体系结构的实质性变动，因此，社会危害性与四要件犯罪构成之间的关系在角色定位上，受阶层犯罪论体系下违法性理论发展的影响，在实质与形式、一元与二元等之间游移不定，尤其是在规范的要素被发现后，构成要件符合性阶层也具有规范要素，再设定违法性阶层是否有必要就成为问题，因此，构成要件阶层与违法性阶层由泾渭分明走向模糊不清，二阶层体系也应运而生。受其影响，求诸犯罪构成诸要件的齐备来征表社会危害性，遂成为有力的学说。然而，同样的问题是：立法上所保留的犯

① 参见林山田：《评可罚的违法性理论》，载《刑事法杂志》，1992（6）。

② 储槐植：《解构轻刑罪案，推出“微罪”概念》，载《检察日报》，2011-10-13，3版。

罪概念之“但书”规定在可罚的违法性意义上，大抵以形式的四要件犯罪构成为前提，这使得齐备犯罪构成诸要件来征表社会危害性的入出罪判断与犯罪概念之“但书”的出罪判断出现了实质性重合。

实务中，在《刑法》规定了犯罪概念之“但书”并与出罪意义上的可罚的违法性理论大抵具有等价性时，排斥可罚的违法性理论会在刑事实体法上遭遇一系列尴尬，这并非空穴来风。例如，1997 年《刑法》规定贪污贿赂犯罪的起刑点是 5 000 元，但“在目前的司法实践中，许多涉案金额为几万元的案件，并没有被移送到法院；但一旦移送过来，法院又得依法判处，‘这本身就缺乏社会公正性’”[①]。究其根源，与四要件犯罪论体系下充当出罪意义上的可罚的违法性理论角色的犯罪概念之“但书”与犯罪构成之间在征表实质违法性（社会危害性）上的“二合一”设定，不无关系。再如，“醉驾”型危险驾驶行为是否一律入罪，也成为犯罪概念之“但书”展现自身功效的一次演绎。尽管不同学者、不同部门之间对于“醉驾”应否一律入罪分歧不断，其核心是如何理解犯罪概念之“但书”与犯罪构成之间的关系，但对四要件犯罪构成与社会危害性作“二合一”阐释的通说正遭受着困境，深圳醉酒驾车案即为适例：深圳龙岗区坪地街道办事处副主任莫某松，2011 年年底因“酒驾”被查，检察院要求判刑 2 个月，但龙岗区人民法院以被告人“醉驾”驾驶距离不远、情节轻微为由，判决免刑。[②]

其二，若对四要件犯罪构成作形式化理解，则会导致实质定罪标准的二元化，且犯罪概念的“但书”将对社会危害性的评判至少一分为二，由此衍生的弊害是定罪在逻辑上的杂乱无章。

将犯罪概念的“但书”等出罪事由置于四要件犯罪构成之外，虽可摆脱出罪事由在犯罪论体系中地位飘忽不定的尴尬，但却无法解决犯罪

---

① 《最高人民法院副院长建议调整贪污贿赂罪起刑点》，载《成都商报》2009 年 11 月 6 日；根据 2016 年 4 月 18 日最高人民法院、最高人民检察院联合颁布的《关于办理贪污贿赂刑事案件适用法律若干问题的解释》，贪污、受贿犯罪的起刑点是 3 万元，或者贪污、受贿 1 万以上 3 万以下并具有其他较重情节。但即便是十年前，贪贿 3 万元被立案的也是凤毛麟角。

② 参见惠铭生：《有种醉驾免刑叫“开得不远”》，载《广州日报》，2012－06－16，2 版。

客体造成的逻辑缺陷。1997 年《刑法》修订后，刑法理论上支持“犯罪客体要件不要说”的有力理由为：犯罪客体将价值判断过于前置。该观点的代表性人物实属周光权先生，其指陈：客体——刑法所保护而为犯罪所侵害的社会关系——是实质性的价值判断，作为犯罪成立的首要条件，一旦该判断完成，行为就被定性，被告人无法为自己进行辩护。这是一种过分强调国家权力作用的做法，其可能的危险为：（1）一旦发生使人心冲动的案件，感情上便产生处罚的强烈要求；（2）一旦行为人主观恶劣，便不充分调查行为在客观上造成了何种后果就进行处罚；（3）一旦危害结果重大，便不问行为人的主观状态就进行处罚。所以，价值判断过于前置，不利于保障人权和实现法治。①

其实，主张犯罪客体蕴涵着价值判断并过于前置，似乎已然成为批判四要件犯罪构成弊害时的一种通识性论调。的确，在四要件犯罪论体系中犯罪客体固然不可避免地包含着规范性内容，但在意识形态渐趋淡化的背景下原本无法证明，也无须证明。而政治化了的犯罪客体，如今在司法文书中是以陈述性或说明性的方式出现，因为作为犯罪构成要件的犯罪客体需求诸其他要件以说明。因此，所谓的犯罪客体要件“一旦该判断完成，行为就被定性，被告人无法为自己进行辩护”，只是一种杞人忧天式的设想，而非现实形态。也即：犯罪构成要件意义上的犯罪客体虽然具有价值判断过于前置的隐患，但因其本身评价内涵的空洞，在缺乏政治化内容的支持下，难以实质性地危及人权。

若如此，则对虚化了犯罪客体后的四要件犯罪构成作形式意义上的理解，能否解决犯罪概念之“但书”对社会危害性的不当切割问题？答案是否定的。毕竟，如前所述，包括犯罪概念之“但书”在内的出罪事由，直接来源于苏联（俄），间接来源于德国，而苏联（俄）刑法学理论是在犯罪概念中讨论实质的违法性，且犯罪概念与四要件犯罪构成系“抽象与具体”的关系，因此，原本与实质违法性难以分割的出罪事由便在四要件犯罪论体系中地位尴尬。换言之，因四要件犯罪构成对社会

① 参见周光权：《犯罪论体系的改造》，87 页，北京，中国法制出版社，2009。

危害性的展开是以诸要件齐备的方式进行，故与社会危害性具有等价意义的实质违法性并非犯罪构成的要件，也难以为四要件犯罪构成各个要件所容纳，据此，即便虚化了犯罪客体要件后的四要件犯罪构成，也无法真正成为形式的犯罪构成——客观方面、主体、主观方面依旧要合力征表社会危害性。

于是，理论界在坚持四要件犯罪论体系框架下的最新动态是：要么否定犯罪概念之“但书”等出罪事由具有犯罪构成的形式，但由于采取了“犯罪构成理论排除违法性事由犯罪形态”或“犯罪构成理论犯罪形态排除违法性事由”的篇章结构，所以无论是否作出辩解，其在客观效果上均难逃对定罪标准二元化的认可或默许，从而不可避免地陷入困境。于是，对司法实务“熟视无睹”而作一厢情愿的空泛阐述或“避而不谈”，就成为理论上诸多学者在犯罪概念之“但书”上谨守的立场。要么在犯罪概念之外找寻四要件犯罪构成中的“违法性”，甚至企图将“违法性”置入诸要件的某个要件中，从而为出罪事由提供明确的容身之所。

应当说，于四要件体系中找寻“违法性”的论者，至少已经触及了出罪事由在四要件犯罪论体系中地位尴尬的本质，但其应对之道可谓“缘木求鱼”：基于“违法性”在四要件犯罪论体系与阶层犯罪论体系中差异迥然，以阶层犯罪论体系下明确化的“违法性”为参照物找寻四要件犯罪构成中“化整为零”的“违法性”，是方法论上的错误，其探寻所得也无法摆脱伪命题的宿命。在此意义上，“违法性不是（四要件）犯罪构成的一个要件，而是犯罪的特征。整个犯罪构成实际上是刑事违法的构成”[①]。至于将探寻所得冠以保障人权的名号，更为不妥，因为，若四要件犯罪构成中犯罪客体功效的发挥需求诸其他要件的合力，则“将犯罪客体作为要件可能只是起单纯的评价作用，但将一个没有要素的要件交由法官评价，会有损犯罪构成的罪刑法定主义机能”[②]。其实，

① 陈兴良：《本体刑法学》，215－216页，北京，商务印书馆，2001。

② 张明楷：《刑法学》(下)，6版，130页，北京，法律出版社，2021。

若主张引入大陆法系的违法性理论，坚持形式违法与实质违法、主观违法与客观违法的统一，使违法性真正具有实体内容[①]，则扬弃四要件犯罪论体系必然是逻辑上的延伸。该类观点的持有者最终成为阶层犯罪论体系的忠实捍卫者即可作为例证。

三、实质二阶层体系与“但书”出罪功能之自洽性

域外阶层犯罪论体系的演进，是一条清晰的经由范畴论转为目的论之路。在这一演进中，主观的要素与规范的要素驱动着违法与有责在刑法理论中和构成要件符合性判断的融合之势，二阶层犯罪论体系也成为域外理论上有力的学说。在我国，犯罪论体系的阶层化是克制四要件犯罪论体系种种缺陷的根本途径，而以违法性与有责性为支柱的实质二阶层体系具有比较优势。问题是：与可罚的违法性具有类似功效的犯罪概念之“但书”，能否与实质二阶层体系兼容？答案是肯定的。

（一）犯罪概念之“但书”出罪与可罚的违法性理论之契合

前已述及，可罚的违法性理论所承载的使命，因阶层犯罪论体系的演进而渐趋被替代。事实上，可罚的违法性理论草创于德国，却兴盛于日本，这并不能简单地归结于偶然。换言之，要厘清可罚的违法性理论，绕不开日本著名的“一厘事件”。

所谓“一厘事件”，系指受政府（专卖局）委托栽培烟草的被告人负有将生产的烟叶全部交给政府的义务，但其随意吸食了其中一叶——按当时的价格值一厘钱。该事件中的被告人被以违反烟草专卖法而起诉，但日本大审院否定了犯罪的成立。[②] 检视“一厘事件”之背景，不难发现此时日本刑法在犯罪论体系上完全继受了德国古典犯罪论体系，该体系将构成要件设定为客观、描述性、价值中立的行为外部形象，而

① 参见陈兴良：《刑法研究》，第5卷·刑法理论Ⅱ，71页，北京，中国人民大学出版社，2021。

② 参见大判明治43年（1910年）10月11日刑录16辑，1620页。转引自［日］大塚仁：《犯罪论的基本问题》，冯军译，121页，北京，中国政法大学出版社，1993。

在违法性阶层仅以法定的违法性阻却事由为限；此外，此时刑事诉讼法上微害不起诉及缓起诉理论尚未成型，故司法实务中该类案件一般会进入审判程序。因此，对于进入了审判程序的该类案件，若依据古典犯罪论体系而严格入罪，则会陷刑法于苛严之泥潭，也会破坏刑法作为维持社会秩序之最后手段的有效性，并抵触自罗马法以后就形成并逐步为各国法律实践所遵循的“法不关微事”（De minimis non curat lex）、“法官不管小事”（De minimis non curat prae tor）等理念。于是，为克服古典犯罪论体系在以法定的违法性阻却事由为违法性全部内容所导致的缺陷，在违法性阶层扩张实质性判断内容（如该案判决中的“不存在什么应该视为危险的状况”[①]）以限缩犯罪圈，遂成为不二法门。

二战后，尽管犯罪论体系发生了巨变，但日本的法院秉持可罚的违法性理论否定了一系列绝对轻微型与相对轻微型侵害或威胁法秩序之行为成立犯罪。[②] 这助推了可罚的违法性理论在日本的勃兴。实际上，与其联系紧密的依旧是刑事诉讼法上微害不起诉及缓起诉理论的滞后性所导致的该类案件进入了审判程序，而不得不由法院处理。至于20世纪70年代以后日本审判实践在可罚的违法性理论上体现出来“消极的态度”，大抵是基于如下原因：其一，可罚的违法性理论系早期将构成要件理解为客观、描述性、价值中立前提下的产物，而客观、描述性、价值中立的构成要件早已沦为历史的遗迹，故可罚的违法性理论丧失了存在的根基。其二，通常违法性是指行为与整体法律规范或法秩序的对立关系，只存在对立或不对立，而不存在轻重的程度问题；况且在违法性判断中，只有合法与违法的两分价值判断，而无可罚的违法性与不可罚的违法性之区分；在刑法理论上只有可罚的不法与不可罚的不法之区别。可罚的违法性理论将对违法性的判断取决于行为是否具有科以刑罚的必要性，在刑法学理论上也有所不当，因为违法性是刑罚必要性的前

① 大判明治43年（1910年）10月11日刑录16辑，1620页。转引自［日］大塚仁：《犯罪论的基本问题》，冯军译，121页，北京，中国政法大学出版社，1993。

② 参见［日］山口厚：《刑法总论》，第3版，付立庆译，190-191页，北京，中国人民大学出版社，2018。

提条件，而非刑罚必要性系违法性的前提。[1] 其三，刑事实体法上告诉乃论之罪等的过滤与刑事诉讼法上微害不起诉及缓起诉理论的扩张适用，导致微罪案件多不进入审判程序，从而大大降低了可罚的违法性理论在判决上出现的可能性。

在日本审判实务中并未彻底否弃可罚的违法性理论，而是持“消极的态度”以备不时之需。这在规定了具有出罪功能的犯罪概念“但书”条款的刑法典框架下，尤其具有积极意义。毋庸置疑，我国刑事诉讼法在“微罪不举”等上已然作出了努力，如公安机关不立案、检察机关决定不移送审查起诉等；且我国刑法典在亲告罪上也有一定的体现，如轻伤害、暴力干涉婚姻自由、家庭成员之间的虐待、侵占等。故而，在扬弃四要件犯罪论体系而构建阶层犯罪论体系中，可罚的违法性理论似乎已无存在之必要，毕竟该理论发挥作用的空间早已为相关理论所替代。

而我国《刑法》第13条中的“但书”系当前各国刑事立法例中极少数叙明刑法谦抑性之条款，这在域外受到了积极的评价，且尽管基于上述努力司法实务中仍旧不乏进入了审判程序而需求诸“但书”出罪的情形。其实，超法规的违法性阻却事由在四要件犯罪构成中无以容身，而不得不委身于混合的犯罪概念，也提升了犯罪概念之“但书”在出罪上的价值。此外，在我国犯罪论体系转型时基于有效衔接的考虑，也不宜断然否定可罚的违法性理论，况且否定在刑法谦抑性上发挥着积极功效的犯罪概念之“但书”规定，可能性似乎不大。也即以出罪为要义的可罚的违法性理论在实务中有意义的部分为：当微罪未前置化处理或因前置化处理不力而进入审判程序时，可以据以出罪，从而体现刑法谦抑性思想及人权保障理念。

在实质二阶层体系下认可可罚的违法性理论，并对犯罪概念之“但书”出罪赋予等价性意义，是否会导致定罪上的重复评价？的确，在阶层犯罪论体系下评判一个行为是否不法，需要通过两个评判层面上的审

① 参见林山田：《刑法通论》（上册），增订10版，310-311页，台北，作者自版，2008。

查：一是审查行为的构成要件符合性，二是确认无正当化事由介入。[①]实质二阶层体系并非不考虑构成要件符合性判断，不法评价本身需要借助构成要件符合性判断，构成要件符合性判断具有推导不法的机能，而出罪事由的存在会否定不法的成立。据此，因构成要件符合性与违法性被统合在不法阶层中，而与可罚的违法性理论相适应的客观、描述性、价值中立的构成要件虽已然被扬弃，但构成要件对主观的要素与规范的要素的容纳，并不会使作为违法性重要内容的可罚的违法性判断在出罪的要义上背离初衷，也不会使不法阶层在定罪的判断上纠缠不清。事实上，即使在体系性周延与人权保障之间作出有利于后者的遴选，也并非绝对不可接受。毕竟，最拙劣的人权保障手段仍不失为有效的保障，而精巧的体系构建若缺乏保障人权的精髓，必然异化为人权的藩篱！

因此，在刑法典依旧存在犯罪概念之“但书”规定的情况下，刑法分则条文对入罪的定量因素（数额、情节等）规定难以具体化或具体化因现实变动而难以切实贯彻时，在实质二阶层体系下认可可罚的违法性理论以肯定犯罪概念之“但书”的出罪功能，就具有积极的意义与比较优势，即（变相）否定可罚的违法性理论会造成因微罪未前置化处理或前置化处理不力而进入审判程序所陷入的进退两难的窘境。显然，通过单纯的解释论无法轻而易举地脱困。

例如，某偏僻山村为致富欲修建一出山公路，在没有资金的情况下由村委会向每户村民集资 50 元，共凑得 2 100 元。村主任为节约资金决定自制炸药，便买来部分原料造出炸药约 80 公斤。在村主任的精打细算（若按规定程序经申报购买正规炸药，2 100 元钱所剩无几）和村民的努力下，他们用不到半年时间修通了 5 公里长的公路。在清查非法制造爆炸物品的专项治理中，村主任被以非法制造爆炸物罪逮捕。[②]尽管 2009 年经修改后公布的最高人民法院《关于审理非法制造、买卖、运输枪支、弹药、爆炸物等刑事案件具体应用法律若干问题的解释》，

① 参见［德］约翰内斯·维塞尔斯：《德国刑法总论》，李昌珂译，68 页，北京，法律出版社，2008。

② 转引自冯亚东：《犯罪概念与犯罪客体之功能辨析》，载《中外法学》，2008 (4)。

明确规定了个人或单位非法制造炸药 1 000 克以上的，以非法制造爆炸物罪定罪处罚，并在第 9 条第 1 款中规定：“因筑路、建房、打井、整修宅基地和土地等正常生产、生活需要，以及因从事合法的生产经营活动而非法制造、买卖、运输、邮寄、储存爆炸物，数量达到本解释第一条规定标准，没有造成严重社会危害，并确有悔改表现的，可依法从轻处罚；情节轻微的，可以免除处罚。”但在四要件犯罪论体系下，排斥可罚的违法性理论而否定业已进入了审判程序的本案之非法制造爆炸物罪的成立几无可能——“情节轻微的，可以免除处罚”不过是在非法制造爆炸物罪成立后刑罚上的轻缓化处理，行为人依旧会被贴上“犯罪人”的标签！与此不同，在实质二阶层体系下可罚的违法性理论能够排斥非法制造爆炸物罪的成立，犯罪概念之“但书”的出罪功能也可得到有效的发挥。

（二）依犯罪概念之“但书”出罪与可罚的责任理论之契合

在不同犯罪论体系下刑事责任具有不尽相同的内涵：在阶层犯罪论体系下刑事责任是作为犯罪成立要件而存在的（狭义的刑事责任），在四要件犯罪论体系下刑事责任是作为犯罪的逻辑后果而存在的（广义的刑事责任）。换言之，如果认可对犯罪的惩处离不开价值评价，认可排除犯罪事由，并遵循严谨的形式逻辑，那么至少要认可不法与罪责在本质上的差异——不法要解决的是对于侵害或威胁法益的行为应否给予否定性评价问题，有责要解决的是能否给予不法行为人承担刑事责任的谴责问题。

例如，精神病人于发病期间实施了杀人行为，就其杀人行为而言同样违反了刑法禁止杀人的规范，只是现代刑法不能给予其承担刑事责任的谴责而已。当然，这并不等于说，将客观事实完全置于不法阶层中，而将主观事实完全置于有责阶层中——实际上，早期的构成要件理论恰恰这样做了。然而，随着主观的要素及规范的要素被发现，这种严格的归类最终被证明是仓促而错误的，于是，“违法是客观的，责任是主观的”信条受到了修正。修正后，行为之违法性“并非单纯依行为人主观之层面，或单纯从客观评价之观察，可以获致者；而必须就二层面的评价，综合论断。因此，除了结果无价值的认定以外，行为无价值与意志无价值的判断，亦属违法性的判断内容”[①]。可见，不法与有责中部分要素的变动并未从根本上打破不法与有责的阶层划分本身，相反，不法与有责的基本框架因修正而愈加完善、坚固。

四要件犯罪论体系的独特结构排斥狭义的刑事责任而只能与广义的刑事责任相适应，但无论对广义的刑事责任是采取法律后果（承担）说[②]、惩罚·否定评价说[③]还是采取其他某种学说，均难以摆脱四要件犯罪论体系在刑事责任上的尴尬。毕竟，就狭义的刑事责任而言，四要件犯罪论体系难以有效解决刑事责任能力问题所引起的共犯问题，例如，不满 14 周岁的人与已满 14 周岁的人“轮奸”他人的案件中对“轮奸”情节的处理。就广义的刑事责任而言，对刑事责任大小的确定会松弛四要件犯罪构成是定罪的唯一标准的观点，例如，“犯盗窃、诈骗、抢劫罪”“过失犯前款罪”等表述中的“罪”的内涵。实际上，四要件犯罪论体系的维护者也不得不承认：“这些‘犯罪’在逻辑上只能是指客观方面的行为——德国体系下具备构成要件该当性和违法性的‘客观的犯罪’（如 13 岁的人进行盗窃）。”[④]

可见，尽管域内外定罪时所凭借的犯罪论体系迥然有别，但上述系属不同层次的问题均是认定行为成立犯罪时无法回避的，实际上也没有任何一个国家或地区的刑事审判实务回避了这样的问题，至多在上述问题的处理上显得优劣有别而已。在此意义上，德国刑法学者罗克辛直言道：“如果将不法和罪责融合到一起，会抹平本质上的事实区别。某个行为举止是不是一种受刑法禁止的法益侵害，这是一个问题；在所有案件中，违反这种禁止规范是否必须要动用刑罚加以处罚，这是另一个问题。这两个问题是不同的。刑法上的禁止规范或者命令规范是针对所有

---

① 苏俊雄：《刑法总论》，修正版，Ⅱ，166 页，台北，作者自版，1998。

② 参见高铭暄：《论刑事责任》，载《中国人民大学学报》，1988（2）。

③ 参见马克昌：《论刑事责任与刑罚》，载《法制与社会发展》，1996（2）。

④ 冯亚东、邓君韬：《德国犯罪论体系对中国之启示》，载《国家检察官学院学报》，2009（1）。

公民而言的，这两种规范呼吁公民们举止要合乎规范，因此，必须将它们和罪责区分开来，原因是：告知公民们受禁止的事情和给予他们举止上的指导原则必须在任何犯罪之前。”①

问题是，在阶层犯罪论体系下，“与违法判断一样，判断责任的有无也是首先判断是否具有作为责任的类型化的责任构成要件该当性，然后再判断是否存在责任阻却事由”②。而在现行刑法典框架下扬弃四要件犯罪论体系后犯罪概念之“但书”是否仅在不法的意义上与阶层犯罪论体系相契合？答案恐非如此——“可罚的责任”与出罪意义上的犯罪概念之“但书”具有等价性。

前已述及，在四要件犯罪论体系下出罪事由难以获得明确的体系性地位。在阶层犯罪论体系下出罪事由的内容大抵包括违法性阻却事由与责任阻却事由两部分，其中，违法性阻却事由又有法定违法性阻却事由（正当防卫、紧急避险等）与超法规违法性阻却事由（被害人承诺、义务冲突等）之别，而责任阻却事由的内容要复杂得多。在实质二阶层体系下责任构成要件该当性判断至为关键的是有无责任要素（故意与过失）的判断，而是否存在责任阻却事由是可罚的责任判断过程。因此，责任能力固然是可罚的责任判断不可或缺的内容，违法性认识可能性、期待可能性等也是可罚的责任必不可少的内容。不过，犯罪概念之“但书”至多在后者的意义上与“可罚的责任”具有联系的可能性。

以期待可能性为例试作分析：期待可能性所具有的对不法行为评判性内涵，大抵决定了其在阶层犯罪论体系中只能被置于罪责阶层，而罪责阶层的内容在四要件犯罪论体系下被犯罪主体要件与犯罪主观方面要件有限地分解。因此，在四要件犯罪构成中为期待可能性谋求地位，只能于犯罪主体要件与犯罪主观方面要件中作择一的遴选。

---

① ［德］克劳斯·罗克辛：《刑事政策与刑法体系》，第2版，蔡桂生译，91页，北京，中国人民大学出版社，2010。

② ［日］西田典之：《日本刑法总论》，第2版，王昭武、刘明祥译，180页，北京，法律出版社，2013。

四要件犯罪构成诸要件之间呈“犯罪客体—犯罪客观方面—犯罪主体—犯罪主观方面”的传统排列顺序，若将期待可能性置于犯罪主体要件中，则会导致在定罪中尚未审查行为人之主观方面就可能得出不构成犯罪的结论。毋庸置疑，这是背离审判实际的结论。因此，要在犯罪主体要件中纳入期待可能性理论，犯罪构成诸要件之间的顺序必须重新调整——犯罪主体后置化，但这与我国传统刑法理论所坚持的诸要件之间的顺序相抵触，也与刑事司法实务中对无（限制）刑事责任能力人不法侵害的客观判断不符——只要审查系属无（限制）责任能力人即得出不构成犯罪的结论，对无（限制）责任能力人主观方面的审查更多的是在确定“管教”上具有意义。

同样地，将期待可能性置于犯罪主观要件中也缺乏合理性。在域外，期待可能性作为出罪事由不但存在有无的问题，还存在程度的问题。期待可能性的这一特征排除了心理前提说与动机说的合理性。质言之，就心理前提说而言，将期待可能性设定为罪过心理的前提，实际上赋予了故意、过失对期待可能性的依附性及审查上的顺序性。

可见，依据心理前提说，在无期待可能性时，罪过心理丧失了前提而无法审查，也无须审查，直接出罪。可是，这同样是与审判实践相背离的结论：在四要件犯罪论体系下，相当于域外责任阻却事由的出罪（如紧急避险）并未放弃对行为人主观方面之故意或过失的审查。“紧急避险的主观条件即行为人必须有正当的避险意图，它决定着紧急避险的无罪过性，因而对紧急避险的成立有着重要意义。”① 同时，在有期待可能性时，其程度高低虽然不影响对行为人主观方面的审查，但影响意志自由的程度，因而必然实质性地影响罪过的轻重，否则，期待可能性的程度即被虚化。然而，审判实践中期待可能性及其程度并非公诉机关在每个案件中必须积极证明的要素，这否定了故意、过失对期待可能性的依附性，即故意、过失作为犯罪主观方面要件的内容具有独立性。其

① 高铭暄、马克昌主编：《刑法学》，9版，134页，北京，北京大学出版社、高等教育出版社，2019。

实，即使在域外，否定故意、过失有独立地位而主张期待可能性是包含在故意、过失中的要素（故意、过失的构成要件要素）也受到有力的批判而趋于式微。日本既有的审判实践也印证了这一点，“可以说，判例的大趋势是倾向于将期待可能性的不存在作为独立的阻却事由来理解的”①。此外，期待可能性理论“并未为司法实务界完全接受”②，也排斥了故意、过失对期待可能性依附的可能性。因而，心理前提说系似是而非的论调。

就并列要素说而言，将期待可能性设定为罪过的评价因素、前提因素与消极因素，在本质上也赋予了期待可能性在罪过中必要的且独立的地位，无疑会陷入与心理前提说相同的困境。至于动机说，我国刑法学者已给予了翔实而有力的批判③，笔者深以为然。不过，动机并非一切犯罪成立的必要要素，因此，动机说在避免期待可能性作为要素的定位而产生的缺陷上，具有积极的意义。

可见，四要件犯罪构成之诸要件拒绝期待可能性理论的渗透，是由其平面化结构特征决定的。至于所谓的“将期待可能性理论置于四要件之内却不置于任何要件之内或若干要件之内”的论调，因其在四要件之外变相地增加了要件或要素而陷于出罪与入罪的恣意中，故荒谬之处无须多言。于是，在四要件犯罪论体系下犯罪概念之“但书”在内容上并不能涵盖期待可能性。然而，这不意味着在四要件犯罪论体系下并不存在属于期待可能性的内容。故而，在实质二阶层体系下犯罪概念之“但书”将为期待可能性理论提供容身之所，使其能够在可罚的责任上发挥出罪的积极功效而不会造成体系上的冲突。

四、结　语

源于苏联（俄）刑法典的犯罪概念之“但书”规定，在罪刑法定原

① ［日］内藤谦：《刑法讲义总论》，Ⅰ·下，1204页，东京，有斐阁，1991。

② ［日］西田典之：《日本刑法总论》，第2版，王昭武、刘明祥译，264页，北京，法律出版社，2013。

③ 参见张明楷：《犯罪构成体系与构成要件要素》，60－61页，北京，北京大学出版社，2010。

则下是立法例对刑法谦抑性的一次宣示。在四要件犯罪论体系下尽管犯罪概念之“但书”的出罪功能得到了肯定，但受制于四要件犯罪构成以诸要件的合力来征表社会危害性，以及四要件犯罪构成是定罪的唯一标准，四要件犯罪构成无法成为形式的犯罪构成，从而难以为依犯罪概念之“但书”出罪提供体系外的明确地位。四要件犯罪构成中的任何单一要件均不能为包括犯罪概念之“但书”在内的出罪事由提供容身之所。因此，依犯罪概念之“但书”出罪在四要件犯罪论体系下的地位极为尴尬。

“正确贯彻罪刑法定原则应当是，依据刑法契约精神，在不突破底线的前提下，入罪坚守合法，出罪（含从轻发落）注重合理。”① 犯罪概念之“但书”的出罪功能及实质二阶层体系下可罚的违法性与可罚的有责性所建立的出罪机制，充分实现了出罪注重合理性之要求。在扬弃四要件犯罪论体系而转向实质二阶层体系时，不法阶层中包含的规范的要素排斥了客观、描述性、价值中立的构成要件，但即使在日本，通过对刑事诉讼法上微害不起诉及缓起诉的扩张适用所导致的微罪案件多不进入审判程序，也无法杜绝微罪案件进入审判程序，更何况我国当前实务中因微罪未前置化处理或前置化处理不力而进入审判程序的案件屡见不鲜。因此，在可罚的违法性理论意义上认可犯罪概念之“但书”，并继续赋予其出罪功能具有积极意义。同时，在实质二阶层体系下犯罪概念之“但书”规定也能为可罚的责任理论提供清晰的体系性地位；在实质二阶层体系下犯罪概念之“但书”能够在可罚的违法性与可罚的责任意义上发挥出罪功能。实质二阶层体系并不存在因为从实质可罚性的角度处罚就会扩大犯罪圈的问题，相反，基于法益保护之目的，通过可罚的违法性与可罚的责任可以构筑出双重的出罪机制，且与犯罪概念之“但书”的出罪功能在体系及理论上具有自洽性。

---

① 储槐植：《刑法契约化》，载《中外法学》，2009（6）。

中　篇

实质的犯罪论之本体

第五章　实质二阶层的客观违法性理论：结果无价值论

一、人的主观要素、结果/行为无价值论与阶层犯罪论体系

结果无价值论与行为无价值论的对立，在当下中国刑法学领域由来已久。伴随着中国刑法理论的日益发展，犯罪论体系从平面化到阶层化的推进，刑法教义学的逐渐兴盛，刑法学派渐趋形成。在中国当下所有刑法学派之争中，结果无价值论与行为无价值论之争显然属于涉及刑法理论问题面最广，因而难度系数最高的学派论战，两方阵营学者以共同的激情缔造了当下我国这一学派之争的辉煌。在刑法理论史上，这一争论肇始于对刑事违法实质的认识，但经由争论的展开与理论的推进，最终超越违法论而成为对一般犯罪论进行说明的概念；在对整个犯罪论问题进行各自视角不同的诠释之后，又超越刑法理论具体领域而发展成为对刑法基本思考方式及整个刑法理论的对立。今天，在宏观层面，结果与行为无价值论之争关系到一位刑法学者是主张旧派还是新派，认同客观主义刑法还是主观主义刑法、何种性质的刑法任务观等大的问题；在微观层面，其则关系到对刑法规范性质的看法、违法性本质的定位、违法性的判断、未遂犯与偶然防卫的处理等小的方面。

然而，其实一切争论都来源于对人的主观要素的不同看法，正是对于是否以及在多大范围内承认主观要素为违法要素的问题有了分歧，才会导致结果无价值论与行为无价值论其后所有的争议。这意味着，如果

以人的主观要素为切入点，展开对结果无价值论与行为无价值论争论的看法，可以起到以点带面的良好效果。为此，下文拟以人的主观要素为视角，探讨其内部存在的性质之争，并由此表达本书的结果无价值之立场。

犯罪的成立取决于对一系列客观与主观要素的认定。一般而言，犯罪论体系所要评判的客观要素包括行为、方法、手段、对象、因果关系、结果等与法益侵害相关的内容，而主观要素则包括人的故意、过失、动机、目的、内心倾向等与人的主观内心相关的内容。在客观与主观要素之间，如何看待人的主观要素的性质，不仅关系到主观要素自身的意义与功能，而且关系到主观要素在犯罪论体系中的地位问题，更关系到采用何种犯罪论体系的问题，一言以蔽之，人的“主观要素关乎整体犯罪论体系”①。在当今我国刑法犯罪论体系阶层化已逐渐占据主导地位的大背景之下，在理论与实务对阶层化体系内部问题的研究日趋精细的诉求前提之下，在联系犯罪论体系的意义上讨论主观要素的性质，显然极有必要。由此一来，在联系主观要素对于某种行为是否成立犯罪具体问题进行思考的同时，展开主观要素在犯罪论体系中的定位以及对犯罪论性质的影响等体系的思考，从而尽可能实现对主观要素相关问题的全方位把握。

二、主观要素的性质与地位争点：违法性要素抑或有责性要素

“是否应当认可主观的违法要素，应当在什么范围内加以认可”②，正是主观要素所面临的根本问题。如果答案是肯定的，则主观要素即为主观的违法要素；反之，只能称为主观要素。因此，应该反对基于“主观的违法要素”这样的命题讨论故意、过失、目的等是否为违法要素的问题，这样的命题实际已经预设了主观要素是违法要素的“前见”，这

① ［日］浅田和茂：《主观的违法要素の犯罪论》，载《现代刑事法》，1999（3）。

② ［日］大谷实：《刑法讲义总论》，新版2版，黎宏译，217页，北京，中国人民大学出版社，2008。

会导致问题偏离客观性，而从一开始就建立于某种偏见之上。正因为如此，在观点未有确立、论述未有展开时，笔者主张使用人的“主观要素”这一中性表述。

综观当今刑法学说，在是否承认主观要素是违法要素的问题上，有三种不同立场，即全面肯定说、全面否定说与部分肯定说。

（1）全面肯定说。

该种观点为二元的行为无价值论者所主张。该说不仅承认通常结果无价值论所承认的特殊的主观的违法要素，而且承认故意、过失是主观的违法要素，总之，全面承认主观要素是违法性判断的要素基准。早期的二元论者如福田平指出，法益侵害说在考虑违法性的实质时，只把所谓侵害法益的结果无价值视为问题，显然是片面的，还必须和行为无价值一起考虑违法性才算妥当，为此，行为人内在的心理事实也可以成为违法判断的对象，它们就是主观的违法要素。① 二元论者如大谷实认为，对行为的法益侵害或者规范违反有影响的主观事实如行为的目的、动机、内心状态等，都应当被看作主观的违法要素。② 二元论者如高桥则夫亦主张，不但目的犯的目的、倾向犯的内心倾向、表现犯的内心表现是主观的违法要素，而且故意与过失也是违法要素。③ 日本学者川端博、井田良等持此种观点。我国二元论者也持全面肯定说，其中的代表性学者周光权教授指出：仅以结果或危险是否发生作为违法性判断的对象基准并不全面，只有同时以行为（包括伴随的主观要素）、结果（法益侵害或者危险）作为判断对象，才能有效地进行违法性之评价，因此，应该承认主观要素也是违法性判断的要素基准。④

（2）全面否定说。

该种观点往往为极端彻底的结果无价值论者所持有，其内容是，违

① 参见［日］福田平、大塚仁编：《日本刑法总论讲义》，李乔等译，81－83页，沈阳，辽宁人民出版社，1986。

② 参见［日］大谷实：《刑法讲义总论》，新版2版，黎宏译，218页，北京，中国人民大学出版社，2008。

③ 参见［日］高桥则夫：《主观的违法要素と违法论》，载《现代刑事法》，1997（3）。

④ 参见周光权：《违法性判断的基准与行为无价值论》，载《中国社会科学》，2008（4）。

法性的实质就在于行为侵害或者威胁法益，行为侵害或者威胁法益的客观事态才是违法评价的基础并因此与行为人的主观要素无关，从而主张将主观要素一律归入刑事责任之中，亦即否定主观要素具有违法要素的性质。我国学者张明楷教授是全面否定说的代表者，他认为，“行为是否侵害法益，是一种客观事实，不取决于行为人的主观内容，因此，原则上应当否认主观的违法要素”。但如果据此认为张明楷教授会“例外地承认目的犯中的目的、未遂犯中的既遂故意是主观的违法要素”，那就错了：对于这些通常认为的特殊的违法要素，张明楷教授指出，“能否认为伪造货币罪中的‘行使的目的’是违法要素，还有进一步研究的余地”①。而对于未遂犯的既遂故意，张明楷教授也反对其作为主观的违法要素，其证明则是张明楷教授基于“防卫意思不要说”对偶然防卫贯彻“无罪说”②。总之，为了“维持彻底的客观违法性论的立场，将故意、过失与目的等主观要素，作为责任要素对待”。虽然张明楷教授从未直接表明其对主观的违法要素的全面否定态度，但上述种种论述表明，其对主观的违法要素所持的立场乃是全面否定论。黎宏教授似乎也是主观的违法要素的全面否定论者，他指出，所谓主观的违法要素，如目的犯中的目的、动机犯中的内心动机、表现犯中的内心表现等，都不是影响违法性大小的因素。③ 主张全面否定论的学者主要是担心，“如果在评价违法性时考虑主观要素，将会导致违法性的主观化，从而导致违法论向行为无价值论倾斜。所以他们特意强调，应该区别主观责任和客观违法，并将客观违法的含义理解为判断对象的客观性，从而拒绝考虑任何主观要素。但现在主张这种极端彻底的结果无价值论的观点还是少数”④。在日本，中山研一、内藤谦、曾根威彦等学者基本属于全面

① 张明楷：《行为无价值论与结果无价值论》，前言，3、141 页，北京，北京大学出版社，2012。

② 张明楷：《论偶然防卫》，载《清华法学》，2012（1）。

③ 参见黎宏：《刑法总论问题思考》，2 版，27－28 页，北京，中国人民大学出版社，2016。

④ ［日］山口厚：《日本刑法学中的行为无价值与结果无价值论》，金光旭译，载《中外法学》，2008（4）。

否定论者。

（3）部分肯定说。

该种观点基于结果无价值论的立场，不主张承认所有主观要素是违法要素，而只承认部分主观的违法要素，它们主要是二元论者所说的特殊违法要素，如目的犯中的目的、倾向犯中的倾向、表现犯中的内心表现等，至于故意和过失，应该是责任要素。当下刑法理论界“多数人认为，行为人欲进行法益侵害的行为意志，在增加法益侵害的危险性的意义上，应该成为影响违法性的要素”[①]，因而承认部分的主观要素为违法要素。至于承认的范围，有所差异。部分肯定论者如日高义博认为，“目的犯的目的等作为超过内心要素存在。此外，故意、过失是一般主观要素，因此从客观违法性论的角度不应该认为是主观的违法要素”[②]。日本刑法学者中，部分结果无价值论者如泷川幸辰、佐伯仁志、平野龙一、町野朔、山口厚等是部分肯定论者。我国也有持部分肯定说的学者，认为故意、过失以及通常认为的特殊的主观的违法要素如倾向犯的内心倾向和表现犯中的内心表现都不是主观的违法要素，只肯定目的犯中的目的和未遂犯中的既遂故意是主观的违法要素。[③]

上述三种不同学说中，前两说对立焦点清晰，即它们直接体现为关于是否承认主观要素为违法要素的两种截然不同的态度；后两说在承认主观要素为违法要素的基本看法上有一致性，但其具体范围有很大不同，而且，范围的不一致绝非只是主观要素作为违法要素量的多少之差异，而是其背后结果无价值与行为无价值立场之不同。面对当下刑法学界关于主观要素是否被承认为违法要素的不同立场，必须认真作出取舍。

为了行文的便利，对于主张部分肯定说的结果无价值论，由于该种

---

① ［日］山口厚：《日本刑法学中的行为无价值与结果无价值论》，金光旭译，载《中外法学》，2008（4）。

② ［日］川端博、曾根威彦、日高义博：《对谈·结果无价值论と行为无价值论》，载《现代刑事法》，1999（3）。

③ 参见付立庆：《主观违法要素理论》，163页，北京，中国人民大学出版社，2008。

结果无价值论才是当今结果无价值论与行为无价值论对立阵营所说的结果无价值论，故下文统称为结果无价值论；对于主张全面否定说的结果无价值论，前已述及，山口厚教授称之为“极端彻底的结果无价值论”，故下文统称为极端的结果无价值论；对于二元的行为无价值论则统称为二元论。

三、二元的行为无价值论之批判：对阶层犯罪论体系的冲击

从不同视角，对于是否以及在多大范围内承认主观的违法要素问题，会有不同主张及理由。从阶层化的犯罪论体系视角分析，这一问题并非仅仅事关主观要素自身的定性，其背后，乃是直接关切到以违法与有责为核心构建的阶层犯罪论体系能否维持这一根本问题。从犯罪论体系化思考出发，宜提倡从结果无价值的基本立场，反对全面肯定主观的违法要素。

撇开具体问题上的分歧不论，从犯罪论体系的角度分析，全面肯定说消解了违法性与有责性的阶层区分，不利于维护与发展阶层犯罪论体系：阶层犯罪论体系之精髓就在于区分违法与有责，全面肯定说恰恰消解了违法性与有责性的界限，直接冲击了犯罪论体系的阶层划分。这是全面肯定说存在的最大问题。

阶层犯罪论体系来源于贝林的构建。作为现代犯罪论体系的创始人，贝林的最大贡献在于引入构成要件概念，并赋予其与违法性和有责性相分离的意义。依据贝林的见解：构成要件是中性、无色且与违法性和有责性相独立的形式类型；符合构成要件的行为进入违法性评价阶段，只有不为法所允许的行为才能被处罚，因而“违法是客观的”实质的评价；对符合构成要件且违法的行为，则需评判其主观上是否具有主观恶性，因而“责任是主观的”实质的评价。为了保留违法性和有责性各自阶层的不同内涵与界限，贝林及以后的德国刑法学者总结了贝林犯罪论体系的合理内核，将“违法是客观的、责任是主观的”这一古典纲领发扬光大，并以此为基础展开了阶层体系的发展之旅或者是有关阶层体系的各种论战。在今天，所谓“违法是客观的”，是指违法行为是对

受法律保护的个人或集体重要利益的侵害，因此，只有发生法益侵害或者危险的客观外部的事实时刑法才能介入；而"责任是主观的"，是造成违法行为的心理过程，是指违法行为的可谴责性。[1] 这样，违法与有责被定位为具有不同性质的两个阶层：违法是侵害了法律权益亦即法益的客观行为，责任是侵害了法律权益的精神意志。[2]

违法性主要是解决行为是否属于可归责类型的问题，违法最基本的含义是"法律所不容许的法益侵害"。违法的内涵，被认为是对刑法的违反，刑法所认定的应保护的利益如果不存在，亦即侵害刑法所不保护的法益，不具备刑事不法的特征，就不具备违法性；如果具备违法阻却事由，则为合法的行为。因此，违法性阶层主要是解决利益冲突的问题[3]，以确定哪些行为是不被刑法允许的归责类型。"刑法本系以受抑制的法益保护原则为其基本原则，即必须等到发生法益遭受侵害才处罚为原则"，从而，在大部分场合，"即使违反行为制裁规范，只要不发生法益侵害结果或危险者，并不加以科处制裁"[4]。是否加以科处制裁，正是通过违法性阶段对有无侵害法益的客观事实进行评价后得出的结论。违法性因此成为以法益侵害或者危险这一客观基准为内容的犯罪论体系下的第二个阶层。

有责性主要是解决行为人是否具有可谴责性的问题。有责最基本的含义是"法律不认可的思想意识"[5]。有责的内涵，一直被认为主要是"有责意识"的精神态度。行为人是否具备"有责意识"便成为是否具有可谴责性的判断依据。关于责任的本质，虽然历经了心理责任论、道义责任论、社会责任论与规范责任论等不同学说的发展，但是，它们都只是为为何谴责行为人提供了理论上的正当化根据，而"有责意识"的

① 参见［德］李斯特著，［德］施密特修订：《德国刑法教科书》，徐久生译，162、207页，北京，北京大学出版社，2021。

② Vgl. Eberhard Schmidhäuser, Strafrecht Allgemeiner Teil, 2. Aufl., 1975, 6/22.

③ Vgl. Roxin & Greco, Strafrecht Allgemeiner Teil Bd. 1, 5. Aufl., 2020, § 14, Rn. 4ff.

④ ［日］山中敬一：《罪刑法定原则与规范之构造》，何佳芳译，载刘幸义主编：《多元价值、宽容与法律——亚图·考夫曼教授纪念集》，635页，台北，五南图书出版公司，2004。

⑤ Gallas, Beiträge zur Verbrechenslehre, Berlin, 1968, S. 56.

内涵从未改变过。因此，有责性阶层主要是解决主观要素的归责可能性问题。“在规范责任论成为理论界的通说”之后[1]，鉴于规范的责任因素现在进一步被认可了。刑法理论认为，在规范的关系上，有责即“谴责可能性取决于：事实上的心理冲动被认作是有失误的，事实上被实施了的（导致了违法后果的）意愿被理解成是‘不应当如此的’，合理的动机进程可被预料展开，能够期待作案人实行某种合法行为而非事实上实施的违法行为”[2]。规范的“有责意识”取代了传统心理学的“有责意识”后，责任渐渐被理解为法律责任或者说“法律提起的、应当被谴责的、非法的意识”[3]，可谴责性评价更需结合是否具有处刑必要性的实质角度进行考量。是否需要动用刑罚，正是通过有责性阶段对实施了违法行为之人的主观内在进行评价后得出的结论，有责性因此成为以行为人故意、过失等主观心理要素为内容的犯罪论体系下的第三个阶层。

全面肯定主观的违法要素，将会使“有责意识”的主观内容全面侵入违法性的客观判断之中，从而使违法性与有责性之间的界限日益模糊。

全面肯定说虽然并未直接针对主观的违法要素发表“全面肯定”的表达，但是，当这些持二元论的学者既肯定如目的、倾向或表现等为特殊的违法要素，又肯定故意和过失作为一般的违法要素时，其全面肯定的立场显露无遗：当故意和过失成为一般的违法要素之后，几乎没有主观要素能够幸免成为违法要素。问题在于，这种主张会使违法性和有责性之间的界限日益模糊。如果广泛地承认主观要素是违法要素，那么，责任要素中的内容是什么？肯定所有的主观要素为违法要素，则意味着既使用故意、过失、目的、动机等主观要素来评判行为是否违法，又使用它们来评判行为人是否具备有责性，从而意味着使用故意、过失等同

---

① 参见［日］西田典之：《日本刑法总论》，第2版，王昭武、刘明祥译，179页，北京，法律出版社，2013。

② Eb. Schmidt, Einführung in die Geschtichte der deutschen Strafrechtspflege, Göttingen, 3. Auflage, 1965, S. 36.

③ Schmidhäuser, Eberhard, Gesinnungsmerkmale im Strafrecht, Tübingen, 1958, S. 182.

一个主观要素来评判行为是否违法以及行为人是否有责，最终可能导致刑法惩罚的失效。因为，违法是客观的，责任是主观的；违法是一般的判断，责任是个别的判断，如果用作为违法性要素的主观故意、过失等判断责任，则意味着对一般责任概念的承认，问题是，从来就不存在一般的刑法的责任。如此一来，"怎么区别违法与责任？故意、过失也成为违法要素的话，应该用一体责任论来论述的是什么问题，都有必要弄清楚"①。全面肯定说，将主观的违法要素用于行为是否违法的评价之中，将行为是否违法的见解在法益侵害之外通过主观要素体现，从而使得违法的评价不再纯粹是客观的，而演变为兼有主观内在的范畴。如此一来，违法与有责之间的界限何在，就成为问题了。如果立足于一般性地否认主观的违法要素的立场，那么，违法判断中只考虑客观的法益侵害，主观要素作为责任要素存在，则违法性与有责性之间界限清楚。

在阶层犯罪论之下，有效地区分违法性与有责性，对于实现刑法法益保护目的具有至关重要的作用。

既然在刑法教义学的体系范畴内，主流意见认为违法与有责应从范畴上分开，即使现在不管这种意见，将两者联系在一起完成刑法的任务，刑法犯罪论体系的功能本身其实也是不明确的。犯罪论体系的功能由刑法的任务决定。中外刑法的任务无非两种，保护法益或者维护秩序。主张前者的是结果无价值论的犯罪论体系，主张后者的是行为无价值论的犯罪论体系。立于结果无价值的立场，认为刑法的任务是保护法益，故而主张从法益侵害的后果考虑违法性之有无；立于行为无价值的立场，认为刑法的任务是维持社会伦理秩序或者法律规范。而这两种任务着眼点明显不同：前者立足于对法益的保护，后者立足于对秩序的维护；前者立足于对已经发生结果之报应，后者立足于对未来可能发生犯罪之预防；前者是为了限定国家处罚权，以保障公民权利与自由，后者是为发动国家刑罚权寻找正当化根据，以充分维护社会伦理秩序。如果

① ［日］川端博、曾根威彦、日高义博：《对谈·结果无价值论と行为无价值论》，载《现代刑事法》，1999（3）。

全面肯定主观的违法要素，则这种二元论的立场等于是将法益保护与秩序维护同时列为刑法的任务。问题是，刑法的这两种任务在实现方式和途径上不同：法益保护的实现路径是从结果到行为人，秩序维护的实现路径是从行为人到结果。这决定了这两种任务的性质基本上是对立的。因此，全面承认主观的违法要素的所谓二元论，只会模糊刑法的任务，进而模糊犯罪论体系的功能。

有观点认为，现在的行为无价值论其实与结果无价值论一样，都“排斥道德主义，都将保护法益作为刑法的任务”，比如，井田良教授的违法论，“其理论前提是违法性的实质是行为人对行为规范的违反，刑法的任务是通过规范的一般预防作用来保护法益。井田教授认为，应该通过规范来控制行为人的行为，从而达到保护法益的目的”①。但是，这种所谓以规范违反为基础的行为无价值论，是以规范控制人的行为，在实现控制的方式上，则是通过评判行为方式、样态及内心等行为无价值的内容来进行的，虽然在逻辑上强调了其最终是为了达到法益保护的目的，但很显然，这更类似于一种表面的文字妥协，而实质上并没有改变行为无价值的任何初衷。正因为如此，“最近的行为无价值论，在违法的实质问题上，有尽量淡化其伦理特征的趋势。但是，它仍然拒绝仅仅根据法益概念说明违法实质的方法，仍然主张在违反规范的内容上，也必须把侵害、威胁法益以外的要素考虑在内。这样说来，最近的行为无价值论，在违法概念上，仍然不免具有伦理色彩”②。因此，现在的二元论其实仍然是以维护社会伦理秩序作为其犯罪论体系的功能的。“这样说来，认为‘行为无价值论和结果无价值论的对立实际上是刑法任务观的对立’的见解，到现在为止，还没有过时。”③ 这表明，即使认为二元论没有模糊犯罪论体系的功能，但如果按照其所主张的维持社会伦理秩序的刑法任务观，只会将犯罪论体系对违法的认识范围

① ［日］山口厚：《日本刑法学中的行为无价值与结果无价值论》，金光旭译，载《中外法学》，2008（4）。

② ［日］曾根威彦：《刑法学基础》，黎宏译，93－94页，北京，法律出版社，2005。

③ 黎宏：《刑法总论问题思考》，2版，31－32页，北京，中国人民大学出版社，2016。

扩大，从而使刑法的法益保护任务被消解于行为无价值的立场之中，这样一来，将会极大削弱刑法犯罪论体系的法益保护与自由保障功能。

如果延续“违法是客观的、责任是主观的”古典纲领，将违法性的评价基准定位为侵害或者威胁法益的后果，将行为人的主观意思归入有责性领域，那么，这对于刑法法益保护目的的实现具有重要意义。

德国刑法学者迈瓦尔德（Maiwald）在引进结果无价值的背景下这样描述了与刑法目的相关的违法行为概念：“违法行为概念是一个与刑法目的相关的概念：如果要确定这一概念（刑罚对其作出了回答），他就必须将所有犯罪行为后果的主要特点引进概念的内容中”[①]。至于什么是刑罚对违法的回答，迈瓦尔德指出，如果人们将违法与有责理解为用来引起刑法法律后果的决定性条件，那么违法行为就与“是否”实施刑罚处于一种直接的关系中，这种关系就是“刑罚作为对违法的回答”，进而言之，是对有责的违法行为的回答，亦即它同时包含了对有责或无责的违法行为的回答。[②] 可见，刑罚是对有责的违法行为的回答，而动用刑罚正是为了实现刑法法益保护目的，违法与刑法目的由此紧密相连：通过对行为违法与否的判断，实现刑法法益保护目的。立足于法益侵害的客观违法性论成为必然。

不同的犯罪论体系意味着不同的立场与解释方法。[③] 违法性是处罚犯罪的根据，广泛地承认主观的违法要素，使得行为人的内心成为处罚的根据，这混淆了刑法与道德的界限。根据全面肯定说，普遍承认主观的违法要素，意味着在违法性的解释根据上使用规范违反理论，不论是伦理规范或是社会相当性的秩序规范或是刑法规范，其根基，总是难免会回到伦理的关系上，回到对社会规范的违反上。比如，“杀人即违反了不能杀人的规范，因此受罚。偷盗的情况，由于违反不可偷盗的规

① Heinz Schöch（Hrsg.），Wiedergutmachung und Strafrecht，München，1987，S. 72.

② Ibid.，SS. 72，69.

③ 参见许玉秀：《犯罪阶层体系及其方法论》，7－8 页，台北，作者自版，2000。

范，因此也很容易明白行为者受到指责”，“这种说明对于一般人来说”，“是非常简明易懂的”[①]。问题是，这种解释方法根本没有道出违法行为的本质：刑法规范制止某种行为，行为人恰好实施了某种行为，所以行为人违法了。这种在规范的逻辑结构内部以循环解释的方式说明违法性，之所以“非常简明易懂”，是因为它根本没有揭示违法的真正内涵。而否定主观的违法要素，采用结果无价值的立场解释何为违法，则情况有所不同，比如，人的生命是受刑法保护的利益，杀人即侵害了人的生命法益，因此受罚。又如，偷盗的情况，由于财产所有权及其本权是刑法所保护的法益，为何偷盗他人的财产会受到刑法的处罚也就非常容易令人明白。至于哪些利益受到刑法的保护，在《刑法》中都已经有明确的规定。因此，从违法层面来讲，何种法益受到刑法保护从一开始就已经确定，换种说法，“即公民已被提前告知，哪些妨碍他人的兴趣利益的行为不被法律认可或者将接受法律的制裁”[②]。对于大多数犯罪来说，侵犯了何种法益，更是经由自然法的洗礼而在人们的脑海中已然具有明确的观念；而侵害法益的行为或者事情为何是恶劣的，那当然一方面根植于人们关于正义最朴素的观念，另一方面则源于刑法中规定的法益轻重不同已然表明了侵害不同法益行为的恶劣程度也不相同。因此，行为无价值论者所担心的“一般人眼前并没浮现法益，何谓法益？为何侵害法益是恶劣的事？”[③] 显然是多余了。

此外，在阶层犯罪论体系之下，有效地区分违法性与有责性，有利于该体系的司法适用。阶层犯罪论体系可以方便对犯罪构成要素的分析和定位，并为实务提供一套犯罪认知工具。[④] 全面肯定说不便适用，直接影响了阶层犯罪论体系作为犯罪认知工具的便利性。根据全面肯定说，就要在违法性阶层中既讨论主观要素又讨论客观要素，然后在有责性阶

---

① ［日］川端博、曾根威彦、日高义博：《対谈・结果无价值论と行为无价值论》，载《现代刑事法》，1999（3）。

② Köhler，Strafrecht Allgemeiner Teil，Berlin，1997，S. 20ff.

③ ［日］川端博、曾根威彦、日高义博：《対谈・结果无价值论と行为无价值论》，载《现代刑事法》，1999（3）。

④ 参见许玉秀：《犯罪阶层体系及其方法论》，6－7页，台北，作者自版，2000。

层再讨论一次主观要素。这种将主观与客观要素混为一个阶层讨论的方式显然不如将它们分开，即在违法性阶层讨论客观要素，在有责性阶层讨论主观要素，从客观到主观、从外在到内在，逻辑清晰，进展明确；同时，否定主观的违法要素，将之归入有责性阶层，也避免了对主观要素的重复讨论，这样的阶层体系在司法适用中无疑更为经济、方便。

时至今日，虽然构成要件几经发展，早已从贝林时代的中性、无色的犯罪类型发展为作为违法类型的构成要件或者作为违法、有责类型的构成要件，但是，构成要件自身所具有的独特意义并没有因此而消亡，违法性与有责性的区分更是成为现代犯罪理论的最大成就。这种以构成要件符合性、违法性与有责性三阶层为典型代表的犯罪论体系，被不同时代的德国学者公认为德国刑法学引以为傲的学术资产①，同时也为日本刑法学界所广为接受并采用，晚近，阶层犯罪论体系亦为我国刑法学界所倡导、引进。当下，虽然德、日阶层犯罪论体系也面临一些诸如三阶层或二阶层或者是否承认可罚的违法性理论等或大或小的争议，但是，阶层体系的精髓一直保持不变，那就是，"区分违法与有责之间的界限，并且它已成为所有的刑法体系的重要基础"②。"以违法与责任为支柱构建犯罪论体系"③，于是成为大陆法系各国刑法的共同点。"发现不法与罪责是作为构筑刑法体系与众不同的材料，依照威尔哲尔的看法，这是最近这二到三代学者在释义学上最为重要的进展；Wilfried Küper 认为这个发现是刑法释义学的重大成就而无法再走回头路；此外，西班牙学者 Santiago Mir Puig 则表示，这个发现建立起了 Los dos pillars basicos，也就是犯罪概念的二大支柱。"④ 可以说，坚持违法与有责的区分，就是坚持了阶层犯罪论体系。然而，全面肯定说恰恰以主观要素横贯于违法性与有责性两个领域，从而模糊了违法与有责之间的界限。

---

① 参见许玉秀：《犯罪阶层体系及其方法论》，1页，台北，作者自版，2000。

② Edmund Mezger，Moderne Wege der Strafrechtsdogmatik，Duncker & Humbolt，Berlin-München，1950，S. 20.

③ 张明楷：《以违法与责任为支柱构建犯罪论体系》，载《现代法学》，2009（6）。

④ ［德］许迺曼：《区分不法与罪责的功能》，彭文茂译，载许玉秀、陈志辉合编：《不移不惑献身法与正义——许迺曼教授刑法事法论文选辑》，416页，台北，春风煦日论坛，2006。

总之，从维持阶层化的犯罪论体系的角度考虑，同时也为了贯彻刑法法益保护目的，诚如曾根威彦教授所言，应“基本维持‘违法是客观的、责任是主观的’这一古典纲领”，“原本犯罪论体系的构成方式是扎根于新康德派的认识论，分析事物进行判断，可以说以古典物理学的方法为出发点。判断犯罪是否成立时，明确判断过程，基于何种价值判断，得出何种结论。不明确这种思考过程，议论出现分歧，也不可能进行批判”①。反对全面肯定说，基于一般性地否定主观的违法要素，意味着从客观事物到主观心理的判断过程清晰、明确，结果无价值的立场亦极为分明，这对于维护阶层化体系的精髓，亦即违法性与有责性相区分，具有极为重要的意义。全面肯定说将主观要素全面纳入客观违法性领域，与这种主张相适宜的犯罪论体系其实正是主张全面肯定说的学者所批判的平面四要件体系，因为该种体系不分阶层，违法与有责渗透在四个要件之中，也因此不需要所谓客观的违法论与主观的责任论这样的主张。此外，全面肯定说虽然看似由二元论者所主张，但其背后，实际与威尔哲尔的目的行为论所支撑的一元的或者说极端的行为无价值论无异，对此，必须加以警惕。

四、少数特殊主观的违法要素：结果无价值论立场的展开分析

反对二元论者所主张的全面肯定说，是否意味着必然赞成极端的结果无价值论者主张的全面否定说？这需要仔细分析。基于前述维持以违法与有责为支柱所构建的阶层犯罪论体系之基本立场，反对全面肯定说中将故意和过失作为违法要素的观点无疑应该得到认同，因为，故意和过失是一般的主观要素，是所有犯罪所必须具备的，一旦承认它们为主观的违法要素，无论在对特殊的主观的违法要素的承认上有无分歧，都意味着那是行为无价值论的违法观，因此，对主观的违法要素的否定，

① ［日］川端博、曾根威彦、日高义博：《对谈・结果无价值论と行为无价值论》，载《现代刑事法》，1999（3）。

当然应该以这两者首当其冲，否则，就和行为无价值论无异了。另外，是否承认特殊的主观要素即目的犯中的目的、倾向犯中的内心倾向、表现犯中的内心表现、未遂犯中的既遂故意是违法要素，则是结果无价值论内部的争议。基于当今多数结果无价值论者所认为的，即前述以山口厚教授为代表所指出的，“行为人欲进行法益侵害的行为意志，在增加法益侵害的危险性的意义上，应该成为影响违法性的要素”，部分肯定说应该得到支持。至于具体承认的范围，应主张只有在侵害或者威胁法益的后果没有显示的情况下，根据结果难以断定行为是否违法，必须要借助行为人的主观要素评判其行为客观上是否违法时，才能承认主观的违法要素的存在。具体而言，目的犯中的目的、未遂犯中的既遂故意，可以被承认为特殊的主观的违法要素；至于倾向犯中的内心倾向与表现犯中的内心表现，不宜被承认为主观的违法要素。

目的犯、倾向犯与表现犯这三种犯罪类型来源于德国刑法学。目的犯（Absichtsdelikte），是指行为人实施实现客观构成要件的行为，但其意图超越于该客观构成要件行为所发生结果的，拥有这种意图的犯罪就是目的犯；倾向犯（Tendenzdelikte），是指具有强烈内心倾向的犯罪，即行为人为了实现犯罪构成要件必须认识到但又不必实现的结果，其特征是，实行行为受行为人的意志方向的控制，该意志方向给予行为本来的特征或对被保护的法益的特别危险；表现犯（Ausdrucksdelikte），是指行为人的外部行为与内心认识状态不一致、相矛盾而构成犯罪的情况。①这几种特殊的主观要素的分类来源于德国刑法学，同时德国又是以行为无价值论为主流学说，因此，承认它们以及未遂犯的故意为主观的违法要素，在德国几乎不存在什么争议，但这并不代表在我国和日本对此就没有不同看法。

① Vgl. Edmund Mezger, Strafrecht, I, Allgemeiner Teil, München und Berlin, 1960, S. 89; Roxin & Greco, Strafrecht Allgemeiner Teil Bd. 1, 5. Aufl., 2020, § 10, Rn. 84ff; ［德］耶赛克、魏根特：《德国刑法教科书》（上），徐久生译，428-431页，北京，中国法制出版社，2017。

（一）目的犯中的目的——应承认其为主观的违法要素

依照我国刑法理论，目的犯是指行为人只有实施某种特定目的才能成立的犯罪，而这其中的目的，是指行为人主观上通过实施犯罪行为所希望达到的某种危害结果的态度，简言之，目的是对危害结果的追求或希望，其内容是危害结果的实现。基本上，我国刑法中的目的犯与德国刑法中目的犯概念是一致的。

日本刑法理论则认为，目的犯分为“以结果为目的的犯罪”和“以之后行为为目的的犯罪”两种：前者的行为成为目的的内容、结果的原因（原因、结果关系），后者的行为成为之后行为者自身或者第三者所实行的新行为的手段（手段、目的关系）。① 前者如日本刑法第77条“内乱罪”中规定，“以扰乱宪法确定的基本统治秩序为目的而实施暴动的”，后者如日本刑法第148条规定，“以行使为目的”伪造或者变造通用的货币的。笔者反对日本刑法关于目的犯的分类。从前述目的犯的来源及我国刑法学界所认可的目的犯含义来看，目的犯概念的意义在于，在故意之外通过某种特定的目的验证某种犯罪的成立，相当于在故意心理之外附加了某种特定的主观限定条件。因此，“以之后行为为目的的犯罪”才是本源意义上的目的犯，比如，伪造罪中的行使目的，因为此种目的犯中目的不是伪造故意之中的内容，而是在故意之外刑法所要求必须具备的额外的主观要素。如果不作明确规定，就会使人误以为，只要出于故意伪造出了货币就都是伪造罪了。这种目的犯超越了伪造犯罪的故意以及客观伪造行为之外而存在，它才是真正意义上的目的犯。

而所谓“以结果为目的的犯罪”，实际上不是真正意义上的目的犯，这些犯罪中的目的，其实就是故意之中的内容。我国《刑法》第14条规定的犯罪故意概念就蕴涵了这种所谓的“目的”，“明知自己的行为会发生危害社会的结果，并且希望或者放任这种结果发生”的心理态度就是犯罪故意。在此，明知自己的行为会发生危害社会的结果，其实就是日本刑法理论中所说的“以结果为目的的犯罪”之目的犯。比如“内乱

① 参见［日］佐伯千仞：《刑法における的违法性の理论》，226页，东京，有斐阁，1974。

罪”，作为一种侵害国家法益的犯罪，无论刑法典是否规定了扰乱宪法所确定的统治秩序的目的，该罪的法益侵害后果都必然会涉及此。可见，这种所谓的目的犯中的目的，与其说是目的，不如说是犯罪故意中所追求的结果内容，换言之，就是故意中的认知内容。将故意心理中所追求或者说所蕴含的结果独立出来，将之作为一种目的犯，一方面使得犯罪故意中最基本的认知内容被抽离，从而会使故意概念丧失其规范含义；另一方面还泛化了目的犯的概念，消解了目的的真正含义，并使得目的犯中的目的丧失了于故意之外对犯罪成立的限定意义。正因为类似于伪造货币罪的目的是判断故意伪造货币行为违法与否的重要因素，它们在刑法理论上才常被称为超过的主观要素。因此，面对中外刑法典中规定有“目的”二字的分则条款必须仔细分析，正如我国《刑法》第276条规定的“由于泄愤报复或者其他个人目的”被认为不是犯罪目的，其实只是动机一样，日本刑法中一些规定了“目的”的条款其实就是非法定目的犯的故意犯罪而已。比如日本刑法第172条关于虚伪告诉罪规定“以使他人受刑事或者惩戒处分为目的，作虚伪的告诉、告发或者其他申告的”；我国《刑法》第243条关于诬告陷害罪规定，“捏造事实诬告陷害他人，意图使他人受刑事追究”。这两罪同属诬告罪，犯罪成立要件相似，日本刑法中所规定的“以使他人受刑事或者惩戒处分为目的”等同于我国《刑法》中“意图使他人受刑事追究”。很显然，日本刑法该条中的“目的”与我国刑法中该条规定的“意图”并无区分。可见，一种犯罪中的目的，有时候并不等同于目的犯的目的，它只是某种犯罪所追求的结果而已；体现这种内涵的刑法分则罪名，也不是什么目的犯。为了使故意和目的犯不致失去其固有内涵，应该明确反对此种所谓的“以结果为目的的犯罪”的目的犯；探讨此种目的犯中的目的是否为主观的违法要素，和探讨故意是否为主观的违法要素一样。日本学者泷川幸辰就明确承认诸如内乱罪中的目的也是主观的违法要素[①]，但

① 参见［日］泷川幸辰：《犯罪论序说》，王泰译，载高铭暄、赵秉志主编：《刑法论丛》，第3卷，192页，北京，法律出版社，1999。

是，基于前述理由，笔者反对承认此种目的犯中的目的为主观的违法要素。

确立目的犯本源意义上的内涵，有助于解释目的犯中的目的是否为主观的违法要素。例如，伪造货币罪是中、德、日三国真正意义的目的犯的代表性罪名，因此，在此问题上，结果无价值论者大多明确地以伪造货币罪为例，认为其中的“行使的目的”是主观的违法要素。对此，笔者也持肯定态度。但是，全面否定论者张明楷教授为了维持彻底的客观违法论而提出了若干理由，具体如下：“（1）能否认为伪造货币罪中的‘行使的目的’是违法要素，还有进一步研究的余地。”该条理由的基本观点是，“我国刑法鉴于伪造货币行为的严重法益侵害性，没有规定特定的目的。而且，仅伪造货币并不使用伪造货币的行为，也会侵犯货币的公共信用。因此，从解释论上，似乎没有必要将本罪确定为目的犯。但是，在不将‘以使用为目的’作为本罪的主观要素的情况下，要求行为人明知行为的内容、社会意义与结果，并且希望或者放任结果的发生。因此，如果行为人虽不具有使用的目的，但明知伪造的货币会落入他人之手置于流通领域的，就应认定为本罪”。“（2）有的目的犯中的目的（意图），实际上是故意的内容，而不是真正意义上的目的”。“（3）有的目的犯中的目的，明显只是责任要素”。“（4）有的目的犯中的目的，是独立于违法与责任之外的，说明一般预防必要性大的要素”①。对此，笔者以为，后三条理由，与其说是反对承认目的犯中的目的为主观的违法要素的理由，不如说是对于何谓目的犯这一前提性问题的分析。前已述，对于规定有“目的”二字的分则条款必须仔细分析，并非规定有“目的”二字就一定是目的犯，这应该能成为一个普遍性认识。但是，仅仅是目的犯的内涵和外延不清，显然不能作为反对承认目的犯中的目的是主观的违法要素的理由。当对于何谓目的犯达成共识之后，争论才真正具有价值。很显然，在此问题上，全面否定说也是赞成在本源意义上理解目的犯的。因此，理由（1）最为重要。

① 张明楷：《行为无价值论与结果无价值论》，142页，北京，北京大学出版社，2012。

笔者以为，上述理由（1）值得商榷：其一，刑法有无规定某种特殊要件如目的等，不能成为刑法解释论上赞成或者反对某种观点的理由。正因为刑法没有非常明确地规定，所以才有刑法解释论存在的余地。我国《刑法》第 170 条关于伪造货币罪没有规定“以行使为目的”或者“以使用为目的”，并不等于在刑法解释论上就不可作此解释。换言之，刑法没有规定，但是根据既有的规定进行合理解释而将某种要素或者事物解释进刑法条文的现象不胜枚举。比如，《刑法》第 116 条破坏交通工具罪只规定了“火车、汽车、电车、船只、航空器”而没有规定拖拉机为本罪的侵害对象，但是刑法解释论不也广泛承认“将大型拖拉机解释为汽车”[①] 的观点吗？再如，我国《刑法》没有规定盗窃罪必须具有“非法占有目的”，但是经过刑法理论和司法实践长期发展，现今也普遍承认“非法占有目的”是盗窃罪中的成立要件，等等。

其二，刑法是否明确规定以及能否从解释论上得出某种结论，需要联系具体犯罪的法益来分析。比如我国《刑法》第 170 条规定的伪造货币罪，就需联系该罪的保护法益“金融管理秩序”来解释其是否需要某种特定目的。金融管理秩序这一法益的范围比较广泛，就伪造货币罪来说，更具体的法益是货币的公共信用。但是，对货币的公共信用之侵害只有通过货币进入公共流通环节以后才能体现。行为人故意伪造货币，但没有行使或供流通之目的，而是供鉴赏、收藏或者教学科研之用，且没有实施扩散或流通行为的，并不会对社会产生实害，亦即没有侵害到货币的公共信用，此时表明行为人的伪造行为还没有达到应科处刑罚的程度，因而不能构成犯罪。因此，认为“仅伪造货币并不使用伪造的行为，也会侵犯货币的公共信用”的看法难以成立；至少，如果行为人仅仅伪造，然后自己长期珍藏，又如何“会侵犯货币的公共信用”是不明确的。相反，这样的观点容易令人认为，即使没有造成任何法益侵害后果，仅仅只是伪造行为就足以动用刑法了。果如此，其实就不是结果无价值而成为行为无价值论的立场了。

① 张明楷：《罪刑法定与刑法解释》，176 页，北京，北京大学出版社，2009。

其三，“在不将‘以使用为目的’作为本罪的主观要素的情况下，要求行为人明知行为的内容、社会意义与结果，并且希望或者放任结果的发生。如果行为人虽不具有使用的目的，但明知伪造的货币会落入他人之手置于流通领域的，就应认定为本罪”，这样的看法难以成立。伪造犯罪的故意，应该是对伪造行为的内容、社会意义与结果有认识，具体而言，应该是对伪造行为自身的含义即它是仿照真的造出假的、社会意义即它是法律所不容许的行为与结果即造出了假币有认识，而不是对“以使用为目的”的行为内容诸如“货币会落入他人之手置于流通领域”有认识。如果将此种认识强加在伪造货币罪的主观故意之中，就完全改变了伪造犯罪的故意之内容，与《刑法》第 14 条对故意的定义相违背，与伪造货币罪的故意内容相违背。这样一来，等于就是在伪造的故意之外，添加了对行使目的及相关事项的认识要求，这一要求，不是目的又是什么？既然如此，不如直接承认伪造货币罪为目的犯，也因此而直接承认目的犯中的目的为特殊的主观的违法要素。

更何况，张明楷教授作为实质刑法解释论的力倡者，如果仅仅因为刑法条文没有规定就放弃解释，那岂不是与其主张的处罚值得处罚的行为这一实质解释的观点相违背；同时，对于那些没有行使目的的伪造货币行为也承认其违法性、作为犯罪处理，也是与张明楷教授自身作为结果无价值论的代表者所主张的限定刑罚处罚范围的立场相矛盾的。

另外，我国极端的结果无价值论阵营中的学者黎宏教授指出，主观违法要素完全可以作为主观的构成要件，当不具备主观的构成要件时，完全可以因为该行为不具备犯罪构成而将其排除在犯罪范围之外，而不是因为该行为不具有违法性才认为它不构成犯罪。[①] 这种观点来源于日本的曾根威彦教授，曾根威彦教授指出，“由于行为人不具有行使的目的，所以，即便违法，但也不符合伪造货币罪的构成要件”[②]。在此，曾根威彦教授的意思显然是，不承认主观的违法要素，将诸如目的犯中

① 参见黎宏：《刑法总论问题思考》，2 版，28 页，北京，中国人民大学出版社，2016。

② ［日］曾根威彦：《刑法学基础》，黎宏译，101 页，北京，法律出版社，2005。

的目的等作为主观构成要件要素，在阶层犯罪论体系的第一个关口就阻却构成要件符合性的成立，由此，即便如伪造等行为违法，那当然也是不成立犯罪的。这样的观点存在疑问：在刑法学界基本承认主观要素的今天，故意、过失等主观要素本来就是主观构成要件要素，只是它们是以违法要素的身份还是以责任要素的身份立于主观构成要件要素之中而有所不同。如此一来，如果承认目的这一主观要素为违法要素，那岂非也可以因为它在构成要件要素中先发挥了阻却作用而不进行违法性评价了？如果此时仍然进行违法性评价，那岂非意味着目的这一主观构成要件要素根本无法发挥构成要件阻却作用？如果是这样的话，那为何“目的”以责任要素的身份作为主观构成要件要素时可以发挥阻却作用，以违法要素的身份作为主观构成要件要素时就不能发挥这一作用？这显然是有疑问的，至少极端的结果无价值论者对此问题根本未有详细展开，所以不具有说服力。

总之，对于伪造货币犯罪而言，“当存在‘行使的目的’时，和没有该目的的场合相比，被伪造的货币流通于一般市场交易，从而使货币的信赖性受到侵害的危险性更大。在此意义上，是否存在行使的目的，对于货币的信赖性这一伪造货币罪所保护的法益是否面临侵害的危险是有影响的，因此可以将其理解为主观违法要素”①。刑法中类似于伪造货币罪的其他的目的犯诸如变造货币罪，赌博罪，违规制造、销售枪支罪等目的犯，仅从罪过即故意的内容和行为的性质不足以认定其违法性，所以，应将伪造货币罪和变造货币罪限定为目的犯，将此类目的犯中的目的承认为特殊的主观的违法要素，当行为人仅仅实施了伪造行为时，不主张立刻被认定为违法，而必须结合主观上是否具有行使等特殊的目的，以防止扩大刑罚处罚范围。至于我国刑法分则条文中哪些罪名是真正的目的犯，尚需要一一梳理，比如说盗窃罪是否为目的犯，就有争议。鉴于篇幅所限，该问题留待他文探讨。

---

① ［日］山口厚：《日本刑法学中的行为无价值与结果无价值论》，金光旭译，载《中外法学》，2008（4）。

（二）未遂犯的故意——应承认其为主观的违法要素

结果无价值与行为无价值的根本分水岭就在于是否承认故意或过失为主观的违法要素。行为无价值论者当然主张将未遂犯的故意视为主观的违法要素；极端的结果无价值论者大致主张将未遂犯的故意纳入有责性之中①；结果无价值论者则肯定“未遂犯中的既遂行为的意志也可以理解为主观违法要素”②。基于前述对全面肯定说的批判所表明的结果无价值之基本立场，宜主张故意和过失是责任要素，但是，未遂犯罪中的既遂故意，应该承认其为违法要素。

根据未遂犯罪的特性，基于结果无价值的立场，应该承认未遂犯的故意为主观的违法要素，对于未遂犯的行为是否违法根据行为人主观上是否有犯罪的故意来判断是合适的。甲以枪对准马路，路上行人时有时无，甲闭眼开枪，子弹在行人乙与流浪狗之间穿过。如果按照极端的结果无价值论者的观点，因为没有发生侵害他人生命或健康法益的结果，无论甲有无杀人的故意，都不能认定其开枪行为违法，不能认为甲有罪。结果无价值论者则会认为：甲开枪射出的子弹在行人和流浪狗之间穿过，在没有任何法益侵害结果的情况下，其开枪行为如何评价？为此，必须考虑甲的主观故意，如果甲是出于故意杀人之主观罪过而开枪射击，虽未击中行人乙，但其准备射杀行人的主观故意使其开枪杀人行为的法益侵害之危险性大大增加，其行为，从性质上来看应评价为违法；及至责任领域，其故意又是存在的，因而对甲的行为可认定为故意杀人罪（未遂）。笔者认为，极端的结果无价值论的结论值得商榷，结果无价值论的结论更为合理。

其一，如果不结合未遂犯中行为人的主观故意，无法判断出犯罪的有无及其种类。同样的开枪射击，有可能是野外打猎，有可能是体育锻炼，亦有可能是杀人越货。当打猎时有猎物中枪，体育锻炼中有子弹上

---

① 参见张明楷：《行为无价值论与结果无价值论》，144页，北京，北京大学出版社，2012；［日］曾根威彦：《刑法学基础》，黎宏译，197页，北京，法律出版社，2005。

② ［日］山口厚：《日本刑法学中的行为无价值与结果无价值论》，金光旭译，载《中外法学》，2008（4）。

靶，杀人时有人死亡或受伤，无一例外，开枪行为的性质与意义一目了然，这正是法益侵害说最大的优势：客观外在易见易现，从而对行为的性质容易分析判断。问题是，在没有任何结果出现的情况下，同样的开枪射击行为，又如何确定其行为性质，究竟是打猎自娱还是锻炼枪法还是杀人犯罪？显然，法益侵害说在此是无能为力的。在此，只有根据行为人的主观故意比如是想杀人还是想获取猎物等来分析行为的性质是什么。极端的结果无价值论者认为，即便是“这种场合，不用考虑行为人的内心，根据行为人的外部态度，行为时的客观状况，导致行为人实施该种行为的经过等进行推断，是可以判断出犯罪的有无以及其种类的”①。问题是：如何根据上述分析判断违法性？这在极端的结果无价值论者那里是语焉不详的。这似乎表明，也许从根本上就无法判断。

日本刑法中常常讨论的“野兔事例”就充分展现出对于将未遂犯的故意作为主观的违法要素之肯定。甲在山中打猎，子弹从乙与野兔中间穿过。当子弹射中乙时，行为与结果无价值论都认为，甲的开枪行为是违法的，只是前者认为，故意与过失均属于违法要素，而后者认为，故意与过失属于责任要素。因此，当子弹没有射中乙，而是从乙与野兔之间穿过时，行为无价值论认为，此时开枪行为的法律意义，只能取决于甲的主观意思：如甲欲杀乙即杀人的故意存在时，成立杀人未遂；如甲欲射击野兔即杀人的故意不存在时，不成立任何犯罪。只有当子弹射中乙并致其死亡时，此时杀人的故意才不是违法要素，而形成责任要素。因为，二元论主张根据结果有无发生赋予违法性基础，在结果发生时，行为是故意还是过失，对于违法性没有任何意义。② 显然，极端的结果无价值论在类似“野兔事例”上是缺乏说服力的，所以结果无价值论才借鉴了二元论的合理之处，主张未遂犯的既遂故意可为主观违法要素，从而解决射击行为究竟是打猎还是杀人的难题。

---

① ［日］曾根威彦：《刑法学基础》，黎宏译，108页，北京，法律出版社，2005。

② 参见［日］川端博：《刑法总论二十五讲》，余振华译，56页，北京，中国政法大学出版社，2003。

其二，承认未遂犯的既遂故意是主观的违法要素，可以避免法益与违法性理论成为无价值色彩的客观事实。“结果无价值论认为，违法性的实质就在于行为侵害或者威胁到了法益。法益侵害说的长处在于，通过将侵害或者威胁法益这种客观事实作为违法评价的基础，为违法判断提供客观内容和事实基础”，“‘法益’以及‘侵害’、‘危险’概念，仅仅以实施为基础，和‘违反道义（社会伦理）’的概念相比较，其内容在理论上比较容易分析检验”[①]。可见，法益与违法性理论都是对某种客观事实的否定性价值评价，是对行为正当与否的定性评价，而绝非有无某种客观事实的纯事实评价。

在未遂犯罪中，如果此种“客观事实”并没有显现，也没有任何显现的迹象，正如“野兔事例”，如何进行“分析检验”？如果一概不认定为犯罪，是否会导致所谓的法益侵害或者违法性判断演变为纯粹事实的分析，使它们二者成为毫无价值色彩的中性词？这种担心不无道理。比如，极端的结果无价值论者在批判二元论者时以不可抗力为例指出：“行为人既没有故意也没有过失时的不可抗力即不具有行为无价值的场合，即便具有对法益的侵害或者危险（结果无价值），但在二元的行为无价值论看来，该行为也不违法。”[②] 这样的批判其背后的观点显然是，极端的结果无价值论者不同意二元论者关于不可抗力不违法的观点。然而，只要是发生了结果就一律评价为违法，更为不妥。既然结果无价值是对法益的侵害或者威胁，那么只要引起了外界变动或影响就认为是结果无价值，就违背了刑法法益概念的内涵，将具有价值取向功能的法益概念事实化了。

作为违法性评价基础的侵害或者威胁法益的“客观事实”一定带有价值色彩，这意味着，它在外观上是客观的，但在价值分辨上绝非客观的。当极端的结果无价值论者将偶然防卫、贩卖假毒品等行为作为合法行为[③]评判，主张将它们均不认定为违法而作无罪处理时，就完全看不

① ［日］曾根威彦：《刑法学基础》，黎宏译，94页，北京，法律出版社，2005。
② 同上书，89页。
③ 参见张明楷：《刑法学》（上），6版，271页，北京，法律出版社，2021。

到违法性所充当的价值评判色彩；看到的，只是一种与价值无涉的、只考虑纯自然意义上的所谓“客观事实”的违法性。这样的违法性评价将规范与价值分析简化为某种客观事实有无之分析——有事实就有违法、无事实就无违法，最终，它将会使法益和违法性理论流失其规范刑法学的基本内涵，而成为纯事实性概念。这样的法益侵害说称为“法益损害说”更合适；建立在这样的法益损害说基础上的违法性显然也不适合使用带有负面价值评价色彩的“违法”表达了。

其三，在未遂犯中，如果仅仅根据法益侵害结果没有发生这一客观事实进行违法性的评价，则永远只有不违法、不成立犯罪这一种结论。这样一来，是否还有未遂犯这一犯罪类型都要存有疑问了。因此，否定未遂犯的故意这一主观的违法要素，无助于维持未遂犯这一犯罪类型，并会对既遂犯造成冲击。这显然是不妥的。

另需说明的是，未遂犯与不能犯是相区别的两个概念，因此，不能犯中的故意不是主观的违法要素，不能犯也不能成立犯罪。在“未遂犯的场合，行为无价值论认为，和处罚结果无价值的既遂犯不同，仅仅处罚‘行为的危险性’这一行为无价值”，“对尸体的杀害行为，也能成立未遂犯”①。但是，在结果无价值的立场上，至于所谓的将尸体当人射杀的行为，不一定成立未遂犯。换言之，立于结果无价值的立场，虽然主张未遂犯的故意是主观的违法要素，但是，这里的未遂犯是不包括不能犯的，也就是无论如何也不能使犯罪得到实现的犯罪类型。如果是不能犯，当然应该主张对其不罚，而绝不是说，因为没有发生犯罪结果就肯定是未遂犯。换言之，没有发生既遂故意中行为人所追求的犯罪结果，有可能是不能犯，也有可能是未遂犯。根据犯罪当时的情况以及行为人自身并结合一般人判断标准，无论如何也不能发生法益侵害的结果时，就成立不能犯；反之，则成立未遂犯。于前者，即使也视为一种广义上的未遂犯，但其既遂故意并不能作为违法要素，对之不能认定违法性，因而不以犯罪论处；于后者，根据没有实现的既遂故意，就可认定

① ［日］曾根威彦：《刑法学基础》，黎宏译，91页，北京，法律出版社，2005。

行为违法，进而认定为犯罪。

（三）倾向犯、表现犯中的内心要素——应否认其为主观的违法要素

倾向犯是一定的内心倾向决定行为违法性的犯罪；表现犯是一定的内心表现即心理过程决定违法性的犯罪。前者如猥亵犯罪，后者如伪证犯罪。按照全面肯定说和部分肯定说中一部分学者的观点，倾向犯的内心倾向和表现犯的内心表现是主观的违法要素，缺乏它们，行为的违法性不能被认定；倾向犯的典型是强制猥亵罪，如果行为人比如医生是以满足内心的性欲为目的抚摸被实施了麻醉手术的病人，其行为就会被认为违法①；表现犯的典型是伪证罪，如果行为人违反其记忆的心理过程进行虚伪的陈述，其行为才能被认为违法。② 但是，笔者认为，应该反对承认倾向犯的内心倾向、表现犯的内心表现为主观的违法要素。

（1）否定倾向犯中的内心倾向是主观的违法要素，有利于合理打击此类犯罪。我国《刑法》第 237 条第 1 款规定了“以暴力、胁迫或者其他方法强制猥亵他人或者侮辱妇女”的强制猥亵、侮辱罪，第 3 款规定了以“猥亵儿童”为罪状的猥亵儿童罪。这两种犯罪的违法性取决于行为人有无对他人、儿童实施猥亵行为。由于通常的身体的触摸无法被认定是否为猥亵，因此，才发展出承认倾向犯中的内心倾向是主观的违法要素的结论。但是，对于强制猥亵、侮辱罪或猥亵儿童罪来说，该罪侵犯的法益是他人、儿童的人身权利，但是具体是何种人身权利并不精确，并非像强奸罪那样典型地侵犯了性的自由权，它有侵犯性自由权的法益内容，也有侵犯人身自由权的法益内容。既然如此，一味要求行为人必须出于满足性的欲望的内心倾向的强制猥亵行为才能构成强制猥亵罪，显然忽视了并无此种内心倾向却利用强制猥亵手段侵犯被害人人身自由法益的行为，而后一种强制猥亵行为，显然也应该认定为犯罪。

日本刑法第 176 条中的强制猥亵罪的对象为 13 岁以上的男女，其

---

① 参见［日］桥爪隆：《强制わいせつ罪における主观的要素》，载［日］松尾浩也、芝原邦尔、宫泽浩一编：《刑法判例百选》，Ⅱ·各论，4 版，30 页，东京，有斐阁，1997。

② 参见［日］高桥则夫：《主观的违法要素と违法论》，载《现代刑事法》，1997（3）。

立法保护范围更为合理。不过，对于该罪来说，它的法益似乎主要是性的自由权，即便如此，否认内心倾向作为主观的违法要素，也不影响对强制猥亵罪的认定。如果基于满足自己性欲这一内心倾向而实施强制猥亵行为，其行为的违法性认定当然不存疑问；如果不是基于这一内心倾向，或者说没有任何特定的倾向，行为人只是强制猥亵了13岁以上的男女，那同样是侵犯了被害人的性自由。换言之，无论是我国《刑法》中的强制猥亵、侮辱罪还是日本刑法中的强制猥亵罪，即便认为它们的法益只有性自由这一项，只要行为人以强制手段实施了猥亵行为，均不影响对性自由的法益受侵害之认定，进而，也就都不影响对行为违法性之认定。显然，如果说强制猥亵罪离开了某种内心倾向就无法认定，就像如果不结合未遂犯中的故意就无法认定行为的性质一样，那么，认为强制猥亵罪的内心倾向是特殊的主观的违法要素才具有意义。

对于赞成内心倾向为主观的违法要素的学者而言，他们常常会讨论的情况是，医生的治疗行为如果有满足性欲望的内心倾向，则该行为构成强制猥亵罪，反之，则不然。然而，这种观点只会将问题导向主观主义的境地。医生抚摸同性或异性病人的身体某个部位，只要是出于治疗的需要而实施，该行为在客观上看就是正当的。此时，要求深入到医生的内心进行极其细致的分析，恐怕会在证据上给诉讼造成极大困难，而且对医生这一职业群体也殊为不利。现今德、日关于这一问题的通说是，只要医生的治疗行为没有超过治疗所必要的行为界限，其行为无论出于何种内心倾向，都不能被认定为违法。[①] 总之，医生遵循医疗规则对麻醉女患者实行触诊行为，不能因为该医生存在性的意图，而认定该行为为违法并成立强制猥亵罪。[②] 只有结合客观上的治疗行为是否超过合理界限而造成病人的性自由法益受到侵害，才会考虑其治疗行为是否构成犯罪。

基于上述类似的理由，我国《刑法》中的猥亵儿童罪的成立也不应

---

① 参见黎宏：《判断行为的社会危害性时不应考虑主观要素》，载《法商研究》，2006 (1)。

② 参见［日］平野龙一：《刑法总论》，Ⅰ，128页，东京，有斐阁，1972。

要求具备满足性欲的内心倾向；我国《刑法》第246条规定的侮辱罪的成立也不应要求具备“侮辱他人”的内心倾向，第299条侮辱国旗、国徽、国歌罪同样不应要求诸如“侮辱国家为目的”的内心倾向。

（2）表现犯中的内心表现也不影响对该罪的认定，不应承认其为主观的违法要素。我国《刑法》第305条规定，“在刑事诉讼中，证人、鉴定人、记录人、翻译人对与案件有重要关系的情节，故意作虚假证明、鉴定、记录、翻译，意图陷害他人或者隐匿罪证的”是伪证罪；日本刑法第169条规定，“依法宣誓的证人作虚伪陈述的”是伪证罪。二元论者往往认为，伪证罪中行为人的主观记忆内容是违法性判断的基准，因此，违法行为人的内心表现是主观的违法要素。[①] 很显然，这种观点是立于主观说的立场探讨行为是否为伪证。与此相对，从客观说的立场分析，“所谓‘虚伪的陈述’是与客观事实相违背的陈述”，“行为者的记忆内容是故意的问题，不影响违法判断”[②]。一方面，结果无价值论者与行为无价值论者一致认同与记忆一致的陈述无论真伪均不能成立伪证罪；另一方面，如果行为人内心记忆发生错误，当其进行自认为的虚假陈述，其实陈述的内容恰巧与客观事实相一致时，同样也不能成立伪证罪。此外，伪证罪属于轻罪，其性质有别于故意杀人、抢劫等暴力型犯罪，当行为人的认识错误恰好导致有利于案件审判的结果时，考虑其客观上对审判无害以及主观上的恶性亦不同于严重犯罪，应该鼓励基于结果无价值论的立场否定此种情况成立犯罪。

综上所述，基于结果无价值论的立场，应否定故意和过失为一般的主观的违法要素，“即使承认目的、内心倾向、内心经过等是主观的违法要素，也不意味着故意、过失是主观的违法要素”[③]，而只能承认它们为责任要素。至于通常二元论者所讨论的特殊的主观的违法要素，也应该基于法益侵害说只承认目的犯中的目的和未遂犯中的故意为主观的违法要素。对于倾向犯中的内心倾向和表现犯中的内心表现，应该反对

① 参见［日］高桥则夫：《主观的违法要素と违法论》，载《现代刑事法》，1997（3）。
② ［日］浅田和茂：《主观的违法要素の犯罪论》，载《现代刑事法》，1999（3）。
③ 张明楷：《行为无价值论的疑问》，载《中国社会科学》，2009（1）。

将其作为主观的违法要素。作为客观不法论的倡导者及结果无价值论者的麦兹格就指出，试图毫无例外地承认违法是客观的、责任是主观的是不妥当的，“在确定不法时难免存在例外的情形，即不法的认定有时也可能取决于主观要素”①。也即在有些情况下，仅仅根据法益侵害或威胁的结果难以确定行为是否违法，还必须要考虑行为人的主观意思，例如目的犯中的目的、倾向犯中的内心倾向、表现犯中的内心表现等。②但是，为了防止对特殊的主观的违法要素的承认蔓延至整个的主观要素，为了使刑法及犯罪论体系的任务尽可能行驶在法益保护的轨道上，从阶层犯罪论体系的视角分析，笔者主张仅承认目的犯中的目的和未遂犯中的故意这两种特殊的主观的违法要素，只是在极其例外的场合才会使主观要素进入违法性领域，并且对它们的使用应立足于是否影响增加了法益的侵害危险这一客观角度，如此，不会影响到违法与有责区分的根本，不会动摇阶层犯罪论体系。

五、结　语

是否以及在多大范围内承认主观的违法要素，是划分极端的结果无价值论、结果无价值论以及二元的行为无价值论等不同阵营的分水岭。在此问题上，应立足于维护阶层犯罪论体系以及刑法法益保护任务的基本立场，否定一般性的主观的违法要素，从而维持违法与有责之间的界限；同时，基于问题解决之需要只承认少数特殊的主观的违法要素如目的犯中的目的、未遂犯中的既遂故意等，从而形成本书以结果无价值论为基本立场的部分肯定说之基本观点。当然，由于篇幅限制，对于行为无价值论和极端结果无价值论的其他疑问，以及对于主观的违法要素中比较重要的防卫意图是否要求具备，盗窃罪中的非法占有目的、过失犯中的结果回避义务等是否为主观的违法要素等问题，此处均未展开深入探讨，这也为今后进一步深化对相关主题的研究提供了可能。

① Edmund Mezger，Die subjective Unrechtselement，GS89（1924），S. 169f.

② Roxin & Greco，Strafrecht Allgemeiner Teil Bd. 1，5. Aufl.，2020，§10，Rn. 84ff.

第六章　实质二阶层客观违法构成要件中的因果关系问题

一、问题的由来

客观违法构成要件中的因果关系，涉及归责问题的根本，即当某一行为发生后，责任究竟应该由谁承担。当引起与被引起的刑法因果性被确定之后，才能明确归责的主体。在因果关系的问题上，我国传统理论秉承马克思主义辩证唯物主义偶然与必然因果关系学说，这种强行将哲学中的偶然与必然因果律纳入刑法因果关系视野的做法，非但未能明确地回答刑法中的因果关系之内涵与外延，而且因为偶然与必然因果关系在区分上的或然性，导致对刑法因果关系的界定莫衷一是。为此，如要准确确定刑事归责这一根本问题，必须深入实质二阶层体系客观违法构成要件之中，探讨其因果关系所应采取的学说，以便为实质二阶层体系的归责问题提供理论上的支持。

综观当今刑法因果关系理论，客观归责理论似乎成为一个绕不过去的话题。如要提出我国刑法所主张的因果关系理论，必须首先面对我国是否要引进客观归责理论的问题。为此，应首先反思客观归责理论，在此基础上再提出我国所应采取的因果关系学说。

研究客观归责理论在德国、日本，一度是一种时尚。目前，这股时尚之风逐渐也“刮”到了中国，越来越多的刑法学者开始关注自 20 世纪 70 年代由德国刑法学者罗克辛构建的客观归责理论（die Lehre von der objektiven Zurechnung）。非常有趣的是，在日本，对客观归责理论的研究呈现出非常明显的赞成或反对两种不同观点，反观我国刑法学界，对该理论的研究却呈现出几乎一边倒的赞成局面，而且这些学者的研究基本以希望引进该理论作为终结观点。然而，客观归责理论是否如我国学者所推崇的那样具有无比重要的借鉴意义，却是值得怀疑的。为了打破推介客观归责理论的论述多而质疑并反思其不足的声音相对匮乏的不正常局面，也为了推动对此问题的深入研究，下文拟结合罗克辛等学者的客观归责理论，对该理论进行一些或许是“盲人摸象”般的质疑；同时，对我国刑法中的因果关系理论问题进行方向性的思考。

二、客观归责理论的定位：因果关系理论抑或构成要件理论

客观归责理论是在因果关系理论所提供的条件范围基础之上最终解决归责问题的，它是从因果关系理论中发展并独立出来的一般归责理论。由于条件理论是因果关系理论中的一种，以批判它为起点发展出来的客观归责理论自然不愿将自己降低为因果关系理论，因而从一开始客观归责理论就提出自己是构成要件理论，试图以此划清与传统因果关系理论的界限。然而，客观归责理论究竟是什么理论？它究竟是有关构成要件的理论还是一种因果关系理论？这是面对客观归责理论时必须明确的第一个问题，也并非一个没有争议的问题。

以是否制造了法所不容许的风险、是否实现了法所不容许的风险以及实现风险的行为是否在构成要件效力范围内的三原则为内容的客观归责理论，其讨论的问题简而言之就是：“在结果犯中，能否将对行为客体的侵犯作为行为人的作品归责于行为人?”① 换言之，行为人造成的结果是否可以客观地归责于行为人。为了有效解决这一问题，以限定刑法处罚范围为目标的客观归责理论，首先展开了对条件说的批判。它认为，条件说无限扩大了因果关系链条，不恰当地扩大了刑法处罚范围，因而提出即使在肯定某些因果关系存在的情况下，也可以否定

① Roxin & Greco, Strafrecht Allgemeiner Teil Bd. 1, 5. Aufl., 2020, § 11, Rn. 1.

刑法上的责任；在存在条件关系的前提下，只有制造并实现了法所不容许的风险才能对行为人进行归责。然而，依附于因果关系条件说而产生的客观归责理论，自认为并非关于因果关系的学说。客观归责论者认为，在客观归责的检验程序中，首先检验因果关系，但是，这里的因果关系只是一种自然的物理的因果关系，而客观归责理论恰恰是“尝试摆脱自然主义而迎向规范主义的努力”[①]，换言之，在客观归责论者看来，“因果关系的自然科学的范畴，只能提供外部的框架，而不能提供结论性答案”[②]，因此，客观归责理论从一开始就不愿意与因果关系理论扯上关系，甚至如格塞尔（Gössel）极力想彻底划清客观归责理论与因果关系理论之间的关系，连后者在前者认定中的作用都被彻底排除[③]，而奥托（Otto）则意欲“以风险升高原则取代因果关系，作为结果犯的客观归责准则”[④]。可见，批判或发展因果关系只是发展客观归责理论的起因，它的真正内涵或目的不在于解决因果关系问题，而在于解决归责问题，而这里的归责，在客观归责论者看来，是远离因果关系理论的“客观构成要件的归责（Die Zurechnung zum objecktive Tatbestand）”[⑤]，通过它“尝试着去回答什么是构成要件行为这个问题”，因此，“客观归责所涉及的是什么是构成要件合致的行为”[⑥]。这样，客观归责理论导致现代构成要件理论的意义发生了变化，即犯罪的重心因而转移到客观构成要件。[⑦]

然而，客观归责理论作为构成要件理论的定位值得怀疑。客观归责

① 许玉秀：《主观与客观之间》，31页，台北，作者自版，1997。

② ［德］耶赛克、魏根特：《德国刑法教科书》(上)，徐久生译，376页，北京，中国法制出版社，2017。

③ 参见许玉秀：《客观归责与因果关系》，载许玉秀等：《罪与罚——林山田教授六十岁生日祝贺论文集》，15页，台北，五南图书出版公司，1998。

④ ［德］Claus Roxin等：《问题研讨》，许玉秀、郑铭仁译，载《政大法学评论》，第50期，1994。

⑤ Roxin & Greco, Strafrecht Allgemeiner Teil Bd. 1, 5. Aufl., 2020, §11, Rn2.

⑥ ［德］Claus Roxin等：《问题研讨》，许玉秀、郑铭仁译，载《政大法学评论》，第50期，1994。

⑦ 参见［德］Claus Roxin, Die Lehre von der objektiven Zurechnung，许玉秀译，载《政大法学评论》，第50期，1994。

理论虽然极力拔高自己，从传统因果关系理论范畴中脱离出来，而以一般性的、高于因果论的归责论自居，但实际上，笔者认为，客观归责理论仍然是一种因果关系理论。

首先，客观归责理论是以因果关系理论为基础的，后者是前者判断的前提。客观归责理论固然如其自己所坚持的，是通过判断行为构成要件该当性来判断可否归责，但是，这一判断结论的得出经由的是如下逻辑：行为人没有制造法所不容许的风险并去实现它，所以在构成要件行为的符合性上才得出否定结论。譬如，某人打发另外一个人在雷电交加的暴风雨即将来临之时到树林里去散步，希望他被雷电劈死。这是客观归责领域被广泛使用的经典案例，对此案例，罗克辛指出，行为人根本没有制造可以引起法益侵害的风险，行为人劝他人去暴风雨即将来临的树林中散步的行为是没有制造法益侵害的现实危险的。[①] 但是，在此很明显地看到，客观归责理论实际上是在如同条件说的前提下讨论问题的，即在肯定劝人去散步与散步者死亡之间有条件关系的前提下，通过法所不容许的风险概念排除了原因关系的成立。试想：如果劝人散步的行为与散步者死亡之间丝毫不存在因果律的关系，何来客观归责理论关于死亡结果可否归责于行为人的探讨？或者如甲杀乙，乙受轻伤后在医院医治过程中因感染破伤风而死的案例，当客观归责论者在讨论其中的归责可能性时，其潜意识之中，不正是对于甲的杀人行为与乙的死亡结果之间存在因果关系的肯定吗？否则，为何客观归责理论不探讨甲之外的其他人的行为与乙死亡之间的关系，而恰恰只探讨甲的杀人行为与乙的死亡之间的关系？所以，如同格塞尔或奥托那样完全划清客观归责理论与因果关系理论之间的界限显然属于不明智的做法，还不如像雅各布斯那样承认因果关系是客观归责理论的第一要素[②]，或者如罗克辛那样承认“因果关系理论是客观构成要件归责的基础”[③]。

---

① Roxin & Greco, Strafrecht Allgemeiner Teil Bd. 1, 5. Aufl., 2020, § 11, Rn. 47.

② Günther Jakobs, Strafrecht Allgemeiner Teil, 2. Aufl., Berlin, 1993, S. 6f.

③ Roxin & Greco, Strafrecht Allgemeiner Teil Bd. 1, 5. Aufl., 2020, § 11, Rn. 2.

其次，客观归责理论不仅仅以因果关系论为基础，它在实质上就是因果关系论。

客观归责论者认为，因在客观构成要件内部讨论可否将结果归责于行为人，故而该理论理所当然地是构成要件符合性的判断问题，而不是传统因果关系理论所主张的，先肯定因果关系以及符合构成要件的行为的存在，再通过对故意或过失的否定排除其构成犯罪。比如在雷雨案中，罗克辛认为，如果根据目的行为论者威尔哲尔的看法，“只要是有意识地操纵因果流程趋向死亡结果，就是杀人行为”，而根据客观归责理论，只有“客观上可归责地引起死亡结果的行为”才是“杀人行为”①。雷雨案中的行为根本不是因果关系或者故意的问题，而是行为是否符合犯罪构成要件的问题，亦即在暴风雨要来临时把别人打发到树林里去的行为根本就不符合杀人罪的构成要件，既然如此，该种行为导致的结果当然不能归责于行为人。

然而，因果关系理论不正是解决导致结果发生的行为是否符合构成要件的问题吗？表面看来，要求行为人的行为与结果之间必须具有原因与结果之间的关系，即为因果关系。但是，刑法理论的通说是，行为与结果之间的“因果关系是构成要件的因果关系”②。比如，甲实施伤害乙的行为并导致乙死亡，在此所要讨论的是符合故意伤害罪这一基本构成要件的实行行为与死亡这一结果之间是否具有因果关系，如果有，就可以将死亡结果归之于甲；反之，则不能。对此，日本学者大塚仁明确指出，“在举动犯中，只要实施了实行行为，就可以肯定构成要件符合性，但是，在结果犯中，为了能够说存在构成要件符合性，需要基于实行行为发生了一定构成要件性结果，即，在实行行为和构成要件性结果之间，必须存在原因·结果的关系。这就是因果关系的问题”。而所有的结果犯都是由构成要件“预想着实行行为和构成要件结果之间存在一定的因果关系，因此，因果关系存否的问题，在判断结果犯的构成要件

① ［德］Claus Roxin，Die Lehre von der objektiven Zurechnung，许玉秀译，载《政大法学评论》，第50期，1994。

② 张明楷：《外国刑法纲要》，3版，90页，北京，法律出版社，2020。

符合性上，应该具有不可缺少的意义”[①]。可见，因果关系理论正是关注构成要件符合性判断的理论，只不过，它是通过对“构成要件性因果关系”的否定来否定犯罪的成立，而客观归责理论是通过对“构成要件性行为”的否定来否定犯罪的成立。但是，构成要件性因果关系也罢，构成要件性行为也罢，二者都是构成要件中的下位概念，如果因为客观归责理论讨论的是行为是否符合构成要件的问题就标之以构成要件理论，那么，因果关系理论由于讨论行为与结果之间是否符合构成要件的问题，当然也可称为构成要件理论了！日本的刑法教科书基本上都将因果关系理论放在构成要件符合性这第一阶层中予以讨论的事实，也印证了这一观点。

当然，如果客观归责理论因其所关注的是“行为”而不是“行为与结果之间的因果关系”问题，而将自己定位为“行为理论”而非构成要件理论，那么，认为因果关系理论仅仅就是因果关系理论而无须借助客观归责理论的逻辑上位为构成要件理论，是符合逻辑的。比如，雅各布斯就指出过，客观归责理论是行为理论：“有关特殊的客观的归属联系的理论不过是在更准确地说明行为概念。客观的归属联系的理论所适用的规范化（Normativierung）涉及的不是与行为并列的某种东西，而是行为本身。”[②] 但是，罗克辛明确反对该理论这一定位，他指出，“行为和客观归责理论涉及体系构造的不同阶层。行为理论所探求的问题是，什么是刑法外的行为概念；客观归责理论则是在探求构成要件合致行为的要件”[③]。既然如此，有理由认为，因果关系理论与客观归责理论都是就构成要件符合性这一阶层的问题进行判断，它们最终都是为了确定结果犯中的结果是否可以归责于行为人。

因此，如果说客观归责理论是构成要件论，那么，同样判断构成要

① ［日］大塚仁：《刑法概说（总论）》，第 3 版，冯军译，159 页，北京，中国人民大学出版社，2003。

② Günter Jakobs，Strafrecht Allgemeiner Teil，2. Aufl.，Berlin，1993，S. 66.

③ ［德］Claus Roxin 等：《问题研讨》，许玉秀、郑铭仁译，载《政大法学评论》，第 50 期，1994。

件符合性的因果关系理论也可以说是构成要件理论。但是，这样的做法除了泛化构成要件理论本身，似乎并无任何实际意义。更有甚者，客观归责理论纵然在雷雨案等典型案例中，是通过行为符合构成要件的否定判断来否定归责的，但是，无论如何，这种否定判断的目的是否定行为与结果之间因果关系的存在，而绝不是为了否定行为而否定行为，否则，既然通过构成要件理论本身就可以完成，何必探讨什么客观归责？我们可以通过罗克辛对类似案例的分析发现这一路径。罗克辛曾举例：假设A想要B死，所以建议他到美国佛罗里达州旅行。因为他阅报知道最近很多游客在那里被谋杀。他希望B也在那里被谋杀。B根本不知道佛罗里达州的谋杀事件而开始其旅程，结果他真的被谋杀了。对此案例，罗克辛分析指出，A的行为“客观上并不是杀人行为”，“因为这个建议行为并没有制造法律上有意义的死亡危险，而且也没有将一般人类生活的风险提高到可以度量的程度”，“旅行者的死亡，因此不可以当作是杀人行为而归责给建议旅行的人。亦即，杀人罪的客观构成要件已经无法充足了”①。在此，实际上罗克辛预设了一个实际结果之前的“风险结果”，即行为是否有导致被害人死亡的危险，行为导致“风险结果”的程度越高，则行为人归责可能性越大；至于对“风险”的判断，则是通过“法所不容许的风险”亦即“风险不法”这一概念来完成的。由此看来，罗克辛虽然坚称客观归责理论是通过否定杀人行为的存在完成归责判断的，但是，这一否定判断不正是通过对“风险不法”与“风险结果”之间“风险关系”的判断来完成的吗？再如，韦塞尔斯也明确指出：对客观归责说和对客观归责说的认同而言，关键的是要看行为人的行为是否至少造成构成要件性的结果，亦即“确定原因关联”；对该结果是否可以客观上预见和避免，以及“基于危害性结果发生的构成要件相当性因果流程，是否正好实现了”行为人制造而为法所不容许的风险。② 这些观点表明，客观归责理论正是通过对构成要件性因果关系的

---

① ［德］Claus Roxin，Die Lehre von der objektiven Zurechnung，许玉秀译，载《政大法学评论》，第50期，1994。

② Vgl. Wessels/Beulke/Satzger，Strafrecht Allgemener Teil，50. Aufl.，2020，Rn. 251f.

否定来完成归责判断的。既然否定了构成要件性因果关系，那么这里的行为当然不是杀人行为了。客观归责理论据此再认为自己是构成要件理论而非因果关系理论，似乎显得非常牵强！果如此，客观归责理论对于自己是构成要件理论的定位除了看似强行张贴上去的商标，又有什么实际意义?!

在类似于甲杀乙，乙只遭受轻伤，但在被送往医院的途中因交通事故而死亡的案例中，亦即在被客观归责论者称为“偏离因果”的案例中，归责判断还被加入了客观化判断要素即“相当的判断”，这种判断在罗克辛看来实际体现的就是实现风险的想法。[①] 换言之，对于这类案例，是否归责，取决于对法所不容许风险是否实现的判断，而风险是否实现，实际上又是取决于因果流程的发展是否符合社会一般人的经验法则，亦即是否具有相当性，“是否符合相当的标准”。即便对于劝人旅行案这类客观归责论者最热衷讨论的案例，客观归责论者在分析其为何不能归责时也认为是因为这样的方法“并不是适当的方法”[②]。而是否为适当的方法，不正是对因果关系理论中的通说——相当因果关系说中相当性的论证吗？因为相当因果关系说，和客观归责理论一样，也是以条件论为前提的，在此前提之下，它认为应该根据社会一般人的经验法则，在行为与结果之间具有相当性的场合，才能承认因果关系的存在。据此，客观归责理论对于“风险结果”可否归责于行为人的判读，实际就是在运用相当因果关系说进行判断而已，只不过，这一运用是假客观归责理论之名！更何况，“所有的客观归责的要求”都“是对于因果关联做更详细的确定”而已。如果“客观归责的要求（像是不受容许之危险的实现或是规范的保护目的之相关性）不被描述成对于因果关联的特殊要求，那么这些要求就只是空洞的公式”[③]。这样的客观归责理论和

① 参见［德］Claus Roxin，Die Lehre von der objektiven Zurechnung，许玉秀译，载《政大法学评论》，第 50 期，1994。

② ［德］Claus Roxin 等：《问题研讨》，许玉秀、郑铭仁译，载《政大法学评论》，第 50 期，1994。

③ ［德］Ingeborg Puppe：《行为疏失与结果间关连：以道路交通案例释义》，蔡圣伟译，载《东吴法律学报》，第 17 卷第 3 期，2006。

相当因果关系说有何区别？正因为如此，日本学者大塚仁教授指出，“关于客观性归责的认定，在与客观性相当因果关系说中的客观的事后预测同样的思考下，认为应当考虑是否存在对犯罪性结果的客观的预见可能性及避免可能性、以相当于构成要件的因果性经过为基础由行为人的行为造出的危险是否显在化。因此，这种立场实质上与相当因果关系说没有大差”①。

综上所述，客观归责理论不但如前所述以因果关系理论为基础，在实质上它就是一种因果关系理论。和因果关系理论中的通说——相当因果关系说一样，它不但也是以条件说为前提的，而且实际上也是通过对构成要件性因果关系的否定得出其自身的结论的；它对于作为判断内容的风险关联的承认以及对于“风险不法”与“风险结果”之间是否具有相当性的判断以及在最终结论上，与因果关系理论是一致的！反而言之，作为因果关系理论通说的相当因果关系说其实就是客观归责理论。理应作为因果关系理论的客观归责理论从一开始就对自身作了完全不同于以往因果关系理论的定位，它不承认自己是因果关系理论，而坚持认为自己是构成要件理论。这一定位，为客观归责理论的其他问题诸如模糊了三阶层的犯罪论体系、使违法性和有责性的问题变得更加混乱不堪埋下了伏笔，下文对此将进一步展开。

三、客观归责理论作为解决因果关系问题理论的系列质疑与批判

然而，用于解决客观违法构成要件中因果关系问题的客观归责理论，并没有仅仅停留于客观违法构成要件之内，而是超越于构成要件，在违法性、有责性等领域内也进行了危险性的判断。它违背了其作为因果关系理论的本性，而成为犯罪成立理论；其在进行客观归责的同时也进行着主观归责；它不是一种归责理论，更像一种各类理论

① ［日］大塚仁：《犯罪论的基本问题》，冯军译，106页，北京，中国政法大学出版社，1993。

的统合体。

（一）客观归责理论的功能质疑：归责的理论抑或可罚性的理论

客观归责论者当然认为自己是关于结果可否归责于行为人的学说，这本身亦没有错。然而，客观归责论所缔造的作为判断归责标准的风险原则，以及将自身作为构成要件理论的定位，使得客观归责论与违法性、有责性之间纠结不清，以至于其最终发展成为“几乎和可罚性的概念相当”[①] 的概念了。换言之，客观归责理论似乎已经从所谓的构成要件理论发展成为统摄构成要件符合性、违法性与有责性的三阶层犯罪论体系的上位概念了；它似乎不是在讨论归责的问题，更像是在分析犯罪成立与否的问题；它也不太像一种归责理论，而是有关犯罪成立的一般理论。

为何得出客观归责理论日益成为可罚性的理论？笔者以为，这可以结合客观归责理论的具体内容展开分析。

首先，客观归责理论通过“风险”概念使其溢出了构成要件论的范围而发展进入违法性领域，并成为关于“各种合法化事由的共同结构原理”[②]。

考虑可否将结果归责于行为人的客观归责理论当然不可能从决定论中寻找支持，只有肯定人具有意志自由的非决定论才能成为客观归责理论规范评价的前提。因此，虽然客观归责理论历经了众多学者的推动发展，但无论是早期的还是近代的客观归责论者都肯定人的意志支配可能性，比如，“Honig 对可归责性的定义是透过人的意志来加以支配”，而罗克辛的客观归责虽然在此基础上添加了客观的因素而有别于早期客观归责的主观性，因为他主张“将人的意志支配可能性和对构成要件法益的侵害制造了法律上重要的风险这个标准相结合”[③]，但根本上，他们

---

① ［德］Claus Roxin 等：《问题研讨》，许玉秀、郑铭仁译，载《政大法学评论》，第 50 期，1994。

② ［德］耶赛克、魏根特：《德国刑法教科书》（上），徐久生译，543－544 页，北京，中国法制出版社，2017。

③ ［德］Bernd Schünemann，Über die objektive Zurechnung，陈志辉译，载《刑事法杂志》，第 42 卷第 6 期，1998。

都肯定意志归责，肯定人的意志自由及将其作为客观归责理论的根据。

在明确具备意志自由的人属于可归责主体的前提下，是否最终可将结果归责于该人，必须经由构成要件的不法判断。“意志归责通过对行为目的性的考察，而使得对结果的法律评价成为可能”，其最终的目标“就是要确定是否一个事件在刑法上是完全可以被评价的”[①]。这种判断，实际是行为违反法规范与否的判断。这样，经由意志归责的前提，客观归责理论终于过渡到规范归责。详言之，客观归责论者认为：行为人具备意志归责的前提以及行为人造成构成要件结果的因果性，还不能判断客观构成要件符合性；是否符合构成要件，还必须经过是否制造及实现了法所不容许的风险以及实现风险的行为是否在构成要件效力范围内的判断。然而，法所容许的风险，是以不法概念为核心的，而“不法不是意思不法，而（主要）是行为不法。犯罪行为并非表述为不服从法律，而是由于与其相关联的法益侵害或具体侵害某种法益的现实危险”[②]。因此，对“风险不法”的判断是建立在风险是否属于侵害构成要件法益的评价之上的，而这一评价，是从法秩序角度进行的规范评价，亦即立法者是否禁止某种风险，这样，“风险不法”“典型地与行为不法相伴”[③]。以雷雨案为例：不归责于行为人在罗克辛看来不是因为他认为行为人无法不作出这种奇怪的行为，而是因为立法者不认为行为人的行为是危险的，因此也不会加以禁止。在此，客观归责理论是以刑法规范的违反为前提的。而罗克辛的以下核心观点明确表明了客观归责作为一种规范归责的存在：刑法法理的任务在于对侵害法益的结果予以归责，而这种结果归责，视行为人是否违反规范的要求而定[④]，而“法所不容许的风险”这一概念正是客观归责理论中规范评价之所在，或者

---

① 吴玉梅：《德国刑法中的客观归责研究》，36页，北京，中国人民公安大学出版社，2007。

② Gallas，FS-f. Bockelmann，1979，S. 159.

③ Jürgen Wolter，Objektive und personale Zurechnung zum Unrecht，in Bernd Schünemann（Hrsg.），Grundfragen des modernen Strafrechtssystems，Walter de Gruyter，Berlin，1984，S. 106.

④ Claus Roxin，Gedanken zur Problemallk der Zurechuung in Strafrecht，FS-Hong，1970.

说“法秩序的客观要求被以……容许的危险的形态而被提出”①。这样，客观归责理论的内容及判断方式，就悄悄地从构成要件领域进入了违法性领域，因为违法性所讨论的正是何种行为违反法律即为法律所不允许的问题，简言之，主要是（客观）不法的问题。通过借助违法性理论对客观不法的判断，客观归责理论关于行为是否符合构成要件的判断发展为是否具有不法性质的实质判断，从而同时介入了构成要件和违法性领域。这种特点，使客观归责理论成为解决构成要件不法成立的理论，并因此而有了“客观归责实际上所论证的是客观不法的成立”的说法，而这种“客观不法的成立”正是“客观归责所要解决的是构成要件的不法的成立”②。

与“风险”概念相关的，还有客观归责理论将原本属于违法性阻却的事由作为构成要件阻却事由的运用。比如，客观归责理论从违法性阶层中找出被害人承诺或同意作为判断能否归责的准则，根据被害人承诺或同意排除构成要件符合性的成立，从而将原本的违法性阻却事由变异为构成要件阻却事由。根据客观归责理论的主张，如果行为人“参加一个故意的、对风险有完全认知的自我危害行为”，是不可归责的，因为“在自我危害的情形，如果随着危害行为有意识造成的风险实现了，则应该自负其责。而所想要的和所实现的自我危害行为，并不属于伤害或杀人罪的构成要件”③。此即客观归责理论的构成要件效力范围及自我负责原则。例如，贩卖毒品给他人，购买并使用毒品者因为注射过量海洛因而死亡的，贩毒者并不需要对购买者的死亡承担杀人罪的责任，因为购买者是吸毒过量致死，属于自我造成的危害，他应自负其责；这一自我危害行为，并不在杀人罪的构成要件范围之内。换言之，通过构成要件的效力范围及自我负责原则，客观归责理论认为那些本应自我负责

① ［德］Bernd Schünemann，Über die objektive Zurechnung，陈志辉译，载《刑事法杂志》，第42卷第6期，1998。

② 吴玉梅：《德国刑法中的客观归责研究》，51、52页，北京，中国人民公安大学出版社，2007。

③ ［德］Claus Roxin，Die Lehre von der objektiven Zurechnung，许玉秀译，载《政大法学评论》，第50期，1994。

的被害人行为不应归责于行为人，从而排除掉了行为人的行为符合构成要件。同理，在被害人承诺的场合，也不能判断构成要件符合性的成立。比如，暴风雨中一名乘客想让摆渡工把自己渡过河去，摆渡工以天气恶劣、过河危险而劝阻，但乘客坚持，摆渡工只好冒险，后来船翻了，乘客淹死。对此案例，罗克辛认为，应该“排除结果的归责，只要这名‘乘客’在完全的范围内认识到了风险并且有意地招致了这一风险”[①]。因而，摆渡工的行为不是符合杀人罪构成要件的行为。显然，在客观归责论者看来，同意他人造成的危险和自杀等自己造成的危险行为一样，都是不能归责于行为人的。总之，基于被害人同意的危险行为类型以及医生的医疗行为如得到病人同意后的截肢等本来属于违法阻却事由的行为，在客观归责论者那里都是作为构成要件阻却事由来使用的。

客观归责理论关于构成要件符合性的判断过多地透支了违法性理论，使得犯罪论体系的第二阶层违法性的内容被掏空而日益成为徒具外表的空壳。比如，见义勇为的路人，发现小孩要被公交车撞上，奋力一推，小孩因而头部受伤。对此案件，客观归责论者认为路人将小孩重大伤亡的危险，化减为程度更轻的伤害，因此，头部受伤的结果，不可归责于路人的奋力一推。[②] 这一案例，实际是行为人针对就被害人而言业已存在的危险，采取降低风险的方式对开始的因果关系进行修正。如果依照三阶层的犯罪论体系，可以认定行为人推小孩的行为属于紧急避险这一违法阻却事由，从而也不构成犯罪。但是，客观归责理论将这类本应由违法性判断的事由当作构成要件符合性的问题来讨论了，而且这样的讨论又是借助违法性来完成的。所以，在构成要件符合性的判断完成后，及至违法性领域，进行所谓违法性的判断当然成为一个空壳的东西。

总之，借用一个概括性的表达，“整个客观归责学说的基础，就是

① Vgl. Roxin & Greco, Strafrecht Allgemeiner Teil Bd. 1, 5. Aufl., 2020, §11, Rn. 121ff.

② 参见林东茂：《客观归责理论》，第六届全国中青年刑法学者专题研讨会（2009年6月10—11日）会议论文，4页。

在评价行为人的行为及其所造成构成要件结果的风险之‘质’与‘量’对法价值的破坏”[①]。这样，客观归责理论对违法性的介入已不仅仅是一般性的介入，它几乎替代了违法性理论；它“在形式上虽然属于犯罪类型论，但实质上应该属于违法论”[②]；客观归责理论至此不再仅仅是解决构成要件符合性的理论，而同时发展成为针对各种合法化事由的共同结构原理。

其次，客观归责理论通过“客观目的性”概念还进入了有责性领域，并最终使自身成为统合三阶层犯罪论体系的概念。

前述表明，客观归责理论主张只有对自己的行为具有意志支配可能性时才能产生归责，同时认为，只有客观上对法益的侵害具有法律上的重要性时，才可能是人的意志所能支配的。因此，有理由认为：作为意志归责核心的意志支配可能性，事实上就是指行为人实施的制造风险的行为能够达到其所追求的侵害法益之目的的可能性；而对这种可能性的衡量借助的是会否发生侵害或威胁法益这一客观标准，且它不是针对具体行为人而是针对具有意志自由的抽象一般人而言的，因此，这一目的性又被客观归责论者称为“客观目的性”（Objektive Zurechnung）。这一概念早期由霍尼希（Honig）提出，其意在发展意志归责中人的意志支配可能性。虽然如前述罗克辛在此基础上添加了“对构成要件法益的侵害制造了法律上重要的风险”等客观因素，从而使客观归责理论摆脱了以往主观归责的阴影，但即便是在罗克辛这样的后期客观归责论者看来，“客观目的性”对于归责仍具有极其重要的意义：“可归责的是那些可以依目的被设定、被设想的结果。因此，只有意外的事件可以排除归责，因为它并不是有目的的。”[③] 罗克辛举例说，“例如在德国想杀某人，则劝人到中国台湾旅行并不是适当的方法，用这个方式杀人即‘不能符合目的’，是客观上不合目的的。因此，如果一个旅行者在中国台

① 李圣杰：《风险变更之结果客观归责》，载《中原财经法学》，2001（7）。

② ［日］铃木茂嗣：《刑法总论（犯罪论）》，54页，东京，成文堂，2001。

③ ［德］Claus Roxin，Die Lehre von der objektiven Zurechnung，许玉秀译，载《政大法学评论》，第50期，1994。

湾意外死亡，在客观上并没有杀人行为”①。虽然客观归责理论在此并未提及三阶层中的有责性概念，但仔细分析，客观目的性理论实际就是有责性的内容。所谓只有依照行为人的目的能够被预先设定或者说设想的结果发生才能将结果归责于行为人，这样的看法实际体现的是行为人的主观预见可能性，亦即能够预见自己的行为可能产生法益侵害风险的后果；在预见前提之下，行为人对于自己预见的事实及结果能够进行操控并进一步实现了这一风险，此时才能将结果归责于行为人。在此，客观归责理论中的客观目的性更像是集合了有责性中的责任意思能力与责任行为能力的一个上位概念。劝人去旅行之所以不是可以归责的杀人行为，就在于行为人虽然具有杀人的故意，也预见到了自己的行为所可能导致的后果即如果行为人去美国佛罗里达或者去中国台湾旅行可能会遭谋杀，但是，旅行与被谋杀结果的发生之间并非行为人可以控制的过程，也许会被谋杀，也许不会，这类行为会导致什么结果，并不是行为人预先设定的，换言之，行为人实施的劝人旅行行为终究不是自己可以操控的行为，也因此，它们被客观归责理论认为是不符合客观目的的，所以不能被归责。

透过客观目的性的逻辑及内容，可以发现，本属于三阶层中有责性的内容即意思能力与行为能力被客观归责论者集合在一起并冠之以一个新的名词“客观目的性”。如果考虑到“故意的德文字义是事先设定”②，似乎有理由认为，客观目的性中的“目的”实际上甚至就是“故意”中的内容，即认识内容和意志内容；所谓的客观目的性，或许可以说只不过是罪责内容的概念偷换罢了！在客观归责的框架下，客观目的性概念所起的作用是判断行为是否符合目的，从而为规范归责提供判断前提，最终确定行为是否符合构成要件。说到底，客观目的性是作为构成要件事由在发挥作用，它像是归责的起点：否定了它就否定了归

① ［德］Claus Roxin 等：《问题研讨》，许玉秀、郑铭仁译，载《政大法学评论》，第 50 期，1994。

② ［德］Bernd Schünemann，Über die objektive Zurechnung，陈志辉译，载《刑事法杂志》，第 42 卷第 6 期，1998。在德文中，“故意”为 Vorsatz。

责。也许正因为如此，罗克辛自己说，“‘客观目的性’或者‘客观上能符合目的’根据我的理解和‘客观可归责性’同义。所指的是，如果引起结果的态样和方式，不可能是符合目的的行为的对象，则该结果不能归责于行为人”[①]。作为有责性阶层内容的体现，被作为起点甚至本身等同于客观归责性的客观目的性，其在客观归责领域的运用面之广泛、运用程度之深入，是可想而知的。这也充分说明，客观归责理论的结构和内容，在几乎要取代实质违法性的判断外，还几乎要取代有责性的判断！

综上所述，客观归责理论虽然自称为构成要件理论，但是，其在对结果是否可以归责于行为人的判断过程中，运用了太多违法性、有责性中的内容：其对不法构成要件成立的判断广泛地使用了违法性理论，其将客观目的性理论作为归责基点，甚至等同于客观归责论本身的事实是对有责性的侵入。基于前者，理论上才有学者认为，客观归责理论过滤犯罪的作用方式与违法阻却事由是一样的，并因此将它定位为违法阻却事由[②]，这样的观点显然是对客观归责理论取代违法性趋势的一种反映；也因此，雅各布斯才会说客观归责论是在“一般的不法理论中出现”的一种理论。[③] 基于后者，客观归责理论仅仅在关涉行为人的意思与行为能力的意义上，才发挥作用。基于客观归责理论坚称自己是构成要件理论，这样，最终的局面是，客观归责理论将构成要件符合性、违法性与有责性一网打尽，成为横跨甚至超越三阶层体系的理论！这样一种理论，似乎很难说只是寻求解决结果是否可归之于行为人的归责问题，它更像是一种犯罪成立理论，只不过其名称叫客观归责论而已！所以，如今的客观归责理论才会成为“几乎和可罚性的概念相当”的概

① ［德］Claus Roxin 等：《问题研讨》，许玉秀、郑铭仁译，载《政大法学评论》，第 50 期，1994。

② 参见黄荣坚：《刑法问题与利益思考》，156 页，台北，元照出版有限公司，1998。

③ 参见［德］格恩吕特·雅科布斯：《行为 责任 刑法——机能性描述》，冯军译，66 页，北京，中国政法大学出版社，1997。需要说明的是，按照《德语姓名译名手册》（新华通讯社译名室编，北京，商务印书馆，1999），正文中德国学者 Jakobs 的中译名统一为“雅各布斯”，而不是“雅科布斯”。

念！构成要件有广义和狭义之分。广义的构成要件，是指构成刑罚之法律效果的一切法律要件[①]，亦即指可罚性之要件（Strafbarkeitsvoraussetzungen）。成为与可罚性概念相当的概念，意味着客观归责理论实际上已成为广义的构成要件概念，从而，它更像是在解决犯罪成立的一般条件，而不是归责的问题，更不是构成要件符合性的判断问题！即便上述的说法可能有些武断，但至少，客观归责理论中构成要件要素与违法阻却要素、责任要素三阶层要素的相互跨越与交替使用，严重冲击了三阶层体系！在三阶层体系中，构成要件符合性是事实的判断，违法性与有责性是价值的判断，而客观归责论在构成要件符合性判断中对违法性与有责性内容的广泛使用，使得三阶层的体系中事实判断与价值判断不分，价值判断全面融入本该作为事实判断的构成要件领域，从而在根本上冲击了作为行为类型的构成要件的定型意义，最终，三阶层犯罪论体系的阶层意义被客观归责理论严重毁损！

（二）客观归责理论的立场质疑：客观归责抑或主观归责论

客观归责理论究竟因何被称为“客观归责”（Objektive Zurechnung）而不是“主观归责”（subjektive Zurechnung）理论，抑或其他？如果说刑法学人往往因为刑法理论上种种主客观理论之纠葛而如我国台湾地区学者许玉秀所说的“感到十分受折磨”[②]，那么，号称“客观归责”的客观归责理论同时也是“主观归责”的事实，则完全陷入了罗克辛自己所说的“主观与客观之间的迷思”[③]，并使主、客观之间的迷思更加迷雾重重，它的存在，加剧了刑法中主、客观理论的混乱。

首先，客观归责理论致力于从犯罪行为类型角度判断归责与否，力图排除归责问题与行为人主观意思的关联。这样的归责理论当然首先是作为“客观归责”而存在的。

---

① Vgl. Baumann/Weber/Mitsch Eisele，Strafrecht Allgemeiner Teil，13. Aufl.，2021，§6，Rn. 2.

② 许玉秀：《主观与客观之间》，6页，台北，作者自版，1997。

③ ［德］Claus Roxin，Die Lehre von der objektiven Zurechnung，许玉秀译，载《政大法学评论》，第50期，1994。

前已述及，客观归责理论的关键问题就在于判断是否制造及实现了法所不容许的风险即“风险不法”，它是以不法概念为核心的。这里的“风险不法”不是指行为人主观意思的不法，而是指行为对构成要件法益的侵害，它是客观现实的不法，而且这一不法的程度已达法律上禁止的标准。因此，法所不允许的风险，即为法律上是否重要的风险，亦即行为人所制造的风险是否侵害或威胁刑法所保护的法益，这是从客观上判断行为是否实现构成要件，其重心在于罗克辛所说的“客观的构成要件”。正因为如此，罗克辛明确地告诉我们，“客观归责之所以称为客观的”，“是借由归责所架构的构成要件行为，例如杀人、伤害或毁损，等等，是属于客观的，有了这些构成要件行为之后，才有主观构成要件中的故意加入”①。这样，通过客观归责理论提供的三原则来判断什么是引起法益侵害结果的构成要件行为而什么不是，例如，什么是引起死亡结果的杀人行为或引起伤害结果的伤害行为，从而客观归责理论“使得不法类型的客观犯罪面的基础形态被描述出来”，“客观上可归责地引起死亡结果的行为，就是杀人行为”，而“故意并不是组成杀人行为的要素”②。换言之，通过客观归责理论，能够使人们明确什么是犯罪的客观行为类型，从而以此为标准判断凡是客观上可归责于行为人的行为，就是符合构成要件的行为。在刑法规范评价的意义上，行为人侵害法益的结果是否为法律所不允许，是用来衡量可否归责的重要基点；加之行为对法益的侵害结果是否为法律所允许，实际体现的是结果无价值，亦即行为所造成的结果在价值判断上并没有侵犯或威胁到刑法上的法益，因此，从判断的内容即行为符合构成要件以及判断的基点即法益侵害的程度来看，客观归责理论体现的是完全的客观主义的立场。至于故意为何不是行为的要素，其原因在于，在故意犯罪中，是通过对于行为是否符合构成要件的客观判断来完成归责判断的，通过行为是否合致构成要件这一客观面的判断，归责问题得到解决；至于故意，只不过是依附于

①② ［德］Claus Roxin，Die Lehre von der objektiven Zurechnung，许玉秀译，载《政大法学评论》，第 50 期，1994。

构成要件行为而存在的。这意味着客观归责论者非常重视从客观面判断归责可能性，并明确地表明了客观归责的“客观”之所在。总之，“客观归责论之所以被理解为客观的，是因为它完全隐去了行为的主观侧面”①。

其次，问题是：客观归责理论仅仅是通过对客观构成要件行为的判断来完成归责任务的吗？答案是否定的。

如果仅仅停留在“风险不法”的客观判断内容和基点而认为整个客观归责理论所持都是这一见解，那是对客观归责理论的误解。事实上，联系行为对构成要件法益的侵害是否达到法律所禁止的程度这一客观面来判断，它似乎只是归责的必要条件而非充分条件；将行为人的主观意思以及借助行为人的个体情况作为判断标准，实际充斥于整个归责演绎之中。客观归责理论并不是简单的“客观归责”，它同时也是“主观归责”。

第一，虽然“风险不法”是作为行为不法的客观性质而存在，但在判断行为是否制造了法所不容许的风险时，客观归责理论承认必须考虑行为人自身的特殊情况以及行为人的特殊认知，它实际变成了以“人格与个别可归责性（personalen und individuellen Zurechenbarkeit）”② 为内容的主观归责。

是否制造或实现了法所不允许的风险，固然是客观构成要件所要解决的问题，但是，对客观层面的判断似乎不能在客观行为是否侵害了法益这一范围内兜圈子，于是，行为人对风险的主观认知等一系列的主观要素，顺理成章地成为认定依据。客观归责论者明确要求，“在判断是否制造了不被容许的危险这个问题时”，“判断者必须拥有个别行为人的特殊认知”，“主观要素，在此即成为认定有制造危险及因而予以客观构

① ［德］沃斯·金德霍伊泽尔：《故意犯的客观和主观归责》，樊文译，载陈兴良主编：《刑事法评论》，第 23 卷，221 页，北京，北京大学出版社，2008。

② Jürgen Wolter, Objektive und personale Zurechnung zum Unrecht, in Bernd Schünemann (Hrsg.), Grundfragen des modernen Strafrechtssystems, Walter de Gruyter, Berlin, 1984, S. 104.

成要件归责的依据”[①]，因为只有具备“对个别行为人有益的可能的特殊认知（Sonderwissen）”，才能使“一个具有洞察力的观察者在行为之前对于相应的行为是否具有风险或者升高了风险”有所认识。[②] 例如：如果倡议他人去美国佛罗里达州或者中国台湾旅行，飞机在途中发生坠机，此时劝说者并未制造法所不容许的风险；但是，如果劝说者知道有人计划袭击这一飞机并且真的有人袭击了飞机并致使被劝说者死亡，则劝说者应该对自己的行为承担责任。在此，行为人关于飞机袭击计划的认识，就属于行为人个人的特殊认知，而不是立于一般人的经验法则或社会通识的认知判断。

主观不法要素正是凭借着对客观不法风险的判断进入了归责领域，风险归责从而开辟了“人格与个别归责”的道路：行为人不但应该认识到其所创设的风险，还必须认识到自己具有实现风险的行为能力，即风险与行为人间的罪责必须具备关联性。“风险不法”由此从客观行为不法递进为主观不法；意在根据构成要件行为类型并排除主观意思的客观行为归责演变为“根据个人能力标准划定责任界限”的“主观归责”[③]。在故意犯中，行为人通过实施制造风险的行为希冀与其目的相合拍的结果发生了才能归责；在过失犯中，则是行为人主观上可以预见的风险发生或实现了才能归责。离开行为人个别能力的特殊认知的抽象的风险是根本不存在的。例如，甲将其误认为不会游泳的乙（实际上乙会游泳）从桥上推下河里，希望乙被淹死，但乙在落入河里之时因撞上桥墩而死。虽然乙不是因不会游泳而在水中淹死，但甲推乙入河时就是在制造一个希望乙死亡的风险。在这一过程中，甲能够认识到乙坠入河中后是被河淹死或是撞在桥墩而死是不能以自己意志操控的，换言之，甲的行为能力并不能避免这些可能性的发生，从而，甲的特殊认知包含了乙有

---

① ［德］Claus Roxin，Die Lehre von der objektiven Zurechnung，许玉秀译，载《政大法学评论》，第 50 期，1994。

② Vgl. Roxin & Greco, Strafrecht Allgemeiner Teil Bd. 1, 5. Aufl., 2020, § 11, Rn. 57.

③ ［德］沃斯·金德霍伊泽尔：《故意犯的客观和主观归责》，樊文译，载陈兴良主编：《刑事法评论》，第 23 卷，219 页，北京，北京大学出版社，2008。

以其他并不明显偏离因果关系方式死亡的风险，因此，该案中甲将乙从桥上推进河里而乙最终是撞在桥墩上而死，属于与甲的故意认知在客观上相当的可以归责的风险。对于“这种涉及行为人个人行为能力的实现构成要件的可归责性，在如今的刑法学理中称作人格的不法（personales Unrecht）”[①]。总之，引起风险的行为需要行为人的人格和个别能力要素，这样，客观归责实际上是“以人格和个别风险归责（personalen und individuellen Riskozurechung）为基础”，客观归责由此而“人格化”[②]，“风险结果”实际上只是行为人人格和个别创设的可归责的“相当行为”的合乎逻辑的发展，这似乎宣告了严格客观不法归责的终结！当然，如果联系罗克辛系人格行为论的主张者[③]，客观归责发展成为主观归责也就不足为奇了！

第二，客观归责理论以对“风险不法”与“风险结果”的预见可能性和结果回避可能性作为归责标准，所谓的客观归责必然同时兼为“主观归责”。

虽然客观归责理论看似是行为是否符合构成要件的客观问题，然而，在行为的范围内，要问的是人有哪些作为能力，归责的标准在这里为是否“为人所可能的”。详言之，在客观不法的构成要件范围内，其实起作用的是行为人具有哪些作为能力，制造或实现法所不容许的风险是否超出了行为人的预见可能性或者结果回避可能性。因此，“对客观归责说的认同而言，关键的是要看”“对该结果是否可以客观上预见和避免（objektive voraussehbar und vermeidbar）”[④]。在此，行为人依个人的能力能否预见和控制结果的发生，成为客观归责理论中不可缺少的

① ［德］沃斯·金德霍伊泽尔：《故意犯的客观和主观归责》，樊文译，载陈兴良主编：《刑事法评论》，第23卷，220页，北京，北京大学出版社，2008。

② Jürgen Wolter, Objektive und personale Zurechnung zum Unrecht, in Bernd Schünemann (Hrsg.), Grundfragen des modernen Strafrechtssystems, Walter de Gruyter, Berlin, 1984, S. 112f.

③ Vgl. Roxin & Greco, Strafrecht Allgemeiner Teil Bd. 1, 5. Aufl., 2020, § 8, Rn. 43aff.

④ ［德］约翰内斯·韦塞尔斯：《德国刑法总论》，李昌珂译，106页，北京，法律出版社，2008。

归责标准。鉴于故意犯与过失犯的不同构造，以下分而述之。

在故意犯中，对“风险不法”的判断如罗克辛所认为的，是通过对构成要件行为的客观判断完成的，因此，似乎故意犯罪中的归责判断必然是客观的。然而，在判断故意犯中的风险是否为法所不容许时，亦即行为人是否实现了构成要件行为时，客观归责论者完全无法离开行为人的主观意思层面而进行独立的客观判断。

意志归责是客观归责的前提，这意味着，对于“风险不法”的实现，行为人主观上必须能够认识“风险”的性质、意义及存在，换言之，是否制造了法所不容许的风险，它是对行为风险性的事前判断，这种判断，离不开对行为人主观意思层面的考虑。虽然客观归责论者明确提出自己是通过对构成要件符合性的判断而否定故意的存在的，例如关于雷雨案等，罗克辛都是认为这样的案例不是关于因果关系及故意问题，而是关于构成要件行为能否被实现的问题。问题是：什么是构成要件的实现？其实，在客观归责论者那里这并不是一个纯客观问题，而是需要借助主观意思来考虑。如前述，客观归责论者认为，只有依照行为人的“客观目的性”并实现其事先设定的结果，才是可归责的行为。而所谓的依照“客观目的性”，在客观归责论者看来，是指行为人“依计划而行为”①，“计划实现（Planverwirklichung）”被罗克辛作为故意犯罪的本质，只有当结果在客观上可被评价为合乎行为人的计划、可以算是行为人达成目的时，才能肯定故意归责。② 在此，只有根据行为人的主观意思内容事先能够预见并控制的结果才可归责于行为人，它体现了对主观不法要素的运用。因此，虽然罗克辛始终认为行为人主观“意识的内容”不是构成要件要素，但是，他承认，意识对于风险的判断具有很大的重要性，它们与构成要件行为合致性的客观判断也有着关系。“无论如何必须明白，客观归责也会受主观要件影响。人的行为，也包

① ［德］Günther Jakobs，Das Schuldprinzip，许玉秀译，载《刑事法杂志》，第 40 卷第 2 期。

② 参见［德］Roxin，Gedanken zum Dolus Generalis，Würtenberger-FS，1977，S. 116ff. 转引自蔡圣伟：《重新检视因果历程偏离之难题》，载《东吴法律学报》，第 20 卷第 1 期。

括构成要件行为，始终是由主观要素与客观要素交织而成。”[①] 在此，罗克辛通过行为意思对行为起作用这一传统法则的承认而委婉地缴械了，他最终只好承认了客观归责理论事实上同时也是主观归责这一个他始终不愿面对的事实，因为，这无疑会削弱客观归责的客观性！在其他的客观归责论者那里，同样也承认行为人主观意思对归责判断的作用。例如，雅各布斯指出，“如果对构成要件的实现没有认识，则故意亦即因而较严重和较广泛的可罚的操控形态即不存在，不管不认识的理由是什么”[②]。换言之，只有行为人对于自己制造的风险有所认识，才能判断构成要件是否被实现，甚至，“归责的重点也不在于认识不法和认识结果的心理事实，而在于不具备有支配性的避免动机”，而所谓“支配性的避免动机”是指“避免法益受害”的主观心理动机，显然，它是比主观故意和目的更深层的主观意识。[③] 在此，归责的客观性实际已沦为了主观要素的下位概念，主观要素成为判断客观行为是否符合构成要件的判断标准。

对于过失犯，客观归责理论其实一直进行着“主观归责”。客观归责论者主张过失犯的行为必须与结果的发生具有关联性，这种关联性就是罗克辛所说的规范的保护目的的关联性，即“仅仅在结果和肇事者所制造的不被容许的风险之间有因果关系，尚不足以满足客观构成要件，此一结果尚需为避免危险的规定的保护目的所包含”[④]。简言之，只有行为人违反义务的行为实际导致了结果的发生，才能将结果归之于行为人，亦即危害结果是由违反规范保护目的的行为引起的。比如，甲违规超车，使被超车人因受惊吓而突发心肌梗死，因此造成被超车人死亡。罗克辛认为，法律关于禁止超车规定的目的在于避免由此种危险的超车引发相撞等交通事故，而心肌梗死的发生不是禁止超车规定的目的所能

① ［德］Claus Roxin，Die Lehre von der objektiven Zurechnung，许玉秀译，载《政大法学评论》，第 50 期，1994。

② ［德］Günther Jakobs，Das Schuldprinzip，许玉秀译，载《刑事法杂志》，第 40 卷第 2 期。

③ 参见上文。

④ ［德］Claus Roxin，Die Lehre von der objektiven Zurechnung，许玉秀译，载《政大法学评论》，第 50 期，1994。

涵盖的，因此，被超车人因突发心肌梗死死亡的结果不可归责于超车者。在此，是否违反规范保护目的，是“根据对构成要件性的结果在客观上的可以预见性和可以避免性，根据人的行为对因果发生的可以控制性”等情况来“确定归责终止的界限”的[1]，因此，在过失犯中，规范保护目的的广泛运用，事实上是与行为人的主观预见能力和结果回避可能性紧密联系的。超车案中，超车人也许能够预见自己的超车行为可能引发交通事故，但超车人不可能预见到被超车人突发心肌梗死，所以，被超车人突发疾病死亡结果的发生明显违背了超车人的预见可能性，自然，超车人无法避免对方死亡结果的发生或者说无法履行结果回避义务。因此，所谓的规范保护目的理论，实际上是借助结果预见义务与结果回避义务来判断是否违反规范保护之目的，进一步，是用本属于违法中的要素来判断可否归责而已。难怪日本学者铃木茂嗣指出，“只有在行为引起的结果处于规范的保护目的的范围内且违反结果回避义务的行为造成结果的情况下，这一结果才能在法律上归责于行为。客观归责论的任务，正是要具体地探讨在何种状况下具有结果回避义务”[2]。对于具有结果回避义务的行为，就可以将结果归之于行为人；反之，则不能实现归责。总之，在过失犯中，注意规范的保护目的表达的是以下思考：“注意规范的遵守可能可以，甚至是应该可以避免结果的发生”[3]，它是“为人所可能的”这一主观归责标准的体现。因此，对于过失犯而言，客观归责理论所要解决的全部问题，其实就是是否违反结果预见与回避义务；客观归责理论对于过失犯中的归责判断，借由行为人注意义务这一心理要素的判断，而使得客观归责实际成为主观归责！还需特别说明的是，在过失犯的情况下，在不允许的风险的情况下，对风险的判断是以行为人是否尽到了一定的注意义务为标准，这实际是基于行为人

① 参见［德］约翰内斯·韦塞尔斯：《德国刑法总论》，李昌珂译，106页，东京，法律出版社，2008。

② ［日］铃木茂嗣：《刑法总论（犯罪论）》，52－53页，东京，成文堂，2001。

③ ［德］Ingeborg Puppe，Die Lehre vom Schutzzweck der Norm，李圣杰译，载国际刑法学会台湾分会主编：《民主·人权·正义——苏俊雄教授七秩华诞祝寿论文集》，99页，台北，元照出版有限公司，2005。

的主观立场的一种主观判断亦即主观归责；但是，在允许的风险的情况下，注意义务和过失行为都不存在，它似乎是一种客观归责[①]，因此，客观归责论到底是一种客观归责还是主观归责，在此也是不清楚的。

综上所述，客观归责论本来致力于“从事情本身的性质或利害关系去考虑应否负责的问题，而不是从行为人的属于人的因素（例如行为能力）去考虑应否负责的问题，所以以‘客观归责’一词与‘主观归责’相对”[②]。遗憾的是，客观归责论将违反注意义务作为判断“风险不法”的前提，它其实就是在确认“行为人有没有认知到客观上实现的风险事实”以及“主观故意之于客观流程事实的支配关系”[③]。因此，虽然客观归责论以构成要件行为为基础重构归责理论，并以客观立场显称于世，但当其根据行为人主观意思甚至个人人格进行归责判断时，客观归责理论实际就是主观归责论，这一理论也就彻底陷入了主、客观的迷思之中，其在主观与客观的立场上不再鲜明，并由此带给人模棱两可的印象。在此迷思之下，归责的判断更加模糊不堪。

（三）客观归责理论的其他质疑：自洽的理论抑或庞杂混合体及其他

“客观归责论像是一只有无数触角的巨大章鱼，包含越来越多的适用范围，这些范围以存在论和规范论的观点而言是非常歧义的，所以这些范围无法在一篇文章中一次完全加以讨论。”[④] 因此，前述只就客观归责理论中最重要的三处疑问作了探讨。事实上，客观归责理论还有诸多值得质疑之处。在兼顾行文完整性与探讨可能性的情况下，以下还就客观归责理论的其他问题简要质疑。

首先，客观归责理论内容庞杂，体系臃肿，它不是解决某一个问题

---

① 参见陈兴良：《刑法研究》，第7卷·刑法总论Ⅱ，297页，北京，中国人民大学出版社，2021。

② 黄荣坚：《刑法问题与利益思考》，156页，台北，元照出版有限公司，1998。

③ 蔡圣伟：《重新检视因果历程偏离之难题》，载《东吴法律学报》，第20卷第1期，2009。

④ ［德］Bernd Schünemann，Über die objektive Zurechnung，陈志辉译，载《刑事法杂志》，第42卷第6期，1998。

的具体理论，而是将各种不同理论混杂其中的理论集合体。这一点，可以说是自客观归责理论产生以来就一直饱受攻击之处。客观归责理论之下，是通过制造法所不容许的风险、实现法所不容许的风险亦即构成要件的效力范围及自我负责的三原则来贯彻归责的，而在此三个基本原则之下，又有若干衍生归责原则，如风险实现、风险降低、法律排斥风险、风险实现与规范保护目的、参与第三者自负责任的自我伤害或自我危险、风险变更、风险升高、容许风险、合法的替代行为、因果偏离、特别加重罚之预见可能性、可容许的风险与信赖原则，等等。这些规则中有的属于构成要件的范畴，例如风险实现中的实行行为概念；有的属于违法性领域，例如法所不容许的风险、被害人同意或承诺；有的属于有责性之范畴，例如第三人责任；有的则跨越了构成要件符合性、违法性与有责性三个阶层，例如信赖原则；等等。这些，都使得整个归责结构过于庞杂。从上位规则到下位规则，“从主要规则到细部规则”，以及“到实例的归纳”，整个归责理论仿佛“罗生门的判断构造”。由于规则太多，以至于这些规则之间交织适用，内容“相当凌乱”；至于对“排除归责理论的说明，不但不同学者之间彼此差异甚大，就是同一个学者，也常用不同的理由说明相同的例子”，在理论上可谓“恣意无忌”①。正因为如此，即便客观归责理论的支持者，对同一问题看法也大相径庭，例如，罗克辛认为客观归责是对因果关系的补充，风险原则不能取代因果关系学说，而奥托则认为风险原则可以取代因果关系理论；再如，罗克辛虽然绝不同意将客观归责理论称为主观归责论，但是他仍然有勇气承认客观归责过程中要受主观要素的影响，而雅各布斯则不愿意面对这一点，而是力图从保证人地位这一更不相干的话题展开对于诸如行为人特殊认知这类主观要素的辩护，等等。经过众多客观归责论者的发展之后，客观归责理论终于发展成为一个学理上的超级范畴，它不再是一个真正的理论，而是各种不相干论题的合集（Ensemble von

---

① 许玉秀：《主观与客观之间》，23、35、36页，台北，作者自版，1997。

Topoi）。[①] 即便客观归责理论的支持者许迺曼（Schünemann）如前述也认为该理论像是有无数触角的巨大章鱼，包含越来越多的适用范围。理论的研究和提出应该有助于问题的解决而不是使问题的解决更加复杂化，“归责就是将某些客观事物算在行为主体的账上”，它本身并不是一个特别复杂的问题，而现在的客观归责理论却将构成要件、违法性与有责性问题，故意犯与过失犯的问题、主观与客观的问题等全都搅拌一处，使得归责问题不但成为可罚性问题，甚至是比可罚性都要复杂的问题。这不能不说是客观归责理论的失败之处。也因此，日本学者认为，客观归责理论是开放的[②]，该理论涵盖的范围无限广泛，解释学上也开放无际。

其次，客观归责理论立足于构成要件的行为类型，通过排除行为符合构成要件而否定归责，并由此认为客观归责理论较之于以往的因果关系理论更能发挥刑法的人权保障机能。这种观点明显不妥。如前反复所述，客观归责理论对于类似于雷雨案中的行为直接否定其构成要件符合性再否定归责，而传统的做法是先肯定其是构成要件行为，再通过主观上没有故意或者没有因果关系否定成立犯罪；再如，对于路人推小孩的案例，罗克辛认为，根据以往的理论，人们可以在违法性而不是在降低风险的观点下予以讨论，并且根据违法阻却事由认定其中存在着正当化的紧急避险，虽然通过传统理论也可以得出不成立犯罪的结果，但毕竟这一正当性的行为在最开始是被作为符合犯罪构成要件的法益侵害行为来对待的，而这一点，依罗克辛的看法，似乎不如客观归责理论那样从一开始就否定其作为法益侵害类型行为存在更能体现刑法的人权保障机能。[③] 对此，笔者不以为然。刑法的人权保障机能的实现并不在构成要件符合性这一阶层的判断结论上体现，而是通过在适用三阶层体系之后最终能否妥善地得出有罪或无罪的结论彰显，此其一。其二，罗克辛对类似上述案例虽然在第一阶层就否定了其作为侵害法益类型的构成要件

---

① Frisch, Tatbestandsmässiges Verhalten und Zurechung des Erfolges, 1988, S. 31.

② 参见［日］町野朔：《刑法的争点》，25 页，东京，有斐阁，2000。

③ Vgl. Roxin & Greco, Strafrecht Allgemeiner Teil Bd. 1, 5. Aufl., 2020, § 11, Rn. 53f.

的行为性，但是，这一判断不是像罗克辛自己所标榜的是在第一阶层完成的，因为，众所周知，客观归责理论必须借助对客观不法的判断，即，在上述案例中，分析认为劝人于雷雨天散步并没有制造法所不容许的风险；路人推小孩的举动制造的小孩跌伤的风险也非法律所禁止的，从而确定上述行为不是构成要件行为。显然，罗克辛所自得的客观归责理论在第一阶层就否定了行为的构成要件符合性这一不同于传统理论的优势，这是通过将违法性判断带入构成要件符合性的判断取得的，是以混淆了构成要件符合性、违法性这一清晰的阶层关系为代价取得的。这样的做法得不偿失：三阶层的犯罪论体系正是因为其独具特色的出罪机制以及逻辑分明的阶层特点而为学者所推崇，并成为德、日通行的犯罪论体系。这一体系的最大优点就在于“明确划分成为犯罪的行为和不成为犯罪的行为之间的界限”，并“为犯罪认定提供统一的原理，有利于防止在刑事司法中注入个人情感和任意性”①，从而实现刑法的人权保障机能。纵然传统理论对于客观归责理论所讨论的案例在构成要件符合性上得出了肯定结论，而后又在违法性上进行了排除，这一点似乎让急切地想实现人权保障之目的的客观归责论者不满，但是，传统理论对三阶层犯罪论体系的维护不也正是对三阶层犯罪论体系保障人权机能之发挥的维护吗？客观归责理论以模糊阶层犯罪论体系为代价削弱阶层体系所具有的人权保障机能的做法，即便其在第一阶层即得出了看似更加符合法治理念的结论，这恰恰反映出客观归责论者的不自信，即不惜代价地将阶层犯罪论体系打乱并匆忙抛出人权保障的旗帜，似乎借此客观归责理论就更具备了道德优势。客观归责理论在一定程度上取代了违法性判断以至于混淆了阶层犯罪论体系并因此而损害和削弱了阶层犯罪论体系与生俱来的人权保障机能之后，却还认为客观归责理论更具有人权保障的优势这一点，尤其为笔者所不赞同。

更何况，如果根据我国台湾地区学者许玉秀的分析，客观归责理论

① ［日］西田典之：《日本刑法总论》，刘明祥、王昭武译，85页，北京，中国人民大学出版社，2007。

中“风险不法”概念扩张了实行行为的范围，它不是如其所认为的限缩构成要件的适用范围，相反，扩张了构成要件的适用范围。[①] 按此观点，即便按照客观归责理论自身认为的在构成要件行为类型层面解决归责问题以达至人权保障之功效，其实也只是自欺欺人而已。

最后，正如我国学者概括指出，客观归责理论是在没有限定实行行为的范围与性质的前提下展开讨论的。换言之，许多案件是因为没有实行行为而不成立犯罪（如劝人跑步），而没有必要用客观归责理论说明其不成立犯罪。客观归责理论将结果回避可能性、认识错误、被害人承诺、推定的承诺、过失论等诸多问题，都作为客观归责的内容展开讨论，已经超出了客观构成要件符合性的判断；客观归责理论大多以罕见的伤亡案件为例，从否定客观归责的角度展开讨论，其结论能否适用于普通案件，也存在疑问；客观归责理论提出的归责基准，大多只是对其他领域的部分结论的归纳。换言之，由客观归责理论解决的问题，都可以通过实行行为、条件关系（相当因果关系）、预见可能性、结果回避可能性、违法性判断、量刑规则等解决。[②] 而且，刑法中的犯罪既有结果犯又有举动犯，而以结果归责为内容的客观归责理论很明显存在难以适用并解决举动犯的归责问题，这是其非常明显的不足之处；客观归责理论对“风险不法”的判断，因而对实行行为构成要件符合性的判断，实际上也冲击了实行行为的定型性思考，因为它实际是用结果归责替代了以往实行行为的内容。

四、实质二阶层体系下因果关系理论的方向：相当因果关系说

德国刑法学一向以理论之深厚与精细而著称，但是，理论的深厚不能失之于庞杂，理论的精细更不能失之于烦琐。自 1970 年罗克辛发展现代客观归责理论迄今，五十余年的时间里，客观归责理论所统摄的范

① 参见许玉秀：《主观与客观之间》，37 页，台北，作者自版，1997。

② 参见陈家林：《外国刑法理论的思潮与流变》，185－186 页，北京，中国人民公安大学出版社、群众出版社，2017。

围日益广博，所架构的归责规则日益错杂，所得出的结论也日益分歧。其自身在刑法理论上所呈现的种种问题即便是在其发源地德国，也是争议颇多、质疑不少。因此，虽然客观归责理论在德国的刑法学说上也得到广泛承认，但是德国的判例并没有公开承认这一学说；虽然有些国家诸如奥地利、韩国在司法实践中已广泛采用这一理论，但是，奥地利、韩国这些并不具备代表性的大陆法系国家对客观归责理论的采用并不能成为我国应该引进客观归责理论的理由；在作为大陆法系国家代表的日本，除极少数学者例如山中敬一、町野朔等持积极支持态度外，多数学者如曾根威彦、大塚仁、井田良等对这一理论持反对态度。

域外的经验值得中国学者反思。因果关系理论是我国刑法学中最为混乱的一个问题，也是刑法理论中最为失败的一个领域。我国刑法因果关系理论自从20世纪50年代起至今一直笼罩在必然因果关系与偶然因果关系的阴魅之下，并囿于争讼哲学上必然与偶然因果关系理论而更加混沌不清。自从1997年之后，“刑法学界对以往研究中的必然、偶然之争进行了深刻的反思和批判，基本上放弃了这一研究刑法因果关系的传统思路。学者们的研究视野更加开阔，围绕着刑法因果关系在确定刑事责任方面的作用这一核心问题，通过借鉴国外的相关理论，提出了解决刑法因果关系问题的新的思路，出现了多种学说争鸣的局面”。在这些诸说争鸣的背后，“我国学者对晚近在德日等国家流行的客观归责理论也有所关注并进行了初步研究，不少学者还提出了在解决刑法因果关系问题方面借鉴客观归责理论的主张”①。陈兴良教授就是主张引进客观归责理论的代表者。陈兴良教授认为，客观归责理论引入我国，将有助于在以下三个方面引起我国刑法学界的反思：一是因果关系理论。我国的因果关系理论混乱且难以适应实践需要，原因在于它没有严格区分归因与归责：归因是个事实问题，应通过因果关系理论解决；归责是个评价问题，应通过客观归责理论解决。因而客观归责理论对于解决我国因果

① 刘志伟、周国良：《刑法因果关系专题整理》，5－6页，北京，中国人民公安大学出版社，2007。

关系理论的混乱状态具有重要意义。二是责任理论。“违法性是客观的，责任是主观的”，这是大陆法系的传统。客观归责理论破除了“责任是主观的”戒律，客观上同样存在一个归责问题，这就使我们重新审视犯罪的客观要素与主观要素之间的关系。因此，客观归责理论对于我国刑法重构责任理论具有重要的启示意义。三是犯罪构成理论。一个犯罪构成体系的科学性判断，不仅要看其是否具有便利性与逻辑性，而且要看它能否容纳刑法理论中涌现的最新知识成果。客观归责理论在我国目前的犯罪构成体系中是无处容身的，因而反映了我国目前的犯罪构成体系重构的迫切性。[①] 我国刑法因果关系理论应该摆脱哲学上必然与偶然的苏俄式的哲学思路，对此学界的共识笔者亦深表赞同，然而，对于引进客观归责论的主张，笔者认为值得商榷。

首先，上述第三个理由似乎不能称其为理由。“客观归责论在我国目前的犯罪构成体系中是无处容身的，因而反映了我国目前的犯罪构成体系重构的迫切性”，这一看法实际上是在肯定我国应该引进客观归责理论的前提之下，讨论在我国的犯罪论体系之下如何安置的问题。因此，该种理由实际上是用“引进客观归责理论之后如何在我国犯罪论体系之下安置”的命题偷换了“我国是否需要引进客观归责理论”的命题，而后一命题正是需要我们去论证的问题。因而，第三个理由在逻辑上是倒果为因、循环论证。依笔者愚见，此理由似乎不能被称为理由。

其次，客观归责理论中的“责”不同于阶层犯罪论体系“有责性”中的“责”，认为该理论破除了“责任是主观的”并由此有助于重构我国刑法中的责任理论的观点存在疑问，事实上，客观归责理论与责任理论的构建并没有关联，因此，上述第二个理由也颇值商榷。

笔者前述力批客观归责理论似乎已经成为与可罚性相当的概念，亦即成为犯罪成立理论，但这只是就客观归责理论本身存在的这一趋势、这一问题进行的探讨、质疑，这一探讨、质疑不能取代客观归责理论是

① 参见陈兴良：《刑法研究》，第 7 卷 · 刑法总论Ⅱ，315 页，北京，中国人民大学出版社，2021。

构成要件理论这一罗克辛原初的命题。因此，客观归责理论意在解决能否将结果归责于行为人，它只是为某种侵犯了法益的行为之结果寻找“主人”，讨论的是谁应该对这件事负责，或者说某种结果可否认定是某人的行为的作品；它解决的是结果与行为人之间的归属之有无问题。也因此，客观归责理论中“责”的德文是 Zurechnung，它相当于英文中的 attribution，在中文上有“归于、归咎、负责”等不同译法，这反映在“die Lehre von der objektiven Zurechnung”的译法上也有客观归咎论、客观归责论、客观归属论等几种不同版本。因为是为了确定结果与行为人之间的危险关联是否存在，解决的是结果可否归之于行为人的归属问题，故而客观归责理论中的“责”是负责之意。因而，在讨论了客观归责理论所说的行为是否符合构成要件之后，即便得出了肯定的结论，也不能得出犯罪成立与否的终局结论。

作为犯罪三阶层之一的有责性，是在构成要件符合性与违法性具备之后，关于行为人是否具有罪责的讨论。根据通说，它是行为人年龄、精神状况等责任能力与故意、过失等责任条件以及期待可能性等主观心理状态的集合，因此，有责性中的“责”是指非难可能性，它是指对于行为人违法意思的形成予以非难之意，亦即行为人本可以实施合法行为，但他偏偏决定实施不法行为，对此违法意思的决定，刑法必须予以责难；它是在确定行为人的行为符合构成要件与具备违法性之后进一步确定行为人的主观面是否具有可以责难的心理状态。也因此，有责性中的“责”的德文是 Schuld，它相当于英文中的 culpability，其意是“罪责、可责”等。因为确定了具备有责性之后，行为人的行为即可宣告成立犯罪，故而有责性中的“责”是罪责之意。因而，在对构成要件符合性与违法性判断之后，讨论了有责性，犯罪成立与否就得出了终局结论。

总之，客观归责理论中的“责”完全不同于有责性中的“责”，前者是指谁应对某事负责，后者是指是否具有非难可能性即罪责。客观归责理论与责任理论是两种完全不同性质、意义和判断方法的理论，既然如此，客观归责理论对于我国刑法重构责任理论当然也不可能有什么启示意义。从避免混淆角度而言，也许采用日本学者“客观归属论”的译法更为可取。

最后，上述第一个理由应该说是引进客观归责理论最主要的理由，但是，基于前述客观归责理论是构成要件理论还是因果关系理论的讨论，传统因果关系学说其实并非纯粹归因，客观归责理论也并非超越传统因果关系学说的新的理论；以此为由引进客观归责理论缺乏信服力。

因果关系学说其实并非只是归因，而是和客观归责理论一样，是先归因再归责。将因果关系理论称为归因理论，将客观归责理论称为归责论，并认为客观归责理论实现了从归因到归责的转变，是对传统因果关系理论的超越。陈兴良教授的这种观点在德国也只是客观归责论者的看法，如前述，在日本，通说的观点并不认为客观归责理论有别于过去的相当因果关系说，换言之，将传统因果关系理论说成是只能解决事实的认定而不能解决归责的问题，实际只是客观归责理论为了力证自己不是因果关系理论而是构成要件论的一种论证策略，换言之，客观归责理论是在有意回到因果关系理论毫无限制的条件说的前提下展开限制行为人负责范围的工作：于前者，客观归责理论称为归因，于后者，客观归责理论称为归责。问题是，这种人为的区分并不妥当。因为，现今的因果关系理论本身早已脱离了早期条件说的“恶无限”，而都是在限定条件说的基础上发展出的各种不同学说，换言之，都是在认定因与果事实关系存在的基础上讨论是否可归责于行为人，借用客观归责理论的话语——都是先归因再归责。以作为因果关系说的当今通说——相当因果关系说为例：“相当因果关系有两个特点：一是排除条件说中的不相当的情况，即以条件关系为基础，同时从法的观点将因果关系限定在日常生活经验上通常可能产生的范围内；二是以行为时的一般人社会生活上的经验为标准判断是否具有相当性。”① 在此，“排除条件说中的不相当的情况”，实际是在确定因果关系的事实范围，观察并确定哪些事实与结果之间具有因果关联，在此一阶段，进行的是原因的筛选；而判断所

① 张明楷：《外国刑法纲要》，3 版，96 页，北京，法律出版社，2020。

确定的条件与结果之间“是否具有相当性”，显然不是纯自然科学概率层面的逻辑推理，也不是价值中立的形式考量，而是以行为实际所造成的客观事实为基础，并借助行为人的预见可能性与结果回避可能性等刑法规范层面的思考以及刑事政策、法律目的等进行相当性的常识判断，最终确定是否以及如何将结果归责于行为人，此一阶段，实际是归责问题。如同雷雨案这样在客观归责理论中常常被使用的案例，血友病案也是相当因果关系说中的典型案例，以血友病案为例，可以看出相当因果关系说是如何进行先归因再归责的：甲使乙负了伤，乙因为是血友病患者，因出血不止而死亡。对于此案，相当因果关系说首先承认是甲使乙受伤的，因此，甲的行为与乙的死亡结果之间存在因果关系。但是，甲的行为是不是发生结果的相当条件，需要从行为产生某种结果在日常生活上是一般的而非异常的这一相当性的角度进行判断，而判断相当性的标准，在相当因果关系说中有主观说、客观说与折中说。根据主观说，如果甲没有认识到乙有血友病，就应该否定归责；根据客观说，只要甲实施了伤害行为，不管其是否认识到乙是血友病患者，都应将乙死亡的结果归之于甲，在此，甲的行为可能成立过失致人死亡罪；根据折中说，如果一般人能够认识到乙是血友病患者而甲没有认识到时，应对甲进行归责，或者虽然一般人没有认识到但是甲认识到了时，当然也应对甲进行归责。在此，相当因果关系说实际可以分为两个部分：一是构成归责基础的“条件关系”，二是以条件关系为前提的“相当关系”。而客观归责理论其实也分为类似的两个部分，即一是作为归责基础的“条件关系”，二是以条件关系为前提作为结果归责的“危险关联论”[①]。也因为如此，当今的主流观点认为相当因果关系说早已不是初始的因果关系理论，而是一种归责的学说。

总之，无论是客观归责理论还是其批判的传统因果关系学说，都是以检验事实因果关系的存在作为第一步，再以依某种标准如“相当性”或者“危险关系”判断该种结果是否应该归责于行为人作为第二步。换

① ［日］铃木茂嗣：《刑法总论（犯罪论）》，52页，东京，成文堂，2001。

言之，在先归因再归责这一点上，客观归责理论与传统因果关系理论中的通说——相当因果关系说没有任何区别。因果关系理论本来就是对事实与价值的二重判断，兼含归因与归责，而非纯粹事实的问题。附加于客观归责理论之上的所谓超越传统因果关系理论实现了归因到归责的转变，其实只是客观归责理论对因果关系理论进行“描黑”的结果。而前已述及，客观归责理论其实就是一种因果关系理论，作为因果关系理论通说的相当因果关系说其实也就是一种归责理论，客观归责理论的立场如大塚仁所说与相当因果关系说并没有什么差别。既然如此，又有什么理由认为现今的因果关系学说只是解决归因，而客观归责理论才解决了归责？更何况，区分事实因果关系即归因与法律因果关系即归责的观点，在有的学者看来，其“在出发点上就是错误的；因为所谓因果关系所涉及的始终就是可归责性的问题。换句话说，所谓‘事实上’的因果关系就是‘法律’上的因果关系”[①]。以归因或归责来区分传统因果关系理论与客观归责理论，并作为后者批判前者的基础，是值得商榷的。

五、结　语

在实质二阶层体系之下，显然不宜以定位不清、功能不明、立场模糊的客观归责理论来解决因果关系问题；同时，我国刑法传统的必然与偶然因果关系理论因其对刑法因果关系规范属性的消解，所以也应该被彻底摒弃，需要寻找新的研究视角。而这一“所谓‘新’的研究视角”，“实际上是对德日刑法因果关系理论的回归”[②]，亦即在德、日刑法因果关系理论中选择一种适合我国刑法的因果关系理论。基于客观归责理论前述存在的诸多问题，考虑到客观归责理论实际上与因果关系学说并无实质差别的事实，加之这一理论与相当因果关系说的种种共通之处，笔

① ［德］克雷斯蒂安·冯·巴尔：《欧洲比较侵权行为法》，焦美华译，527页，北京，法律出版社，2001。

② 陈兴良：《刑法研究》，第7卷·刑法总论Ⅱ，310页，北京，中国人民大学出版社，2021。

者不赞成我国刑法引进客观归责理论，而倾向于将因果关系学说中的通说即相当因果关系说作为解决我国因果关系问题的学说。当然，相当因果关系说内部还存在着有关判断基础与判断基准的不同学说，对于这些学说如何取舍以及其他的问题，都还需要在采用该种学说时予以进一步论证。

第七章　实质二阶层主观责任构成要件中过失犯的本质

基于结果无价值论的基本立场，应该否认故意和过失为违法性要素，而将它们纳入有责性之中，成为责任要素。因此，故意和过失在实质二阶层中的体系地位已然清楚。然而，较之故意犯，过失犯的特殊内部构造决定了在承认过失为责任要素之时，必须联系前述结果无价值论之立场，进一步分析过失犯的本质为何的基本问题，详言之，在过失犯的本质上，是主张旧过失论还是新过失论，以及此种主张是否与前述结果无价值论的基本立场相矛盾。

从归责可能性方面描述行为应受处罚的前提条件，故意犯是典型例证，而过失犯只是例外。“和过失理论相比，故意理论是相对容易的。”因为过失理论是刑罚理论上的灰色地带，在刑法史上，过失犯一直是在罚与不罚之间摆荡（西田一太郎），或者从不罚渐进到可罚（宾丁），这决定了过失犯在刑法理论中不太受重视的尴尬地位。不过，由于世界各国经济的高速发展以及工业化社会进程的加快，各类过失犯罪层出不穷，各国对过失犯的研究也逐渐发生改变。在德国，过失犯历经了从“没娘的孩子”（许迺曼）到“最受宠爱的孩子”（罗克辛）的变化；在日本，20 世纪日本刑法学界对过失犯理论的探讨达到最高峰值，这种关注度至今仍在绵延。但是，中国对过失犯的研究似乎一直没有大的改观，然而，随着科学技术的进步与人类文明的发展，当今我国正在经历着西方国家走过的路程，即过失犯罪与经济的飞速发展以正比的速度不断增长，医疗过失犯罪、交通过失犯罪、环境过失犯罪、监督过失犯罪等各类过失犯罪层出不穷。各种过失犯罪的成立都与过失犯的本质理解息息相关。

一、过失犯的本质：结果预见义务抑或结果回避义务

过失犯，是指行为人在具有预见能力的前提下，违反考虑避免犯罪事实发生的注意义务而导致构成要件结果发生的犯罪行为。过失犯的成立条件是，认识发生损害法益结果的可能性，具备基于该认识而客观要求的注意义务，以及因为违反注意义务而发生了损害法益的结果。因此，过失犯并不仅仅是行为人已完成引起构成要件定型化结果，更在于其违反了注意义务。过失犯的成立是以注意义务的存在为前提的，“近代刑法学上过失犯之理论，大致作为违反一定之注意义务，并以注意义务之概念，为过失犯之中心要素”[①]，因此，违反注意义务是过失犯的核心。一般认为，注意义务的内容是结果预见义务与结果避免义务的统一：一方面，注意义务属于结果预见义务，行为人虽然集中了注意力，但没有尽到其预见义务的，仍然属于违反了过失犯中的注意义务。另一方面，注意义务又是结果回避义务。如果没有预见，就没有避免结果发生的义务；虽然有预见，但没有避免不可能避免的结果发生之可能的，也不是过失犯的注意义务。旧过失论认为结果预见义务是过失犯的本质，它指出，只要行为人主观上没有希望或接受危害结果发生的内容，客观上有违反法律、法规等的行为，而且危害结果的发生与行为人违反法律、法规等行为之间存在因果关系，就可认定过失犯的存在，而不需要根据案件的具体情况分析行为人是否具有预见并避免结果发生的能力。新过失论则认为，如果不分析在具体案件中行为人是否具有预见并避免危害结果发生的能力，那就等于是在客观归罪。换言之，只有结果回避义务才是过失犯的本质。[②] 那么，过失犯的本质究竟是结果预见义

① 陈朴生：《刑法专题研究》，306、318 页，台北，三民书局，1988。

② 参见陈忠林：《意大利刑法纲要》，134 页，北京，中国人民大学出版社，1999。

务还是结果回避义务？这是研究过失犯的根本性问题，对它的回答，关乎着过失犯的成立条件、过失犯的处罚范围等一系列重要问题。

二、新过失论之提倡：以结果回避义务作为过失犯本质

（一）现代社会过失犯的本质：结果回避义务之确立

结合过失犯的学理，根据现代社会交通、医疗、企业生产管理等过失犯罪易发领域的特点，应采用新过失论的结果回避义务作为过失犯的本质。

首先，以结果回避义务作为交通、医疗过失犯的本质，能够确保交通、医疗等生产活动领域的行为的危险性与有用性之间的内在相容及社会生活正常进行，并同样能妥善适用于普通过失犯罪。

新过失论的立论基础是维护对社会发展有用的行为的存在和发展，其中，对社会发展有用的行为又是以交通运输行为为代表的。在汽车等交通工具日益普及的年代，交通事故日益增多。根据旧过失论，只要没有履行结果发生预见义务的，就可以成立过失犯罪。但是，在公路上驾驶车辆，行为人一般都会认识到其行为的危险性并预见到自己的行为可能发生的后果，如果根据旧过失论，在发生危害结果的情况下，几乎所有的交通事故都可以被认定为交通过失犯罪，这无异于结果责任。譬如，甲以正常速度驾驶汽车行驶在某公路上，远远看见一头受惊的牛在公路上横冲直撞。甲迅速采取措施，减速并且打左转向灯准备驶入旁边一条道路以避让惊牛，然而，受惊之牛以迅猛的速度冲击过来，恰好撞在意欲左拐的车辆前方，导致甲的车辆撞向路旁行人乙并致乙当场死亡。根据旧过失论，甲能够预见到自己的行为可能产生的危害后果，甲虽然采取了必要的结果回避措施，但仍然没有避免致人死亡危害结果的发生，故甲的行为成立交通过失犯罪。在此，本属于不可抗力的行为也被作为犯罪处理，其结果是，交通过失犯的处罚范围大大增加，交通运输行为也势必受到影响。刑法学者意识到，如果因交通运输行为对社会

具有危险而将其禁止，无异于饮鸩止渴。为了寻找解决问题的突破口，于是创设了允许的危险理论，允许此类具有危险的行为在合理范围内存在，并对交通运输、医疗等领域的过失犯罪的处罚范围进行限定，限定的办法，是在结果预见义务的基础之上，再附加结果回避义务，行为人即使预见到了自己的行为可能会发生危害社会的结果，如果尽到了结果回避义务，也不构成过失犯罪。通过设定结果回避义务作为交通过失犯的本质，新过失论大大鼓励了交通运输行为的正常存在，确认了社会正常发展与交通危险行为之间的内在相容机理。因此，针对交通运输行为讨论其过失犯罪的成立，采取新过失论无疑更具有针对性以及天然的亲和性。

同理，在医疗行为中，如果采取旧过失论，认为医护人员对于注射、截肢、开颅、胸刺等各种医疗行为能够预见其危险性，而在危害结果发生的情况下一律认为医护人员违背了过失犯罪的注意义务，并追究其医疗过失犯罪的刑事责任，显然只会阻滞医疗行为的进行以及医疗科学技术的进步。譬如，2020 年年初，新冠病毒席卷全球，我国紧急研发了新冠肺炎疫苗以应对疫情，但因为事发突然，疫苗的安全性并没有得到百分之百的保证。专业的医护人员完全能够预见到注射疫苗可能产生的副作用及危险性。但在此情况下，即便注射疫苗给民众造成了伤亡结果，也绝不能以医疗过失犯罪追究医护人员的刑事责任。因为在现代医疗科技的现实情况下，世界各地的临床试验都无法保证疫苗百分之百安全、无副作用，但除此之外并没有比注射疫苗更为有效和方便适用的预防新冠肺炎措施，因此，只要新冠肺炎疫苗符合目前国际通行的疫苗质量标准，即便医护人员能够预见注射疫苗后可能出现的致人伤亡结果，也应当认为其缺乏结果回避可能性。既然缺乏结果回避可能性，就说明医护人员没有违反结果回避义务，如果发生了被注射者伤亡的结果，属于正常的医疗技术事故，医护人员不应承担医疗过失犯罪的刑事责任，否则，恐怕没有人愿意从事医疗技术行为以及研发新的药物等，而这对社会的发展来说，显然较之有患者因接受新的治疗或药物注射而死亡的害处更大，将会极大地妨碍医疗技术的进步，并最终危害到人类的生命、健康。只有以新过失论的结果回避义务为基础解释医疗过失的本质，容许一定范围内的医疗风险的存在，才能鼓励医疗行为的正常进行，确保社会的正常发展与医疗行为危险性之间的相容性。

同样的道理也适用于企业生产管理活动领域的过失犯罪。

反对者也许认为，以上所说均为业务过失犯罪，对于普通过失犯罪，例如过失致人死亡罪、失火罪等，是否也适合适用结果回避义务为其本质？答案是肯定的。客观地说，普通过失犯罪并不存在类似于交通运输、医事治疗等行为巨大的危险性和有用性这样矛盾的两面，而且发案率远低于业务过失犯罪，但是，其作为过失犯的本质并不因此有所不同。虽然旧过失论与新过失论的争论起因以及新过失论的提出，是针对交通运输、医疗等具有重大危险领域的行为而非日常生活中的过失行为，但是，确立结果回避义务作为过失犯的本质，同样也可以用于解释日常过失犯罪。比如，从山上推石头的行为，一般来说可以肯定预见结果发生的可能性，在此情况下，认为仅仅预见到了还不能成立过失犯罪，只有没有履行避免结果发生的义务，过失犯罪才成立。例如，如果甲从山上推石头，预见到了可能会砸死人，但是，因为贪玩一时兴起，忘记观察山下是否有路人通过，亦即没有履行结果回避的义务，石头砸死了丁。此时，甲的行为当然成立过失致人死亡罪。如果甲履行了结果回避义务，则不能成立过失犯罪。再如，甲位于山上的农田被人放了一个巨石，压坏了庄稼，甲搬不动石头，只好将石头推到山下。甲预见到了从山上往下推石头可能发生的结果，于是在推石头之前，派乙守在山下石头将要落下处，告诉行人有石头落下而勿走近；同时甲在离石头可能落下的地点两边各 100 米处设置了路障，上写“前有障碍勿行”。丁看见了标志并听见了乙的喊话，但丁生性急躁，意欲快速经过可能落石的路段，于是，丁趁乙不备突然冲出，正好被甲推落的石头砸死。此时，甲对丁的死亡不承担过失致人死亡罪的刑事责任，因为他虽然预见到了可能结果的发生，但是没有违反结果回避义务。可见，即使在普通过失犯罪中，适用新过失论也并无不妥。

当然，主张旧过失论者可能会指出，对于上述第二例中的甲，如果以结果预见义务也可解释其行为不成立犯罪，因为，在设置了路障，在有乙帮助甲制止路人通行的前提下，甲不可能预见到其推石行为会导致他人死亡，换言之，如果坚持旧过失论的结果预见义务作为过失犯的本质，也可以认为甲不可能预见到结果的发生即没有预见的义务，因而也可排除犯罪的成立。对此，笔者认为，新过失论是针对现代工业社会中大量存在的交通运输、医疗等危险领域的行为而提出的，因此，它对于这些高度危险领域的行为是否成立过失犯罪会得出与旧过失论不同的结论，而对于日常生活中的普通过失犯罪的确会得出与旧过失论一样的结论。这并不能成为我们反对新过失论的理由，因为，重要的是对于交通过失犯罪等是以结果预见义务还是以结果回避义务为本质，这才是新、旧过失论争论之所在；至于传统日常生活中的过失犯罪，适用新过失论只要没有比旧过失论扩大其处罚范围就够了，至于与旧过失论得出一样的结论，这只是表明新、旧过失论的对峙无法通过普通过失犯罪体现出来，而不能以此作为主张旧过失论的理由。

其次，以新过失论的立场解释交通过失犯，意味着交通过失犯实际是以结果预见义务为前提、以结果回避义务为核心确立其本质；但是，以旧过失论的立场确立交通过失犯的本质，却只能体现结果预见义务的内容，而无法涵盖结果回避义务。

根据旧过失论，结果预见义务是过失犯的本质，结果预见义务存在当然就有结果回避义务，换言之，在旧过失论者看来，结果回避义务是结果预见义务具备之后当然的结果。[①] 所以，以结果预见义务为中心的旧过失论相当于离开了结果回避义务来讨论过失犯的成立，它对于注意义务的内涵实际上只停留在结果预见义务之上。迄今为止，虽然有的旧过失论者也认同结果回避义务是注意义务的内容，但其仍然体现的是将结果回避可能性作为结果预见可能性当然结果的立场。譬如，前田雅英就指出，过失注意义务由结果预见义务和结果回避义务构成，对注意义

① 参见夏芸：《医疗事故赔偿法——来自日本的启示》，65 页，北京，法律出版社，2007。

务的违反，是指如果集中意识就能预见，并且由于此种预见而可以避免结果的发生，但是，由于没有集中意识而没有履行结果预见义务，从而也没有能够回避结果的发生。[①] 显然，前田雅英认为，如果没有履行结果预见义务，那么当然也不可能履行结果回避义务；如果履行了结果预见义务，就当然能履行结果回避义务。这种视结果回避可能性为结果预见可能性当然结果的观点，显然与交通过失犯罪的实际情况不符，因为在很多案件中即使行为人履行了结果预见义务也并不能因此就推论具备了结果回避义务。所以，虽然旧过失论力图将结果回避义务解释进其范围之内，但是它从根本上其实是无法涵盖结果回避义务的。新过失论则不同：新过失论以结果回避义务为核心，在确定了行为人是否对危害结果有预见可能性之后，还要同时确定行为人是否违反了结果回避义务。新过失论的代表藤木英雄明确指出，行为人首先要可能预见到结果的发生，在此基础之上，才能讨论是否具有回避义务的问题。[②] 新过失论判断行为人是否具有结果回避义务是以确认结果预见义务的存在为前提的，行为人不具备结果预见义务，肯定也不具备结果回避义务；但是，如果行为人具备了结果回避义务，那必然是首先具备了结果预见义务的。

依以结果预见义务为核心的旧过失论，对结果预见义务的判断并不需要借助于结果回避义务，更确切地说，旧过失论根本没有考虑结果回避义务，只要具有结果预见义务且造成法益损害便直接成立犯罪。与之相对，新过失论则是在预见可能性具备的前提下考虑有无结果回避的问题，依以结果回避义务为核心的新过失论，结果回避义务的判断必须以结果预见义务的存在为前提条件，具备后者时意味着必然具备了前者。既然采用新过失论能够同时涵盖结果预见义务与结果回避义务的内容，那么，较之旧过失论只能片面展示结果预见义务之内容的特点，新过失论无疑更为合理。认为以结果回避义务为过失本质的新过失论既不能体

---

① 参见［日］前田雅英：《刑法总论讲义》，第6版，曾文科译，178页，北京，北京大学出版社，2017。

② 参见［日］藤木英雄：《过失犯の理论》，52页，东京，有信堂，1969。

现无认识过失又无法准确区分其与故意犯罪的界限的观点[①]，就是在人为割裂新过失论中结果预见义务与结果回避义务之间关系的基础上所得出的错误看法。因此，对于类似于在高速公路上驾车致人死亡等行为，虽然行为人能够预见到自己驾车的行为可能会发生危害社会的结果，但是如果行为人在当时的情况下根本不可能避免事故的发生，也不能苛责其对他人死亡的结果承担交通过失犯罪的刑事责任。“对于引起法益侵害是由于其他目的（不存在故意）的行为，但是，只要行为人所追求的目的不是该罚则想要禁止与处罚的，该行为的实施就是具有一定积极意义的，法律就应该考虑在一定限度内保障该行为自由实施的利益。在这个意义上，不可能要求法律完全禁止行为的实施本身，取而代之的是，应该要求行为人采取消除引起结果发生的危险的措施，这就是结果回避义务的内容。”[②] 可见，新过失论的真正特色不只是以结果避免义务为中心，而在于重视行为的有用性，限定对过失的处罚的范围。[③] 所以，采取新过失论有利于适当限制对交通过失行为的处罚范围，从社会有用性角度使交通运输行为存在。

最后，新过失论援引交通运输、医疗等领域的行政法规作为判断是否履行结果回避义务的标准，这有利于认定业务过失犯的成立，并且不会如旧过失论所批评的那样会扩大它们的处罚范围。

前已反复述及，新过失论是针对高危领域业务过失犯罪而展开的，因此，旧过失论批判新过失论在认定这些业务过失犯罪时援引大量行政法规，会导致处罚范围的扩大化；而在传统普通过失犯罪领域，不存在这样的指责，因此，下文拟以交通过失为例展开对旧过失论的反驳。

新过失论认为结果回避义务是过失犯的本质，那么，具体到交通过

---

① 参见李居全：《论英国刑法中的犯罪过失概念——兼论犯罪过失的本质》，载《法学评论》，2007（1）。

② ［日］山口厚：《从新判例看刑法》，第3版，付立庆译，62页，北京，中国人民大学出版社，2019。

③ 参见张明楷：《刑法学》(上)，6版，371页，北京，法律出版社，2021；马克昌：《比较刑法原理》，255页，武汉，武汉大学出版社，2002。

失来说，如何判断行为人是否尽到了结果回避义务？对此，理论和实务一般认为，这“实际上大部分是指采取一定的防果措施的意思。例如汽车行驶前应检查车灯是否确实有效……‘夜间在照明不清之道路，将车辆停放于路边，应显示停车灯光，或其他标识’……依此，应该采取防果措施，也能够采取防果措施，却未采取防果措施，就是过失”①。可见，在新过失论那里，结果回避义务实际上是一种外在的客观注意义务而不是内在的心理责任范畴，而这种客观注意义务的判断标准其实就是交通行政法规所规定的义务，“作为奠定注意义务基础的根据，所举出的是各种行政取缔法规，其典型的是道路交通法上的交通规则”②。“例如，将《道路交通法》所规定的徐行义务、确认安全义务、注视前方义务、停车义务、保持车距义务作为基准行为，违反这些义务的即为过失。其结果便是，业务过失致死罪便成为这些违反行为的结果加重犯”③。恰恰是此点，导致有观点认为新过失论以（交通）行政管理法规作为判断是否履行了结果回避义务的标准而扩大了处罚范围。④ 笔者对此持不同看法：第一，新过失论援引行政管理法规作为确定是否履行结果回避义务的判断基准，对于过失犯来说具有一定合理性。过失犯除却极少数的自然犯，例如过失致人死亡、过失致人重伤等之外，绝大部分都是行政犯，而关于行政犯，刑事立法一般是采取空白罪状的方式，即必须要援引行政管理法规中的有关规定来确定行为人的行为是否违法。如果因为援引行政管理法规就认为会扩大处罚过失犯罪的范围，那么行政犯罪的存在似乎都应受到质疑。所以，对于行政过失犯罪来说，借助行政管理法规来作为判断行为基准，属于行政犯罪所独有的正常现象。第二，对于交通过失犯来说，援引交通行政管理法规判断结果回避义务之有无更是无可责难。刑法上规定行政过失犯罪，本来就是“为确

① 黄荣坚：《基础刑法学》（上），380－381页，台北，元照出版有限公司，2012。

② ［日］曾根威彦：《交通事犯与不作为犯》，黄河译，载《当代法学》，2007（6）。

③ ［日］西田典之：《日本刑法总论》，第2版，王昭武、刘明祥译，231页，北京，中国人民大学出版社，2013。

④ 参见张明楷：《刑法学》（上），6版，372－373页，北京，法律出版社，2021。

保行政取缔目的之实效性，罚其违反行政取缔目的状态之过失犯"[①]。交通过失犯为行政过失犯中的一种，在刑法上处罚的就是违反交通行政管理法规的行为。既然如此，援引交通行政管理法规来确定行为人是否履行了结果回避义务，当属自然之理。

虽然尚不能绝对断定只要行为人遵守了交通行政管理法规就能够认为其尽到了结果回避义务，但是，一般来说，作为针对交通过失犯罪的交通行政法规，其规定的罚则一般来说是规定着作为取缔对象的行为的结果回避义务的[②]，只不过，它们是通过刑法规范的援引而被适用的，换言之，它们是间接的。例如，我国《刑法》第133条规定，违反交通运输管理法规的，违章驾驶的行为，致人重伤、死亡或者使公私财产遭受重大损失的，成立交通肇事罪。在此，驾驶人员是否履行了结果预见义务要根据行车当时的情况具体分析，在肯定其履行之后，至于其是否履行了结果回避义务，则要借助其是否在十字路口减速、停车、打方向灯等各种行为来判断。交通行政管理法规是"根据经验和思考对可能危险进行全面预见的结果；交通行政管理法规通过自身的存在表明：在这个领域中，违反这些规定就可能存在发生事故的危险"[③]，因此，"遵守交通法规的运输行为，从社会的角度来看，就是妥当的合法行为"[④]，所以，对于交通过失犯罪"行为标准"的设定必须借助于交通规则。总之，对于交通过失犯来说，它们本来就是行政法规违反的结果加重犯，通常情况下，遵守这些法规就可以避免事故的发生，援引交通行政管理法规来判断驾驶人员是否履行了避免交通事故的危害结果发生的义务当属自然之理。例如，甲饮酒后驾驶小型汽车以40公里的时速行驶，途中甲酒力发作，陷入似睡非睡的状态，对路口红灯视而不见，后轧死人行横道上穿行的行人1名。本案中，甲对于自己酒后仍然驾驶汽车的行

① 陈朴生：《刑法专题研究》，301页，台北，三民书局，1988。

② 参见［日］大塚仁：《刑法概说（总论）》，第3版，冯军译，200页，北京，中国人民大学出版社，2003。

③ Roxin & Greco, Strafrecht Allgemeiner Teil Bd. 1, 5. Aufl., 2020, §24, Rn. 16.

④ ［日］北川佳世子：《交通事故和过失论》，黎宏译，载高铭暄、赵秉志主编：《过失犯罪的基础理论》，70页，北京，法律出版社，2002。

为当然能预见到可能发生什么结果，但是，甲是否能够避免自己闯红灯并轧死行人的结果？如果甲不是因为饮酒而注意力减弱，如果甲是在清醒状态下驾驶，则他完全不会陷入准睡眠状态，当然就不会没有看清楚红绿灯的变化。换言之，如果甲遵守了禁止酒后驾车的交通行政管理法规，那么，甲是可以尽到结果避免义务的。所以，是否遵守禁止酒后驾驶的交通行政管理法规，就成为本罪中判断是否能够履行结果回避义务的标准。这样的判断标准，正是交通过失犯罪的特色。

德国刑法经过三四十年的讨论，多数间接肯定过失犯是从刑法规定所导出来的避免结果发生的义务；而一些生活中专门技术领域所产生的安全规则，例如，对爆炸物的持有规则、交通安全规则、建筑技术规则等，它们不是先于刑法而存在的规则，从刑法规范界定刑事不法的任务来看，这些安全规则只在刑法之下才有意义，它们是为了满足刑法所要求的避免侵害法益结果发生的目的而存在的，因此，这些安全规则所规定的，实际上就是履行避免刑法上构成要件实现的义务而必须采取的行为。[1] 而这样的行为，也就是结果回避措施行为，是要履行结果回避义务所应采取的行为。因此，交通行政管理法规的确是判断是否履行了结果回避义务的客观标准。

（二）以结果回避义务作为过失犯本质的疑惑解析

以结果回避义务作为交通过失犯的本质，似乎很好地解释了有认识的交通过失犯，但是，对于无认识的交通过失犯，应该如何解释？

我国刑法关于过失犯本质并未形成如德、日刑法一样集中于是结果预见义务还是结果回避义务的问题，而是囿于《刑法》第 15 条关于犯罪过失的规定，局限于从过于自信的过失即有认识的过失以及疏忽大意的过失即无认识的过失的角度来分析交通过失犯的问题，因此，当采用结果回避义务作为交通过失犯的本质时，可能会有观点认为，这样的新过失论似乎很好地解释了有认识的交通过失犯，但是对于无认识的交通过失犯，似乎欠缺合理的解释。笔者以为事实并非如此：其一，新过失

① 参见许玉秀：《当代刑法思潮》，345 页，北京，中国法制出版社，2005。

论也能解释无认识的过失。结果回避义务看似只是针对有认识的过失，前已述及，结果回避义务的存在当然是以结果预见可能性即“有认识”为前提，不过“有认识”只是结果回避义务存在的必要条件而非充分条件；即使在没有结果回避义务的情况下，也可能存在结果预见可能性即“有认识”。因此，结果预见义务与结果回避义务只是从构造上探讨过失犯本质的一种思路，是解决过失犯的合理处罚范围问题的一种逻辑分析。当新过失论说结果回避义务是过失犯的本质时，绝不是说无认识的过失不属于过失犯的范围，只是说在没有认识到自己的行为会发生危害社会结果的情况下，当然不可能具备结果回避义务；或者当行为人虽然违反了结果预见义务，即对于结果的发生没有预见到即“无认识”时，行为人无意或者由于其他某种原因避免了侵害法益后果发生的，亦即在事实上（而非主观上）尽到了结果回避义务的，其行为当然不构成过失犯罪。可见，在无认识的过失的情况下，不处罚行为人不是因为其违反了结果预见义务，而是因为其没有结果回避义务。在有认识的过失中，即使行为人认识到了自己的行为会发生危害社会的结果，新过失论认为并不能据此就处罚行为人，还要看行为人是否能够避免结果的发生即是否履行了结果回避义务。可见，新、旧过失论的对立反映的是“过失犯处罚什么”的问题，而不是有认识的过失与无认识的过失是否同属过失的问题；对于后一问题，无论是新过失论还是旧过失论其实都是承认的。其二，如果说新过失论在解释无认识的过失犯罪成立问题上有所周章，那也不应该特别遭受指责，因为，在过失犯罪的领域，关于对无认识的过失犯是否应该处罚一直存有争议，原因是：刑法理论对于无认识的过失犯是否具有非难可能性不断产生着怀疑，“刑法上重要的责任只可能存在于‘恶的’意志中”[①]，而无认识的过失，既然是无认识，那么“恶”何在，或者“恶”的程度是“恶”吗？对于这些，刑法理论本身就是存有疑问的。其三，对于无认识的过失来说，采用结果避免义务

① Stratenwerth/Kuhlen, Strafrecht Allgemeiner Teil Die Straftat, 6. Aufl., 2011, §15, Rn. 1.

说，并不会将其排除在外。我国刑法学界早就有观点认为，“从疏忽过失的意志因素出发，认为疏忽过失‘是行为人希望避免犯罪结果，但因违反注意义务……而导致犯罪结果的心理态度’”①。如果根据这样的看法，新过失论涵盖无认识的过失似乎也不存在问题。

总之，笔者以为，我国《刑法》第15条对犯罪过失的定义并没有什么实际意义，它既没有指明过失犯的本质是什么，也没有提供据以解释过失犯成立范围的学说；仅仅根据有无认识来划分过失，其实只是过失犯中一种很普遍的分类标准而已，这样的立法规定根本就不能胜任对过失犯合理性的说明。而且，我国刑法关于无认识的过失与有认识的过失的分类，还大大局限了刑法理论上和司法实践中对过失犯的认识，使得一直以来我国刑事法领域对过失犯罪的理论研讨和实务分析都只是单纯地从认识因素着眼而忽视了意志因素的作用。而从过失犯的本质回答何谓过失犯才能精确说明过失与故意的区分，我国刑法关于犯罪过失的定义起不到这样的作用并因此也影响到我们对故意犯罪的认识及其深化。

三、新过失论立场定位：结果无价值论或行为无价值论

一般认为，“旧过失论与新过失论的对立，是结果无价值与行为无价值论的对立在过失犯罪领域中的体现”②。如此一来，是否与前述表明的故意和过失应该为责任要素的结果无价值的基本立场相违背？笔者以为，回答是否定的。仔细分析，新过失论与结果无价值论所主张的修正的旧过失论其实是一致的，因此，主张新过失论，并不能就认定为一定是基于行为无价值论的立场。随着过失犯理论的发展，修正的旧过失论向新过失论靠近，结果无价值论与行为无价值论在此领域的对立早已不再明显。

---

① 陈兴良：《刑法哲学》，6版，222页，北京，中国人民大学出版社，2017。

② ［日］山口厚：《从新判例看刑法》，第3版，付立庆译，56页，北京，中国人民大学出版社，2019。

首先，在处理范围上，新过失论体现的恰恰是结果无价值论者所一贯主张的限定处罚范围的刑法谦抑思想。

结果无价值论者与行为无价值论者常常相互指责对方扩大了刑法处罚范围。传统的行为无价值论认为，如果只将处罚的根据求之于结果无价值，会扩大刑法的处罚范围，因此，应该以行为无价值来限定处罚范围，维护社会伦理秩序才是违法论的任务。但是结果无价值论者认为，由于行为无价值采用比较抽象的社会伦理秩序之维护或者规范保护等，而不是相对明确的法益侵害结果这样的概念，所以后者才更容易导致处罚范围的扩大，亦即“实际上行为无价值论的处罚范围要比结果无价值论宽”[①]。在结果无价值论者看来，对于行为无价值的最大担忧就是其会导致违法性的判断不够明确，甚至扩大违法性的认定范围，进而扩大刑法处罚范围。[②] 可见，是否会扩大刑法处罚范围，向来是两派论者所关心的问题，更是结果无价值论者的历来主张及反对行为无价值论的重要原因。但是，笔者以为，以新过失论来解释过失犯的本质，不会扩大过失犯的处罚范围，反而较之旧过失论更有利于限制刑法的处罚范围：其一，以交通过失犯为例。以结果回避义务解释交通过失犯的本质，前已述及，其逻辑推演是，行为人是否履行结果回避义务决定着交通过失犯的成立与否，而行为人是否具有结果回避义务是通过设定客观外在的注意义务来判断的，其基准借助于交通行政管理法规。因此，在交通过失犯中，能够通过判断行为人是否遵守了交通行政管理法规来判断其行为是否违法。可见，在交通过失犯领域，由于其作为行政犯的特殊性，通过援引交通行政管理法规来判断违法性是否存在，从而使得交通过失犯的违法性判断具有一定的客观性和可操作性，而不致出现模糊性的问题。其二，对于过失犯而言，采新过失论不存在会扩大刑法处罚范围的问题，相反，采用它正是为了限缩刑法处罚范围。传统的旧过失论虽以

① ［日］山口厚：《行为无价值与结果无价值》（演讲稿），金光旭译，载 http://page.renren.com/601215086/note/803286098，访问日期：2013-07-27。

② 参见［日］曾根威彦：《刑法学基础》，黎宏译，译者序，7-13页，北京，法律出版社，2005。

结果无价值处罚过失犯罪，但只要发生了致人死亡或者重伤的危害后果，侵害了他人生命或者身体法益，而且结果的发生与行为之间具有因果关系，即可追究行为人交通过失犯罪的责任。可见，旧过失论恰恰扩大了刑法处罚范围，从而与结果无价值论历来主张的限定刑法处罚范围之观点相悖。新过失论主张，是否成立过失犯罪，应该根据在具有结果预见义务的同时是否还具有结果回避义务加以判断，只有两种义务均具备，才能认定行为人成立过失犯罪。可见，新过失论从一开始就对旧过失论下成立犯罪的因果关系作了极大限定，从而也就限定了刑法处罚范围。

新过失论对过失的认定在发生了损害法益结果的情况下，还考虑行为人是否有义务及可能避免此种结果的发生，只有在具备结果回避义务及回避可能性时，才会将此种结果归责于行为人，因为，没有结果回避义务意味着只是“损害”法益的后果，具备该种义务才是“侵害”法益的后果，换言之，结果回避义务之有无正是为判断法益侵害结果之有无服务的。可见，新过失论其实是立于结果无价值论的立场来思考问题的。

当然，旧过失论中也有反对者认为，新过失论并不一定能够合理地限定过失处罚范围，因为，“按照新过失论的见解，还会叫人担心，是不是只考虑不遵守交通法规的态度，而不考虑行为的现实危险性”[①]。这种担心是多余的：现今的新过失论都认为遵守行为规范的可能性以及避免危害结果的可能性均是过失的成立要素。[②] 可见，虽然新过失论将是否遵守交通行政管理法规作为判断是否履行了结果回避义务的标准，但绝不意味着只考虑遵守交通行政管理法规的态度就可以了；如果某种损害法益的结果在现实中是无法避免的，即使行为人主观上没有良好的遵守交通行政管理法规的态度，其行为也不会被认定为交通过失犯或其他过失犯。所以，新过失论并不存在旧过失论担心的会扩大过失犯的处

① ［日］北川佳世子：《交通事故和过失论》，黎宏译，载高铭暄、赵秉志主编：《过失犯罪的基础理论》，71页，北京，法律出版社，2002。

② 参见陈忠林：《意大利刑法纲要》，128页，北京，中国人民大学出版社，1999。

罚范围问题。

其次，过失犯本身就是结果无价值论的立法类型，修正的旧过失论日益接近新过失论，甚至与后者无差别，这意味着，即使主张新过失论也不能完全认同其背后为行为无价值论的指摘，换言之，基于结果无价值论的立场，一样可以主张新过失论。

旧过失论以因果行为论为立场，强调结果以及结果与有意的动作之间的因果关系，而不关心行为的种类、方法、主观的要素等样态；新过失论以目的行为论为立场，认为过失犯违法性的根据，并不仅仅是结果，还在于行为的样态是否与社会一般人的行为基准不相当，所以，违法性的实质并不仅仅是结果无价值的问题，还是行为无价值的问题。[①]因此，对于以结果回避义务作为过失犯本质的新过失论而言，是否尽到了结果回避义务，是从外在上看行为人是否实施了某种避免结果发生的行为，它与行为无价值论所主张的违法是对具体行为人行为的否定评价之观点是一致的，因此，它重视的是是否实施了回避结果发生的行为本身，体现的是行为无价值。然而，随着旧过失论日益意识到只要预见到结果的发生就能成立过失犯罪这一思考方式的不合理性，一些学者提出了修正的旧过失论。

如前所述，以结果预见义务作为过失犯本质的旧过失论无异于结果责任或者说客观责任，这容易扩大过失犯的处罚范围，“特别是交通事故的场合，在旧过失论，只要结果与因果关系存在，如认为有预见可能性，即被处罚”[②]。针对这一指责，旧过失论作出了以下两点修正：其一，将结果预见义务中的预见可能性限定为具体的。旧过失论指出，即便是驾驶汽车，也并不意味着常常有发生事故的预见可能性；预见可能性“是在发生事故时的具体交通状况之下，如果注视前方，就能发现横过人行道的被害人，或者能够认识因没有注意到交叉口的暂时停止线而

① 参见陈朴生：《刑法专题研究》，315页，台北，三民书局，1988。

② 马克昌、杨春洗等主编：《刑法学全书》，639页，上海，上海科学技术文献出版社，1996。

冲出来的车辆之类的具体的东西”[①]。其二，将过失行为修正为实质上具有危险的行为。旧过失论指出，并不是所有和结果的发生具有因果关系的行为都是过失犯的实行行为，只有“具有实质上危险的行为”[②] 才是其实行行为。

正是旧过失论的上述修正，使得旧过失论的结果预见义务实际已成为新过失论结果回避义务的问题。其一，旧过失论将结果预见可能性设定为具体而非抽象的，是期望通过对结果预见义务的具体化，告知其所主张的结果预见义务不是泛泛的预见，而是在具体情况下对于行为发生结果高度的预见，以此来缩小过失犯的处罚范围。这样的看法与新过失论关于结果回避义务视具体情况下而定的内容实际是一致的。新过失论认为，一般情况下，行为人只有当没有采取“在当时情况下通常人对危险应该采取的回避措施”时才能承担违反结果回避义务的过失责任，例如，当在高速公路上驾车导致交通事故发生时，司机“当时没有遵守注视前方、保持车速等安全规定”而导致事故发生的，就构成交通过失犯罪。[③] 在此，修正的旧过失论所说的对于交通事故结果具体的预见可能性，实际上是新过失论关于对交通事故结果具体回避可能性内容的反映，因为，类似于“如果注视前方”等恰恰是对遵守交通规则的假设，如果遵守了它们，也就是履行了结果回避义务，因为新过失论主张“违反交通规则（命令）的不作为，同时也就是违反结果回避义务的不作为”[④]。换言之，新过失论的结果回避义务如前所述是以客观的注意义务即是否遵守交通行政管理法规为标准的。修正的旧过失论主张的具体预见可能性与其说是对结果发生的预见，莫如说是对结果能否避免的具体判断。其二，联系修正的旧过失论对过失行为的第二点修正，结论更是如此。修正的旧过失论提出将具有实质上危险的行为作为过失行为，试图从发生结果的所有原因中挑选出属于条件的行为，从而排除一般的

---

①② ［日］北川佳世子：《交通事故和过失论》，黎宏译，载高铭暄、赵秉志主编：《过失犯罪的基础理论》，70 页，北京，法律出版社，2002。

③ 参见夏芸：《医疗事故赔偿法——来自日本的启示》，66 页，北京，法律出版社，2007。

④ ［日］曾根威彦：《交通事犯与不作为犯》，黄河译，载《当代法学》，2007（6）。

普通驾驶行为可能会被处罚的情况。但是，所谓具有实质上危险的行为，比如在前述甲酒后驾车闯红灯致人死亡的案例中，也就是甲违反禁止酒后驾车以及禁止闯红灯的规定而违规驾驶车辆的行为，而这一行为，实际上就是新过失论中所说的结果回避义务中所要回避的行为。正因为如此，有学者明确指出，“根据预见可能性本应采取的措施即结果回避行为则从反面显示出行为（即结果回避行为所要回避的行为）属于具有实质性危险的行为”①。

可见，修正的旧过失论不过是将以往固守以结果预见义务为过失犯本质的立场往新过失论的方向作了亲近性的调整而已，它似乎越来越朝着新过失论的方向发展。既然如此，还不如直接承认以结果预见义务为前提、以结果避免义务为核心的新过失论。即使不采用新过失论，通过对旧过失论的修正，也恰恰证明了新过失论的意义。修正的旧过失论日益接近新过失论，甚至与后者几无差别的最终状态表明，主张旧过失论还是新过失论，其实已经很难成为判断一位学者是结果无价值论者还是行为无价值论者的依据了。既然如此，对“新过失论，存在行为无价值论调的指摘，我觉得并非如此”，“从考虑次要的行为规范的立场来看重视结果无价值的立场也采用新过失论”②。现今，已经不能如以往那样认为主张旧过失论就是结果无价值论者、主张新过失论就是行为无价值论者了。过失犯的情况中，既然是结果犯就已经承认了其法益侵害性，在对其认定时，又是根据法益侵害结果倒推行为，并通过行为与结果之间因果关系的存在而肯定犯罪的成立。所以，过失犯罪中不存在行为无价值的问题。易言之，甚至过失犯罪本身即是结果无价值的立法体现。即使对此不完全赞同，也不能完全用以往的结果无价值论与行为无价值论相对立的方式来简单地处理问题。

① ［日］西田典之：《日本刑法总论》，第2版，王昭武、刘明祥译，232页，北京，中国人民大学出版社，2013。

② ［日］川端博、曾根威彦、日高义博：《对谈·结果无价值论と行为无价值论》，载《现代刑事法》，1999（3）。

四、如何运用新过失论限定过失犯的刑法处罚之范围

新过失论是否真的有利于限定刑法的处罚范围？实际情况是否如此？对此，有必要以具体犯罪为例展开有说服力的分析。在此，以交通过失犯罪为例，也许具有特别的意义。因为，正是交通过失犯罪、医疗过失犯罪、环境过失犯罪等，推动了新过失论的提出；加之伴随着我国成为世界上最大的车轮上的国家的时代到来，激增的交通过失犯罪尤其需要结合过失犯的基本理论分析犯罪成立与否。

（一）如何认定交通过失犯“过失”之成立

我国《刑法》第 133 条规定，违反交通运输管理法规，因而发生重大事故，致人重伤、死亡或者使公私财产遭受重大损失的，成立交通肇事罪。该条无疑是司法实践中认定能否构成交通过失犯的立法依据。

案例 1：甲与丁共同投资经营一辆客运中巴车。甲负责合伙事务执行及驾驶工作；丁则雇请戊跟车，负责卖票、招呼乘客等。某天晨，因戊要用车，甲驾车驶往县城按约定在途中某地将车交给戊。戊在驾驶途中，因沿途上车旅客较多超员载客。上午 10 时许，该车出事，7 名旅客当场死亡，车辆报废。交警部门认定甲与戊共同承担事故全责。意见一认为，甲、戊构成交通肇事罪（共同犯罪）；意见二认为，甲与戊分别构成交通肇事罪；意见三认为，甲构成犯罪，戊不构成犯罪；意见四认为，甲不构成犯罪，戊构成犯罪，理由是，甲将机动车交给戊驾驶的行为是远因，戊无证且违章驾车是近因，后者才是事故发生的原因，甲的行为与交通肇事之间并无刑法上的因果关系，所以甲不构成犯罪。[①]

案例 2：乙系一辆大货车车主，未办牌照。乙雇用丙为某水泥厂运矿石，并多次授意丙超载运送。同年 5 月某天，丙驾驶该无牌照大货车装载 20 吨矿石（已超载），因占道行驶，与相对行驶的另一大货车相撞

① 参见李先赋：《将车辆交给无证人员驾驶发生交通事故应否定罪》，载《人民检察》，2007（9）。

并坠下公路，造成丙及该车另两名搭乘人员当场死亡。经交警部门认定，丙在此次事故中负主要责任。本案如何定性？观点一认为，应以交通肇事罪对乙提起公诉，理由是：乙明知自己的车辆系无牌照车辆，仍然雇用他人驾驶，并授意超载运送矿石，存在两处指使他人违章驾驶的行为。根据最高人民法院的相关司法解释，机动车辆所有人指使、强令他人违章驾驶造成重大交通事故的，以交通肇事罪定罪处罚。本案中乙指使丙违章驾驶，造成3人死亡的重大交通事故，情节恶劣，应以交通肇事罪定罪处罚。观点二认为，乙构成交通肇事罪，但情节轻微，宜作不起诉处理。观点三认为，乙虽明知大货车系无牌照车，并指使丙超载运送矿石，但本案事故是由于丙违章占道行驶引起，而不是乙指使“超载”所致，故乙只应承担作为雇主的民事责任，而不应为丙的交通肇事行为承担刑事责任。[①]

上述案例反映的共性问题是：如何认定交通过失犯的成立？仅仅依照刑法中交通肇事罪的构成要件似乎可以解决这一问题，然而，习惯于从字面进行形式解释者往往会根据刑法对交通肇事罪的罪状，尤其是对客观方面的表述“违反交通运输管理法规因而发生重大事故”来认定该罪的成立，似乎只要从事交通运输的人员违反了交通行政管理法规，而且事实上确实有严重事故发生的，就可以成立本罪。上述案件即为适例。案例1、2中，行为人均有违反交通行政管理法规的行为，都发生了致人死亡的严重后果，关于行为人的行为是否成立犯罪虽然都有争议，但均有观点认为构成交通肇事罪。此种观点笔者称为“有罪论”。“有罪论”反映了当前我国交通过失犯罪的司法现状，即似乎只要从事交通运输的人员违反了交通行政管理法规，而且事实上确实有严重事故发生的，就可以成立犯罪。这样的做法，既不当地扩大了交通肇事罪的成立范围，又违背了法治国的罪刑法定原则，在笔者看来，是非常错误的。“无罪论”都是从因果关系角度予以说明，然而，下文将述，仅从因果关系角度并不能得出令人信服的结论，因

① 参见李涪燕：《超载发生事故车主是否构罪》，载《检察日报》，2009-03-04，3版。

为“有罪论”也常常是从因果关系具备的角度肯定有罪的。笔者以为，无论是“有罪论”的错误定罪，还是“无罪论”的不恰当说理，都是我国刑法理论和司法实践鲜有联系交通过失犯的本质对其成立条件进行解释、适用的结果。

（二）交通过失犯“过失”之成立的判断：新过失论结果回避义务之贯彻

确认结果回避义务是交通过失犯的本质后，如何适用这一本质学说，用以指导对刑法交通过失犯罪成立条件的解释？笔者以为，根据交通过失犯的特性，依据过失的判断原理，可以从以下四个方面逐步展开分析。

1. 结果回避义务的判断必须以存在结果预见义务为前提

新过失论虽然以结果回避义务作为过失的本质，但是，新过失论也认为结果预见义务是结果回避义务的前提，即也同意应该具备结果预见可能性，只不过，新过失论那里的结果预见可能性“只具有为选择结果避免措施提供标准的机能”①，亦即帮助决定选择何种措施以避免危害结果的发生。如果行为人根本没有违反结果预见义务，属于不能或无法预见的情况，也就不存在选择结果回避措施的问题。

案例3：甲以正常速度驾驶汽车行驶在某公路上，远远看见一头受惊的牛在公路上横冲直撞，甲迅速采取措施，减速并且打左转向灯准备驶入旁边一条道路以避让惊牛。然而，受惊之牛以迅猛的速度冲击过来，恰好撞在意欲左拐的车辆前方，导致甲的车辆撞向路旁行人乙并致乙当场死亡。此案中，根据旧过失论，甲能够预见到自己的行为可能产生危害后果，虽然甲采取了必要的结果回避措施，但仍然没有避免致人死亡危害结果的发生，故甲的行为成立交通过失犯。在此，本属不可抗力的行为也被作为犯罪处理。如果根据新过失论，虽然甲预见到了自己行为可能发生危险，但是，对于因惊牛冲撞而致车辆无法安全驾驶会致

① 马克昌主编：《外国刑法学总论（大陆法系）》，142页，北京，中国人民大学出版社，2009。

人死亡的结果，甲却无法避免，因此，甲没有违反结果回避义务，不成立交通过失犯之过失。

案例 4：M 驾驶一辆无号牌大货车在路上行驶，行至某市某区一路口红绿灯处，遇红灯停车等候时，其车尾被从后面同方向驶来、由丁某醉酒驾驶的小客车车头碰撞，造成司机丁某及小客车上的另 3 名乘客严重受伤，4 人经抢救无效于当天死亡。事故发生后 M 驾车逃逸，次日到公安机关投案。某市公安交通警察支队一大队依《道路交通安全法》及相关交通法规规定，认定 M 负事故主要责任，丁某负次要责任，其他 3 名乘客不负事故责任。

案例 4 中，虽然 M 有驾驶无号牌车辆和事后逃逸的违规行为，但 M 的行为并不能构成交通肇事罪。当 M 的车辆正常停驶而等候红绿灯时，是不可能预见到后有醉酒司机驾驶小客车撞向其车尾部的。根据交通行政管理法规：如果前方车辆有占道或者妨碍后车正常行驶的行为，那么，追尾时需要由前后两车根据具体情况分担责任；在不存在前车妨碍后车行驶的违规情况时，都是后车的责任。本案中，M 驾驶无号牌车辆对于后车的行驶或停车并无任何妨碍，这不同于在夜间停车等候红绿灯时不开车灯的行为，因为后一行为可以指示后方车辆判断前方车辆的存在及距离，而驾驶无号牌车辆对于后车驾驶行为的判断来说并无任何妨碍；虽然事后 M 逃逸，且经鉴定负事故主要责任，但是，这是行政处罚上的责任认定，不能以此作为刑事定罪的依据。总之，本案中 M 对危害后果不可能预见，既然连预见可能性都不存在，其行为自然就不存在构成交通肇事罪的问题。

综合案例 3 与案例 4，判断是否具有结果回避义务，是以结果预见义务存否为前提的，不存在结果预见义务自然也不存在结果回避义务，也不存在对行为人定罪的问题。这是新、旧过失论的共识。类似于将案例 4 中 M 定罪的做法[①]，是未能充分理解过失犯成立条件的错

① 参见刘婵秀、邓世坤：《负事故主要责任的陈某是否构成交通肇事罪》，载《刑事法学》，2006 (5)。

误做法。

2. 结果回避义务有无之判断应融合进交通过失犯的客观违法构成要件的层面进行

旧过失论认为过失是责任要素，过失与故意在构成要件和违法性上相同，只是在受谴责性上不同，前者是消极侵害的心态，后者则是积极的。所以，过失只是责任要素，它以行为人有无值得非难的心理状态来讨论其是否有责；如果采用旧过失论的结果预见义务作为交通过失犯的本质，应该是在主观罪责层面探讨交通过失犯的成立。当采用结果回避义务作为交通过失犯的本质时，应该在客观违法层面探讨交通过失犯的成立。新过失论认为过失不仅是责任要素，更是违法要素。以结果回避义务作为交通过失犯的本质，意味着判断交通过失犯的成立不能仅根据结果判断其违法性，而必须看行为人是否尽到了结果回避义务。前已述及，是否尽到了结果回避义务，不可能是一种主观内在的心理责任范畴，它是从外在上看行为人是否实施了某种避免结果发生的行为，是客观行为范畴。它与行为无价值论所主张的违法是对具体行为人行为的否定评价之观点是一致的，因此，它重视的是是否实施了回避结果发生的行为本身。但是，基于结果无价值立场所主张的新过失论，完全可以借鉴修正的旧过失论者的主张。修正的旧过失论者认为，“没有履行结果回避义务，是过失犯的（违法）构成要件。严格地说，没有履行结果回避义务，是指在具有结果回避可能性的前提下，没有回避结果的发生，因此，过失犯并不限于不作为”[①]。因此，可以将结果回避义务作为违法构成要件要素来把握，而将结果预见义务作为责任构成要件要素来把握。

可见，如果立足于结果回避义务的本质立场解释交通过失犯的成立，就必须从外在看行为人是否实施了某种避免结果发生的行为，换言之，将对结果回避义务的判断融合进客观行为的层面，看行为人是否实施了违反交通行政管理法规的行为，亦即是否具有违法的交通运输行

① 张明楷：《行为无价值论与结果无价值论》，208页，北京，北京大学出版社，2012。

为，并以此来解释交通过失犯的成立。

3. 行为人没有违反交通行政管理法规一般来说即可判断其履行了结果回避义务

前述表明，新过失论援引交通行政管理法规作为判断是否履行结果回避义务的标准，亦即交通过失犯中客观违法行为是否存在是援引交通行政管理法规中的有关规定来完成的。联系我国《刑法》第133条的规定，违反交通运输管理法规，违章驾驶的行为，如果致人重伤、死亡或者使公私财产遭受重大损失的，成立交通肇事罪。在此，驾驶人员是否履行了结果预见义务要根据行车当时的情况具体分析；在肯定其履行之后，判断其是否履行了结果回避义务，则要借助其是否在十字路口减速、停车、打方向灯等各种行为来判断。

案例5：H以正常的速度并在遵守路口左转的红绿指示灯的情况下，突遇酒后"醉驾"摩托车的K骑着摩托车从公路右侧无任何征兆地窜至左侧，H见后即踩刹车，但因K车速过快，H的车与K的摩托车仍然发生碰撞，K死亡。

本案中，H虽然看见了K突然窜到左侧公路，也预见到了K的摩托车如果窜至自己正在左拐行驶的左侧公路会发生什么后果，但是，H已经遵守交通规则行驶且采取了正常的结果避免措施但仍然没有避免结果的发生。此案中，H并无任何违反交通行政管理法规的行为，因此，他属于完全尽到并履行了结果回避义务，虽K仍死亡，也不能据此让H承担K死亡的责任。

从上述案例可见，援引交通行政管理法规判断是否履行了结果回避义务，在行为人遵守交通行政管理法规的情况下很容易得出结论。这是因为，以结果回避义务为本质、以是否履行交通行政管理法规来判断此义务是否得到履行的新过失论，其立意本来就在于将遵守交通规则的行为当作合法的行为，"驾车本来是危险行为，一般都伴有发生人身事故的危险。但是，由于它是为社会所必要的，所以，被当作'许可的危险'，法律既然根据交通法令，允许有条件地驾驶汽车，那么，遵守交通法规的运输行为，从社会的角度来看，就是妥当的合法行为”[①]。这意味着，行为人没有实施违反交通行政管理法规的行为即为履行了结果回避义务。

4. 行为人有违反交通行政管理法规的行为时不能立即判断违反了结果回避义务

这是因为，违反行为与结果回避义务是否履行之间没有必然联系，交通行政管理法规是“根据经验和思考对可能的危险进行全面预见的结果；交通法规通过自身的存在表明：在这个领域中，违反这些规定就可能存在发生事故的危险”[②]。可见，违反交通行政管理法规，并不必然导致事故后果，发生事故后果，也不必然是行为人的违反行为所引起。那么，还需加入什么因素予以判断？联系结果回避义务的内容，结果回避义务是否履行是以结果回避义务能否履行为前提的；在存在违反交通行政管理法规行为的前提下，对结果回避义务履行与否的判断必然是更加复杂，也必然是首先通过结果回避可能性这道安全检验阀。在没有回避可能性的情况下，即便有违反交通行政管理法规的行为并发生了危害后果，也不能认定行为人成立交通过失犯。

案例6：某日中午1时许，J驾驶的大货车发生故障，被迫在公路下坡拐弯处停车，J下车自行修理，但未设置警示标志。当J修车时，驾驶两轮摩托车同向行驶的L因车速过快，不慎与J的大货车发生追尾，L当场死亡。

本案中，J在公路上修车时没有依照交通行政管理法规的规定设置警示标志，具有违反交通行政管理法规的行为，但是，J是否应该对L死亡的结果承担责任，即J的行为是否构成交通肇事罪？笔者以为，答案是否定的。当J将坏了的大货车停在路边修理且没有设置警示标志时，当然能够预见到可能因此发生影响其他车辆譬如L驾驶的摩托车安全行驶的后果，但是，存在此种结果预见义务并不能立即就断定J的行

① ［日］北川佳世子：《交通事故和过失论》，黎宏译，载高铭暄、赵秉志主编：《过失犯罪的基础理论》，70页，北京，法律出版社，2002。

② Roxin & Greco, Strafrecht Allgemeiner Teil Bd. 1, 5. Aufl., 2020, §24, Rn. 16.

为成立交通肇事罪。当时的情况是，由于正值中午，光线充足，虽然大货车停在公路拐弯处，但是，从大货车庞大的外形以及当日的天气来看，只要稍加注意，完全能够看见；停驶的大货车实际上本身就是最为醒目的警示标志，更何况，L驾驶摩托车行驶在J的大货车之后，只要履行一定的注意义务，就可以看见大货车并将车速减缓至停，但L对此没有注意到，而且以过快的车速与大货车追尾。致其死亡。因此，即使J设置了警示标志，也不可能避免事故的发生。换言之，J对于L驾驶摩托车撞上大货车死亡的结果能够预见但是不能避免，亦即没有结果回避可能性。因此，本案中J未设置安全警示标志的行为，虽然违反了交通行政管理法规，但是，L死亡的后果并非是J未设警示标志而致，而是驾车行驶在后的L因车速太快未能有效注意到前方车辆的动向所致。

回到前述案例1与案例2，这两个案例的共同特点是，当事人甲或乙都存在着违规行为，甲违规将中巴车交给没有驾驶执照的戊驾驶，乙违规授意丙多次超载运货。对于违规驾驶可能发生危害交通安全的后果，甲、乙作为车主，当然会有所预见。但二者对于事故的发生都不具备避免可能性，都没有结果回避义务。案例1中，即使戊有驾驶执照事故还是会发生。从整个案情来看，除戊自身超载的行为之外，并没有路上行人或者乘客等其他交通参与人的违规行为，可见，戊在驾驶途中超员载客是事故发生的全部原因。当日晨甲不在车上，对于戊超载行驶并导致车辆行驶安全受到影响的事实，甲既然不知情，当然也就不可能采取任何措施以避免结果的发生，亦即没有结果回避可能性，自然也就谈不上结果回避义务。即便甲抽象地能够预见到路上行驶的车辆不可避免会存在影响交通安全的危险，比如超载或被他车碰撞或闯红灯等，但是，据此抽象的结果预见可能性，甲因不在现场也不可能避免事故的发生。总之，甲对于戊超载引起事故的情况根本没有结果回避可能性，也就没有结果回避义务，因而其行为不构成交通肇事罪。同理，案例2中，即使事发当日车辆没有超载，事故仍会发生。行车中的情况千差万别，就丙的行为而言，按照乙的旨意驾驶超载车辆固属违法，不过，运送矿石的大货车是因为占道行驶才会与相对行驶的车辆碰撞，因为这一碰撞，丙驾驶的大货车才会翻车坠下公路并致人死伤。对于这一行为及结果，乙不知情且无法避免结果的发生，因此，乙不存在结果回避义务，其行为不构成交通肇事罪。即便乙抽象地能够预见丙驾驶的车辆可能会出现占道行驶或闯红灯行驶等违规行为，但是，如同案例 1 中的甲，对于此时发生的损害法益结果，乙同样没有回避可能性，所以也就没有结果回避义务，因而其行为也不构成交通肇事罪。

那种仅仅根据甲将车辆交给无驾驶执照的戊以及乙授意丙超载运货的行为就认定甲、乙的行为成立交通肇事罪的观点，实际上就是采取旧过失论将结果预见义务作为过失犯本质对交通过失犯进行解释所得出的结论，而且，这种结果预见义务甚或连后来旧过失论所主张的具体而高度的结果预见义务都不是，而是一种早期旧过失论抽象的预见义务。如前述，当今的旧过失论者都认为结果预见可能性中的预见是高度而具体的预见。正因为如此，“有罪论”无疑是错误的，并且因此不当地扩大了交通过失犯的处罚范围。

“无罪论”定性虽然正确，但其从因果关系角度解释其无罪的理由至少是不妥当的。前述案例 1 与案例 2 中认为甲或乙有罪的观点，不也正是从甲或乙的行为与结果的发生之间具有因果关系的角度来说明的吗？之所以如此，原因有二：第一，过失犯的因果关系比较特殊，“过失行为是无违法意思的，与违法结果不存在必然的联系，为此只能从违法结果来推论什么原因决定这一违法结果”，即“过失因果关系的判断，是由果推因的倒判断”[①]。这种由果推因的认定逻辑很容易将导致事故发生的所有条件都当作原因。根据由果推因的思维逻辑，于案例 1“有罪论”者就容易认为，如果甲不将车辆交给无驾驶执照的戊，就不会有后来戊的超载行驶，进而就不会有中巴车出事的结果；再者，因为戊没有驾驶执照，才会对违规超载这样的不安全因素不够重视，进而才会导致事故的发生。同理，于案例 2“有罪论”者会认为，如果丙没有按照乙的意思超载装货，也许占道行驶时看见相对行驶的车辆避让就会很容

① 甘雨沛：《外国刑法学》（上册），369 页，北京，北京大学出版社，1984。

易，因而可能不会发生事故，可见，乙授意丙超载也是事故发生的原因，所以乙的行为也成立交通肇事罪。可见，在交通肇事罪中，很容易根据结果简单地将事故发生的责任归责于不该承担责任的行为人。第二，我国刑法中的因果关系理论比较混乱，以之解释交通肇事罪的成立存在不少问题。我国刑法中传统的所谓必然、偶然因果关系论自身尚且语焉不详，对相关案例的解释更加难以具体，所以，案例 1 中的“无罪论”者就自创了“近因”“远因”这样的因果关系概念，并从远因不是犯罪成立原因的角度来否定犯罪的成立。这样的做法，无疑反映出我国刑法因果关系理论在分析具体问题上的捉襟见肘。此外，即便按照日本因果关系的通说——相当因果关系说，也会因为相当性概念的模糊不清以及其中各种标准学说的争议而对同一交通肇事案件得出不同结论。比如案例 2，超载与事故后果之间是否具有相当性，恐怕根据主观说、客观说与折中说都会得出不同的结论。所以，就交通过失犯而言，虽然也应该讨论因果关系，但是，针对交通过失犯的过失犯罪特性以及违反交通行政管理法规的复杂性，恐怕更应该结合其过失本质以及其他理论（比如注意规范保护目的）来分析其成立与否，从而为确定交通过失犯是否成立开启其他视角。

五、结　语

前述以交通过失犯罪为例阐述了新过失论是如何在限定过失犯的处罚范围上发挥作用的。依结果回避义务判断交通过失的成立，可以确保在对交通过失犯罪成立与否的判断上，不会仅仅从结果发生即可倒推过失的成立，而是在行为人具有预见能力与回避结果能力的基础上，判断其是否对于结果的发生具有非难可能性。因此，肯定将以结果预见义务为前提、以结果回避义务为核心的新过失论作为判断交通过失的基本立场，有利于合理限定交通过失的成立范围。根据当今我国社会的现状与交通运输活动的特性，针对我国司法实践过于广泛地认定交通肇事罪的处罚范围的现状，结合过失犯的有关理论及其他相关法理分析，应该提倡以结果回避义务作为交通过失犯的本质，以借此限定我国刑法交通肇事罪的成立范围。

现今新过失论与旧过失论的理论问题已不能完全基于行为无价值论与结果无价值论的对立立场来看待了。如果说早期新过失论与旧过失论之间的确存在此种立场之对立，那么，随着修正的旧过失论的提出和新过失论限定刑法处罚范围作用的充分发挥，理论上学者已不再绝对地将两种学说予以对立了，而且，即使认为它们之间有对立，也不再如早期那样一律还原于行为无价值论与结果无价值论的立场上来看待彼此了；同时，从问题的解决出发，越来越多的主张结果无价值论的学者都赞同新过失论而放弃了旧过失论。更何况，主张新过失论是过失犯的本质，并不一定只能出于行为无价值论的立场。新过失论的结果预见义务是为了给结果回避义务提供判断前提，通过后者来判断行为人是否具备造成法益侵害实质危险的结果预见义务，同时，在过失行为导致法益侵害结果发生了的情况下，才能认定犯罪的成立。可见，从结果无价值论的角度出发，完全可以主张新过失论；或者说，主张新过失论，其实是与结果无价值论的立场相一致的。

第八章　实质二阶层主观责任构成要件之期待可能性理论

在有责性要件中，一般认为故意和过失以及违法性意识，都是责任要素。但是，在这三个要素之外，在有的国家比如德国、日本，是否可以期待行为人不实施违法犯罪行为，亦即是否具备期待可能性问题，也决定着刑事责任的有无，从而，在责任要素中一般尚需论及期待可能性问题。就推崇德、日阶层理论的实质二阶层体系而言，自然不能绕过期待可能性理论这一重要的责任要素，为此，下文将联系德、日期待可能性理论的发展、变迁，分析该理论在责任要素中的定位，以建构合理的实质二阶层体系。

一、实质二阶层规范责任论视野下的期待可能性理论问题

规范责任论是大陆法系刑法学关于责任（罪责）本质的一种理论，认为责任不单纯是行为人对危害结果有认识或已认识其可能性的心理状态本身，而是心理状态与规范（依社会生活准则实行价值判断）相结合的关系。责任的本质是从规范的立场对故意或过失的心理状态施加责难的可能性。责任要素，既包括刑事责任能力、故意或过失，还存在第三个要素，即在具体情况下存在期待行为人遵守规范作出合法行为的可能性。换言之，如果没有故意或过失，也不存在期待可能性，固不存在责任；即使行为人有故意或过失，在特殊情况下，由于期待其作出合法的

意思决定是不可能的，法律对于不可能做到的事情不能加以指责，因而可以阻却责任。此说以期待可能性作为责任的基础，认为存在期待可能性，才可以对故意或过失的心理状态进行谴责。

在实质二阶层体系下，在责任领域理所当然主张规范责任论，而非心理责任论、社会责任论或者实质责任论。心理责任论过于考虑类似于心理学上故意与过失的事实概念，因此它早已受到了摒弃；社会责任论立足于刑法新派的预防论，其着眼点是人的性格而非行为本身，主张出于防卫社会的目的对于显现了危险性格之人采取防卫措施、追究其刑事责任，其强烈的主观色彩也令其受到了学者的排斥；实质责任论立足于社会责任论并结合了规范责任论的内容，但其本质仍然是强调社会责任论所主张的对犯罪的预防，其刑事政策的意味过于强烈，规范刑法学的色彩受到了冲击。规范责任论则不然，“它将故意和过失统一理解为规范要素，要求行为人具有实施合法行为的期待可能性，认为即便有责任能力及故意、过失，但没有期待可能性的话，也仍没有责任”[①]。可见，分析行为人是否具有归责可能性时，考察行为人是否具有期待其实施合法行为的可能性，正是规范责任论最大的特点。其用意，是在传统故意与过失等罪过要素之外以期待可能性考察行为人的主观心理，并通过它限定责任成立范围。但是，一般而言，具备责任能力的人都具有期待可能性，只要其行为是出于故意或过失的心理状态实施的，其责任即可成立。因此，缺乏期待可能性在有责性领域往往被作为责任阻却事由。[②]如此一来，产生的问题是，“缺乏期待可能性，究竟是一般的超法规的责任阻却事由，还是只限于法律规定的责任阻却事由”[③]，亦即是将期待可能性作为一般性的还是只在极少数情况下使用的罪责阻却事由。这是责任领域的重要问题。

在德、日阶层犯罪论体系中，有责性意味着主观的归责可能性或者

① ［日］大谷实：《刑法讲义总论》，新版2版，黎宏译，286页，北京，中国人民大学出版社，2008。

② 参见张明楷：《刑法学》(上)，6版，423页，北京，法律出版社，2021。

③ 张明楷：《外国刑法纲要》，3版，221页，北京，法律出版社，2020。

说可非难性（Vorwerfbarkeit）。非难的前提是，除却责任能力和责任条件即故意或过失之外，还必须要求行为人有实施合法行为的可能性但却没有实施。此即期待可能性思想（Zumutbarkeit）。

期待可能性思想使责任的判断在行为人的主观精神能力之外还与客观环境联系起来，它充分考虑到了客观环境条件对人相对自由意志的限制作用，因而充满了人性的光辉。正因为期待可能性思想“对于人性弱点的考虑”（Berücksichtigung der menschlichen Schwäche）[①]，它被日本学者大塚仁誉为“是想对在强有力的国家法规面前喘息不已的国民的脆弱人性倾注刑法的同情之泪的理论”[②]。充满人性色彩的期待可能性理论对我国刑法学者产生了巨大的吸引力，有关期待可能性理论的论文数量证明这一理论毋庸置疑地成为近年来最受瞩目的领域之一，所有相关研究成果体现了我国学者对于将期待可能性理论移植于我国刑事法领域的无限期待。然而，体现了“人性刑法”优势的期待可能性理论能否如我国刑法学者所期待的那般在我国刑事法领域开出人性之花，显然是一个需要慎重对待的问题。我国希望引进期待可能性理论的学者大多流连于已然近两个世纪前的德国“癖马案”（1897 年德国帝国法院判）浓重温情的人性色彩，并在经过人权、人道、人文等充满感情意蕴的语词发挥之后，形成了学界压倒性的“期待可能性之中国期待”。在此“期待”中，学界基本上是在探讨期待可能性理论的来源、法律性质、体系地位与判断标准等问题的基础上，讨论该理论在我国犯罪论体系中的地位或对于完善我国犯罪论体系的意义或者泛泛而论对中国立法与司法的借鉴价值，而至于引进该理论的前提问题——期待可能性理论的功能定位——它究竟是一般性的还是个别性的刑罚阻却事由，却鲜有专门论及。笔者认为，对于期待可能性理论这样的舶来品，首先应从理论上对其功能予以准确定位，方能对于其如何为我国学界进一步借鉴等问题的讨论提供展开的基础。

---

① Niederschriften der Groβen Strafrechtskommission，Bd. 2，S. 161.

② ［日］大塚仁：《刑法论集》（1），240 页，东京，有斐阁，1978。转引自冯军：《刑事责任论》，245 页，北京，法律出版社，1996。

二、主观责任视野下期待可能性理论的现实情况与功能分析

（一）“中国期待”视野下期待可能性理论功能定位之误区

我国刑法学界对期待可能性理论的期待体现为希望将该种理论引进到我国刑事法领域，至于借鉴的具体路径，有以下几种代表性观点：有的认为应该作为主观要件中的组成部分①；有的认为应该作为刑事责任能力的一个要素，实际上也就是传统犯罪构成四要件中主体要件的组成部分②；有的主张将我国犯罪论体系分化成“犯罪构成要件”和“犯罪阻却事由”两个层次，将期待可能性作为一个独立的规范评价指针置于犯罪阻却事由层次③；有的则主张通过在刑法典中设置一般性的规定而将有西方传统的超法规阻却责任事由设定成我国刑法中法定的阻却责任事由④；等等。这些观点或者将期待可能性理论纳入犯罪构成要件之中，或者在改造犯罪论体系的基础上将之纳入犯罪的构成要件之中，或者走法典化的道路、使之原则化，最终它们殊途同归：都主张在普遍性的意义上适用期待可能性理论，使期待可能性理论成为一般性的刑罚恕免事由。⑤ 此外，很多学者也对我国刑法典总则与分则，甚至一些司法解释的规定从期待可能性的角度进行了解读，指出很多总则性规定和分则罪名都是期待可能性思想的立法体现，从而为推广期待可能性理论指出了现实法律基础。至于将期待可能性理论作为刑罚减免解释原理的观点，更是数不胜数。不过，期待可能性高低的确影响着责任的程度问

---

① 参见丁银舟、郑鹤瑜：《期待可能性理论与我国犯罪构成理论的完善》，载《法商研究》，1997（4）。

② 参见游伟、肖晚祥：《“期待可能性”与我国刑法理论的借鉴》，载《政治与法律》，1999（5）。

③ 参见刘远：《期待可能性理论的认识论反思》，载《法学评论》，2004（2）。

④ 参见屈学武：《死罪、死刑与期待可能性》，载《环球法律评论》，2005（1）。

⑤ 在大陆法系刑法体系之下，期待可能性是责任阻却事由。但我国的犯罪论体系与大陆法系犯罪论体系不同且“责任”含义相差甚远，为了避免混淆与歧义，在我国刑法语境下，笔者提倡使用“阻却刑罚事由”或者“刑罚恕免事由”来称谓期待可能性理论。

题，将之作为一般性的影响刑罚轻重之事由是可取的。因此，下文的探讨只是针对期待可能性能否作为一般性刑罚恕免事由的问题进行，而不涉及其能否作为减轻责任事由的问题。

我国刑法学界关于期待可能性的观点，实际提出了一个重要问题：期待可能性理论的功能是什么，它究竟是起调节作用的法律原则还是一般性的刑罚恕免事由？笔者以为，根据期待可能性理论自身的特点以及其在德国、日本的刑事立法与刑事司法的曾经和现状，期待可能性理论“最多容许在极其稀有的特殊案例”中作为刑法调节原则适用，而不宜作为一般性的阻却刑罚事由。从刑法的结构与理论体系来看，属于刑法总论部分的理论制度与作为犯罪论体系的组成部分意义相同，即都将使某一理论上升到普适性原则的地位。虽然主张上述观点的学者也并非主张在所有刑事案件中都适用期待可能性理论，然而，将期待可能性“要件化”或“法典化”，意味着“刑法学上的共同财富”被期待演变为一项刑法的基本原则，从而理所当然地适用于所有案件，从功能定位上说，该理论被赋予了统纳全局的意味。

这种基于宣扬人性与人道精神而对期待可能性理论的高度期待是否合适？对此，需要从实践和理论两个层面予以回答。从实践层面，必须了解期待可能性在德、日的现实情况；从理论层面，必须分析期待可能性本身能否胜任作为一般性刑罚恕免事由的重任。

（二）主观责任视野下德、日期待可能性理论的现状及对我国的启示

德国和日本分别作为期待可能性理论的发源地和发扬地，其对该理论的立法及司法适用历史尤其是现实情况和功能定位如何，对于我国刑法中期待可能性理论的借鉴有直接的辐射效果，故而必须加以分析。

1. 德国的理论与实践

在德国，自“癖马案”首个创造了期待可能性思想之后，司法实践中一度经常援用该思想并在当时的刑法立法中有所体现。在纳粹主义时代，由于期待可能性理论考虑的是可以免责的人类的弱点，而这与纳粹

国家的整体要求并不一致，因此，它被作为“过时的”“与新的生活原则不再协调一致的”理论而被丢弃。二战后，“法律立场在纳粹结束后有关期待可能性方面经历了重要的改变，特别是在刑法分则部分不同构成要件中吸纳了这个概念”，而《德国刑法典》第 35 条关于阻却责任的紧急避险被认为“对于期待可能性概念具有不可或缺的体系上的中心意义”①。该条第一段规定：“当人们遇到某种当前不可能用其他方式避免的对生命、身体或者自由的危险时，为使本人或者家族成员或其他亲近的人脱离危险，而采取某种违法行为，其行为是免责的。行为人自行招致危险或其当时所处法律关系比较特殊，可以被合理期待去承受这一危险时，不适用本项规定；但是，依据第 49 条第 1 款，对之可以从轻量刑。”②（注：下划线为引者所加）但是，立法上的规定终究只是就紧急避险即分则个别罪名而设，当前的德国刑法理论与实践，对于将期待可能性作为超法规的责任阻却事由基本上采取了否定态度。理论上，有学者主张，“不可期待性作为免责依据只能在法律案件的框架下被认可……因为刑法规则的普遍预防作用不能造成一种‘理解一切，意味着宽

① Carsten Momsen，Die Zumutbarkeit als Begrenzung strafrechtlicher Pflichten，Nomos，2006，S. 27f，75.

② 《德国刑法典》目前在国内有两个译版：“徐版”和“冯版”。关于其中第 35 条，“徐版”译为：“为使自己、亲属或其他与自己关系密切的生命、身体或自由免受正在发生的危险，不得已而采取的违法行为不负刑事责任。在因行为人自己引起危险或处在特定的法律关系中而须容忍该危险的限度内，不适用该规定；但是，如果行为人不顾某一特定的法律关系也必须容忍该危险，则可依第 49 条第 1 款减轻处罚。”（徐久生译：《德国刑法典》，14 页，北京，北京大学出版社，2019。）“冯版”译为：“在现时的、别无他法可以避免的对生命、身体或者自由的危险中，为了避免对自己、亲属或者其他亲近他的人的危险而实施违法的行为者，是无责任地在行动。再根据情况，特别是因为行为人自己造成了该危险或者因为行为人处在特别的法律关系中、可以期待行为人忍受该危险的限度内，不适用这一规定；但是，可以根据第 49 条第 1 款轻处刑罚，如果行为人不考虑特别的法律关系也必须忍受该危险。”（冯军译：《德国刑法典》，14－16 页，北京，中国政法大学出版社，2000。）（注：下划线为引者所加）很显然，“徐版”没有译出第 35 条对期待可能性概念的规定，“冯版”明确译为“可以期待行为人忍受该危险的限度”，从而准确地传达了期待可能性在德国的立法状况。但是，“冯版”将第 34 条名称译为“正当的紧急状态”，将第 35 条名称译为“免责的紧急状态”；“徐版”将第 34 条名称译为“合法化的紧急避险”，将第 35 条名称译为“减免责任的紧急避险”。两相比较，“徐版”的译法更符合国人的刑法语境及理解习惯。

宥一切’的印象”①。实践中，“这种被主观化的不可期待性学说，鉴于对刑事司法的稳定性和均衡性的危险，未能被贯彻”②。德国司法部门曾就期待可能性是否可以作为普遍免责依据问题发表过说明：要是想通过某种普遍规范（指期待可能性——引者注）免责事由进行调整的话，就有可能损害刑法的一般预防性作用。③ 自此之后，“在学术界贯彻这样一种认识，即刑法在责任领域需要标准，这些标准虽然应当包含对意志形成的评价，但必须被形式化，并从法律上加以规定。不可期待性这一超法规的免责事由，无论是从主观上还是从客观上加以理解，均会削弱刑法的一般预防效果，以至于导致法适用的不平等现象，因为所谓的‘不可期待性’，并不是可适用的标准”④。因此，德国目前司法实践鲜见有类似于“癖马案”这样的超法规而采用期待可能性宣判行为人无罪的案例；理论上，对期待可能性问题的探讨都是与《德国刑法典》第35条紧急避险（紧急免责状况）相联系而进行——“对于紧急状况的根本思考，同样也就是对于期待可能性的根本思考，至少是部分根本思考”⑤。除却第35条之外，其他对期待可能性案件的探讨，诸如孕妇终止妊娠、深夜独自开车的妇女在路边看见有人躺卧考虑是否要救助等，则是结合第218条“妊娠终止罪”中的规定是否“可能用另一种她能够期待的方式避免该危险”或第323条c“怠于救助罪”中是否“根据行为人当时的情况急救有可能”等暗含期待可能性思想的罪名进行考虑。

然而，德国刑法学界即使围绕紧急免责状况条文探讨期待可能性理论，也是抱着严格限缩而非扩张的态度。首先，适用《德国刑法典》第35条规定的紧急免责状况被局限在涉及特定且重大的法益譬如生命和身体法益等，换言之，只有属于“问题的高峰和顶点”“即个人和他人

① Gallas，Pflichtenkollision als Schuldausschließungsgrund，FS-Mezger，1954，S. 324.

② ［德］耶赛克、魏根特：《德国刑法教科书》（上），徐久生译，675－676页，北京，中国法制出版社，2017。

③④ Niederschriften der Großen Strafrechtskommission，Bd. 2，Anhang Nr. 31，Umdruck J 10，SS. 96，161.

⑤ Vgl. Küber in HRG BD，Ⅲ Stichwort：Notstand（strafrechtlich）.

生命权的冲突"[1] 这样的问题才会被认为可以适用该条，例如，类似于极其著名的"Karneades 木板案"或"坠机案"：1972 年一架载有 45 人的飞机坠毁在安第斯山脉。28 名幸存者中有部分重伤。两个月后一个牧羊人碰到两个幸存者并且剩下的 14 名幸存者也得救了，之后很快真相大白：他们通过吃同伴而生存下来。[2] 对这些幸存者能否适用第 35 条以缺乏期待可能性为由免责？对于一些不属于针对身体或者生命法益的危险，德国学者以对"期待可能性思想的考虑有可能架空刑法的严肃性"而反对适用——"在免责的紧急状况的严格界限之下，也就是说，比如在为了保护深爱着的妻子而作伪证的案例中，人们就必须经受住考验，不能出于期待不可能性而对行为人免责。因此，紧急状况必须被局限于针对身体或者生命的危险，在极端的、涉及其他法律财物的案例中，人们可以动用减刑这一工具，效仿盎格鲁-撒克逊的榜样。"[3] 其次，除了法益的特定性和重大性，行为人精神上必须是受到了强大的逼迫，否则，也不能适用期待可能性理论。"行为人是由于受到强大的精神上的逼迫，才有意识地违背法律规定的。"在此强制状态下，行为人在采取某种他自己也意识到了为刑法所禁止的行为之前，他必须是"已经竭尽理性的和灵魂的力量进行权衡了。只有当我们不能期待他采取别的行动的时候，他才是可以免责的"[4]。或者说，只有当人们受到不同寻常的压力而采取违法行为时，才能被认为在客观上不违反刑法义务，才可以免责。[5] 总之，德国刑法学者与实务部门都体现出严格控制其适用而反对其任意扩张的趋势，他们一致"支持在免责紧急状况的框架下有限度地执行期待可能性标准"，并认为，不这样做的话，它就会事与愿违地造成对刑法责任原则的动摇；只有给法官设立一条清楚的界限，让他知道什么时候就不能再继续考虑免责问题，才不至于使期待可能性

---

① Vgl. Janka, Der strafrechtliche Notstand, 1878, S. 85.

② Vgl. Bernsmann, "Entschuldigung" durch Notstand, 1989, S. 44.

③ Niederschriften der Großen Strafrechtskommission, Bd. 2, S. 151.

④ Lange, Niederschriften der Großen Strafrechtskommission, Bd. 12, S. 174.

⑤ Vgl. Schönke/Schröder, Strafgesetzbuch, 30. Auflage, 2019, § 35, Rn. 1.

成为一条决定性的标准，不至于让人们将它作为一种本质上开放的变量去思考。[①]

2. 日本的理论与实践

在日本，期待可能性理论究竟是何种境况？期待可能性理论自德国传到日本之后，虽然一度对日本的刑法理论与判例形成了冲击、影响，然而，这种影响似乎被中国学者夸大。例如：我国台湾地区有学者指出，日本二战后，国内经济遭到严重破坏，人民生活困苦，此时下级法院非常热衷于以无期待可能性宣告被告人无罪，且将该理论扩大到故意范围[②]；或者认为该理论自德国传到日本后，"于战后成为实务界判决的基础"[③]。我国大陆的主流观点则认为，期待可能性理论在日本刑法学界已得到广泛的认可，日本的判例和理论均认同这一理论。[④]

的确，二战后日本有些法院根据期待可能性理论作出了无罪判决，但是，诚如我国学者黎宏教授概括指出的，"战后，下级法院的判决中，在有关经济、社会混乱而引起的违反经济统治法规或者有关劳动争议的案件中，以没有期待的可能性为由，作出了很多无罪判决"，但是，"在日本判例中，大审院、最高法院根据不可能期待行为人实施合法行为而宣告无罪的判例没有出现过。但是，大审院根据期待可能性的减少而减轻刑罚处罚的判例则出现过……最高法院对于期待的可能性理论持保留态度。即便在维持原审的无罪判决的场合，也采用别的理论进行处理。随着战后社会的、经济的混乱终结，期待可能性理论的作用在下级法院的判决中逐渐减小"[⑤]。换言之，期待可能性理论对日本司法实务界的

---

① Vgl. Niederschriften der Groβen Strafrechtskommission, Bd. 12, S. 165.

② 参见蔡墩铭主编：《刑法总则论文选辑》，485－496页，台北，五南图书出版公司，1983。

③ 黄丁全：《论刑事责任理论中的危机理论——期待可能性》，载陈兴良主编：《刑事法评论》，第4卷，175页，北京，中国政法大学出版社，1999。

④ 参见陈兴良：《刑法研究》，第8卷·刑法总论Ⅲ，466页，北京，中国人民大学出版社，2021。

⑤ 黎宏：《日本刑法精义》，2版，227页，北京，法律出版社，2008。

影响仅仅只是在下级法院的判决（例如，第五柏岛丸事件、被告虚伪陈述案、白木屋失火案、神兵队事件案等）中，日本最高法院没有据此理论作出过无罪判决；而且，在日本经济重建之后，甚至是下级法院也很少适用这一理论了。对此，日本学者西田典之教授明确指出，“这一理论并未为司法实务界完全接受。虽然战后初期有下级裁判所的判例肯定了此理论，但作为一般理论而言，最高裁判所尽管认可缺少期待可能性属于超法规的责任阻却事由，但对此并不持积极肯定态度”①。在2007年的中日刑事法研讨会上，西田典之教授再次指出，“在日本，最高裁判所尚没有从正面肯定因缺乏期待可能性而判无罪的判例”②。可见，纵然在学说上有学者支持期待可能性理论，但是，日本最高法院采用期待可能性理论的判决是零，下级法院运用该理论作出判决也只是在二战后恢复经济重建时期缓和刑法的严酷性及帮助国民重建生活的权宜之举。如果以此为由就认为日本司法实务界全面接受了这一理论，或者不分二战后经济混乱时期与社会局势稳定之后的两个不同阶段而笼统地说该理论“于战后成为实务界判决的基础”，无疑是不顾实际情况的一面之词。

至于期待可能性理论成为日本学界的通说，这一概括倒也不失为事实。然而，之所以如此，主要是因为，在日本等主要的大陆法系国家，规范责任论是责任论的主要学说，规范责任论认为，社会期待每个成员遵守法律规范并在具体情况下实施适法行为，犯罪则是行为人违反了这种社会期待而实施的反社会的行为，对之自然应该加以非难。可见，期待可能性思想正是规范责任论的核心之所在，也因此，学者一般认为规范责任论与期待可能性理论是同一理论。当然，也有不同观点认为，“将规范的责任论与期待可能性之理论解为同一事物，并不妥当；必须将规范的责任论理解为系‘期待可能性’之理论与‘责任说’两种责任

① ［日］西田典之：《日本刑法总论》，第2版，王昭武、刘明祥译，264页，北京，中国人民大学出版社，2013。

② 李立众：《中日刑事法学术研讨会纪实》，载冯军主编：《比较刑法研究》，485页，北京，中国人民大学出版社，2007。

概念之统一的上位概念。从来的期待可能性理论完全忽视此点，且未加以理解”[①]。但不论是将期待可能性理论与规范责任论理解为同一理论，还是将规范责任论理解为期待可能性理论的上位理论，期待可能性理论是规范责任论的核心思想的事实是不会改变的。既然规范责任论是当今日本等国家的责任论的主流学说，那么，期待可能性理论在学理上是通说就不足为奇了。更何况，学说上对某种理论的认知程度与其实践生命力之间尚有莫大的距离。前述日本司法实务界对期待可能性理论的运用表明，那种运用因为时间阶段和法院审级而未能使之成为实务界的主流理论；在日本的社会、经济恢复正常，稳步发展之后，期待可能性理论更是在实践中渐行渐远，逐步淡出了实务界的视野。因此，即使日本学者在理论上赞成将期待可能性作为超法规的而不仅仅是法定的责任阻却事由予以适用，这种适用基本上只具有理论上的可行性而不具有实践的生命力，尤其是近七八十年以来，大概是因为日本学者及实务界人士认识到的，“像往往所担心的一样，无限制地适用期待可能性的理论有招致刑法的软弱化之虞。在这个意义上，必须充分注意德国的动向”[②]，而德国的动向正是严格控制和限缩其适用，所以日本也表现出相应的趋势。

3. 德、日期待可能性理论现状对我国的启示意义

德国为期待可能性理论的发源地，该理论虽然在19世纪末、20世纪初偶露峥嵘，在20世纪中期以后则逐渐体现在刑事立法的规定之中，然而，为了确保刑法的稳定性和一般预防作用的发挥，理论与实务均反对将期待可能性作为超法规的责任阻却事由适用，即使在现有刑事立法下将之作为法定的免责事由适用也是严格控制其适用范围，以确保不会无限制地扩大免责范围，因此，期待可能性理论没有因为《德国刑法典》个别条文的规定而被随意扩大适用，更没有在总则规定紧急免责状况的第35条或其他个罪条文的帮助下超越法律规范而被普遍地作为免

① 洪福增：《刑事责任之理论》，197－198页，台北，刑事法杂志社，1988。

② ［日］大塚仁：《刑法概说（总论）》，第3版，冯军译，403页，北京，中国人民大学出版社，2003。

责依据予以应用。

日本为期待可能性理论的发扬地，该理论在二战以后一度昙花一现，随即走向没落。20世纪初至二战结束后的一段时间内期待可能性理论一度成为日本罪责免除的重要学说，然而，在尚未完全成为“主流的罪责判断依据”之时，其就开始走向衰微。日本刑法理论界对期待可能性作为超法规阻却责任事由地位的承认，并没有对当今实务界产生实际的功效，在日本司法实践中，虽然部分下级法院曾经以没有期待可能性为由，判决过许多无罪案件，但也曾经出现过在“被告人被某宗教组织监禁并被铐上手铐，以杀害被告人为威胁，强迫其杀害被害人D”这种“对生命紧急避险”的案件中否定被告人不具有期待可能性的判例[①]，而其最高法院对于期待可能性理论的态度则更是可以用“暧昧”来形容：既没有直接从正面肯定依据期待可能性理论作出的判决，也没有正面否定依据该理论作出的判决。而对下级法院以欠缺期待可能性为理由宣告无罪的判例，日本最高法院虽然均维持了原判，但却将出罪理由改为了“欠缺可罚的违法性”或“缺乏构成要件符合性”，回避了期待可能性理论的问题。[②] 故在某种程度上而言，作为乱世之中的危机理论，期待可能性理论可以说已经完成了历史的实践使命。

当今德国刑法学界反对将期待可能性作为超法规责任阻却事由的事实，实务界严格在免责紧急状况的框架下有限度地执行期待可能性标准的做法，以及当今日本学界理论上赞成其作为超法规责任阻却事由而其在实务界缺乏生命力等事实表明，期待可能性学说虽然在“缓和法律严酷与人性弱点间的紧张对立”上具有良好的功效，然而，为了确保法治的实现，避免刑法一般预防作用的丧失，期待可能性作为刑法的免责依据，只能在法律的框架下被认可，不宜将期待可能性理论从个别条款的法定免责事由拔高为一般性的免责事由或者说免责依据的主导原则，不

① 参见［日］西田典之：《日本刑法总论》，第2版，王昭武、刘明祥译，264页，北京，法律出版社，2013。

② 参见陈家林：《外国刑法理论的思潮与流变》，北京，中国人民公安大学出版社、群众出版社，2017。

宜在其他情况下扩张其适用。这一点，对于试图引进期待可能性理论的当今我国刑法学界极具启示意义。

三、调节性刑罚恕免事由：期待可能性理论应有的功能定位

前述表明，当今世界和平稳定，经济发达的盛世时代，刑事法治国的基本原则——罪刑法定的要求，期待可能性关照人性、体恤弱者的人文精神优势，决定了该理论一方面不可能成为普遍适用的免责原理，另一方面也不可能就此消失在刑法的范围之内。较之于期待可能性理论于20世纪初期至中期作为乱世之中的危机理论的重大作用，在当今法治时代，作为和平时代的人性点缀，期待可能性理论仍有其存在的价值，毕竟，"'可以期待的'这个概念又启发了考虑到利益，即活生生的人以及'大众'面对冰冷的理论化的现行法及其教义衍生的有效性的实际需要的利益"①。因此，期待可能性理论所隐藏的对人性弱点的尊重，决定了它对于缓和法律的严格与人性弱点以及呆板的法律规范与社会发展等之间的矛盾具有重要意义。

那么，如果我国欲引进期待可能性理论，应如何对其进行功能定位？德、日涉及期待可能性的实践与理论表明，首先应反对将期待可能性作为超法规的刑罚恕免事由，以维护刑法自身基础的牢固性；其次应反对以"法定"之名将其创立为刑法典总则阻却责任的一般性规定，"人们不能抽象地规定对人性弱点的宽宥，这样会导致不确定因素进入刑法中，这对于刑法的价值构筑功能来说是个难题"②；最后应反对各种殊途同归的，将其"要件化"而实际类似于超法规的刑罚恕免事由可广泛适用于所有案件的做法，以维护刑法责任原则的客观性与完整性。总之，在充分注意德国以及日本动向的基础上，应反对将期待可能性作为一般性刑罚恕免事由的任何直接或间接的主张或做法。根据期待可能

① Carsten Momsen, Die Zumutbarkeit als Begrenzung strafrechtlicher Pflichten, Nomos, 2006, S. 28.

② Ibid., S. 110.

性自身的理论特性，应该将其定位于调节性的刑罚恕免事由，只允许在“极其稀有的特殊案例中”以不可期待性为由宣判行为人无罪。

期待可能性理论自身的特性是模糊而不确定以及主观性和伦理化。

期待可能性缺乏实质内容，因而非常模糊。刑事法治国家的标准是，刑法用语准确、严格，表述清楚，对民众而言应该是客观的经验的论断。虽然现行《德国刑法典》第35条明确规定了期待可能性概念，但是，作为一种理论，其最初形成并非源于刑法典的规定，而是源于“癖马案”及其以后弗兰克（R. Frank）、戈德施米德（J. Goldschmidt）、弗罗伊登塔尔（B. Freudenthal）、施米德（E. Schmidt）等学者对罪责理论的拓展，现行规定只是对成熟理论的吸纳而已。学理上概括出期待可能性理论，是为了更好地获得对刑事法律的理解并系统地描述刑法实践素材。对此，德国刑法学者恩吉施（Engisch）在研究期待不可能性概念时就曾指出，“期待可能性概念要理解为‘自由的法律科学概念’，在这里它涉及的是法学的概念，虽然是与现行有效的法律相联系而形成的，但并不是由立法者本人，而是由法律理论家和法律实践者创造的”①。作为一个与自由价值法学相联系的概念，即便后来获得了法律规范的地位，然而，期待可能性理论具有的内涵模糊、外延不清的天然缺陷，决定了人们很难对它的实质内容进行客观、准确的定义。“‘期待可能性’概念是模棱两可的，因为它没有明确说明，在特殊义务情况和要承担罪责的紧急状况下，是否涉及对特殊动机情况的考虑或法律规则的总体要求。”② 换言之，期待可能性理论具有内容虚无的特性。“期待”等于“要求”，“期待可能性”等同于“可以期待”，然而，“可以”也罢，“要求”也罢，这些词汇都充满了价值相对性，这样，即便从语义学的角度分析，“期待可能性”的语义分析潜力也很有

① Engisch, Formale Logik, Begriff und Konstruktion in ihrer Bedeutung und Tragweite für die Rechtswissenschaft, FS-Klug I, 1983, S. 40f..

② Horstkotte, Protokolle, V, S. 1845.

限。“与其他概念相比，期待可能性概念以其极端的‘模糊性’而突出”[①]。

期待可能性缺乏客观标准，因而非常主观。是否具有期待可能性?以谁的标准来认定其有无？其成立条件是什么？可能性达到何种程度方可得出肯定结论？这些关键性的问题，涉及期待者与被期待者的各自情况，行为人认识与客观环境的主、客观差异，期待可能性与期待不可能性之间浮动的概率等因素，因而极难回答。期待可能性有三种判断标准即行为人标准说、平均人标准说和国家标准说，目前通说是行为人标准说。纵然有学者认为该说“并不是无条件地肯定行为人的主观立场的感伤主义”而“总是客观地评价行为人的能力”的[②]，然而，这种所谓的“客观”实则依赖的是非常个别化的因素，它貌似客观，实则是主观的。依据行为人标准说，对行为人可非难性的判断是根据客观环境情况的规范的判断，这要求充分考察行为人的年龄、职业、家庭环境、社会地位、教育程度、经济条件、宗教信仰等对行为人动机形成过程的影响，例如，行为人犯罪是由于天性使然还是因为生活无着落？是为了公然挑衅社会还是因为缺乏足够的社会适应能力？“期待可能性这个概念，是指刑法规范对每一个主体可要求的程度：一个生长在社会下层、家庭环境恶劣、从小就偷窃的人，就不能‘期待’他能像一个完全接受了社会主导价值观的人那样遵守法律的禁令。因此，行为期待可能性的大小是按社会伦理标准来进行评价的，这实际上是要求刑法规范必须是‘有感情的’。”[③] 用以社会伦理标准为基础的期待可能性来判断罪责之有无，其后果就是模糊刑法与道德的界限，从而刑法规范的稳定性与可预见性将受到巨大冲击，现代刑法的法治基础无疑面临威胁和考验，总之，“用以社会伦理为基础的期待可能性来衡量罪过的大小，很可能有失控

① Carsten Momsen，Die Zumutbarkeit als Begrenzung strafrechtlicher Pflichten，Nomos，2006，S. 47.

② 参见［日］大塚仁：《刑法概说（总论）》，第3版，冯军译，407页，北京，中国人民大学出版社，2003。

③ 同上书。

的危险”[①]。可见，依据行为人所处客观环境情况判断其有无期待可能性并不能等同于这种判断自身是客观的；行为人标准说的个别化、主观化、感性化无论如何都是期待可能性理论难以回避的天然缺陷。也因此，期待可能性实际是一种主观化的理论，所以学说上才有“这种主观化的无期待可能性理论的发展，如何在司法实践中维持一定的判断标准”[②] 之质疑。

正是因为期待可能性理论缺乏实质内容及价值评价性的特点，它才被德国刑法学者亨克尔（Henkel）视为“有调节作用的法律原则（regulative Rechtsprinzip）”[③]。这一看法提出之后得到了众多学者的支持。例如，德国刑法学者耶赛克（Jescheck）、魏根特（Weigend）就赞成如亨克尔所认为的那样将期待可能性作为刑法调节原则适用，反对将之作为所有案件的免责标准，因为这一“思想虽然没有错，却未能提供实质性的理由……可期待性与不可期待性，仅仅是‘有调节作用的原则’，它指示法官考虑具体案件中的所有的重要情况并作出正确的判断。没有必要接受在内容上绝对不明确的原则，因为免责事由的标准，作为法律上的规定绝对不会不明确”[④]。我国台湾地区学者柯耀程也认为，期待可能性不能作为统一的法律标准，但可以作为判断行为人罪责的辅助依据：“在刑法的规定中，并无‘期待可能性’的条件存在，一方面因期待可能性的概念太过于抽象，无法作条件式的具体化；另一方面受规范之人，在个别的能力上，各有不同，对于是否能达到规范期待，因能力的差异，而有所不同，故期待可能性并非统一性的标准，无法成为罪责判断的指标性条件”，但可以“为罪责判断的辅助性依据”[⑤]。这一观点

---

① ［意］杜里奥·帕多瓦尼：《意大利刑法学原理》（注评版），陈忠林译评，169页，北京，中国人民大学出版社，2004。

② 黄丁全：《论刑事责任理论中的危机理论——期待可能性》，载陈兴良主编：《刑事法评论》，第4卷，145页，北京，中国政法大学出版社，1999。

③ Heinrich Henkel, Zumutbarkeit und Unzumutbarkeit als regulatives Rechtsprinzip, FS-Mezger, S. 249ff.

④ ［德］耶赛克、魏根特：《德国刑法教科书》（上），徐久生译，640页，北京，中国法制出版社，2017。

⑤ 柯耀程：《刑法概论》，264页，台北，元照出版有限公司，2007。

实际上也是对期待可能性作为刑法调节原则的认同。我国台湾地区学者林钰雄则明确援引了亨克尔的观点并认为，“由于所谓的无期待可能性，概念相当模糊，其要件与界限不明确，若作为一般性的宽恕罪责事由，无异为法之不安定性敞开大门。因此，学说对此有所保留，最多容许在极其稀有的特殊案例中，将无期待可能性当成是调节的原则”①。

总之，学理立意与司法实践所存在的距离，刑法规范适用对象之间能力及性情等各方面的差异，期待可能性理论自其诞生以来所具有的先天缺陷例如其客观附随情状的伦理倾向等问题，决定了期待可能性理论宜作为调节性刑罚恕免事由适用，而不宜作为普遍性的刑罚恕免事由。我国学者期待它作为一般性刑罚恕免事由的功能定位并不适合该理论。

四、期待可能性理论作为刑法调节性法律原则之调节范围

同意将期待可能性作为刑罚恕免的调节性事由，允许其只在“极其稀有的特殊案例中”作为刑罚恕免事由，然而，紧接着的问题是：期待可能性调节的范围究竟是什么？换言之，哪些案例属于“极其稀有的特殊案例”？

（一）期待可能性理论调节的消极范围

在反对将期待可能性理论“法典化”或“要件化”或作为“超法规的责任阻却事由”适用的前提下，将该理论定位于刑罚恕免事由的调节性法律原则，意味着只能将该理论作为刑法的解释原理，而且是必须严格限定其适用范围的解释原理。因此，以下两种做法虽然是将期待可能性作为刑罚恕免的解释原理，但是因其没有限定或者没有严格限定解释范围而为笔者所反对，换言之，以下几种观点所主张的期待可能性的适用范围应该被排除在外，故称之为期待可能性理论调节的消极范围。

一是将期待可能性作为“罪过心理产生的前提”，从而未加限定地使其在所有犯罪中发挥判断行为人是否存在罪过的解释作用。

① 林钰雄：《新刑法总则》，7 版，308 页，台北，元照出版有限公司，2019。

“期待可能性不是罪过心理以外的独立的构成要件，也不是罪过形式本身的构成因素。期待可能性无非是意志自由程度的外在形式，是评价行为人认识能力和意志能力大小的根据，是罪过心理产生的前提。当期待可能性的程度趋于无时，表明行为人无意志选择的自由，当然不会产生罪过心理。”① 自姜伟博士于 1992 年提出这一观点之后，此观点得到了学者的一致认可。在此观点基础之上，一种流行的看法是，将期待可能性作为对行为人罪过有无的判断标准。的确，期待可能性是关于行为人主观意志形成是否具有可责难性的评价，适用这一理论解释刑法犯罪构成是否成立显然是在借助期待可能性判断行为人是否存在主观罪过的层面上适用。然而，在我国刑法语境下，认识到期待可能性是“罪过心理产生的前提”及其对罪过判断的作用与明确提倡具有独立理论价值的期待可能性思想是两回事。

我国犯罪论体系之下，犯罪的故意或过失是糅合事实评价和价值评价于一体的成立要件，它们并非如德、日刑法那样，行为符合故意或者过失要件只是满足了构成要件符合性的一种事实评价，在此之外，从法律规范的层面判断行为人的故意和过失，还需进行是否具备期待其实施合法行为的可能性的价值评价。更有甚者，即便如此，在德、日的犯罪论体系之下，日本当前在实际上已然不再动用期待可能性判断是否具有非难可能性，德国只是在严格遵守刑法规定的前提下适用。因此，仅仅根据期待可能性对于行为人的主观意志形成是否具有刑法上的非价性的特点，而认为可以将期待可能性适用于犯罪行为的罪过之判断，显然一方面与我国犯罪论体系的特点不相符合，另一方面与德、日当前关于期待可能性理论的实践不相符合。在我国犯罪论体系之下只要谨慎地判断行为人是否具备故意或过失，实际上就暗含了刑法对于行为人选择实施某种行为应该值得非难或者不应值得非难的价值评价，这种评价，与期待可能性有异曲同工之效。但是，这与理论上明确承认具有独立意义的期待可能性理论是两回事——正如在产生期待可能性之前及反对运用该

① 姜伟：《犯罪故意与过失》，81 页，北京，群众出版社，1992。

理论情况下德、日刑法的有责性都是对故意或过失的构成要件事实的价值判断，但这种价值判断和加入或者承认运用了期待可能性之后的价值判断仍然有区别。毕竟，19 世纪末期德国刑法独立地承认期待可能性是另一层意义——有倾向性地倡导对人性的尊重和对社会经济困难、民众生活困苦的考虑。因此，在当前我国经济平稳发展、人们生活富裕的社会环境之下，倡导具有独立的理论价值的期待可能性似乎并不合时宜。而且，如果在考虑行为人的罪过时多多从客观情况出发考虑行为人作出某种行为的选择是否有受到客观环境的强制或压迫等因素，则对罪过的评价同样更显人性，而这一点，在以往及现在我国的刑法理论和司法实践中，就是这样主张并且基本上也是这样做的。既然如此，就没有必要倡导具有独立价值的期待可能性以对所有犯罪的罪过发挥解释功效，从而也可避免"人权卫士"对于我国刑法不确定性、罪刑法定明确性贯彻不够彻底等现象的攻击。

综上所述，笔者认为，既然我国刑法中罪过的判断实际暗含了类似于期待可能性的思想，应反对将期待可能性作为刑法所有犯罪罪过单独的解释原理。更何况，每一种犯罪都有其主观罪过，如果允许适用期待可能性理论对所有犯罪的主观罪过发挥解释判断作用，那么，实际走的也是"要件化"的道路——在判断每种犯罪的罪过的同时使得该理论成为罪过的前提条件，从而在实质上成为主观要件的组成部分，而这样的做法，如前所述，是为笔者所反对的。

二是在分析出我国《刑法》总则中的某些条款或分则中的某些罪名"体现了期待可能性思想"的基础之上，明确将期待可能性适用于这些特定的条款或罪名。

我国学者为了找到引进期待可能性理论的立法基础，往往认为我国现行《刑法》在很多方面已经体现了期待可能性理论，例如：《刑法》总则第 16 条关于意外事件，第 17～19 条关于刑事责任年龄、精神病人、醉酒的人以及盲聋哑人犯罪，第 20 条关于正当防卫，第 21 条关于紧急避险，第 28 条关于胁从犯等的规定；《刑法》分则第 134 条第 2 款关于强令、组织他人违章冒险作业罪，第 306 条关于辩护人、诉讼代理人毁灭证据、伪造证据、妨害作证罪，第 307 条关于妨害作证罪，第 310 条关于窝藏、包庇罪等罪名的规定。有学者认为以上条文规定都体现了期待可能性思想，有学者认为只有第 16 条体现了这一思想，有的认为第 16 条、第 20 条、第 21 条体现了期待可能性思想，有的则认为除了第 16 条还有第 18 条关于精神病人刑事责任的规定也体现了这一思想，等等。不管具体观点如何，可以肯定的是，以上条款或罪名是否体现了期待可能性思想，在我国学界并无统一的认识，属于仁者见仁的问题，换言之，它们是我国刑法学者利用期待可能性理论对我国《刑法》相关规定进行解释的结果，而不是刑法条文自身的真实情况。因为，我国《刑法》毕竟没有如《德国刑法典》那样，在《刑法》中明确规定期待可能性概念。

《德国刑法典》中，除第 35 条（规定了“可以被合理期待”的）外还有以下条文规定了期待可能性概念：第 42 条关于对罚金刑的从宽缴纳中规定，立即支付罚款的期待不可能性情况可以减轻被判者的支付；第 56 条 b 指出，法院可规定受审判人在缓刑期间的义务，“但不得要求其履行不可能实现的义务”；第 56 条 c 规定，法院“对受审判人在生活上不应提出不可能实现的要求”；第 68 条 b 规定“法院在指示中不得对行为人的生活方式提出该人不可能实现的要求”；第 113 条关于抗拒执行公务之官员罪规定“不能期待其利用合法手段防止执法人员的非法行为，则其行为不依据本条处罚”；第 142 条规定“交通肇事参与人在可期待的期间内”应立即履行交通肇事中证实身份、车辆的义务，否则，构成擅离现场罪；第 218 条关于妊娠终止规定，如果“不可能用另一种她能够期待的方式避免该危险”时，就可以免责；第 219 条规定“如果将小孩怀足月给妇女造成了如此严重的不寻常的负担，以至于它超过了可期待的牺牲的界限”时，可以建议孕妇采用措施消除紧急状况（譬如终止妊娠）而免除其责任；第 323 条 c 关于疏忽援救罪要求“根据行为人当时的情况急救有可能”。这些条款，都明确地使用了“可以被合理期待”“不可能”“不能期待”“可期待”“有可能”等期待可能性思想的表达。由于立法的统一性和明确性，对这些犯罪应该适用期待可能性理论在德国刑法学界并无争执。

《德国刑法典》对期待可能性概念有明确的规定，我国《刑法》中则没有；我国刑事立法中那些被认为“体现了期待可能性思想”的条文，也只是学者的个人见解；是否真的体现了，对此也观点不一。更何况，即使以上诸如第16条等条款都“体现了期待可能性思想”，那与直接在法典中规定了期待可能性概念仍然是两回事。所以，关于我国引进期待可能性理论解释刑法，学者的一厢情愿多，来自法典的明确规定则没有；争执是否体现了期待可能性思想的条款多，得到一致认同的规定少。在学理上解释出哪些条款包含了或体现了期待可能性思想之后，学者顺其自然地就会进一步提倡，至少司法实务在解释这些犯罪的构成要件，尤其是主观罪过时，应该适用期待可能性思想，因为立法上既然已经“体现”了，司法实践就应贯彻。显然，这恰恰是学者在研究期待可能性理论时另一种不自信的表现——害怕实务部门不愿意适用期待可能性，于是便先分析出哪些刑法条文体现了期待可能性思想，然后动用立法影响司法。此外，学界对“体现了期待可能性思想”的条款之解释，正存在着一个扩大的趋势，似乎越来越多的条款都体现了这一思想，只是很多人没有发现而已。对于此种趋势，有学者明确指出，“不宜滥用期待可能性理论对刑法典的规定进行解释”，“期待可能性理论可以科学地阐释我国刑法典的一些规定。但是，我国刑法学者在解释刑法典的规定时，有扩大适用期待可能性理论的倾向，这是值得注意的问题”①。这种适用期待可能性理论对刑法条款进行解释并相应地要求对这些罪名适用该理论的做法，较之于将该理论作为一般性刑罚恕免事由的做法，要合理很多，因为它毕竟只是对某些罪名的适用。法治的精神在于统一，多一个或者少一个罪名适用或不适用期待可能性理论，表面看来只是观点的分歧，其背后实则体现了对被告人之权利的漠视和理论研究的随意性；更何况，这种解释还有扩大的趋势。正因为如此，实践中对于哪些案件需要适用期待可能性常常出现分歧极大的见解，例如婚内强奸

① 欧锦雄：《期待可能性理论的继承与批判》，载《法律科学》，2000（5）。

案，指使、强令他人违章驾驶案，受虐妇女棒杀丈夫案、王某余案、许某案等案件，都曾进入学者关于期待可能性理论的实践视野。有鉴于此，笔者对于这种看似有限定实则很混乱的做法同样持反对意见。

三是在故意犯还是过失犯、作为犯还是不作为犯的领域探讨期待可能性的适用问题。赞成将期待可能性作为调节性刑罚恕免事由的学者，对于该理论调节的范围如何，一般是围绕只能适用于过失犯还是也可适用于故意犯、只能适用于不作为犯还是也可适用于作为犯的问题在探讨。“尤其是在过失犯与不作为犯之领域，因为此等犯罪必须适当界定注意或行为义务的界限”[①]；或者认为，“对于责任形成的判断，也并非全然无用，以其作为罪责判断的辅助性依据，也有不可忽视的作用，特别是对于过失行为的罪责判断”[②]。较之于作为所有犯罪罪过解释原理的做法，将期待可能性的适用领域限定在过失犯与不作为犯，显然缩小了其适用范围。然而，过失犯与不作为犯为开放的犯罪构成要件，行为人是否具备结果预见义务或者结果避免义务或者作为的义务，本身就是需要法官予以裁量、补充价值判断的要素；判断这些义务是否具备，仍然是一个如前述的罪过判断问题，只不过过失犯与不作为犯中的罪过必须联系行为人的法律义务进行判断而已。对于作为开放的犯罪构成要件的过失犯与不作为犯，适用期待可能性理论判断行为人的罪责，同样范围过广。在一般国家的刑法典中，过失犯在所有犯罪中的比例约为三分之一，而不作为犯，几乎遍布于刑法典分则的每个罪名，因为刑法中的每个犯罪基本上都既可以由作为构成，也可以由不作为构成——除去极少数的纯正的不作为犯，而后者正说明，不作为犯的范围比作为犯的还要广。所以，如果泛泛而论将期待可能性理论适用于过失犯和不作为犯，那同样没有给出限定的条件，或者说，同样没有说明哪些案件才是“极其稀有的特殊案例”——难道是泛泛而论的过失犯或不作为犯？显然不是。

① 林钰雄：《新刑法总则》，7版，308页，台北，元照出版有限公司，2019。

② 柯耀程：《刑法概论》，264页，台北，元照出版有限公司，2007。

（二）期待可能性理论调节的积极范围

在我国目前情况下，在期待可能性理论自身的天然缺陷难以被克服的情况下，可以主张在损害同等价值生命法益的紧急避险中有限度地适用期待可能性理论，此即期待可能性理论调节的积极范围。

《德国刑法典》将紧急避险分为第34条规定的“阻却违法性的紧急避险”和第35条规定的“阻却责任的紧急避险”：前者是在保全的法益明显大于损害的法益情况下的紧急避险，它是合法化或者说正当化的紧急避险，针对此种紧急避险不能进行正当防卫，避险人也不应该遭受刑罚处罚。结合第34条法益大小对比明显的情况，第35条显然是指保全的法益与损害的法益价值相等的紧急避险，这种紧急避险不具备合法性，因此他人可进行正当防卫，避险人本应受到刑罚处罚，只不过考虑到避险人在当时的压迫或者特定法律关系的情况下不可能采取别的方式，亦即不具有期待可能性，才免除其责任。此又称为免责的紧急避险。我国《刑法》第21条对紧急避险的规定没有区分保全与损害的法益大小对比明显或相等两种不同情况，这一方面导致刑法理论界往往泛泛而论对紧急避险行为可否实行正当防卫的问题，而没有看到法益价值之大小对于行为可罚性即对避险行为性质的影响；另一方面则导致我国刑法学界和实务部门针对一些法益相等，尤其是以生命法益为内容的特殊案件中紧急避险是否成立往往争论不休。有鉴于此，借用德国刑事立法对紧急避险的精确二分法，显然有利于我国刑法理论上对紧急避险的研究。考虑到我国与德、日在犯罪论体系上的不同，在具体称呼上，可将德国刑法中“阻却责任（免责）的紧急避险”称为法益相等的紧急避险，将“阻却违法性（正当）的紧急避险”称为法益不等的紧急避险。

前述表明，德国刑法对期待可能性理论的适用严格恪守制定法的规定而无半点突破：分则中只有规定了期待可能性的罪名才能适用，总则中只有第35条阻却责任的紧急避险方能适用。我国《刑法》分则中并无罪名明确规定期待可能性概念，为了反对适用期待可能性理论在罪名上的分散性和随意性，笔者反对在分则任何个罪上适用。此一点前已述及。总则中，由于适用期待可能性的情况只有紧急避险，而且，在法益不等的紧急避险中，保全的法益大于损害的法益，从法益衡量的角度来说，“牺牲小的法益保护大的法益是与法秩序的要求相一致的”[①]，行为人损害另一法益的行为自属于不可罚的正当行为，关于这一点中外刑法均无争议；也因为如此，自无必要，也无空间适用期待可能性理论。于法益相等的紧急避险中，行为人损害另一法益的行为能否成立紧急避险，因其损害与保全的法益价值相等而极难作答。此时，就有动用期待可能性理论之必要——从法规范的角度去评判是否可以期待行为人选择其他方法而不是将危难转嫁给第三者：如果可以，就不能成立紧急避险而应处罚行为人；反之，则成立紧急避险而不罚。问题是，在法益相等的紧急避险中，涉及的法益种类繁多，如生命、身体、财产、自由、名誉和其他法益等，并不是所有法益只要其价值相等就可适用期待可能性理论判断行为是否成立紧急避险。考虑到以下原因，只允许在损害同等价值生命法益的紧急避险中有限度地适用期待可能性理论，将期待可能性理论作为这类案件的解释原理来判断行为人的行为能否成立紧急避险应该说是合理的。

首先，明确在《德国刑法典》第 35 条中规定期待可能性概念的德国刑法目前的趋势只是“支持在免责紧急状况的框架下有限度地执行期待可能性标准”，并且这种限度主要体现为以生命权的冲突为边界，那么，对于尚且没有实现期待可能性理论立法化的我国刑法而言，将援用期待可能性理论限定于损害同等价值生命法益的紧急避险无疑是妥当的。其次，损害同等价值生命法益的避险行为能否成立紧急避险在我国争议极大，合理适用期待可能性理论可以相对完满地解决争议。我国《刑法》第 21 条规定：为了使国家、公共利益、本人或者他人的人身、财产和其他权利免受正在发生的危险，不得以采取的紧急避险行为，造成损害的，不负刑事责任。紧急避险超过必要限度造成不应有的损害的，应当负刑事责任，但是应当减轻或者免除处罚。这一规定对于损害的法益与保全的法益之间的价值大小并没有要求，只是笼统地规定紧急

① 刘明祥：《紧急避险研究》，9 页，北京，中国政法大学出版社，1998。

避险行为不得超过必要限度。这导致在法益相差悬殊的情况下判断是否成立紧急避险很容易，而在法益相等或者难以衡量的情况下如“对生命的避险行为”是否成立紧急避险则分歧极大。对这些案件就应援用期待可能性理论否定行为人罪过的成立，从而排除其行为构成犯罪而成立免除刑罚的紧急避险。最后，生命法益属于所有法益中最为重大和特殊的法益。“保存自己的生命”在人类文化中往往是被优先考虑的，并且这种文化认同也使紧急避险行为变得可以理解。法律原则不能要求人们在生命法益尚未确保的情况下，还同样按照刑法的规章行事。在人类所有法益之根本——生命法益的保全与损害问题上，允许适用期待可能性，才能最充分发挥该理论的价值，并且因为生命法益的重大性，适用该理论也会得到理论与实务界的一致认可。当然，在损害同等价值生命法益的紧急避险中适用期待可能性理论作为刑罚恕免事由应该有一些条件：第一，两种生命法益必须处于相互对立的状态，如甲与乙，保存了甲的生命就要放弃乙的生命，反之亦然。第二，必须满足补充性，即没有其他合理办法可以排除危险。例如，如果甲有其他方法救助自己而乙没有，甲就不得以损害乙的生命法益为手段达到保全自己的生命法益的目的。第三，双方的生命法益受到同等程度保护，如果一方成为另一方的危险源或者因过错让自己的生命处于危险状态，则其对生命实施紧急避险的行为仍不得以没有期待可能性阻却责任。在我国司法实践中，便出现过此类案件。

被告人李某（女）骑自行车下乡办事，途中遇一男青年张某企图抢车，李某趁张某不备将其打晕后逃离现场，并向一户农家求助。老太太对李某说，天色已晚，派出所在较远的屯子，不如先和其女儿同住一晚，明天再报案。李某表示同意。入夜时分，张某苏醒后回家，发现自己抢过的自行车停在院内，方知投宿之人就是李某，因担心李某天亮后报案，遂萌生杀意。在问明李某睡觉的位置和方向，并找出铡刀后，张某悄悄走进房间，在黑暗中摸索到床边，对着睡在外侧的人头部猛砍。但事实上，李某一直惊魂未定，未能入睡，将张某母子的谈话和张某取铡刀的声音都听得一清二楚，在极度恐慌之下，李某急中生智，悄悄将睡得很死的张某的妹妹推到外侧，自己睡到里侧。张某杀死的实际上是其妹妹。[①]

在本案中，李某的行为便应当被认为不具有期待可能性。首先，如前所述，生命无贵贱之分，不能进行法益大小的衡量，故法秩序不允许将他人生命作为实现任何目的的手段，李某牺牲他人以保全自己生命的行为并不能够成立“阻却违法性的紧急避险”。其次，考虑到彼时的外界环境（天黑、住户稀少、离派出所远）以及面临的不法侵害（手持铡刀的青年男子以及纵容其实施犯罪行为的母亲），李某并无其他方法保护自身法益，也不可能同时保全自己和张某的妹妹的生命法益，因而满足补充性要件。最后，在法律上，李某与张某的妹妹的生命法益受到法律同等程度的保护。一方面，张某的妹妹并没有实施任何客观不法行为，其并不属于给李某的生命法益造成威胁的“危险源”，故法律对其生命法益的保护必要性并没有下降；另一方面，虽然李某是因先前将张某击倒的行为才招致张某的报复，但其实施的完全是法律所允许的正当防卫行为，故对其生命法益的保护必要性也并未下降。综上，李某牺牲张某的妹妹以保全自己的生命法益的行为仍属违法，但根据规范责任论，法律不能够期待其在面对生命威胁时仍然奉公守法，因此其责任能够因为不具有期待可能性而阻却。类似的分析也可以用于前述“坠机案”，此处不再赘述。

五、结　语

期待可能性目前在德、日的理论上与实践中的萎缩状况以及其自身缺陷，以及过于扩大适用该理论作为刑罚恕免事由对法治精神的冲击，决定了运用期待可能性对人性弱点所掬的同情之泪不应泛滥成河。为此，在实质二阶层体系之下，应反对将期待可能性作为一般性罪责判断指标，而只宜将之作为起调节作用的刑法原则，在“极其稀有的特殊案例中”作为刑罚恕免事由予以适用。换言之，期待可能性不能成为一般

① 参见陈兴良：《刑事法判解》，第1卷，313页以下，北京，法律出版社，1999。

性、普遍性的责任免除事由，而只能在极其少数情况下作为免责事由而被适用，亦即是少数例外情况下的免责事由。至于期待可能性的调节范围，或者说哪些案件属于“极其稀有的特殊案例”，笔者以为，外国刑法实践为我国对期待可能性调节范围的划定提供了基础，我国刑法的紧急避险立法为期待可能性理论的适用提供了空间，性命攸关时刻生命法益冲突的时有发生为该理论提供了市场，因此，期待可能性调节、适用的范围宜被限定在作为“问题的高峰和顶点”即生命权冲突之时，换言之，只在损害同等价值的生命法益的紧急避险中有限度地适用期待可能性理论。对于当前我国学界动辄适用期待可能性理论作为出罪事由的做法笔者不敢苟同。没有刑法对期待可能性的任何规定，没有深厚的法治基础，没有对期待可能性理论的深切积淀和理解，随意适用期待可能性理论只会导致对人性弱点的廉价同情，无原则的宽容无异于纵容，最终国家、社会与公民将会三受其害。为了确保刑法的稳定性和严肃性，较之于目前我国学界扩张适用期待可能性理论的立场，限缩的立场更为可取。

下　篇

实质的犯罪论之展开：以共犯论为链接

第九章　客观实质共犯论：实质二阶层体系的试金石

共犯论是体系论的试金石（威尔哲尔语）。实质二阶层体系是否合理，在很大程度上取决于能否解决在平面四要件体系下所不能解决的共犯问题；实质二阶层体系是否可行，在很大程度上取决于作为体系与问题之试金石抑或承接点的共犯论可否在该体系之下通行。共犯论的核心问题在于如何区分正犯与共犯，亦即我国刑法中所说的实行犯与狭义共犯。共犯理论的发展思潮表明，当下处于主流地位的是客观实质的共犯理论，这一理论要求建立与之相适应的实质的犯罪论体系。实质二阶层体系不但能够克服平面四要件体系形式化所致共犯处罚漏洞的问题，而且与当今共犯理论的客观实质化思潮脉动相一致，因此，可以说，实质二阶层体系的特色就在于客观实质的共犯理论。

大陆法系刑法共犯体系是以正犯为中心建立起来的。《德国刑法典》第 25 条规定，“自己实施犯罪，或通过他人实施犯罪的，依正犯论处”；“数人共同实施犯罪的，均依正犯论处（共同正犯）”。第 26 条规定，“故意教唆他人故意实施违法行为的是教唆犯。对教唆犯的处罚与正犯相同”。第 27 条规定，“对他人故意实施的违法行为故意予以帮助的，是帮助犯”。“对帮助犯的处罚参照正犯的处罚，并依第 49 条第 1 款减轻其刑罚。”日本刑法第 60 条规定，“二人以上共同实行犯罪的，都是正犯”。第 61 条规定，“教唆他人实行犯罪的，判处正犯的刑罚。教唆教唆犯的，与前项同”。第 62 条规定，“帮助正犯的，是从犯。教唆从犯的，判处从犯的刑罚”。而“从犯的刑罚，按照正犯的刑罚予以减轻”（第 63 条）。显然，在德、日等国，刑事立法根据分工分类法对共同犯罪人进行分类，正犯是这一分类法中的核心概念，它是定罪的中心，也是量刑的中心，共犯基本上都要依据正犯的成立来认定并且根据正犯的刑罚来确定其各自的刑罚。这样的正犯中心体制决定了长期以来在德、日刑法中，共犯论的核心都是界定正犯与共犯之区别，以确定不同参与人在共同犯罪行为的实现中扮演的角色地位，以便最终确定相应的法律责任。但是，虽然刑法典对于什么是正犯和共犯作了规定，但是，何谓“自己实施犯罪”或“共同实行犯罪”仍是不清楚的。因此，准确界分正犯与共犯的类型，在德、日刑法之中，直接关系到刑法正义理念的彰显、构成要件理论自身的维护与发展、共同犯罪中各参与人的性质定位与刑罚调配等一系列重要问题。

我国刑事立法没有正犯以及狭义共犯概念。我国刑法将共犯人分为组织犯、主犯、从犯、胁从犯、教唆犯：主犯、从犯和胁从犯是根据作用分类的结果，组织犯、教唆犯是根据分工分类的结果，其中，主犯是我国整个共犯体系的核心。但是，立法上没有正犯概念，并不等于刑法理论上和实践中不存在正犯及其问题，只不过，我国刑法理论和司法实践将正犯称为实行犯，故区分实行犯与非实行犯的问题同样是理论上和实践中的重、难点，例如，甲是盗窃罪的实行犯，乙在甲入室盗窃时在屋外望风相助。对甲论以盗窃罪的实行犯没有问题，对乙是论以实行犯还是帮助犯，则存争议。虽然借助主犯、从犯与胁从犯的作用分类法，我国刑法对望风行为的处罚也能达到罪刑相适应的结果，但是，从行为人的行为性质上看，处罚结果的妥当并不等于定性的妥当，换言之，相对于入室盗窃者的盗窃实行行为，望风行为究竟是帮助行为还是实行行为，亦即望风者是正犯还是共犯，这一问题无疑是存在的。因此，区分正犯与共犯亦即我国刑法中讨论的实行犯与非实行犯，无疑能使对共同犯罪有关问题的研究更加精致化，从而更加符合“刑法学是最精确的法学”[①] 之要求。

---

① ［德］克劳斯·罗克辛：《德国刑法学总论》，第1卷，王世洲译，译者序，1页，北京，法律出版社，2005。

既然从理论上和实践中区分正犯与共犯对于大陆法系及我国刑法都是有意义的，那么，采用何种学说就需要讨论。围绕这一难题，从 20 世纪初大陆法系刑法理论对正犯进行研究开始，形式说、客观说、犯罪事实支配说等诸说更迭，如何抉择？需结合正犯理论的发展动向以及我国的实际情况深入分析。

一、共（正）犯理论发展动向：客观实质共（正）犯论①

历来刑法理论在研究正犯问题时，主要围绕正犯的概念、正犯与共犯的区别以及与之相关的共犯类型与处罚根据、共犯本质等问题。至于间接正犯，有的在构成要件论中论及，有的在共同犯罪中探讨，但是，无论将间接正犯问题置于刑法理论体系中的哪一部分，它与正犯概念都密切相关。可以说，在正犯与共犯的所有问题中，正犯概念是起点、是核心，正犯与共犯的区别，事实上也是正犯概念中的问题：对正犯概念采取什么学说，对正犯与共犯的区别就会相应地采取什么样的看法。因此，分析正犯理论的发展轨迹，主要就是分析正犯概念及其延伸问题即正犯与共犯界限的不同学说所彰显出来的线索。

简要分析学术史，围绕正犯概念出现的主要学说有单一正犯概念、扩张正犯概念和限制正犯概念；围绕正犯与共犯区别的主要学说有主观说、客观说、犯罪事实支配说，在客观说内部，又有形式客观说与实质客观说的对立。有些学说诸如目的行为论区别说、规范的综合判断理论与综合主、客观要素的主观说等自其产生之后，在刑法理论和司法实务中的影响极其有限，因此，此处的探讨不涉及这些学说。笔者以为，综观这些曾经或仍然重要的正犯理论及其发展，它们体现出物理性到功能性、主观性到客观性、形式性到实质性三个发展趋势，其最终结果，则是主流学说客观实质正犯论的形成。

① 需要说明的是，共犯理论的核心就在于区分正犯与共犯，因此，客观实质正犯论既是一种正犯学说，同时也是一种共犯理论。本章的标题为“客观实质共犯论”，其原因就在于此。

（一）物理性到功能性

正犯理论体系有单一制和区分制两种，扩张与限制正犯概念属于区分制正犯理论体系的范畴。现在各国刑事立法和刑法理论大多采用区分制，单一制赞成者很少。也因为如此，刑法理论对于正犯理论的演变往往注重于区分制内部扩张与限制正犯概念的对峙与发展，而忽略了单一正犯概念自身理论演变所折射出来的问题。笔者以为，事实上，即便是不受追捧的单一正犯概念，其轨迹也是一个从简单到复杂、从机械的事实认定到功能性的有所区分的过程，换言之，单一正犯概念的发展折射出正犯概念物理性到功能性的轨迹。

早期的单一正犯概念从因果关系的条件说出发，认为所有对构成要件的实现贡献了因果关系的条件者都是正犯，这样，每个参与实现犯罪的人都被认为是正犯，“每一个人在其参与了作为结果发生原因的违法和有责行为之后，都会被作为正犯看待，而不会考虑其他参与人的帮助行为的性质（故意、过失或不可避免的法律上认识错误，即有责还是无责），也不考虑具有因果关系的其他参与人的帮助程度（预备、故意或既遂）”[①]。这种早期单一的正犯概念是形式上的单一正犯概念，它考虑的不是单个的个人，而是参与人共同体的作用[②]，例如，直接实施杀人行为的人是正犯，帮助或教唆他人杀人的人也是正犯。由于这种单一正犯概念完全脱离构成要件的定型性，后来奥地利学者金阿普费尔（Kienapfel）作为维护单一制最为著名的德语学者，针对对单一制的批判提出了著名的“功能性的单一正犯概念”。他根据犯罪事实的实现方式将正犯分为三种——“直接正犯”、“促成正犯”与“支援正犯”[③]，从而将直接实施构成要件行为的人、帮助或促成实施犯罪行为的人和为他人实施犯罪行为提供帮助的人区分开来。

笔者以为，金阿普费尔的单一正犯概念之所以是功能性的，原因在

---

① Kienapfel，JuS 1974，S. 1ff.；Günter Jakobs，Strafrecht Allgemeiner Teil，2. Aufl.，Berlin，1993，S. 594f.

② Günter Jakobs，Strafrecht Allgemeiner Teil，2. Aufl.，Berlin，1993，S. 596f.

③ Kienapfel，JuS 1974，S. 1ff.

于：以往的单一正犯概念只考虑对犯罪人处罚在刑事政策上的意义，故将所有参与共同犯罪行为的人都作为正犯处罚，而忽视了刑法犯罪论体系所提供的犯罪成立要件的意义。事实上，即使讨论多数人的犯罪行为，也必须一一针对不同行为人的行为是否符合犯罪构成要件进行分析，超越犯罪构成要件，简单地将所有犯罪参与人同作正犯处理，意味着将刑事实体法的定罪意义悬空。这样的正犯概念只能是一种简单、机械、物理的正犯概念，即不加区分、不加辨别，看不到各个行为人的行为对犯罪的实现所起的不同功能。功能性的单一正犯概念虽然仍是在一元制下的学说，但是它已经接近于区分制了，因为它开始考虑行为人的行为对于犯罪行为的实现所起的作用，包括主观意志的推动与惹起、客观上是直接实施还是仅仅提供帮助等，来区分不同正犯。比如，功能性的单一正犯概念对“直接正犯”的定性实际是基于正犯应该实施了犯罪行为这一客观要素的考虑，对“促成正犯”的定性则是基于对犯罪实现所起造意方面作用的个别考虑，对“支援正犯”的定性无疑是对于实施构成要件之外行为者的定性。可见，功能性的单一正犯概念超越以往的单一论，而朝着根据共同犯罪各参与人的不同地位和角色包括主观意志和客观行为等综合考虑的方向发展着单一制。因此，虽然在单一制正犯体系之下上述三种人都是正犯，但是，这样的划分表明，从此，即使是单一制正犯概念也不再遵从简单的机械思维，而是根据各参与人在共同犯罪中所起的作用不同来区分。虽然说功能性单一正犯概念仍未摆脱单一制体系，它却体现了正犯概念从物理性到功能性的发展轨迹，并因此而对区分制正犯概念的发展起到了推动作用。由于功能性的单一正犯概念对正犯的三种划分仍停留于一元制体系下，所以，它虽在一定程度上推动了单一制正犯概念的发展，但最终也难逃衰微的命运。

除单一正犯概念的发展体现正犯概念从物理性到功能性的发展变化之外，正犯与共犯区别论中的形式客观说与实质客观说的对峙也体现了正犯概念物理性到功能性之变化，不过，这一变化是通过正犯概念从形式性到实质性的变化来体现和完成的，因此，对它的讨论将放在下文

“形式性到实质性”的内容中进行。

（二）主观性到客观性

当今处于主流地位的区分制正犯理论体系中，如何以及按照什么标准区分是一个备受争议的问题，对此问题的回答，反映了主观正犯理论客观化的过程。不过，正犯理论的客观化过程非常复杂，它既有正犯概念学说上的主观性到客观性之发展，也有正犯与共犯区别论中主观到客观之变化。

1. 正犯概念主观到客观之发展

单一正犯概念的衰微意味着区分制正犯概念的兴盛。作为区分制正犯概念的对立范畴，扩张与限制的正犯概念的对峙体现了正犯概念主观性到客观性的演变发展。

20 世纪初，单一和扩张正犯概念是同一回事，即它们都是建立在条件因果论的等价原理基础之上。扩张正犯概念（extensive Taeterschaftsbegriff）是德国学者麦兹格主张的学说。麦兹格不以构成要件的实行行为为中心，而是提出所有对犯罪的实现发挥作用的人都是正犯，刑法之所以另外规定共犯（教唆犯与帮助犯），是想对正犯责任处罚范围进行限制（Haftungseinschränkung），限制刑罚的适用。这就是刑罚限制事由。[①] 限制正犯概念（restriktive Taeterschaftsbegriff）是迈耶主张的学说，他认为：只有实施了构成要件实行行为之人才是正犯，其余的人都是共犯。刑法分则规定的犯罪构成要件仅仅针对实施了实行行为的人，其他没有实施实行行为的参与人根据总则关于教唆犯和帮助犯的规定要受处罚，这是对正犯责任处罚范围的扩大（Haftungsausdehnung），即刑罚扩张事由。[②] 由于扩张正犯概念采取了类似于单一正犯概念一样的立场，即认为一切参与犯罪的人都是正犯，“一切共犯都是

① Vgl. Edmund Mezger, Strafrecht I. Allgemeiner Teil, München und Berlin, 1960, S. 230.

② Zimmerl, ZStW 49, S. 115ff; Günter Jakobs, Strafrecht Allgemeiner Teil, 2. Aufl., Berlin, 1993, S. 596.

正犯”[①]，因而，单一正犯概念的所有缺陷它都具备，尤其是，“扩张正犯概念将正犯之可罚性，扩张至每一个对于犯罪之完成具有因果关系与罪责之行为人，而超越构成要件本所掌握之范围，故有未当”[②]。自然，扩张正犯概念超越犯罪构成要件定义正犯概念的做法受到了理论的摒弃，在实践中也没有什么影响。

限制正犯概念作为维护构成要件符合性的理论，提出根据是否实施了构成要件实行行为来区分正犯与共犯，而不再采用“一切……都是……”的全称判断，从而使扩张正犯概念中漫无边际的正犯范围大为缩小，因此，当今德、日等国主要采用限制正犯概念。扩张正犯概念与限制正犯概念截然不同的地位与影响，表明在主观正犯概念与客观正犯概念的选择中，后者不但维护了法定构成要件的纯粹性，还突出了应以实行行为这一客观事实作为区分标准。因此，在扩张正犯概念与限制正犯概念的对峙中，后者成为通说，表明理论和实践对于限定刑罚处罚范围与实现处罚判断标准的客观化有着深厚的认同和需求。

2. 正犯与共犯区别论主观到客观之发展

(1) 应予厘清的前提：正犯与共犯区别论的学说范畴。

论及正犯理论主观性到客观性的发展、演变，最具有关联性的学说当属正犯与共犯区别论中的主观说与客观说。这实际上提出了一个问题：在正犯与共犯区别论的学说中，除了主观说与客观说，是否有别的对立范畴？这一问题关系到正犯理论的实质化过程的客观性，以及能否以全面而审慎的眼光分析正犯理论从主观到客观的演变、发展。

有观点认为，抛开犯罪事实支配说，理论上关于正犯与共犯区别的学说有两对对立范畴：一是以因果关系为基础的主观说与客观说，二是以构成要件论为基础的扩张正犯概念与限制正犯概念。[③] 另有观点认为，理论上关于正犯与共犯区别的学说只有主观说与客观说，换言之，

① Günter Jakobs，Strafrecht Allgemeiner Teil，2. Aufl.，Berlin，1993，S. 608.

② 林山田：《刑事法论丛》，4 页，台北，作者自版，1997。

③ 参见［日］大塚仁：《刑法概说（总论）》，第 3 版，冯军译，238 页，北京，中国人民大学出版社，2003。

扩张正犯概念与限制正犯概念只是关于正犯概念的学说，而不是关于正犯与共犯区别的学说。[①] 后一种观点明显不妥。单一制正犯概念不主张共犯概念的存在，自然也不存在正犯与共犯的区别问题。在采区分制的前提之下，无论是采用扩张或限制哪一种正犯概念，亦即在正犯概念的问题解决之后，接下来自然要解决它与共犯具体应该如何区分的问题，这样，区分制下正犯概念的学说自然也是正犯与共犯区别的学说。以是否实施了构成要件的实行行为，或者说，以构成要件为中心，扩张正犯概念与限制正犯概念实际也提出了正犯与共犯的界限之所在。因此，扩张正犯概念与限制正犯概念既是正犯概念的学说，又是正犯与共犯相区别的学说。目前的刑法论著在介绍扩张正犯概念与限制正犯概念时往往只是将其作为正犯概念的一对范畴，而不是同时将之作为正犯与共犯相区别的学说，在正犯与共犯相区别的学说中只介绍主、客观说与犯罪事实支配说等，这样容易割裂正犯概念与正犯和共犯相区别这两个紧密联系的问题，也不利于逻辑而全面地看待正犯与共犯相区别的各种学说，实为不妥。因此，学理上将扩张正犯概念与限制正犯概念既作为正犯概念的学说，又作为正犯与共犯相区别的学说，更为合理。

（2）客观说的发展轨迹：早期客观说到形式客观说之扬弃。

客观说应该分为早期客观说与后期发展出来的以形式客观说和实质客观说为分野的客观说。先看早期的客观说：条件说和原因说是因果关系论中的两种重要学说，前者认为，只要存在着没有前者（行为）就没有后者（结果）的关系，就可以认定因果关系存在；后者主张，并非所有的条件与结果之间都具有因果关系，在众多条件中只有原因与结果的发生才具有因果关系。早期客观说以原因说为基础，认为实施的行为是造成结果发生的原因之人就是正犯，实施的行为是造成结果发生的条件之人则是共犯。主观说以条件说为基础，认为既然所有的条件与发生的结果都具有因果关系，那么，依客观上的因果关系区分正犯与共犯，只

① 参见林山田：《刑法通论》，21－31页，台北，作者自版，2005；柯耀程：《刑法概论》，357－377页，台北，元照出版有限公司，2007，等等。

能根据行为人的主观意思：凡是为了实现自己犯罪意图而实施犯罪的，是正犯；在正犯的犯罪意思支配下实施犯罪者是共犯。对于早期客观说，很多论著并不介绍，介绍客观说时一般只是论及形式客观说与实质客观说，主要理由可能在于，条件说在因果论中现在已基本丧失了学术价值与实践意义，以此为基础的早期客观说，自然也逐步淡出理论的视野。

不过，笔者以为，早期客观说虽现已无人采用，但在学说史上，它对于正确理解后期客观说意义重大：后期客观说中的形式客观说是在早期客观说基础之上发展起来的，它是对后者的扬弃。早期客观说把实施导致结果发生的行为当作实行行为，然而，没有结果发生的行为犯据此岂非没有实行行为了？这显然与行为犯的理论构造不符，此乃早期客观说的不妥之处。但是，早期客观说的起点虽然是“造成结果发生的原因行为”这一因果链条，但其终点或终极体现毕竟是“实行行为”，因为：“导致结果发生的行为”无非是“实行行为”的修饰语；它从实施了实行行为的人为正犯、其他人是共犯这一角度区分正犯与共犯，表明了其与以因果关系的条件说为基础的主观主义共犯论的本质区别：不是围绕行为人的主观意思，而是以实行行为这一客观要素作为认定的标准。形式客观说正是对早期客观说扬弃之后的学说：“扬”其从实行行为的定型性来界定正犯与共犯的精髓，“弃”其将实行行为定性为“导致结果发生的行为”的不合理性。毕竟，正犯与共犯的区分，用以解决共同实施犯罪的数人中，何者是实行犯、何者是教唆犯与帮助犯，这是一个与犯罪行为相关的问题；将“实施导致结果发生的行为当作实行行为”进行修正的结果就是，将实施犯罪构成要件实行行为的人定义为正犯，将实施犯罪构成要件实行行为以外行为的人定义为共犯。这样的理论，正是早期客观说之后的形式客观说（Die formal objektive Theorie），“该说的目的是理解刑法分则各个犯罪构成要件描述的内容”[①]，从而将正

① Beling, Grundzüge, 1930, §18 V; Günter Jakobs, Strafrecht Allgemeiner Teil, 2. Aufl., Berlin, 1993, S. 607.

犯定义为“亲自实施刑法分则描述的全部或者至少部分构成要件行为之人，而所有其他的人仅仅只是教唆犯或者帮助共犯”[①]。

（3）客观化的双重路径：形式客观说与限制的正犯概念。

通过对早期客观说的扬弃，当今意义上的形式客观说终于形成并发展成为极具影响力的学说。这是正犯与共犯区别论中客观化的路径之一。

主观说“划分正犯与共犯的根据不是客观的外部世界可以发现的（行为——引者注），而是根据参与人内在的心理标准即意志、目的、动机和内心情感来进行”。简言之，正犯和共犯的“所有的区分标准就是正犯意志（Täterwillen）以及与正犯意志并不相同的帮助意志（Willen des Gehilfen）”[②]。显然，主观说不顾行为人的行为而只考虑其主观意思，实现己意者是正犯，实现他意者是共犯。然而，是己意或他意，这一问题难以回答；而且，以主观面作为区分标准在出发点上就存有问题。正犯的性质是直接实行犯，而根据主观说，它将实现了自己意志即己意的行为者视为正犯，这无异于将实现自己意志的行为与犯罪的实行行为作了相同的价值处理。比如，出于走私的意志，为走私者提供汽车的人和亲自实施走私行为的人，在刑法评价上区别很大，前者应是帮助犯，后者应是正犯，但根据主观说，则前者会被认定为正犯，而后者可能因其行为只是体现了提供汽车之人的意志而只成立帮助犯。这显然不合理。总之，主观说的前提是故意理论对目的、动机等内心要素的界定，而恰恰在故意理论中，目的与动机的区分不太清晰，行为人的内心情感又范围过广，意志要素又是如此难以确定，因此，以故意理论为基础的主观说当然不能彻底解决正犯问题。另外，主观说也被认为与犯罪构成要件以客观行为类型的描述作为立法模式的特点不相符合，亦即与“刑法的主要以客观描述和限制的构成要件组成的结构原理相矛盾”，“通过将可罚行为扩大至每一个有因果关系的和有责的行为，刑法规定

① Claus Roxin，Täterschaft und Tatherrschaft，10. Aufl.，2019，S. 37f.

② Ibid.，S. 58.

实际上被分解”[①]。所以，主观说的衰落是必然的。形式客观说根据形式上是否实施了构成要件实行行为来区分正犯与共犯，能够克服主观说流于主观恣意的缺陷，不至于纠缠于究竟是谁的意志这样的难题。因此，正犯理论从主观到客观的发展首先体现在主观说的衰落和形式客观说的盛行。形式客观说自其产生之后，因为受到比克迈尔（von Birkmeyer）的推促，以及贝林、迈耶和李斯特等人的发展，在 1915 年至 1933 年间成为学理上及实务中判断共犯形态的通说。[②]

限制正犯概念与形式客观说的暗合，使客观说以更加明显的势头在发展，这是正犯与共犯区别论中客观化路径之二。

我国台湾地区学者柯耀程认为：限制正犯概念并不必然源自客观理论，扩张正犯概念亦不必然采取主观理论。虽然在关联性上，主、客观理论多少对正犯概念会有所影响，但并没有必然性存在。[③] 笔者以为，虽然主、客观说并不必然是扩张正犯概念与限制正犯概念的来源，不过仔细分析扩张正犯概念与限制正犯概念和主观说与客观说之间的关系，发现它们确实存在着内在一致性。

扩张正犯概念与主观说存在着逻辑起点上的一致性。扩张正犯概念与限制正犯概念被认为是以构成要件为基础建立起来的，但具体解释上，扩张正犯概念对于实施构成要件的实行行为其实是以条件说为基础的，因为它认为“给犯罪的实现提供了某种条件的人都实施了符合构成要件的实行行为，都是正犯”[④]，换言之，扩张正犯概念采用了条件说中“凡是……都是……”的因果关系命题，并用此命题定义什么是实施了构成要件的实行行为，从而界定：凡是对于犯罪的实现发挥作用的人都是正犯。主观主义共犯论同样是以因果关系中的条件说为基础，通过条件说，主观说得出结论认为从客观上不可能找到哪一个行为是结果发生

① ［德］耶赛克、魏根特：《德国刑法教科书》（上），徐久生译，876 页，北京，中国法制出版社，2017。

② Vgl. Claus Roxin，Täterschaft und Tatherrschaft，10. Aufl.，2019，S. 38.

③ 参见柯耀程：《变动中的刑法思想》，181 页，北京，中国政法大学出版社，2003。

④ ［日］大塚仁：《刑法概说（总论）》，第 3 版，冯军译，238 页，北京，中国人民大学出版社，2003。

的原因，所有的行为都是条件行为，客观区分正犯与共犯是不可能；于是提出从行为人的主观方面寻找区分的根据，从而在逻辑上为主观主义共犯论找到了立论基础。正因为如此，德国学者伽拉斯和雅各布斯都认为，“迄今为止，扩张的正犯概念仍然是以主观说为起点的：在客观的范围内每一个具有因果关系的参与人都是潜在的正犯；根据扩张的正犯概念，（客观说与主观说的）区分由此产生，所有的参与人是否为正犯，不是根据客观范围的因果关系来考虑，而仅仅是根据主观说来考虑的”①。可见，扩张正犯概念与主观主义共犯论都是从条件说身上寻求逻辑力量的，它们都超越了作为行为类型的刑法构成要件的范围，自然，“扩大的正犯概念和主观的共犯理论得加以拒绝”②。共同的逻辑出发点和缺陷，将扩张正犯概念与主观说在刑法理论上和实务中失去影响的共同原因揭示无遗。

限制正犯概念与形式的客观理论往往联系在一起③，确切地说，限制正犯概念是与形式的客观理论有密切联系的，这种联系体现为二者在内容上的一致性。较古老的形式客观说从因果关系的原因、条件区别说出发，认为实施造成结果发生的原因行为的人是正犯，实施造成结果发生的条件行为的人是共犯；并在此基础上，“弃”了将实行行为定性为“造成结果发生的行为”的不合理性，而“扬”了以实行行为为合理内核的形式客观说，其得出的最终结论是：实施了犯罪构成要件实行行为的人是正犯，实施了犯罪构成要件实行行为之外的其他行为的人是共犯。限制正犯概念恰恰是以符合构成要件实行行为为标准来认定正犯与共犯的。限制正犯概念在刑事立法上的运用（比如德国、日本和我国台湾地区）和学理上的普及，以及形式客观说一度作为理论上和实务中的重要学说，使客观化成为正犯理论的主要发展方向。

---

① Vgl. Günter Jakobs, Strafrecht Allgemeiner Teil, 2. Aufl., Berlin, 1993, S. 596f; Gallas, Materialien Band I, S. 121f; zur subjektiven Theorie siehe unten 21, 27.

② ［德］耶赛克、魏根特：《德国刑法教科书》（上），徐久生译，881页，北京，中国法制出版社，2017。

③ Vgl. Claus Roxin, Täterschaft und Tatherrschaft, 10. Aufl., 2019, S. 13.

（三）形式性到实质性

但是，形式客观说也有它自身的缺陷：形式客观说将亲自实施构成要件实行行为的人定义为正犯的做法无法解释间接正犯、共同正犯等诸多问题，故而其自然主义视角受到了质疑。“它虽然有无可争辩的明确性之优点，但这一点因与法条的僵硬的联系的形式主义而付出太高的代价。对该理论的一个有影响的异议主要在于这样的事实：它完全不想将间接正犯包括在内，对于共同正犯，也只是将那些至少实现一部分构成要件的共犯包括在内。”例如，“依据共同的犯罪计划，一人吸引开伯母的注意力，另一人将毒药倒进伯母的咖啡杯里，是投毒谋杀的共同正犯，不是单纯的帮助犯”[①]。换言之，严格根据形式客观说，吸引开伯母的注意力的人会被认为没有亲自实施投毒谋杀罪的实行行为而只能成立帮助犯，这显然不妥。再如，暴力团犯罪中的幕后主使者虽然没有亲自实施构成要件实行行为，但却对于整个实行行为的实现起到了绝对的支配作用，如果根据形式客观说，也不能将其作为共同正犯处罚，而可能作为教唆犯或帮助犯处理；此外，于指挥没有刑事责任能力的人去犯罪的情形，如果只是将幕后指挥的人当作教唆犯处理，也不妥当。形式客观说的诸多缺陷使该学说在德国自 1933 年之后逐渐失去影响力，客观实质说于是出现。

客观实质说是对于各种从客观实质角度区分正犯和共犯的学说的综合，在其涵盖之下，主要有“必要性说”（Notwendigkeitstheorie）、“同时性说”（Gleichzeitigkeitstheorie）、“优势说”（Überordnungstheorie）。（1）“必要性说”是非常古老的学说，但它从来没有完全被遗忘，并且直到今天，它仍在反复历经各种观点的修正。其基本含义是，“以自己之手亲自实施行为的人是正犯；必须和正犯等量齐观的是，对犯罪行为的实施给予必不可少的行为部分（unentbehrlichen Tatbeitrag）的人，没有这样的行为部分犯罪就不可能被完成”[②]。简言之，对于犯罪行为

① ［德］耶赛克、魏根特：《德国刑法教科书》（上），徐久生译，877 页，北京，中国法制出版社，2017。

② Vgl. Claus Roxin, Täterschaft und Tatherrschaft, 10. Aufl., 2019, S. 42f.

的实现不可或缺的加功者是正犯，其他的人是共犯。所谓不可或缺，是指离开了加功行为，犯罪事实无从发生。(2)“同时性说”是对于意大利中世纪法学界提出的事前共犯、同时共犯、事后共犯理论的吸收、运用，该说认为，在犯罪行为实施之时共同参与犯罪的人是正犯，在犯罪行为实施之前参与犯罪的人是共犯。① (3)“优势说”是由德国学者朔恩·达姆（Schon Dahm）和理查德·施密特（Richard Schmidt）提出的，虽然这两个学者是各自独立地提出这一学说的，但是他们阐述的见解在内容上大体相同。② 该说主张，“共同正犯与帮助犯之间的区别不能根据固定的标准或者说通常确定的特征来划分，而是应该考虑具体案件中的情况，区分优势的和从属关系（Über und Unterordungsverhältnis）的不同性质来进行”③。达姆认为：某人和其他人一起参与犯罪行为，考虑各具体案件的所有情状和所确定的客观环境，当某人的行为对犯罪行为的实施和正犯一样具有同等优势时，该人就是共同正犯；当某人的行为根据相同情况作为从属关系存在时，该人是帮助犯。通过对共同正犯与帮助犯的区分，“优势说”实际上给出了正犯与共犯的差别，即：对于犯罪事实具有优势关系的人是正犯，只是具有从属关系的人是共犯。

在日本刑法学中，客观实质说的主要学说是目的行为支配说、原因条件区别说、重要作用说：目的行为支配说主张根据有无对他人的行为支配来区分正犯和共犯；原因条件区别说主张根据对结果发生所起的是原因还是条件作用来区分正犯与共犯，起原因作用的是正犯，起条件作用的是共犯；重要作用说主张根据对结果的发生是否起重要作用来区分正犯与共犯。④ 这些学说的共同特点是，从行为人对于客观实行行为的实现所起的作用这一实质角度来区分正犯与共犯，因此，它们均属于客观实质说。

---

① Vgl. Claus Roxin，Täterschaft und Tatherrschaft，10. Aufl.，2019，S. 46ff.

② Ibid.，S. 121.

③ Dahm，Täterschaft und Teilnahme，1926；Richard Schmidt，Grundriβ，2. Aufl.，1931.

④ 参见黎宏：《日本刑法精义》，2版，255页，北京，法律出版社，2008。

形式客观说到实质客观说的发展，体现了从单纯重视是否存在物理的身体动静到重视行为本身的价值与功能。此种发展亦体现了正犯理论从物理性到功能性的变化，只不过，这一发展、变化是在区分制正犯体系之下，在坚守构成要件实行行为定型意义的前提下完成的。因此，从形式客观说到实质客观说，实际是正犯理论从主观性到客观性、物理性到功能性的双重递进过程。需要说明的是，这里的物理性与前述单一正犯概念的物理性有所差异：前者是指行为人外在的身体动静，后者是指对共同犯罪参与人不加区分的特性；至于功能性，都是指根据行为人在共犯中的作用考察之意。

（四）小结：正犯理论的发展动向是客观实质化

正犯概念从物理性到功能性、主观性到客观性、形式性到实质性的发展变化，最终形成了客观实质正犯论，其学说体现就是实质客观说。客观实质说是功能性的，因为它从各参与人作用大小的角度区分正犯与共犯，远离了物理机械论的将凡是参与共同犯罪的都作为正犯处理的违反法治精神的做法；客观实质说是实质性的，因为它对实行行为从价值规范的角度予以考察，修正了形式客观说；客观实质说是客观性的，因为它根据各参与人在实行行为中实际发挥作用的大小，而不是行为体现的是谁的意志这类不易操作且模糊的主观标准。而且，客观实质说主张正犯与共犯的成立不应该考虑主观有责性，而只考虑客观违法性。这意味着，参与无责任能力之人实施的实行行为时，如果实行者不具备责任能力，参与者却具备时，虽然无法定罪实行者，但参与者却因实行者具备构成要件符合性和违法性而能成立共犯，从而不会出现处罚上的漏洞。

二、客观实质正犯论的学说态势：当今正犯理论主流学说

客观实质正犯论作为正犯理论的发展动向，它仅仅只是正犯理论发展中一昙花即逝的阶段——如古老的形式客观说那样，还是意味着当今

正犯理论就此驻足停留，并要在此基础上继续推进以后的学说发展？这一问题实际意味着，客观实质正犯论在当今刑法理论上和司法实践中处于何种地位？它是否为当今正犯理论的主流学说？很显然，这一问题是“正犯理论的发展动向是什么”的自然延伸问题。

我国台湾地区学者许玉秀曾言：德国刑法学“到了20世纪已经是世界最大的刑法学输出国，即使单纯地继续经营祖先所遗留的学术资产，也因为已成为世界的中心，所有的对话已跨越了地理空间的局限，说德国就是说世界，而对还没有摆脱继受阶段的（中国）台湾地区刑法学而言，谈自己就是谈世界，谈世界就是谈德国”[①]。这样的论断同样可以用在对正犯理论的分析。在作为正犯理论最早发源地的德国，其刑法学者不但最早提出了区分制下的限制正犯概念与扩张正犯概念，而且其后的理论上和实务中，在各个不同历史时期具有原创性地发展和使用了不同正犯理论。当今各国就正犯理论研究最深入、体系最完善的，当属德国无疑。因此，下文将主要分析客观实质正犯论是否为当今德国主流学说。如果考虑到日本刑法对我国的影响，那么，该问题更进一步为，客观实质正犯论是否为当今德、日主流学说。

德国的情况比较复杂。区分制下从以原因说为基础的客观说的提出到主观说的兴起，再到经过主观说的批判之后发展、修正后的客观说形成形式和实质的客观说；形式客观说在20世纪初的德国是有力的学说，后来主观说又在德国的判例中发挥了一定的作用，现在，刑法正犯理论的园地基本让渡给了犯罪事实支配说（Tatherrschaftslehre）。犯罪事实支配说是一种看似非常复杂且名称不同于以往任何一种曾经较为重要的正犯理论如主观说、客观说、形式客观说等的理论，因而，分析客观实质说是否为当今德国主流学说的问题可被置换为：犯罪事实支配说的实质是什么？它与客观实质说是什么关系？犯罪事实支配说的兴盛是否意味着客观实质说的衰微？

作为区分正犯与共犯界限的极有影响力的学说，犯罪事实支配说不

① 许玉秀：《当代刑法思潮》，4页，北京，中国法制出版社，2005。

但是目前德国刑法理论的通说，而且超越国界而成为欧陆刑法理论中的新兴重要学说。犯罪事实支配说认为，“正犯是行为事实的核心角色（Der Täter als Zentralgestalt des handlungsmäßigen Geschehens）”或者说“关键人物”，而这里的所谓“核心角色”是指能够支配犯罪事实的人；共犯只是对行为事实有影响的人，亦即不能支配犯罪过程的人。[①] 犯罪事实支配说具体分为行为支配论（Die Handlungsherrschaft）、意思支配论（Die Willensherrschaft）和功能支配论（Die funktionelle Tatherrschaft）。行为支配论认为“亲自实现构成要件所有要素的人”，对犯罪的实施具有“行为支配”作用，是直接正犯；意思支配论将未亲手实施构成要件实行行为，但是也具有犯罪事实支配作用的“幕后者”作为正犯，详言之，是“以操纵意思的影响力量为依据”将没有出场但是具有犯罪事实支配作用的幕后者称为间接正犯；功能支配论是将那些既没有亲自实施构成要件实行行为，也没有通过犯罪意思控制犯罪的实施，而是仅仅对犯罪实行起到了重要程度的功能意义，亦即具有功能的犯罪事实支配的人作为“共同正犯”，这样的正犯并非单独地支配了整个犯罪事实，但是通常也不是仅仅支配了部分犯罪事实，而是多个参与人功能性地共同加功于犯罪的实行阶段。[②]

分析看似复杂的犯罪事实支配说，笔者以为，它实际就是正犯理论中的客观实质说，理由在于：其一，行为支配论表明犯罪事实支配说与客观实质说一样，都是以形式客观说的基本命题为起点的。现今刑法理论所说的客观实质说并非抛弃传统形式客观说对实行行为定型意义的要求，而是如前所述，在尊重形式客观说所提倡的正犯是亲自实施了构成要件实行行为者这一核心定义的基础之上，又增加了依行为的危险性及由此导致的对结果发生的重要作用这一标准将间接正犯和共同正犯一网打尽，从而使得认定正犯的实行行为转换为在形式考察的直观标准之上增加了从价值规范的角度予以考察的实质标准。所以，犯罪事实支配说

① Vgl. Claus Roxin, Täterschaft und Tatherrschaft, 10. Aufl., 2019, S. 29.

② Ibid., SS. 141, 157, 307.

中的行为支配论事实上并不能说明犯罪事实支配说是综合了形式客观说，而恰恰表明，犯罪事实支配说与客观实质说一样，首先是承认形式客观说对正犯定性的基础，然后修正形式客观说。如果因为行为支配论体现了形式客观说就将犯罪事实支配说认定为综合了形式客观说及其他学说的折中论，那么，客观实质说就应被称为“主观、客观综合说”了，但事实并非如此。其二，犯罪事实支配说中的意思支配论实际上类似于客观实质说中的优势说。表面看来，意思支配论将没有出场但是通过意思的操纵支配了整个犯罪事实的人界定为间接正犯，似乎体现为一种主观说，但是，意思支配论被用来验证是否实现了“以操纵意思的影响力量为依据”的问题时，使用的是“占优势的理论”，即利用者发挥或使用了自己的优势，从而直接促使犯罪得到实现，幕后操纵、利用他人作为犯罪工具的人是间接正犯，因为这样的人“由于他的‘优势’实现了与直接实施犯罪等价的行为支配”①，而客观实质说中的优势说同样是根据行为人是否“对犯罪事实具有优势关系”来区分正犯与共犯的；犯罪事实支配说中用来说明间接正犯的意思支配论事实上和客观实质说一样，是从行为人参与犯罪的机能、影响等实质标准来判断的，考虑的是幕后者的作用，对于犯罪完成所起的原因力等实质因素，而非形式上是否实施了该当构成要件的行为。总之，意思支配论实际上是用优势支配这样的客观要素来充实主观说的内涵的。也因为如此，在意思支配论的主观外衣下，隐藏的实际乃是客观的内容。因此，意思支配论不但体现了实质内涵，同样体现了客观特性；它看似为主观说，实际是骨子里的客观实质说。其三，功能支配论最为直接而明显地体现了客观实质说的特性。功能支配论将多个共同支配了犯罪事实的人定义为共同正犯，并认为各共同正犯是从整体上对犯罪事实予以了加功的人，这意味着，“每一个参与人均须在整个犯罪范围内承担一份重要任务，这一任务使得其作为共同正犯对实施整个犯罪负责”②。换言之，每个共同正

① ［德］耶赛克、魏根特：《德国刑法教科书》(上)，徐久生译，883 页，北京，中国法制出版社，2017。

② 同上书，913 页。

犯的行为必须具有一定程度的功能上的意义，因此，每个人的行为构成了实现整个计划的重要的部分，此为功能的行为支配。很显然，功能支配论通过“重要任务”“重大贡献”来判断是否做出了功能性的支配，从而彻底地将对正犯与共犯的判断标准委之以行为对于犯罪完成的作用高低这一客观实质标准；在功能支配论的身上，客观实质说中重要作用说、必要性说的影子是如此明显；而如前述，功能支配论还将“重大贡献”定义在犯罪的实行行为阶段，这与同时性说极其相似。一言蔽之，功能支配论是纯粹的实质客观说。

总之，虽然客观实质说中又有不同主张，例如重要作用说、必要性说、同时性说以及优势说等，但是，这些主张有共同之处：都不主张仅仅依是否实施了形式意义上的构成要件行为来区分正犯和共犯，而是根据行为人在共同犯罪中的角色、地位、分量或参与的过程等这些需要评判的因素来认定。例如，重要作用说是根据行为人对于犯罪的完成是否“在实质上起到必要的或重要的作用”来判断，必要性说是根据行为人是否“对于犯罪行为的实现有不可或缺的加功”来判断，优势说是根据行为人是否“对于犯罪事实具有优势关系”来判断，同时性说是根据是否在犯罪行为实施之时共同参与到犯罪中来判断。虽然同时性说看似根据犯罪的时间这样形式化的因素提出判断标准，然而，在其背后，仍然体现的是“在重要的时间参与犯罪可能会起重要的作用”这一对犯罪作用的考虑，否则，该说就不会得出在实施实行行为之时参与犯罪者是正犯这样的看法，只不过，它是对重要作用说或者必要性说等学说作了时间上的限定，以试图克服这些学说中“重要作用”“优势”“必要性”等价值判断词语缺乏可操作性的缺陷——虽然在实际上折中努力并未成功。因此，客观实质说的（四种）学说和犯罪事实支配说一样，都是在形式客观说重视实行行为定型性的基础之上，兼顾对实行行为的完成所发挥的实质效果，亦即如客观实质说那样，对于以往形式客观说所主张的正犯必须是亲自实施了构成要件实行行为之人这一定义中的实行行为从价值规范的角度进行了修正：将通过自己的意思支配他人实施犯罪以及参与但并未亲自实施却对犯罪的完成发挥重要作用的人，都视为正犯。这与客观实质说的思路一致：都是在传统形式客观说的基础之上扩张对正犯的理解，以对犯罪的完成发挥作用为标准。只不过，在犯罪事实支配说之中，使用的是诸如“支配”而非“实质”这样的词汇。虽然在表达方式上，“支配”有别于“重要作用”“必要性”“优势”等词语，但是，在实质上，它们极其相似：都主张从实质上考察正犯与共犯，并都赞成对这里的“实质”从行为人在共同犯罪中的机能、影响等作总体性的评价；对于“实质”的各种表述都富含价值判断并缺乏明确的判断标准，都很模糊和不确定。正因为如此，中外学者均一致认为犯罪事实支配说就是一种客观实质说。例如，日本学者桥本正博指出，犯罪事实支配说“带着针对构成要件该当事实的‘支配’观念，确定其实质的实现者，将其作为正犯来评价”①。日本学者西原春夫指出，犯罪事实支配说的时代特征就“在于克服了此前的时代占支配地位的所谓形式的客观说”②，换言之，“以 Roxin 强调客观功能性的立场而言，可以将他的理论归类为实质客观说”③。据此，可以毫不偏颇地说，目前德国的刑法正犯理论主流理论实际上也是客观实质说。

日本的情况相对清晰。因为当今日本的刑法理论和实务并没有在传统正犯理论的概念或者词汇之外自创所谓新的学说，分析日本现今的刑法正犯理论与实务就可以直接得知客观实质说的地位。从日本实务界率先承认共谋共同正犯，从而突破了日本刑法第 60 条关于正犯的规定开始，理论上承认共谋共同正犯并相应从实质化的角度发展正犯理论成为一时的风潮，其最终结果是客观实质说成为当今日本的主流学说。对于日本正犯理论的发展方向，日本学者西原春夫曾经指出，在德国曾经很盛行的形式客观说现在仍然是日本的通说。但是，受德国犯罪事实支配说的影响，在日本也产生了批判形式客观说的趋势。④ 换言之，关于以

---

① ［日］桥本正博：《正犯理论的实质基础》，载《现代刑事法》，1999（2）。

② ［日］西原春夫：《犯罪实行行为论》，戴波、江溯译，256 页，北京，北京大学出版社，2006。

③ 许玉秀：《当代刑法思潮》，581 页，北京，中国法制出版社，2005。

④ 参见［日］西原春夫：《犯罪实行行为论》，戴波、江溯译，257 页，北京，北京大学出版社，2006。

往日本刑法学上的正犯概念形式客观说是通说，但是，目前它正朝着实质性的方向发展、修正，“基于规范主义立场，即作为法的价值评价，在被认为是自己实施实行行为场合，即使没有实施形式的实行行为，也认可其正犯性”①。对此，日本学者桥本正博指出，诸如承认共谋共同正犯“这样的动向大体上表明：关于正犯、共犯区别的讨论从形式主义移向实质主义”，即“正犯、共犯应该在整体地、实质地考虑犯罪事实实现的参与形态后来确定。毕竟，正犯在实现相同犯罪人中具有第一义的当罚性，即是犯罪的中心人物。实质主义多少是以上述思考为基础的”②。大塚仁也认为，应该站“在实质的观点上”思考正犯与共犯的区别，只有亲自、直接地实现了其犯罪的人或者“在法上与此同样看待的形式中通过把他人作为工具加以利用而实施了其犯罪”的人才是正犯，通过帮助这种正犯而参与或实现犯罪的人则是共犯。③ 至于在客观实质说内部采取何种学说，虽然在日本学界也并非没有争论，但是，大多数的学者均主张采重要作用说乃不争的事实，换言之，在客观实质说中，重要作用说是日本的通说。④ 我国学者黎宏教授在梳理、分析日本正犯理论时也总结指出：日本当今正犯理论是主张“对实行行为必须规范地、价值地加以理解”，“正犯和共犯的区别就不应当仅仅以是否实施了刑法分则中各个犯罪的实行行为为标准来加以判断，而应当参照各个行为人在共同犯罪当中是否具有主要地位，对结果的发生是起着主要作用还是辅助作用，是不是支配了结果的发生过程等，进行实质性的判断”⑤。总之，客观实质说是当今日本的主流学说。

综上所述，客观实质正犯论正以其强劲的生命力在正犯理论与实践园地发挥着重要作用，它是当今正犯理论的主流学说。

---

①② ［日］桥本正博：《正犯理论的实质基础》，载《现代刑事法》，1999（2）。

③ 参见［日］大塚仁：《刑法概说（总论）》，第3版，冯军译，240页，北京，中国人民大学出版社，2003。

④ 参见［日］齐藤信治：《刑法总论》，第6版，281页以下，东京，有斐阁，2008。

⑤ 黎宏：《日本刑法精义》，2版，255页，北京，法律出版社，2008。

三、实质二阶层犯罪论与客观实质正犯论体系上的一致性

前已述及，不同于德、日以正犯概念为核心建立起的共犯体系，我国共犯体系是以主犯概念为核心建立起来的。但是，对于我国刑法而言，准确界定何谓正犯和共犯同样是具有理论和实际意义的，这决定了我国刑法在面临形式说、主观说、客观说等各种学说时，也必须作出自己的选择。正犯理论的发展折射出的客观实质的理论动态以及该理论居于当今正犯理论的主流学说态势，并不表明我国必然应选择客观实质说作为区分正犯与共犯的学说；选择何种学说，更应联系我国刑法理论与实践。

（一）主客观构成要件统一说与形式客观说之反对

在我国，如何区分正犯与共犯，虽然也有不同观点，但总体而言，囿于我国主犯的共犯体系，学界探讨这一问题比较少。有学者主张主客观统一的构成要件说，认为区分正犯与共犯只能以主观与客观相统一的犯罪构成要件为标准，主观上具有实行构成要件行为的故意，客观上具有该当构成要件的行为，就应当认为是正犯，否则就是共犯。[①] 有学者主张形式客观说，认为：我国采用的是分工分类与作用分类的双重分类法，主犯是作用分类法的产物，而正犯是分工分类法下的概念，因此，“在我国，正犯与主犯的概念与功能是分开的”；如果采用形式客观说认定正犯，就不存在德、日刑法中可能将作用巨大的共犯参与人排除在正犯范围之外，对这些人，即便不认定为正犯，也可以通过主犯概念来实现罪责刑相一致原则，从而不至于出现量刑的畸轻畸重。[②] 笔者以为，主客观构成要件统一说实际就是一种形式客观说的立场。主客观构成要件统一说强调主观罪过与客观实行行为的统一，它是在以犯罪构成要件

① 参见陈兴良：《刑法研究》，第9卷·刑法总论Ⅳ，10页，北京，中国人民大学出版社，2021。

② 参见陈家林：《共同正犯研究》，25页，武汉，武汉大学出版社，2004。

的满足与否作为标准，而不是以犯罪参与人对于犯罪实施所起的作用为标准，因此，这种标准仍然是形式的，而不是实质的；而且，以主客观构成要件统一说为标准，间接正犯是否能够符合这一标准显然是存在争议的，某些共同正犯能否成立也是有疑问的，例如，作用重大的放风行为、按住被害女性的身体以帮助男性强奸的行为，等等。正因为如此，有学者指出，“主客观相统一原则”“在结论上与形式的客观说并无不同”①。而且，如果根据陈兴良教授后来所主张的对“主客观相统一原则”进行“价值论与方法论的双重清理”②，就更容易发现主客观构成要件统一说是非常抽象而似是而非的，即或陈兴良教授本人也许在清理我国刑法中主客观相统一原则的学术背景下，都不会再赞同他在1988年完成《共同犯罪论》这一博士学位论文时所主张的以主客观构成要件统一说作为区分正犯与共犯的标准了。

至于形式客观说，笔者以为，在我国的刑法理论与实践背景下不宜采用。虽然前述形式客观说的学者认为，德、日刑法提出实质客观说，是为了克服形式客观说所导致的可能将作用巨大但是并未实施构成要件实行行为的人排除在正犯范围之外，以满足罪刑相适应原则，而我国刑法以主犯为核心的共犯体系使主犯与正犯概念相分离，从而确保了形式上不符合构成要件但是实质上所起作用巨大的人通过主犯概念也能得到相应的惩处。但是，笔者以为，仅仅实现了罪刑相适应不能成为我国刑法采纳形式客观说的理由。

首先，根据形式客观说，我国能否认定正犯的存在都是问题。如果正犯的认定与否都成为问题，又何来“与主犯的概念和功能是分开的”正犯概念？比如说，在幕后起支配作用的重要人物，虽然能够被认定为主犯，但是根据形式客观说，其没有实施犯罪构成要件实行行为，故不能被认定为正犯。由此一来，建立精确的正犯与共犯的区分体系显然难以做到。比如，被告甲为某老板乙开车。甲告知丙其老板很有钱，二人

① 陈家林：《共同正犯研究》，26页，武汉，武汉大学出版社，2004。

② 陈兴良：《刑法研究》，第5卷·刑法理论Ⅱ，128页，北京，中国人民大学出版社，2021。

随之开始了预谋抢劫乙的计划。其间，甲带丙察看了乙的公寓居所地，并以丁的名字为丙办理了一张假身份证，以便作案时登记住宿使用，并叮嘱丙带一个帮手。后丙带着帮手由大连赶到北京并与甲取得联系。甲给丙提供了一些资金，让丙购买电话卡及胶带等作案用物品，并登记住宿在乙居住的房间下层。一切准备就绪后的某日，甲开车将下班的乙送至公寓楼下，随后用电话告知在楼上等候的丙等2人。当乙正欲用钥匙打开房门时，两个用丝袜蒙面的人一人持刀架在其脖子处，一人在旁望风，并发出“别动，抢钱”的威胁，同时将乙挟持到室内将其捆绑，强行索要人民币2万余元后逃走。事后丙将赃款的一部分分给甲。本案中，如果根据形式客观说，丙实施了抢劫罪构成要件行为，可以认定为正犯；甲为丙出谋划策，指挥整个犯罪行为的进行并为推动犯罪的实施起到了不可缺少的重大作用，但是，因其只是为丙的抢劫进行幕后指挥并强力推动，而没有直接实施劫财行为，故甲的行为就不能成立抢劫罪的（共同）正犯，而只能成立教唆犯与帮助犯。虽然根据我国对共犯的作用分类法，甲可以被认定为主犯，并可能会被处以较之丙更重的刑罚，但是，将甲认定为主犯只是评估了甲在整个共同犯罪中的作用，也做到了罪刑的相适应。这样的做法却没有回答甲在整个共同犯罪中行为的性质，即甲之行为的性质究竟是实行犯还是非实行犯，换言之，是正犯、教唆犯还是帮助犯？在没有正犯概念的我国刑法背景下，如果我国的共犯理论对此问题也不关注，将甲这样的人认定为教唆犯或帮助犯，显然违背国民的感情：甲为丙提供线索、制造抢劫的时间、告知抢劫的具体地点并提供作案的资金等所有的行为，与亲自抢劫毫无二致，而且甲的行为彻底主导了丙能否顺利实施抢劫；甲不亲自动手抢劫，正是为了保证丙的劫财行为顺利进行。甲的行为实际上主导了整个抢劫实行行为，具有实行行为的主导性和分担性。不将这样的行为认定为正犯，而仅认定为教唆犯或帮助犯，显然有悖正犯与共犯的学理。

其次，如果在我国采用形式客观说，将类似上述甲的案例中的甲一律认定为教唆犯或者帮助犯，同时再通过我国刑法中独有的主犯概念以做到对甲的惩处符合罪刑相适应原则，永远都无法发展出精致的以分工为标准的正犯与共犯理论，并会模糊正犯与教唆犯、帮助犯之间的界限。不论刑法是否规定了正犯概念，在共同犯罪中，正犯作为不同于教唆犯、帮助犯和组织犯的一类行为人，是有其独特的内涵和重要的价值的。与教唆犯和帮助犯相比，正犯理应具有更高的危险性；正犯是实施了实行行为之人，教唆犯和帮助犯属于教唆、帮助他人实行犯罪之人，是实行犯的教唆和帮助者。显然，实行行为作为基本构成要件行为，与包含在修正构成要件中的教唆行为和帮助行为，在构成要件的定型意义上具有明显的区别。前述案例中甲的行为与直接实施抢劫乙的财物的行为并无区分，前者的作用甚至更为重要，甲与丙只是分工不同而已。如果形式地理解构成要件的符合性，认为手持利刃夺取他人财物的是抢劫，捆住被害人手脚的不是抢劫，这对于理解抢劫罪的构成要件都是极其有害的，因为这是一种教条主义僵化理解法条的结果。实际上，甲所做的只是为了更好地排除乙的反抗以便顺利取财而已。因此，将类似案例中的甲仅仅按照教唆犯或帮助犯处理，与我国刑法中习惯于将诸如授意乙去抢劫的人作为教唆犯处理，或者将案中在一旁望风的人作为帮助犯处理，二者之间显然有天壤之别。所以，采取形式客观说在我国不仅难以做到区分正犯与狭义共犯，相反，还会更加模糊它们之间的界限。

最后，事实上，我国刑法主犯与正犯相分离的做法恰恰表明，我国应该采纳实质客观说。那些参与犯罪同时实施了犯罪构成要件实行行为的人，在我国是被认定为主犯的；至于那些参与共同犯罪但并未实施构成要件实行行为而又所起作用巨大之人，在我国也是按照主犯来处罚的。这意味着，我国刑法中的主犯概念实际上发挥着德、日刑法中正犯概念的作用，我国刑法上的主犯是以行为人参与共同犯罪时所发挥的实际作用之大小来认定的。据此逻辑去思考，根据客观实质说，将那些参与但没有实施构成要件实行行为的人作为正犯对待，反倒可以实现主犯与正犯概念的统一化，并有利于我们精确区分正犯与狭义共犯。

（二）客观实质说之提倡：问题思考与体系思考的双重解决

选择何种学说用于界定我国刑法中的正犯与共犯，除针对前述各种具体学说诸如主观说、形式客观说、实质客观说或犯罪事实支配说等进行自身优劣的评价和筛选之外，更重要的是，还应该结合我国刑法犯罪论体系进行衡量，理由是：其一，这是共犯论自身的性质决定的。共犯论是体系论的试金石，共犯论的问题不仅仅是正犯与共犯的区别这一具体问题，还是检验犯罪论体系是否合理、是否存有疑问的"试金石"，因此，在界定什么是正犯及与共犯区别的问题上，必须选择既能有效解决正犯与共犯的自身问题，又能够合理克服刑法犯罪论体系缺陷的学说。其二，这是问题与体系双重思考的刑法方法论所要求的。近年来，刑法学界关于究竟应该进行"体系的思考"还是"问题的思考"争论颇多。德国学者托马斯·沃尔滕贝格提倡"从体系的思考转向问题的思考"，日本学者松宫孝明则提倡"从问题的思考转向体系的思考"，"应该建立适合于应该解决的问题的体系"①。然而，偏执于体系或问题的思考之一端显然不是妥当的，脱离体系的思考，将会导致问题解决的片面化和烦琐化；脱离问题的解决，体系是无法发展和脱离个案正义的空架子。"'法律'需要以法律解释的理论体系化为目的的'法律学'"②，最有效的方法无疑是，同时做到体系的思考与问题的思考：将问题放在体系之中以通过体系解释问题，以问题的思考推动体系的完善。

在"问题的思考"上，客观实质正犯论除有效克服前述如果我国采用形式客观说将会导致的问题之外，它还有效解决了以下问题：首先，它解决了间接正犯的合法性问题。形式客观说将亲自实施构成要件实行行为的人定义为正犯，导致无法解释间接正犯。实质化的方法有效承认了间接正犯的概念，因为通过他人或利用他人实施犯罪的人，即使不是亲自实施了构成要件实行行为，但是其发挥的作用类似于亲自实施构成

① ［日］松宫孝明：《日本的犯罪论体系》，冯军译，载《法学论坛》，2006（1）。

② ［日］西原春夫：《日本与德意志刑法和刑法学》，林亚刚译，载《法学评论》，2001（1）。

要件实行行为的正犯，也可以被认定为正犯，从而避免了形式客观说将被利用者认定为正犯的不合理结论。其次，它还解决了未亲自实施构成要件实行行为但参与并控制整个犯罪过程的人作为共同正犯的合法性问题。共同犯罪中经常有一些幕后的大人物，他们没有亲自实施犯罪构成要件行为，但是往往控制了整个犯罪的过程和发展。如果根据形式客观说，当然不能将他们认定为正犯。但是，如果将他们认定为较之正犯危险性低的教唆犯或帮助犯，又有悖国民感情和正犯与共犯区分的意义。而根据实质客观说，这些人的行为对于共同犯罪的发展和完成起到了巨大的作用，其操纵、指挥行为与实行行为具有同值性，有些操纵、指挥行为甚至比构成要件实行行为危险性更大，因此，这些人应该被作为共同正犯来看待，而不能仅仅作为教唆犯或帮助犯处理。在前述甲、丙共同抢劫乙的案件中，如果根据实质客观说就可以将甲认定为共同正犯，从而不至于将其行为危害性更为严重的甲仅仅认定为教唆或帮助犯。

“体系的思考”则比较复杂，同时也更能体现客观实质正犯论的价值。在“体系的解决”上，客观实质正犯论有效克服了我国刑法犯罪论体系形式化等缺陷，推动了犯罪论体系形式化与实质化优劣之凸显，指明了犯罪论体系的实质化发展方向。

对于继受自苏联刑法的我国犯罪论体系，日本学者松宫孝明认为，它是一种“全构成要件理论”体系，即“把犯罪成立的要素分为‘犯罪的客体’‘犯罪的客观方面’‘犯罪的主体’‘犯罪的主观方面’四个全面的构成要件”。该体系“不能明确地给决定能否进行正当防卫和是否成立共犯的可罚性阻却事由确定位置”①。后来，松宫孝明进一步指出，“该体系中的问题点在于将刑事责任能力作为犯罪构成的主体要素。在该类型中，因为无责任能力人不能构成共犯，所以，在其他的共犯不知实行正犯无责任能力而参与行为实行时，共犯不能成立。同时，由于其他的共犯并非是明知实行正犯无责任能力而将其作为‘道具’利用，因

① ［日］松宫孝明：《日本的犯罪论体系》，冯军译，载《法学论坛》，2006（1）。

此也不能构成间接正犯”，从而造成“处罚的间隙”[①]，亦即处罚上的漏洞。笔者以为，松宫孝明所说的我国犯罪论体系的缺陷主要是两点：一是犯罪构成的形式化。继受自苏联刑法的我国刑法犯罪论体系没有解决构成要件与正当防卫等违法或责任阻却事由之间的关系问题，从犯罪构成四要件中很容易得出“正当防卫是符合犯罪构成要件的行为”这样的结论，再通过社会危害性理论，又排除掉它们成立犯罪这样的逻辑。这种将违法有责性排除在外的犯罪论体系自然演变为形式的犯罪论体系。对此缺陷，我国学者早已普遍认识到，如有学者认为，“在俄罗斯刑法理论中，都主张排除行为犯罪性的情形是表面上符合犯罪的特征，但实质上却是对社会有益的行为。换言之，该行为形式上符合犯罪的构成要件，但实质上却不能构成犯罪。从形式上符合犯罪构成要件但实质上却不构成犯罪这一结论中也可以推出另一个结论：俄罗斯刑法理论是在犯罪成立要件的体系之内解决一系列的排除行为犯罪性的问题的，同时也反映了俄罗斯刑法理论在犯罪成立条件这一问题上自相矛盾——形式要件与实质内容的分离”[②]。陈兴良教授也曾指出，苏联犯罪构成理论“没有科学地解决正当防卫与紧急避险和犯罪构成之间的关系，以至于出现犯罪构成解决什么行为构成犯罪，排除社会危害性行为解决什么行为不构成犯罪这样一种分离的状态，使犯罪构成出现形式化之虞”[③]。二是犯罪构成的事实与价值不分。刑事责任能力本来是有责性评判的价值要素，但是，我国犯罪论体系将之融合在犯罪主体这一事实要件之中，使得我国犯罪论体系既有事实的评价又有价值的评价。这样一种形式与实质相隔离、事实与价值相混淆的体系，导致对有些共犯无法处罚。例如，A 实施抢劫行为，B 并不知道 A 是未满 14 周岁的未成年人，见 A 抢劫，于是也上前帮助。A 没有达到抢劫罪的刑事责任年龄，其行为不成立抢劫罪，B 也不能成立共犯；但同时，B 并非明知 A 无刑事

① ［日］松宫孝明：《犯罪论体系再考》，张宁译，载《中外法学》，2008（4）。

② 赵微：《俄罗斯联邦刑法》，128－129 页，北京，法律出版社，2003。

③ 陈兴良：《刑法研究》，第 6 卷·刑法总论Ⅰ，557－558 页，北京，中国人民大学出版社，2021。

责任能力，亦即不是故意将 A 作为犯罪的工具使用，因此，也不能成为间接正犯。由此一来，对于 A 因未达刑事责任年龄而不能予以处罚，对于具备归责条件的 B 也不能予以处罚，这样的处罚漏洞在刑事政策和人们的刑法观念上难以被接受。显然，共犯问题上的处罚漏洞是由体系的缺陷导致的。这意味着，我国平面的、事实与价值判断不分的犯罪论体系，对于解决具体问题会带来很多困惑和不便：按照这一体系去套接具体行为，罪名成立与否的结论固然容易得出，但是，在结论的妥当性上可能存在着很多问题。因此，乙到底是正犯还是共犯、究竟应否受到刑罚处罚，不能仅仅依赖正犯与共犯自身理论来判断，更主要的是依托我国犯罪论体系的完善来解决。

那么，该如何完善我国的犯罪论体系以解决上述问题？对此，松宫孝明指出，应将刑事责任能力从犯罪主体要件中排除出去，以使犯罪主体要件成为单纯的事实评价要件。[①] 笔者以为，将责任能力从犯罪主体要件中排除出去实际牵涉的是整个犯罪论体系的变动，它体现了目前我国大多数学者所主张的我国犯罪论应从事实到价值、从抽象到具体、从主观到客观的变革方向。实现这一方向的具体途径有两种：其一，根据“我国刑法学界越来越多的学者主张直接采用大陆法系的犯罪构成体系”[②] 的看法，直接采用德 、日三阶层式的犯罪论体系，这样，客观实质正犯论在我国刑法中的贯彻就不存在问题。因为如果移植德、日三阶层式的犯罪论体系，可以直接通过采取限制从属性说来解决：客观实质正犯论中的客观一方面是指实施了构成要件实行行为之人是正犯的含义，另一方面是指这里的构成要件是仅就客观上违法性的评价而言，而不是指构成犯罪意义上的实行行为，亦即没有经过有责性评价的、只是具有违法性的实行行为，因为“违法是客观的，有责是主观的”。据此通说见解，只考虑构成要件符合性与违法性而不考虑有责性的共犯成立学说即限制从属性说，自然就能有效解决类似上述 B 的刑事责任，将 B

① 参见［日］松宫孝明：《犯罪论体系再考》，张宁译，载《中外法学》，2008（4）。

② 陈兴良：《刑法研究》，第 6 卷·刑法总论Ⅰ，306－307 页，北京，中国人民大学出版社，2021。

认定为共犯没有任何问题。显然，客观实质的正犯理论是与共犯本质学说的发展密切相关的，在共犯从属性说（具体而言是其中的限制从属性说）成为德、日刑法理论通说之后，顺应限制从属性说的思路发展，根据德、日三阶层式的犯罪论体系，不考虑主观归责性的客观实质正犯论自然成为很好的选择。其二，根据实质犯罪论者的观点，应从处罚必要性和合理性的角度判断行为是否符合犯罪构成。前已述，为此便将犯罪论体系设定为值得处罚的行为与行为人的非难可能性，这样，刑法中的构成要件被分为客观（违法）构成要件和主观（责任）构成要件，判断是否符合构成要件需结合是否具有违法和责任阻却事由，不存在时，行为便是有罪的。根据这种实质二阶层体系，贯彻限制从属性说就不成问题：此体系事实上是在客观与主观二阶层的构成要件之下又划分为客观构成要件符合性和违法阻却事由以及主观构成要件符合性和责任阻却事由，因此，其中的构成要件符合性的评价是在客观与主观两个层次之内，是先于价值评价即违法和责任而进行的事实评价，这样，对于存在不知道实行正犯（如 A）无责任能力而参与实施犯罪的其他人（如 B）这类案件，A 的行为符合客观与主观构成要件不成问题，至于 A 的行为的违法性，由于不存在违法阻却事由，因而也不存在问题。在构成要件符合性与违法性均存在的情况下，根据限制从属性说，B 自然可以成立抢劫罪的共犯。根据客观违法构成要件，由于实行正犯的违法性可以成立，故而参与犯罪的其他人亦可认定成立共犯。这样，松宫孝明所说的处罚漏洞的问题就得到了解决。此外，根据实质二阶层体系，参与他人并不违法的行为，例如，参与他人奉令执行枪决犯人的行为，就不会因其符合构成要件而被认定为共犯。这样，就明确地给正当防卫等可罚性阻却事由确定了位置，不至于在平面的犯罪论体系之下将此种行为当作符合构成要件的行为，也不至于为了排除其犯罪性而又在犯罪构成四要件之外再附加一次社会危害性的评价。但是，基于前述对中国三阶层之批判，以及前述一举解决德、日三阶层犯罪论体系引进及之后可能同样面临的形式与实质化争论问题的考虑，加之实质二阶层体系可以彻底解决正犯与共犯处罚上存在的难题以及我国刑法犯罪论体系的重大缺陷，该体系理应成为目前的最优选择。

综上所述，作为犯罪论体系的试金石，共犯论随着现实的需要在变化、发展，而犯罪论体系又随着共犯论的变化而变化。客观实质的正犯论主张从实质化角度理解什么是实行行为，这就意味着，对犯罪构成要件是从实质化的角度去理解的，亦即从是否达到处罚的必要性程度来判断行为是否符合构成要件，而不是仅仅从形式上去判断，这恰恰是实质犯罪论的主张，因为后者就旨在强调建立具有实质内涵的构成要件理论以及对之进行实质解释的方法论，因此，客观实质的正犯论不但合理解决了正犯与共犯的界限这一共犯论中的具体问题，而且它与形成了体系上的圆通自洽，使得实质犯罪论的建立通过共犯论这块犯罪论体系的试金石得以顺利通过检验，从而有效克服了我国刑法犯罪论体系形式化、事实与价值模糊化、犯罪判断的平面化等缺陷。

事实上，即便形式犯罪论者其实亦在不着痕迹地使用客观实质说。大谷实是形式犯罪论的主张者，即认为对于犯罪是否符合构成要件的判断首先是形式的类型的判断。他指出，“在以构成要件为轴心的犯罪论中，应当从实现符合构成要件的事实的角度出发来确定正犯的概念”[①]。然而，什么是“符合构成要件的事实”？如果联系大谷实的形式犯罪论，“构成要件符合性的判断，必须是形式的、类型的判断”[②]，当然应该是从一般类型的角度进行抽象的判断。然而，如果是这样，正犯和共犯的区别在大谷实那里就应该是：所谓正犯，是亲自实现构成要件实行行为者。然而，事实上即便如大谷实这样的形式犯罪论者，在正犯与共犯的区别问题上，也并未完全采取形式犯罪论所主张的形式判断，而是在坚持形式犯罪论所主张的构成要件独立性的基本前提之下，对正犯定义作了朝着实质化方向发展的巧妙修正，因为，在对于什么是“符合构成要件的事实”问题上，大谷实认为，凡是“出于亲自实现构成要件的意

① ［日］大谷实：《日本最近的刑事立法》，黎宏译，载赵秉志主编：《刑法评论》，第6卷，362页，北京，法律出版社，2005。

② ［日］大谷实：《刑法讲义总论》，新版2版，黎宏译，141页，北京，中国人民大学出版社，2008。

思，实施具有实现构成要件的现实危险的行为的人”[①] 就是正犯。在这里，我们看到的不是大谷实关于符合构成要件的事实即是符合构成要件的行为这样典型的形式客观说的见解，而是在坚持“符合构成要件”这一形式客观说的主张的前提下，对于实行行为从实现构成要件的“危险”这样的角度赋予其实质内涵。显然，大谷实并没有采取严格的形式客观说，认为实施了符合构成要件的行为者就是正犯，而是采取了以构成要件为基点、以构成要件行为作为出发点的实质取向。可见，如果严格采取形式的犯罪论，正犯与共犯的区别就很难贯彻下去，形式犯罪论与实质犯罪论之优劣也由此可见一斑。

至于在客观实质说中具体主张何种理论，笔者以为，以主张根据对结果的发生是否起重要作用来区分正犯与共犯的重要作用说较为可取。客观实质说中的必要性说将对犯罪行为的实施给予“必不可少的加功行为的人”界定为正犯，而什么是必不可少或者不可或缺的加功行为显然都是有争议的：加功行为对犯罪行为的完成往往都具有一定的作用，在众多原因导致结果发生的过程中，很难说何种加功行为是必不可少而何种行为又是可以缺少的。这一判断似乎主要取决于判断者对于是否必不可少的理解，因此，“必要性说明显地披上了主观主义的外衣”[②]，因此，必要性说并不可取。而同时性说以是否参与正在实行的犯罪行为这一时间点作为界定正犯与共犯的标准，似乎只解决了共同正犯的正犯性，但是对于其他的加功者譬如说间接正犯，根本无法解释；再如，对于事中共犯（如事中帮助犯）也无法解释；该理论还仅将事前给予加功的人才定性为共犯，这对于事后共犯似乎也有不加区分的否认之意，所以，“同时性说既不是一个规范的标准，也不是一个先于法律的区分标准”[③]，该说也不可取。优势说将对犯罪的实行起到优势地位的加功作为区分正犯与共犯的标准，其缺陷更为明显，比如，什么是优势说中所

① ［日］大谷实：《日本最近的刑事立法》，黎宏译，载赵秉志主编：《刑法评论》，第 6 卷，362 页，北京，法律出版社，2005。

② Vgl. Claus Roxin，Täterschaft und Tatherrschaft，10. Aufl.，2019，S. 44.

③ Ibid.，S. 49.

谓的优势，就缺乏一个确定可见的标志。“套用一个流行的客观描述”，优势说缺乏“在相当广的范围内可操作性以及法律上的判断标准”，“作为一个法律上的概念形象它应该被抛弃，作为区分正犯与共犯的标准它不能被采纳”[①]。而重要作用说以参与人是否对于犯罪结果的发生起到了客观外在可见的作用为判断标准，重视的是被实现的犯罪事实，从而克服了必要性说中主观揣测的弊端；它综合了整个犯罪过程以及犯罪被实现中参与人的贡献大小，因此克服了同时性说以机械的时间点为标准人为地排除了间接正犯等一些不具有同时性的正犯的缺点；该说在判断各参与人对于犯罪结果发生所起的重要作用时，仍然是在以实行行为为基准的实质意义上来考虑犯罪实现的客观参与的重要程度的，因此，当然也克服了无法把握并不易操作的优势说的缺陷。例如，X 以盗窃的目的进入他人家中实施盗窃，Y 在屋外望风的行为成立共同正犯还是帮助犯？传统观点可能认为，入室盗窃犯罪的实行行为只包括拿走他人财物等排除他人对财物的占有、行为人取得占有这种包含有直接侵害他人财产法益的现实危险的行为，故 Y 只能够成立共犯。但重要作用说则会认为，此时需要结合具体案情，判断 Y 的贡献大小。再如，某地因为盗窃频发，巡逻警察很多，X 非常胆小，想实施盗窃行为又不敢，Y 得知后对其保证帮助其望风，并承诺一定不会让他被抓住，大大加强了其盗窃的决心，最终促使 X 实施了盗窃行为。又如，X 刚着手实施盗窃行为，屋主便已经走到住所附近，负责放风的 Y 见状便上去与屋主闲聊，大大拖延了屋主回到住所的时间，使得 X 得手。在这三起盗窃案件中，虽然 Y 并未直接实施盗窃行为，但其对于犯罪的完成起到了至关重要的作用，作出了并不小于甲的实质性重大贡献，根据重要作用说，理应成立盗窃罪的共同正犯。综合考虑，重要作用说可以成为客观实质说中可资借鉴的学说。

① Richard Schmidt, Grundriβ, 2. Aufl., 1931, SS. 161, 43; Claus Roxin, Täterschaft und Tatherrschaft, 10. Aufl., 2019, S. 58.

四、兼论——区分制正犯体系之提倡与单一制正犯体系之反对

从逻辑上而言，客观实质正犯论与正犯体系的选择之间并非一个层面上的问题，二者之间似无关联。但是，客观实质正犯论代表的毕竟是区分制正犯体系之下的学说，与之相关，在讨论几近烦琐的区分制正犯体系之下的种种理论时，注定会有疑问：为何不选择思考更为经济、理论更为简单的单一制正犯体系，由此避免区分制下各种更迭、频繁的理论及其问题？因此，在充分论述了客观实质正犯论发展脉络、学说地位及价值等问题之后，从客观实质正犯论出发，兼顾论及正犯体系的选择问题，似乎并不多余。

前述表明，单一正犯概念并非目前刑法理论通说，它更多的只是提供正犯理论史研究的意义。然而，基于两个重要原因，目前提倡单一制、反对区分制的观点仍然存在：一方面，单一正犯概念虽然不是刑法理论的通说，但目前少数国家的刑事立法却仍然采用，例如丹麦、奥地利、挪威、意大利等；另一方面，基于这一体制“确有其相当便利和经济之处，至少其可避免区分制在参与类型上所面临的困扰”的优势，目前学理上也有学者仍赞同单一制的。[①]

笔者以为，早期正犯理论从物理性到功能性的变化，表明了单一正犯概念的内在矛盾及寻求从功能区分角度变革的意图，这昭示了区分制成为主流学说的不可避免性。根据客观实质化的正犯理论，单一制正犯体系应该受到反对：

（1）立法的承认有时并不全然是支持某一理论的有效根据，正如我国 1979 年刑法典曾经规定类推制度，但刑法理论上并未因此大力发展类推制度，相反，在法治主义的冲击下，学理上对这一制度基本持否定的态度，最终，类推制度被驱逐出了刑法典。可见，单一制正犯体系在少数国家法典化地位的存在可能只是说明，“对共犯形式的不同对待符

---

① 参见柯耀程：《刑法概论》，200 页，台北，元照出版有限公司，2007。

合历史传统”[①]，它可能只是与一国的法律文化传统有关，而与该理论的先进或落后并不一定相关。因此，作为立法政策的产物，单一正犯概念也许应该受到关注，但作为刑法理论的概念，单一正犯概念应受到摈弃。

（2）单一正犯概念的自身发展表明其在方法论上向区分制靠近。单一正犯概念认为所有对构成要件的实现贡献了条件因果关系的人都是正犯，这样的定性显然忽视了同是参与犯罪的各不同人对于犯罪的实现所具有的因果贡献之大小。后来的功能性单一正犯概念开始注意到这一问题，并且发展出直接正犯、促成正犯及支援正犯的概念，已如前述，这是一种依客观作用大小来区分“都是正犯”的正犯之人的做法。单一正犯概念内部这一从物理性到功能性的变化表明，将所有参与共犯的人都当作正犯的不加区分的做法，即便在单一正犯概念内部也不受欢迎；这种区分“实质上已承认了构成要件理论用于区分犯罪贡献的正确性”[②]，而这种“正确性”正是区分制所使用的武器。总之，功能性的单一正犯概念将正犯分以不同类别的做法在方法论上已接近区分制正犯体系了。

（3）功能性的单一正犯概念的内容实际也体现了区分制的合理内核，即以犯罪实行行为为圆圈，实施圈内行为的行为人是直接正犯，实施外围行为的行为人被金阿普费尔称为促成或支援正犯，而后两者实际上就是间接正犯。既然单一正犯概念发展到后来也采用区分不同正犯的做法，又何如直接采用区分制正犯体系？否则，勉强维系着单一制正犯体系却贯彻的是区分制的内容，又有何意义？

（4）单一制正犯体系无法解决既、未遂的认定。根据单一正犯的条件，教唆他人盗窃的人、直接实施盗窃的人、帮助他人盗窃的人都是正犯。果如此，对教唆和帮助之人的行为如何认定既遂与未遂？既然教唆者和帮助者都是正犯，那么，对他们各自既、未遂的认定就应该以各自的实行行为为标准。问题是，犯罪既、未遂是以是否着手实施了构成要

① ［德］耶赛克、魏根特：《德国刑法教科书》(上)，徐久生译，872页，北京，中国法制出版社，2017。

② 许玉秀：《当代刑法思潮》，561页，北京，中国法制出版社，2005。

件实行行为为判断标准的，离开这一标准，对于教唆者和帮助者各自依照自己的非实行行为亦即教唆和帮助行为来认定既、未遂，而不是依据实行犯的实行行为，显然与犯罪既、未遂的基本理论相违背。这样的结果，用赞成单一制正犯体系的学者自己的话说就是“如此一来，着手的概念，将为之崩溃”，所以，在单一制下“认定既、未遂的问题确是单一制最头痛的问题”[①]。《奥地利联邦共和国刑法典》第 14 条第 1 款规定，“法律规定行为的可罚性或刑度取决于行为人的特定的个人特征或关系的，即使参与人中仅一人具有此等特征或关系，所有参与人均适用该法律规定”；第 15 条规定：“对故意行为的刑罚威慑除了适用于实行终了的行为外，同样适用于未遂及未遂之每个参与人。”这种立法，将对教唆者和帮助者的既、未遂认定委身于直接正犯之实行行为，实际上体现了区分制中的从属性原则；而且，如此一来，其学说内部出现了自相矛盾的做法：在正犯与共犯的区分上不恪守于构成要件实行行为，在既、未遂的认定上却又经由直接正犯的实行行为亦即构成要件行为来完成。因而，主张单一制正犯体系者所提出的将既、未遂的认定以直接正犯的实行行为为判断基准“并不表示在单一行为人体制中，需融入从属性原则，仅是将既、未遂的认定基础回归给构成要件，为规范刑法判断而已”[②] 的说法无疑是难以成立的。

（5）如果强硬坚持单一制正犯体系，就无法维持刑法构成要件的定型意义和明确性原则。正犯的概念等同于实行犯，亦即只能是实施了犯罪构成要件中实行行为之人，然而，根据单一制正犯体系，教唆和帮助行为都被理解为实行行为，这无疑是对构成要件实行行为作了近乎类推的解释，而且这种解释并不是可以接受的有利于被告人的类推解释，因为它将教唆犯和帮助犯等同于正犯，使起不同作用之人看起来都是如同正犯那样发挥了直接实施实行行为的作用的人，这当然不妥。而且，单一正犯概念将所有对于犯罪实现发挥作用的人一律视为正犯，完全抹杀

① 柯耀程：《刑法概论》，198、200 页，台北，元照出版有限公司，2007。

② 同上书，200 页。

了多数人犯罪中不同人的角色、作用等差异，过于扩大了正犯的处罚范围，从而失去了界定正犯概念的意义。比如，甲教唆乙抢劫，即使乙没有去实施抢劫行为，甲都构成抢劫罪的正犯。这样的结论既难以为传统的构成要件解释所接受，又不当地扩大了正犯的范围，也因为对实行行为的类推解释而直接侵蚀了刑法的明确性原则，最终，它违背了法治国对罪刑法定原则。

（6）虽然单一制有助于实现司法经济和思考经济，免去了致力于区分正犯与共犯的麻烦，但是，共同犯罪的核心就在于合理区分正犯与共犯以便对之准确定性、准确量刑。抹杀正犯与教唆犯和帮助犯的区分，以司法经济和思考经济为由拒绝区分制，不啻舍本逐末：虽然使用起来的确简单，但却抛弃了构成要件的定型性和法治国的罪刑法定原则。这样的刑法理论根本就缺乏合理存在的根基。“惟事实上，刑法评价行为人之行为，系兼就行为人之主观犯意与客观之行为表现，各形各色之行为人，对于犯罪之完成，大多可发现各有不同之贡献与分量，而宜以不同制裁资格处理。单一正犯概念忽视行为人在制裁上之资格，并没有解决问题，只不过将问题推到刑罚裁量上而已。”[①] 因此，单一正犯概念实际是一种“回避理论”——因为正犯与共犯的区分极其困难，故而采取不加区分的回避方式。如果这样，整个共同犯罪理论纯属多余，因为为了简便还不如一律按照单独犯的理论处罚；刑法教义学的发展也属多余，教义学理论本身就细致而烦琐。所以，在正犯体系的选择上，无论从遵循刑法研究的方法理论而言还是从解决正犯与共犯的区别以及量刑等实际问题而言，单一制应该毫无疑问地受到抛弃，区分制应该成为不二选择。

五、结 语

正犯理论的客观实质化并不仅仅是在共同犯罪论中讨论的结果，而是与刑法哲学思潮以及受其影响的犯罪构成要件理论的发展、变化密切

① 林山田：《刑法通论》，4页，台北，作者自版，2005。

相连的。19世纪欧洲大陆奉行自然主义思想，“这种自然主义，将思想性的学术工作置于自然科学的精确性理想下。根据这个理想，刑法体系要被引导到可以计量的、从经验上可以证明的现实的构成部分上去。这种标准，要么只能是客观的外部世界的要素，要么只能是主观的内在心理上的过程，因此，从这样的观点出发，由相互分离的客观因素和主观因素作为组成刑法体系的两个部分，就是很合适的”。20世纪初，新康德主义的价值哲学成为主流，该主义建立在康德哲学基础上，认为“虽然我们的一切知识都开始于经验，它们却并不因此就都来源于经验，我们认识和揭示事物之间联系的关键知识，不是从感性经验而是直接从理性判断的能力中获得的”①。按照新康德主义的进路，所谓存在客观的犯罪事实的说法是不全面的，因为现实世界本身谈不上秩序和理性，不存在独立于评价主体之外、超越人的意识的客观犯罪现实，故必须通过客观事物之外的主体的评价和作用才能赋予世界以秩序和理性。然而，此种分析方法过于强调行为人的主观因素，与主观主义刑法可以说只有一线之隔，而从司法实践来看，“若结合诉讼上证据法的观点，主观说几近于毫无可资证明的标准，因此，沦为一种可以任由法官操纵的结果的学说……极端情形，即便是亲手刃了他人的人，也可能被认定是杀人罪的共犯而非正犯”②。因此，在共同犯罪领域，主观说欠缺可操作性以及其主观随意性决定了它应让位于客观说，而形式客观说又无法有效解决间接正犯的致命缺陷。在这样的哲学理论转变与实务需要不断提升的背景下，以新康德主义的方法论为依据的构成要件论开始衰退，以现象学的思考方法为基础的目的行为论及其他学说开始盛行，学者开始强调实质的正犯概念③，客观实质说也就应运而生了。与新康德主义法学过分强调主观因素不同，实质性的正犯理论是客观性的，它看到形式客

① ［美］撒穆尔·伊诺克·斯通普夫等：《西方哲学史》，丁三东等译，426页，北京，中华书局，2005。

② 林钰雄：《新刑法总则》，7版，413页，台北，元照出版有限公司，2019。

③ 参见［日］西原春夫：《犯罪实行行为论》，戴波、江溯译，257页，北京，北京大学出版社，2006。

观说过于严苛的形式标准的缺陷之后，主张正犯是对结果的发生或犯罪的实现具有较之于教唆犯或帮助犯更高危险或更高强度的因果联系之人，这样，亲自实施构成要件实行行为的人当然是正犯，没有亲自实施构成要件实行行为但参与犯罪实施并对其完成发挥了重要作用的人也是正犯，因此，它是实质性的。客观实质说克服了以往单一正犯论、主观说、形式客观说等学说的不足，而形成了融主观与客观、形式与实质于一体的功能性的新的学说；它不但克服了主观说的缺点，而且对实行行为从价值规范的角度予以考察以修正形式客观说，将行为的危险性及由此导致的对结果发生的重要作用作为正犯与共犯的区分标准，因而它既恪守了罪刑法定原则的形式侧面，又实现了罪刑法定原则刑罚法规的妥当性这一实质侧面。可以说，正犯理论的客观实质化之动向，与法治国的罪刑法定原则的演变是一致的。

客观实质正犯论是我国刑法正犯理论在寻求问题的解决与体系的解决的冲突和对峙之间所获得的相对稳妥的一种理论，它是正犯与共犯的认定在摸索了实务规律与解决了犯罪论体系难题之后形成的，类似于为共犯的成立设定根据的理论。如果只寻求问题的解决，形式客观说无疑更好操作；如果置重于体系的考虑，也许主观说更有优势。然而，当致力于推动能解决问题的体系的发展时，客观实质正犯论无疑是最有优势的：它不是全部依靠构成要件符合性的判断来完成正犯与共犯的认定，而是佐以客观上是否具有违法性的判断，以及对实行行为规范价值的考量，从而实现了问题的解决与体系的完善的双重目标。

第十章　客观实质共犯论视野下的共谋共同正犯论（一）

一、共谋共同正犯：以客观实质共犯论为背景

根据刑法理论通说，共谋共同正犯是指将虽然没有参与犯罪的实行行为但参加了共谋的人也认为是共同正犯的理论，例如，在贩毒的谋议中发挥了主要作用，但根本没有去现场的中心人物，是共同正犯。共谋共同正犯的成立要件是：其一，必须有共谋的事实，即二人以上就实施特定犯罪，就相互利用、补充他人的行为，以将各自的犯意付诸实施而进行谋议。其二，必须有实行行为，即共谋人中至少有一人基于共谋而实施了实行行为。其三，单纯共谋者必须在客观实质上分担了实行行为，即在犯罪中发挥了可以被认为是共同实行性的重要作用，对实行担当者起着支配或对等作用。① 客观实质共犯论正是共谋共同正犯存在的理论背景。根据客观实质共犯论，正犯与共犯的区别不再执着于是否实施了构成要件实行行为，而是以“对实行行为规范地、价值地加以理解”为前提，“参照各个行为人在共同犯罪中是否具有主要地位，对结果的发生是起着重要作用还是辅助作用，是不是支配了结果的发生过程等，进行实质性的判断”②。据此，参与共谋而未实施实行行为的人如果对于共同犯罪的发展和完成起到了巨大作用，其操纵、指挥行为与实

① 参见［日］前田雅英：《刑法总论讲义》，第6版，曾文科译，313页，北京，北京大学出版社，2017。

② 黎宏：《日本刑法精义》，2版，255页，北京，法律出版社，2008。

行行为具有同值性，甚至比实行行为危险性更甚的，也应被作为共同正犯，而不是作为教唆犯或帮助犯处理。此即共谋共同正犯理论。共谋共同正犯作为以日本为代表的大陆法系国家和地区的刑法概念，在我国并没有受到足够的重视。我国以往的刑法理论与实践承认单纯共谋者与实行担当者之间成立共同犯罪，但未讨论将其作为何种性质的共犯人处理。这也许是德、日正犯核心共犯体系与我国主犯核心共犯体系之间的隔阂所致。为此，在客观实质共犯论的主张下，为了进一步解决实践中对于共谋而未实行者如何确定其性质与责任问题，以便发展精细化的正犯与共犯区别理论，必须对共谋共同正犯的有关问题展开进一步探讨。

在实质二阶层体系下，凭借共谋共同正犯这一问题点可以带动对我国共犯体系整体层面的反思，并推动对犯罪论体系阶层化研究的进一步深入。实质二阶层体系是以构成要件的实质化为特色，这意味着，对共谋共同正犯的认定，据实质二阶层体系的构成要件理论可以迎刃而解。因为，只要具有共谋的行为，就可以认定共同正犯的成立，这正是构成要件实质化的结果。然而，共谋共同正犯论为何不能在我国传统平面四要件体系下生存？比如，简单地用共谋“共同犯罪”处理为何不可？它对于阶层化的犯罪论体系有何助益？此外，更加重要，也与实务更加密切相关的问题是：仅有共谋就可被当作正犯处理是否会扩大正犯的处罚范围？为此，如果要承认共谋共同正犯，必须面对如何设定有效的处罚条件，以便既能处罚共谋而未参与共同犯罪的幕后大人物，又能将其处罚范围控制在合理的边界之内等一系列问题。

二、共谋共同正犯理论的来源、发展变化与现状

正犯又称实行犯，即直接实施实行行为的人；二人以上共同实行犯罪的，为共同正犯。在刑事立法上最早规定共同正犯的是 1871 年通过的现行《德国刑法典》，其第 25 条规定，“数人共同实施犯罪的，均依正犯论处”。随后，1908 年通过的现行日本刑法典、1953 年韩国刑法典、1956 年通过的现行泰国刑法典等都对共同正犯进行了规定。然而，各国关于共同正犯的刑法规定一般被认为是针对实行共同正犯的，但除

此之外，刑法判例和刑法理论还有共谋共同正犯的概念，它是指二人以上共同谋议实行犯罪，与共谋者中的一人或一部分人直接实行了所共谋之罪时，其他没有参与实行行为的共谋者也与之构成共同正犯的情况。参与了犯罪实行行为的共谋人，被称为实行担当者；仅参与共谋但未参与实行行为的人，被称为单纯共谋者。

日本刑法第60条规定，“二人以上共同实行犯罪者，都是正犯”；第61条规定，“教唆他人实行犯罪的，判处正犯的刑罚”；第63条规定，“从犯的刑罚，按照正犯的刑罚予以减轻”。一些暴力团背后的大人物往往支配着整个犯罪行为的进行，其作用更甚于实行犯，不将之认定为共同正犯，就只能认定为教唆犯或从犯。若认定为教唆犯，虽然处罚可与正犯一样，但由于单纯共谋者发挥的是只能认定为“‘共同实行性’的重要作用”[①]，而不属于造意者层面上的教唆犯，故认定为教唆犯并不妥当；若认定为从犯，会导致处刑轻于正犯，这在观念上令人难以接受。为此，日本审判实践通过一系列判例确立了共谋共同正犯概念。

明治29年（1896年）3月3日日本大审法院判决认为，“既然数人共谋实行犯罪，其共谋者中不论何人实行犯罪行为，该行为乃共谋者一体的行为，任何人均无例外”。在旧刑法时代，判例首先对于诈欺、恐吓等智能型犯罪承认了共谋共同正犯。明治35年（1902年）日本大审院判决指出，在数人共谋而为诬告的场合，共谋者中一人实行的犯罪行为，应当被看作共谋者全体的行为。当时认为诬告等智能型犯罪背后，存在着实质关键性的共谋人物，所以特别感到有承认共谋共同正犯的必要。[②] 昭和11年（1936年）5月28日日本大审院就强盗罪共谋共同正犯进行了判决：被告人是当时日本某党派资金部长，为获得资金，制订了袭击大森银行的计划并对下属发出指令，下属按照指令袭击了银行。该判决指出，“共同正犯的本质在于，二人以上的人同心一体，互相倚

① ［日］前田雅英：《刑法总论讲义》，第6版，曾文科译，311页，北京，北京大学出版社，2017。

② 参见［日］藤木英雄：《新版刑法演习讲座》，194页，东京，立花书房，1966。

赖、互相援助，为共同地实现各自的犯意而实行特定的犯罪”[①]。共谋共同正犯概念自此不但确立，且其范围从智能犯逐渐扩大到纵火罪、杀人罪、强盗等实力犯，从而普遍化、一般化。[②] 在此判例基础上，草野豹一郎裁判官提出了把共犯现象看作是共同意思主体这一超个人的社会心理存在的活动的共同意思主体说。[③] 后来由于对该说出现了诸多强烈的批判，基于个人共犯论、个人责任原则立场的共谋共同正犯肯定说如行为支配说、间接正犯类似说等被逐渐提出。

昭和 26 年（1951 年）12 月，日本练马区某工场内发生因劳动争议而殴打警官致死的“练马”案。昭和 33 年（1958 年）5 月 28 日日本最高法院继续沿袭了以往判例结论，判决该案也属共谋共同正犯：“共谋共同正犯的成立，必须是二人以上，为了实现特定的犯罪意思，在共同意思下结成一体，相互利用他人的行为，以将各自的意思付诸实现为内容进行谋议。因此，上述那样的关系中既然肯定了参与共谋的事实，即使没有直接参与实行行为，但是在将他人的行为作为自己的手段的意义上，没有理由认为行为人之间的刑事责任有差异”[④]。该判决表明，共谋的实施应该是犯罪的事实。另外，该判例在共谋者的正犯性、共谋的内容以及共谋共同正犯的适用限制等问题上，较之以往的判例下了很大功夫，因而“练马案”在共谋共同正犯的判例中被视为特别重要而有意义的判例。“虽然对本判决的意义存在不同意见，但多数日本学者还是认为从本判决后，判例可以分为两个系统：一是以‘共同意思主体说’作为根据的团体责任，二是强调‘自己犯罪’的‘与个人责任相调和的理论构成’。”[⑤]

“练马案”后，日本司法基本沿袭该案判决的精神，在肯定共谋共同正犯成立的基础上，开始试图将共谋共同正犯限定在合理的范围

---

① ［日］板仓宏：《新订刑法总论》，310 页，东京，劲草书房，1998。

② 参见［日］野村稔：《刑法总论》，全理其、何力译，407 页，北京，法律出版社，2001。

③ 参见［日］冈野光雄：《共同意思主体说と共谋共同正犯论》，载《刑法杂志》，1990（3）。

④ ［日］板仓宏：《新订刑法总论》，311 页，东京，劲草书房，1998。

⑤ 陈家林：《共同正犯研究》，109 页，武汉，武汉大学出版社，2004。

之内。但学术界的主流观点仍然是激烈批判共谋共同正犯理论，并从根本上否定共谋共同正犯的成立。理论界与实务界的巨大分歧一直延续到 1983 年，该年以学术泰斗身份担任日本最高法院法官的团藤重光改变了以前激烈反对共谋共同正犯的立场，将注意力由批判共谋共同正犯概念本身转向致力于防止判例扩大其适用范围，这对学术界给予了决定性冲击。他指出，“我原来对共谋共同正犯的判例持强烈的否定态度，但是根据社会现象的实际状况来看，实务坚持共谋共同正犯的观点至少在一定限度内有它自己的理由。一般来说，处于法的底层、推动法发展的力量即社会因子在刑法领域也是不能完全不予考虑的。坚持共谋共同正犯判例的实务的感觉就是这样深深地扎根于社会现象之中，所以并非仅仅只是单纯地否定以往的判例”①。同时，为了限制共谋共同正犯的成立范围，团藤认为：对亲自实施构成要件实行行为的人具有支配关系的人，才是正犯；单纯共谋者如果具有对正犯者的行为支配力，才能肯定其成立。②

昭和 52 年（1977 年）6 月 30 日东京高等法院在沿用“练马案”判决的基础上，基于“了解论”对于何谓共谋又进行了详细说明。它要求不仅认定共谋者与实行者是在共同意思下结为一体，而且需认定特定犯罪共同者的意思是否以指示、命令、提案等方式向其他共同者进行了明示，而其他共同者对之是否了解、赞同。长崎地方法院于昭和 60 年（1985 年）11 月 6 日的判决中基于“作用论”对共谋共同正犯的成立进行了限定，它要求只有对犯罪进行了加工且起到了与实行行为同等重要的作用，或实质上将其他实行者的行为作为自己的手段加以支配或者利用时，才能成立共谋共同正犯。③ 由此，一方面，可明显地看到共同意思主体说在判例实务中的影响；另一方面，可发现共谋共同正犯理论力

① ［日］《最高裁判所刑事判例集》，第 36 卷第 6 号，695－697 页。

② 参见［日］大塚仁：《刑法概说（总论）》，第 3 版，冯军译，300－301 页，北京，中国人民大学出版社，2003。

③ 参见毕英达：《日本判例认定“共谋共同正犯”的根据》，载中国人民大学刑事法律科学研究中心组织编写：《刑事法学的当代展开》，422－423 页，北京，中国检察出版社，2008。

图通过共谋者将实行者的行为当作自己的行为而不是他人的行为这一主张，来显示与个人责任论的调和。

比如，平成 19 年（2007 年）日本最高法院公布的非法丢弃废弃物犯罪的共谋共同正犯案：5 名经营港湾运输和仓库业的公司董事、总经理，将对保存在千叶市内租用地的装有硫酸残液的约六千只钢罐的处理，委托给承包公司 A 的代表人 B，后一部分钢罐被 A 委托处理的其他公司非法丢弃在北海道内的土地上。本案中 5 名被告人被认定为有非法丢弃废弃物罪的间接故意，与 B 为共谋共同正犯。二审判决的要旨是："根据原判决承认的第一审判决，B 得知被告公司要处理钢罐的处境，想先承担之后，获取中介费转包给其他业者。被告者 5 人虽未明确得知 B 和实际处理者会非法丢弃罐子，但可以认为其知道涉嫌非法丢弃的可能性很高，即使不得已还是委托给 B 处理。之后 5 名被告者通过 B，在与共犯者实行的非法丢弃钢罐的行为中，就应该根据间接故意判定其要负有责任。原判决是正确妥当的。"[①] 这是日本法院第一次明确认定因间接故意而导致的犯罪，所以在一系列肯定共谋共同正犯的判例中该案受到关注；也正因为如此，该判例因仅觉得对方也许会对委托处理的废弃物进行非法丢弃就认定是非法丢弃废弃物罪的共谋共同正犯，而受到了理论上的批判；此案也引发了理论上对于共谋共同正犯成立基准与范围的再次探讨。

现今日本刑法理论中共谋共同正犯肯定论早已成为通说。"自从共谋共同正犯的强有力的争论者团藤重光、大塚仁博士改说（指由否定说改为肯定说——引者注）以来，共谋共同正犯否定说就已经在学术界沦落为少数说了"，所以，在日本刑法学界，"最近给人的印象是肯定说的论文比否定说的多得多"[②]。平野龙一、山中敬一、西田典之、前田雅英、大谷实、山口厚、桥本正博等日本有影响力的学者均持肯定说。经过实务判例的积累，"可以说在今天的日本司法实践中，共谋共同正犯

① ［日］《最高裁判所刑事判例集》，第 61 卷第 8 号，757 页。

② ［日］村井敏帮：《共谋共同正犯——否定说の立场から》，载《刑法杂志》，1990（3）。

理论已成为不可动摇的理论”[①]。实务中，判例更是对共谋共同正犯持肯定态度。“自旧刑法时代以来，判例一直肯定共谋共同正犯；学界在很长一段时间内，实行共同正犯处于支配性地位，但现在应该说，一边肯定共谋共同正犯论一边主张限定其成立范围的观点占据主流。”[②] 这意味着，在判例的支持下，在理论面向实务的务实态度下，日本刑法理论早已由对共谋共同正犯的肯定与否定之争而转为如何限定共谋共同正犯的成立范围，如何将共谋共同正犯构造进一步明确，如何紧密结合实务案例推进对共谋共同正犯的深化，或者研究不作为的共谋共同正犯，或者研究共谋的射程、共谋的因果性与错误等更为精细的问题。[③] 总之，由“是否当罚”转向“如何妥当处罚”是当今日本刑法理论对共谋共同正犯的共同态度。

德国刑法并没有共谋共同正犯的概念，但这不代表德国没有共谋共同正犯的类型。根据德国刑法中解决正犯与共犯问题的通说即犯罪事实支配理论，一种是“幕后操纵、利用他人作为自己犯罪行为的工具，由于他的‘优势’实现了与直接实施犯罪等价的行为支配”，成立正犯背后的正犯；另一种是“在共同正犯情况下数人共同实施犯罪的情况”，即“所有参与人均是共同犯罪决议的主体”，“每一个参与人还必须在客观上实施了超越预备行为范畴的特定行为”，“通过最符合目的的‘角色分工’，在共同正犯情况下可产生这样的结果，即形式上不属于构成要件该当行为范畴的单个行为，足以作为正犯受处罚。它只是涉及在‘分工’范畴内实施全部计划的必要的部分”[④]。显然，前一种正犯背后的正犯包含了支配型共谋共同正犯，后一种共同正犯形式则包含了对等型共谋共同正

① 金光旭：《日本刑法中的侵犯知识产权行为的参与者及其刑事责任》，载《清华法学》，2008（2）。

② ［日］西田典之：《日本刑法总论》，第2版，王昭武、刘明祥译，310页，北京，中国人民大学出版社，2013。

③ 参见［日］林干人：《默示的・不作为の共谋》，载《研修》，2010（748）；［日］桥爪隆：《共谋的射程と共犯の错误》，载《法学教室》，2010（359）。

④ ［德］耶赛克、魏根特：《德国刑法教科书》（上），徐久生译，884页，北京，中国法制出版社，2017。

犯。这样，在事实上，“德国通说对于共同正犯，采取‘行为（犯罪）支配理论’，亦肯定共谋共同正犯之存在”①。意大利司法实践也承认共谋共同正犯的概念：“出于惩罚犯罪的考虑，法院判例倾向于将那些与犯罪行为进行合作的人都视为共同正犯，而不是仅仅认定为共犯，即使这些人并未直接参与构成犯罪的事实上的行为，亦不例外。”②

三、中国刑法语境下共谋“共同犯罪”到共谋“共同正犯”

大陆法系刑法共犯体系以正犯为中心建立，刑事立法依分工分类法对共同犯罪人进行分类，正犯是其核心概念，它是共同犯罪定罪与量刑的中心，教唆犯与帮助犯的成立和处罚都要以正犯为依据。因此，长期以来在德、日等为代表的大陆法系国家刑法中，共同犯罪理论的重点都是界定正犯与共犯的区别，以确定不同参与人在共同犯罪中所扮演的角色和相应法律责任。我国共犯体系以主犯为中心建立，“现行刑法典并无正犯这一概念，但理论界一直对其进行研究”③。因为正犯作为一种共犯类型在实务中仍然是存在的，我国称之为实行犯；研究实行犯时，必然面临实践中如何处理共谋而未实行者的问题。为此，我国刑法理论和司法实践很早就开始援用日本刑法中的共谋共同正犯理论。但是，大陆法系以正犯为核心的共犯体系与我国以主犯为核心的共犯体系之间的隔阂，决定了共谋共同正犯概念在我国虽有涉及，但缺乏对其深入研究。

（一）我国学说与实务的态度：共谋“共同犯罪”之肯定

1. 学说的态度

正如日本刑法学者大谷实指出，我国刑事立法上是设定有共谋共同

① 张丽卿：《刑法总则理论与运用》，增订版，354页，台北，五南图书出版股份有限公司，2015。

② ［法］斯特法尼等：《法国刑法总论精义》，罗结珍译，312页，北京，中国政法大学出版社，1998。

③ 叶良芳：《实行犯与正犯：一种概念上的考察》，载中国人民大学刑事法律科学研究中心组织编写：《刑事法学的当代展开》，440页，北京，中国检察出版社，2008。

正犯的类型的："对于中国刑法中的共同犯罪，当然也可以认为包含着共谋共同正犯，第 26 条第 1 款规定的犯罪集团与主犯，第 2 款所规定的犯罪组织以及第 3 款所规定的首要分子。"[①] 但我国《刑法》没有规定正犯概念，只在第 25 条指出"二人以上共同故意犯罪"是共同犯罪。受其影响，对于刑事立法中本来包含的共谋共同正犯的类型以及司法实践中也常常出现的这一共犯人类型，我国刑法理论只是在能否成立共谋"共同犯罪"而非共谋"共同正犯"的层面上予以讨论。这一点，从各个时期、各种版本的刑法学统编教科书和其他论著对该问题的表述即可得知。[②] 正因为如此，有学者指出，"我国刑法理论对于参与共谋，而没有参与实行行为的，通说观点持肯定看法，认为应当成立共同犯罪"[③]。

在能否成立共谋"共同犯罪"的问题上，也有否定说和肯定说之分。否定说认为，共谋不是共同犯罪行为；共谋而未实行，就意味着缺乏共同犯罪行为，不能构成共同犯罪。例如：甲、乙二人共谋杀丙，相约次日晚到丙家共同下手，但届时乙未去而在自己家中睡觉，甲一人将丙杀死。甲、乙虽有共同杀丙的故意，但缺乏共同行为。甲应单独构成杀人罪的既遂。乙参与密谋杀人，只应对杀人的预备行为负责。[④] 又如：甲与乙共同约定当晚 10 时到某仓库盗窃铜板，甲如期去，乙未去，甲一人盗窃铜板。甲、乙虽有盗窃的共同故意，但无盗窃共同行为，不构成共同犯罪。[⑤] 肯定说认为，甲、乙共谋杀丙案中甲、乙的行为构成

---

① ［日］大谷实：《日本刑法中正犯与共犯的区别——与中国刑法中的"共同犯罪"相比照》，王昭武译，载《法学评论》，2002（6）。

② 参见高铭暄主编：《中国刑法学》，185 页，北京，中国人民大学出版社，1989；陈兴良：《共同犯罪论》，87 页，北京，中国社会科学出版社，1992；赵秉志主编：《新刑法教程》，208 页，北京，中国人民大学出版社，1997；马克昌主编：《刑法学》，165 页，北京，高等教育出版社，2003。

③ 林亚刚：《共谋共同正犯问题研究》，载《法学评论》，2001（4）。

④ 参见高格：《关于共同犯罪的几个理论问题的探讨》，载《吉林大学社会科学学报》，1982（1）。

⑤ 参见林文肯、茅彭年：《共同犯罪理论与司法实践》，54 页，北京，中国政法大学出版社，1987。

共同犯罪。理由是：共同犯罪行为包括犯罪的预备行为和实行行为，而且犯罪的预备和犯罪的实行是两个紧密相连的阶段。共谋不仅仅是共同犯罪意图的单纯流露，而且是共同犯罪预备行为，不能把犯罪的预备同犯罪的实行之间的密切联系割裂开来，而把甲、乙共谋杀丙视为与甲单独杀死丙这一犯罪活动的全过程无关的行为。如果认为甲单独构成杀人既遂罪，乙只对预备行为负责，又否认他们成立共同犯罪，这本身自相矛盾。甲一人杀死丙的行为和乙参与密谋杀人是密不可分的，乙同样应负杀人罪既遂的责任，不过对乙在处罚上可以从宽。[①]

总之，肯定共谋而未实行者能够与实行者构成共同犯罪的观点，已经成为我国刑法学界的基本共识。[②] 与此同时，对于是否需要在我国共犯体系背景下引进共谋共同正犯理论，以及共谋者究竟是实行行为者的正犯还是教唆犯、帮助犯等问题，我国刑法理论并未展开进一步探索。

2. 实务的态度

与我国刑法学界对共谋“共同犯罪”问题的争议相比，我国刑事司法实践在很早的时候就表现出对共谋“共同犯罪”的承认，且一直延续至今。

有资料显示，我国刑事司法实践对共谋“共同犯罪”案件的判决早在 1986 年即已有之，例如“王某参与预谋未到抢劫现场，事后分赃的行为，是否构成抢劫罪”[③]：1986 年某日，李甲与李乙、王某“共谋去抢赌资”。三人骑自行车到某单位宿舍院外，此时王某巧遇友人黄某，遂下车与之交谈。李甲、李乙没等王某，放下自行车持刀闯入宿舍楼某房间，用暴力抢走在赌博的曾某 96 元钱。二李抢到钱后匆忙下楼推车，王某见状即与黄某道别，并推车与二李一同回李甲家分赃。王某获赃款 10 元。检察院认为，被告人王某“参与事前的抢劫共谋，并一同骑车

① 参见邓定一：《共谋而未实行，不构成共同犯罪吗?》，载《法学》，1984（6）；高铭暄主编：《刑法学》，363 页，北京，高等教育出版社，2002。

② 参见张明楷：《刑法学》(上)，6 版，504 页，北京，法律出版社，2021。

③ 最高人民检察院《刑事犯罪案例丛书》编委会编写：《刑事犯罪案例丛书（抢劫罪）》，131－132 页，北京，中国检察出版社，1992。

去抢劫现场，而后在楼下等候，待其抢劫得手后便主动一同去分赃，应视为实施了一定的抢劫行为。因此，被告人王某的行为构成抢劫罪”。检察院对王某以抢劫罪向法院提起公诉，法院也以同罪作出了判决。再如，“刘某、陈某刚共谋抢劫而陈某刚未动手案”①：被告人刘某、陈某刚到某校后山闲逛，见 3 名学生在用扑克牌赌博，赌资放在地上，遂生抢劫之心。二人约定以吹口哨、打手势为暗号一起动手实施抢劫，并佯装看赌牌靠近学生。其间，刘某多次暗示，但陈某迟迟不敢动手。刘某便找机会抢了放在地上的赌资 320 元，并对一名反抗的学生拳打脚踢。刘某抢得钱后与陈某扬长而去。事后，刘某、陈某各分得赃款 180 元和 140 元。当地县人民法院经审理认为，被告人刘某纠合陈某使用暴力抢劫他人财物，其行为已构成抢劫罪，且系共同犯罪。此外还有“陈某鸣、经某杰等盗窃案”②、“郭某林等抢劫案”③、“事前共谋、事中不知而事后分赃的行为如何定性”④、“毒品案中共谋而未参与实行者的罪责认定”⑤、“共谋抢劫独自放弃他人实施如何处理”⑥、“运输毒品共犯的认定”⑦，等等。

这些案例的共同点是，法院在判决中均只指出，共谋者是实行行为者的“共犯”或与实行行为者成立“共同犯罪”，而没有指出共谋者是哪种性质的共犯，即是正犯、教唆犯还是帮助犯。如果说日本判例对于刑法理论上对共谋共同正犯问题的研究起到了极大的推动和深化作用，

① 《刘鹏、陈绪刚共谋抢劫而陈绪刚未动手案》，载 http://www.huadu.gov.cn:8080/was40/detail?record=4854&channelid=41850，访问日期：2012-02-07。

② 最高人民法院刑事审判第一庭、第二庭编：《刑事审判案例》，451-456 页，北京，法律出版社，2002。

③ 最高人民法院刑事审判第一庭、第二庭编：《刑事审判参考》，第 4 卷·下，81-87 页，北京，法律出版社，2004。

④ 夏思扬、传东：《事前共谋、事中不知而事后分赃的行为如何定性》，载正义网：http://review.jcrb.com/zyw/n7/ca440497.htm，访问日期：2012-02-27。

⑤ 郭寅、黄伯青：《毒品案中共谋而未参与实行者的罪责认定》，载《人民法院报》，2010-06-24，7 版。

⑥ 郎永恒、牛中华等：《共谋抢劫独自放弃他人实施如何处理》，载《检察日报》，2007-07-15，3 版。

⑦ 邓维聪：《运输毒品共犯的认定》，载《人民法院报》，2010-06-23，6 版。

我国刑事司法实践对共谋“共同犯罪”的判决并未推动理论上对共谋共同正犯的研究。

（二）由共谋“共同犯罪”到共谋“共同正犯”：中国刑法语境下的现实意义

不同类型共犯不仅法律性质差别极大，而且刑罚适用极不相同。因此，有必要沿着我国对共谋而未实行者构成共同犯罪这一共识性前提，展开是否成立共谋共同正犯之研究。

根据日本刑法，只有先认定了单纯共谋者的法律性质，即他们是共同正犯或教唆犯或帮助犯，才能将其作为共同犯罪人适用刑法规定。根据我国《刑法》，第25条轻而易举地回答了单纯共谋者能够成立共同犯罪的问题。我国《刑法》这样规定的好处是，不需要因为难以适用刑法而煞费苦心地发展出其他理论，诸如共谋共同正犯论、过失共同正犯论。在共同过失是否成立共同犯罪问题上，日本不但在实务中有判例，而且在理论上研究得非常深入，并且这些判例和学说并不违反刑事立法，因为日本刑法只规定“二人以上共同实行犯罪”的都是正犯，而未规定“二人以上共同故意实行犯罪”的才是正犯。但是，根据我国刑法，很多学者在讨论过失共同正犯时，往往会以刑法明确规定了共同犯罪的成立必须是“共同故意”为由武断地否认对此问题的探讨。可见，我国刑法关于共同犯罪的规定，既轻易地否定了研究过失共同犯罪的必要性，也轻易地遮蔽了探讨共谋共同正犯的必要性。虽然在我国可以根据刑法规定容易地认定共同犯罪的成立，但这并不代表不可以追问单纯共谋者与实行担当者之间究竟是何种共同关系。共同犯罪的成立只是代表着连带责任的确立，共同犯罪中各参与人的行为性质以及类型的划分，才是共同犯罪不同于单独犯的核心问题。因此，在中国刑法未规定正犯概念的背景下，也极有必要探讨共谋共同正犯的问题。

1. 有利于明确单纯共谋者的法律性质与责任并发展出精细化的正犯、共犯区别理论。

我国刑法学界有观点认为，我国刑法没有必要引入共谋共同正犯概念。类似于日本某些在共同犯罪中幕后起重大作用的指挥者、策划者在中国本来就是主犯，而我国的主犯概念充分保证了对于起主要作用的犯罪人的严惩[①]；此外，日本的共谋共同正犯概念“与我国根据作用大小认定主从犯可谓有异曲同工之妙”[②]，因此，“如德、日、韩等国的刑法理论争论不休的共谋共同正犯等问题，在我国刑法中得到了很好的解决”[③]。立足于中、日刑法共犯体系与立法的差异，笔者认为由于我国存在着以作用分类法为基础的主犯概念，可以将幕后的大人物这一类在日本作为共谋共同正犯处理的人作为主犯处理，由此完全可以实现罪刑相适应原则，而不必担心放纵罪犯。从量刑上分析似乎如此。但是，这样的观点满足于解决共谋而未实行者的量刑问题，而止步于准确回答“各个共谋者的性质”[④] 问题，因而值得商榷。

刑法理论一般认为，对共同犯罪人可按分工分类法和作用分类法进行划分。前者是根据共犯人的分工或行为形式，将其分为（共同）正犯/实行犯、教唆犯、帮助犯、组织犯；后者是依照共犯人在共同犯罪中所起的作用大小，将其分为主犯、从犯。我国刑事立法以作用分类法为主，将共犯人分为主犯、从犯、胁从犯，同时兼顾分工分类法，而且考虑到教唆犯的特殊性和复杂性，将其单列为法定共犯人的一种。分工分类法客观地反映了各共犯人在共同犯罪中的实际分工及联系形式，可以很好地解决对共犯人的定性问题；作用分类法充分揭示了各共犯人在共同侵犯某种法益的活动中所起的作用，可以很好地解决对共犯人的量刑问题。认定单纯共谋者与实行担当者之间成立共同犯罪，再将他们作为主犯惩罚，的确不会出现日本刑法中的轻纵罪犯之嫌。但是，毕竟我国刑事立法也在作用分类法的基础之上采用了分工分类法，如此一来，就会面临如下问题：共谋而未实行者究竟应作为实行犯亦即正犯对待，

① 参见李洁：《中日共犯问题比较研究概说》，载《现代法学》，2005（3）；陈家林：《共同正犯研究》，148页，武汉，武汉大学出版社，2004。

② 陈洪兵：《共犯论思考》，249页，北京，中国人民公安大学出版社，2009。

③ 朴宗根：《正犯论》，60页，北京，法律出版社，2009。

④ ［日］大谷实：《日本刑法中正犯与共犯的区别——与中国刑法中的“共同犯罪”相比照》，王昭武译，载《法学评论》，2002（6）。

还是应该被认定为教唆犯或帮助犯？笼统地说单纯共谋者与实行者之间构成共同犯罪，再辅之以主犯概念解决其量刑问题，实际上是对于我国刑法采用分工分类法划分出教唆犯、帮助犯以及实践中存在的不同共犯人相互界限问题的漠视，也是对共犯人性质这一关键问题的回避，并且与刑法理论上对不同共犯人类型的研究不相协调。更何况，我国刑法依照分工分类法对共犯人所作的分类，尽管只明文规定了教唆犯，但事实上，在主犯、从犯这些以作用分类法为标准得出的概念背后，实际上涵括了实行犯（正犯）、帮助犯、组织犯这些依分工分类法得出的概念。例如，从刑法关于主犯和从犯的定义可以看出，主犯包括了犯罪集团中的组织犯以及主要的实行犯，从犯包括了帮助犯与次要实行犯。这表明，即使只考虑以作用分类法为标准所得出的共犯人类型，正犯概念也是蕴涵于我国刑事立法中的。既然如此，在探讨共谋而未实行者问题时，在刑法解释论上，将共谋“共同犯罪”问题细化为共谋“共同正犯”问题来探讨，既有刑法根据，也有必要性。

2. 有利于通过共谋共同正犯之问题点实现对主犯核心共犯体系整体合理性之探讨。

共谋共同正犯是与日本正犯核心共犯体系相关的概念，所以它被我国学者认为是日本独有的研究课题并反对将其引进研究；但反对者也指出，如果我国刑法也“主张共犯人分类的分工分类法，依此，关于正犯与共犯（狭义）的区别问题，共谋共同正犯的问题，共犯的从属性问题，处罚根据问题等就成为必然的研究课题”①。换言之，此时共谋共同正犯也必将成为中国刑法所必须面对的研究任务。这一命题提出了另一个延伸话题：我国主犯核心共犯体系是否需要变更为正犯核心共犯体系？在此，不妨通过共谋共同正犯这一问题点，反思我国主犯核心共犯体系之本身是否合理，因为，至少在反对论者看来，后者的命运与前者攸关。

（1）从正犯概念优于主犯概念的定型性、规范性，以及其与罪刑法

① 李洁：《中日共犯问题比较研究概说》，载《现代法学》，2005（3）。

定原则的契合性来看，应该实现我国共犯体系“主犯”核心到“正犯”核心之转变。

如果认为德、日“正犯基本上相当于我国所认定的主犯”[①]，那就无须探讨所谓共犯体系的变革问题。是否需要将我国主犯核心共犯体系变革为正犯核心共犯体系，取决于正犯与主犯概念之间是否有差异。对此，回答是肯定的。A. 在内涵上，正犯与主犯相去甚远：正犯是实施了构成要件实行行为之人，主犯是在共同犯罪中发挥了主要作用之人。判断行为人是否为正犯，依据刑法分则具体犯罪的构成要件类型即可，即是否实施了杀人的实行行为、抢劫的实行行为等。回答行为人是否为主犯，则需依据共同犯罪整体考察行为人在其中是否发挥了重要作用。实施了构成要件实行行为的人，可能作用很小、是帮助犯，也可能作用很大、是主犯；没有实施构成要件实行行为的人例如教唆犯，可能作用很大、是主犯，也可能作用很小、是帮助犯。显然，对主犯的判断不依赖于构成要件中实行行为的定型性，而依赖于其功能性的作用大小。B. 在外延上，正犯与主犯相似但不完全一致：正犯可能是主犯，也可能是从犯；主犯也许在很多情况下都是正犯，但也有可能不是正犯，而是教唆犯。显然，“主犯与正犯是不同分类中的概念，二者有相似之处，存有交叉重合部分，主犯不一定是正犯，正犯中的主要实行犯才是主犯，交叉部分就是主要实行犯”[②]。有观点认为，既然在日本西田典之等学者承认共谋共同正犯，“这样一来，不仅是亲自实施了全部或部分构成要件的人，就是没有分担构成要件但对他人实施构成要件起着重要作用的人，都是正犯（或共同正犯）。如果我们认为共同正犯还是正犯的一种类型，那日本刑法中的正犯概念就似乎与我国刑法中的主犯概念不谋而合了。那是否还有必要像我国很多学者所主张的那样，将我国刑法‘主犯—从犯—教唆犯’分类的共犯体系变革为大陆法系国家‘正犯—从犯（共犯）’的体系，就可能要打一个问号了”[③]。这种观点，

① 陈洪兵：《共犯论思考》，250-251页，北京，中国人民公安大学出版社，2009。

② 吴光侠：《主犯论》，80页，北京，中国人民公安大学出版社，2007。

③ 张理恒：《品读西田典之教授的共犯论》，载《检察日报》，2010-09-16，3版。

恰恰是只看到了正犯与主犯概念的交叉重合，没有看到二者之间的差异。

可见，正犯概念以构成要件为基点，它客观定型，容易把握，有利于充分实现罪刑法定原则的人权保障机能；主犯概念以作用大小为核心，它主观抽象，流于随性，不利于定罪只利于量刑。正犯是规范刑法学意义上的概念，主犯更像是刑事政策意义上的语词。正因为如此，有学者指出，“正犯是依据刑法分则规定来判断，而主犯是依据法官的主观意志来判断。因此，正犯的概念更加符合罪刑法定原则的要求，这是不可否认的事实”。“虽然主犯概念能够解决各个共同犯罪人的刑事责任问题，但它不利于贯彻罪刑法定原则，有悖于刑法的人权保障机能。”[①] 我国主犯核心共犯体系也受到了外国学者的批判：“由是否在共同犯罪中起重要作用这一实质性要素所引导出的中国刑法中的‘主犯’，在犯罪成立方面并不重要”；“以罪刑法定主义的构成要件观念为基础”，一贯强调“实行行为比其他任何要件都重要得多”的德、日刑法[②]，采取正犯概念，则更为可取。当然，在客观实质正犯论的背景下，德、日刑法对正犯的考虑似乎越来越重视依行为人在共同犯罪中所起的作用来划分正犯的范围，这似乎表明正犯与主犯有趋同之处。但是，“只要不对正犯、教唆犯、帮助犯体系进行修改，正犯仍然是依分工分类法划出的共犯种类，其以构成要件为中心、有利于定罪的优势比较明显”[③]，对此，是不容否认的。至此，正犯与主犯概念孰优孰劣，结论已然明了。因此，将我国主犯核心共犯体系转换为正犯核心共犯体系，至少是一个可行的尝试。

（2）从分工分类法优于作用分类法的人权保障色彩来看，应该实现我国共犯体系从“主犯”核心到“正犯”核心之转变。

“侧重于刑法的社会保护机能是中国刑事立法的传统，由此导致的

---

① 朴宗根：《正犯论》，60 页，北京，法律出版社，2009。

② 参见［日］大谷实：《日本刑法中正犯与共犯的区别——与中国刑法中的“共同犯罪”相比照》，王昭武译，载《法学评论》，2002（6）。

③ 吴光侠：《主犯论》，79 页，北京，中国人民公安大学出版社，2007。

立法形式与立法内容也就必然渗透这样的精神。这种保护功能在共同犯罪中的表现就是，主要着眼于对共同犯罪的控制与惩罚，而非对共犯者合法权益的保护。其具体表现就是规定共犯者类型时以在共同犯罪中起作用的程度，也就是对社会的危害程度来规定共犯人的种类和设定刑罚，以体现刑法的主要功能。”① 作用分类法远离了对构成要件的把握，只考虑行为人在共同犯罪中的组织、策划或者种种所作所为的社会危害性之大小：其好处是在量刑时可以直接“论功行赏”，使罪刑相适应；其坏处是它体现的是社会危害性之大小，故而处刑主观随意。司法实践中，常常出现以具有严重社会危害性为由而判定某人的行为在共同犯罪中所起作用较大，从而将很多不该认定为主犯的人认定为主犯，或者在需要的时候比如“严打”运动或者“清网”运动中认定为主犯，在不需要的时候不认定为主犯。这种做法无疑强调了我国刑法的社会保护机能。

随着对构成要件的规范评判特性的承认以及对实行行为规范性、实质性价值考量的进行，实行行为概念得以突破形式客观说的标准而递进为当今德、日普遍承认的实质客观说，从而正犯概念也随之扩张，于是便有了共谋共同正犯概念的提出。可见，无论采用形式客观说或实质客观说或其他学说来定义构成要件中的实行行为，在根底上，分工分类的标准终究要求围绕“是否实施了构成要件中的实行行为”这一定型公式，来讨论不同共犯人究竟何者为正犯、何者为共犯的问题；即使共谋而未实行者也被作为共同正犯对待，但这也是建立在必须在客观实质上具有实行行为分担性的基础之上的，换言之，其作为正犯的可罚性终究是以构成要件的定型性为核心来说明的。因此，为了淡化我国刑法的社会保护机能，更加突出人权保障机能，我国刑法共犯人的分类标准，可以考虑取消作用分类法，代之以分工分类法。如此，则实现我国主犯核心共犯体系向正犯核心共犯体系的转换是可行的，也可解除否定论者的疑虑。

---

① 李洁：《中日共犯问题比较研究概说》，载《现代法学》，2005（3）。

3. 有利于进一步推动我国以构成要件为核心成立条件的阶层犯罪论体系之探讨。

共谋共同正犯产生于正犯核心共犯体系之下的特点，决定了至少在解释论上，在我国现行共犯体系维持不变的情况之下，对其研究必须采取以正犯而非我国的以主犯为中心的思维模式。这意味着刑法理论上对于共同犯罪的思考应由以往的“社会危害性思路”转换为“构成要件思路”，而后者，对于深化我国当前的阶层犯罪论体系之探讨大有裨益。

我国研究共同犯罪问题是以社会危害性为出发点的：“在中国，共犯研究的基本思路是：犯罪是具有社会危害性、应受刑法惩罚性、违法性的行为。社会危害性是犯罪的最根本的特征。依据这样的前提，共犯的研究，也就必然集中在不同的共同犯罪人的社会危害性之大小的问题上。”而德、日刑法对共同犯罪的研究思路是以构成要件为逻辑出发点的：“在日本，犯罪是符合构成要件、违法且有责的行为，构成要件是成罪的前提。而构成要件是对行为自身的规定，只有符合构成要件的行为才有成罪的可能。”因而“共同犯罪的研究重点”在于“没有实施符合构成要件行为的行为人，以什么理由认为其成立犯罪”①。对前者，姑且简称为“社会危害性思路”，对后者，简称为“构成要件思路”。构成要件天然具有的人权保障机能，决定了共同犯罪问题上的“构成要件思路”必然比“社会危害性思路”更具有人权保障的优势。根据“构成要件思路”分析正犯，必须恪守“是否实施了构成要件中的实行行为”这一客观标准。这种恪守即使受到客观实质说的冲击，并且发展出了共谋共同正犯理论，但毕竟，那也是围绕形式客观说、在克服其缺陷的基础上对实行行为所作出的进一步深化和发展，而且，这种客观实质说以客观行为为前提，这也决定了它并非可以随意“实质化”；即使有人想突破实行行为的定型意义，也必然在学术上遭受诸多的指责或者必须提供足够的理论支持。因此，归根到底，共谋共同正犯理论也是以构成要件为基底来发展的。

① 李洁：《中日共犯问题比较研究概说》，载《现代法学》，2005（3）。

共同犯罪问题上“构成要件思路”的确立，与阶层化体系对构成要件的固守具有天然的一致性；甚至可以说，与阶层犯罪论体系兼容、匹配的共同犯罪理论必然是以“构成要件思路”为前提、以正犯概念为核心的。如何实现犯罪论体系阶层化，是当下刑法学者最为关注的话题。阶层化体系之中又有三阶层与二阶层之分：前者主张以构成要件符合性、违法性与有责性为犯罪成立条件；后者主张将构成要件分别与违法和有责性相结合，形成客观违法构成要件与主观有责构成要件。它们的共同点是均以构成要件为核心。在二阶层之内，构成要件具有贯彻始终的核心地位，通过与违法性和有责性要件的实质结合，构成要件更具有价值评判的意义。在三阶层之中，构成要件是讨论犯罪成立的起点，同时，受当今德、日构成要件是违法、有责类型的理论之影响，对违法性与有责性的定性和判断从来没有远离过构成要件。这也许正是二阶层体系主张者直接将构成要件与违法性、有责性融合的原因。

阶层化体系对构成要件的重视，充分说明了固守构成要件的定型意义在阶层化体系贯彻中的重要意义。贯彻阶层化体系的重要领域，在刑法总论首推共同犯罪理论。如果秉承“构成要件思路”来解决诸如共谋共同正犯等共同犯罪问题，那么，阶层化体系所强调的构成要件的定型性就可以得以维持；如果秉承“社会危害性思路”这一陈旧思维来回应共同犯罪问题，则阶层化体系所弘扬的构成要件理论的重要性在共同犯罪领域就轻易地被消解了，而这，显然不利于阶层犯罪论体系之推进。更何况，共同犯罪问题上的“社会危害性思路”是与我国平面四要件体系相一致的：后者以社会危害性为基础考虑每一个要件是否成立，前者以社会危害性为标准衡量各行为人的作用大小。很难想象，在阶层化体系之下，能够容纳“社会危害性思路”的共同犯罪理论。如果在以构成要件为核心的阶层犯罪论体系之下，存在的是以社会危害性为出发点的主犯核心共犯体系，那无异于新瓶装旧酒。果如此，甚或要怀疑这种阶层犯罪论体系的探讨是否还有实际的意义，以及如何能落到实处。

综上分析，在刑法解释论上，不论我国刑法是否规定了正犯概念，即使是维持我国目前主犯核心共犯体系，为了构筑精细的正犯、共犯区别理论，仍应实现共谋“共同犯罪”向共谋“共同正犯”问题之转换。在刑事立法上，我国刑法可以尝试抛弃作用分类法并放弃主犯概念，而转为采用更具有罪刑法定色彩的分工分类法及正犯概念，由此实现我国主犯核心共犯体系向正犯核心共犯体系之转换。果如此，引进共谋共同正犯概念自是必然之结果。在共同犯罪思维模式上，对以正犯为核心的共谋共同正犯理论展开研究，不但与以构成要件为中心的阶层犯罪论体系要求相一致，而且有助于推动我国阶层犯罪论体系探讨的进一步深化。总之，在中国刑法视野下，适时展开共谋共同正犯之研究，具有相当的现实与理论意义。

四、共谋共同正犯的成立条件：基于限缩之立场

承认共谋共同正犯概念，就必须在理论上分析：是否参与共谋而未实行者一律成立共谋共同正犯？共谋共同正犯的范围究竟多大？这一问题如果不加以明确，就会造成将本不该以正犯论处的共犯当作正犯论处，并混淆正犯与共犯的区别。为此，在共谋共同正犯成立条件的把握方向上，应淡化主观共谋说，强化客观共谋说，力图从客观上对共谋的成立条件进行细化，以在肯定共谋共同正犯当罚性前提下，尽量限定其处罚范围。

1. 共谋的事实

存在二人以上共谋的事实，是成立共谋共同正犯的责任要件。“在实行共同正犯的情况下，只要行为人对共同实施犯罪这一点有理解即已足够，并无把共谋的事实作为要件的必要；而共谋共同正犯则是基于共谋的事实而产生相互利用、相互补充，进而实施行为的关系，因此‘共谋的事实’便尤为重要。”① 所谓“共谋”，是指二人以上为了实行特定的犯罪，以将各自的意思付诸实现为内容，互相就犯罪的实行共同发挥作用进行意思沟通，从而达成共识。通过共谋，单纯共谋者与实行担当

① ［日］大谷实：《日本刑法中正犯与共犯的区别——与中国刑法中的“共同犯罪”相比照》，王昭武译，载《法学评论》，2002（6）。

者一体化的紧密联系得以产生，并且对于共谋行为的内容及随后采取的行为达成一致。此即客观共谋说。① 据此，不能将“共谋”作为单纯的主观事实，而应作为“共同犯罪的形成”这个客观事实来把握；共谋不单是共同正犯的主观要件，还是客观要件，是属于共同正犯的“入罪事实”②。如此从主观与客观面双重把握，有利于限制共谋共同正犯的成立范围。这是对共谋共同正犯限制成立的条件之一。

理论上有观点认为，没有共谋的事实，也可能成立共谋共同正犯。比如日本学者下村康正教授曾主张，“放哨者”如果参与了共谋，当然可以成立共同正犯，反之，即使没有参与共谋，放哨本身在共同犯罪中如果是重要角色的话，也成立共同正犯。换言之，角色的重要性和共谋未必联系在一起。③ 这种观点损害了通过共谋概念限制共谋共同正犯成立的功能，因而应该受到批判。毕竟，“共谋共同正犯成立的大前提是参与了共谋，角色的重要性也必须是以此为前提的”，否则，“恐怕所有的放哨者都会作为共同正犯来把握了”④。

共谋的事实意味着，如果没有共同实行犯罪的意思联络，而是有帮助他人犯罪的意思，这种意思不是共同实行犯罪的意思联络，基于这种意思而加功于他人犯罪的，不是共谋共同正犯，是帮助犯；不是以实现各自的意思为内容，而是唆使无犯意的人产生犯意，以实现自己的犯意，这种意思也不是共同实行犯罪的意思联络，基于该种意思而致其他人实施犯罪的，不是共谋共同正犯，是教唆犯。显然，在成立共谋共同正犯的场合，各共谋者均是将所要实施的犯罪视为“自己的犯罪”，“每个人都抱有是‘自己的犯罪’的意识，各自的意识也被相互认识了时，可以说是在一定范围内全员都具备了作为共谋共同正犯的要件”。换言

① 参见［日］田川靖紘：《共谋共同正犯における共谋について》，载《早稻田大学研究生院法研论集》，2010（135）。

② ［日］西原春夫：《刑法总论》，340 页以下，东京，成文堂，1977。

③ 参见［日］下村康正：《共谋共同正犯と共犯理论》，139 页以下。转引自［日］冈野光雄：《共同意思主体说と共谋共同正犯论》，载《刑法杂志》，1990（3）。

④ ［日］冈野光雄：《共同意思主体说と共谋共同正犯论》，载《刑法杂志》，1990（3）。

之，“不能将在‘他人的犯罪’意识支配下行动的人作为共谋共同正犯”[①]。通过这一限定，共谋共同正犯可淡化其集团犯罪的基调，凸显个人责任的色彩。《德国刑法典》第25条规定，“自己实施犯罪，或通过他人实施犯罪的，依正犯论处”。这在一定程度上表明了共谋共同正犯理论对于共谋为何要强调是自己的犯罪而不是他人的犯罪。只有为了实施自己的犯罪的单纯共谋者才具有“正犯者意思”[②]，因此，（共谋）共同正犯一定是共同实施自己犯罪的行为人，换言之，各参与人都要将实行者的犯罪行为当作是自己的犯罪，而不是他人的犯罪，否则，就脱离了正犯原本的含义。

首先，共谋的时间，可以是事前或事中，但不能是事后。

共谋可以是事前的，如甲与乙事先制订好盗窃计划，后由乙亲自去盗窃；也可以是事中的，如甲在盗窃丙家中财物时，偶然从丙家房前经过的乙发现了甲的盗窃行为，乙因对丙有仇便主动和甲商量，由乙负责在屋外接应甲，以便甲顺利实施盗窃。此时，甲、乙就是在犯罪行为的过程之中进行共同谋议。

共谋不可以是事后的，因为犯罪行为结束之后的共谋对于犯罪行为的实施已无作用，比如，甲在盗窃丙家的财物之后，不可能与乙谋议如何进行盗窃，而只可能谋议如何将盗窃到的财物予以销赃或窝藏，或如何隐瞒甲的盗窃行为等。此时只能以窝藏、包庇犯罪来认定事后参与共谋者的行为，而不能成立共同正犯。

其次，共谋的形式，可以是明示，也可以是暗示；可以是直接，也可以是间接。

第一，明示或暗示的共谋。

明示的共谋是通过语言或文字等方式明确地提出犯罪的方案、指示等，以使其他共同者了解、接受，最终相互达成以实施特定犯罪为目的的共同意思。暗示的共谋是通过含蓄的语言或动作，表达、传递行为人

① ［日］松本时夫：《共谋共同正犯と判例・实务》，载《刑法杂志》，1990（3）。

② ［日］松原芳博：《共谋共同正犯论の的现在》，载《法曹时报》，2011（7）。

内心意欲实施犯罪并支持对方实施犯罪的意图。暗示共谋并非不能由外在的言语或文字来表达，只不过其表达不是直接传递其犯罪意图以及与其他人合意犯罪的意图，但是暗中表达了这种意思。例如，常年偷盗铁路的犯罪团伙，各行为人之间虽无语言明示，但他们之间的犯罪心理极为默契，就可以作为认定具备共同犯意的依据。暗示的共谋可以是通过外在的动作体现，“例如，甲与乙互殴，乙殴打之际，对乙产生强烈反感的甲的朋友丙，从怀中拿出匕首交给甲，甲即用它刺乙，使乙遭受伤害。这种场合，应当认为甲、丙二人之间，成立对乙的伤害的共谋”[①]。丙通过向甲递匕首而传递了让甲使用匕首刺乙的意图，甲接过丙递过来的匕首，表明其不但明白了丙有意于特定犯罪的意思，而且与丙达成了相互承认对方犯意并以进行特定犯罪为目的的共同意思。暗示的共谋也可能是通过行为人自身身体的动作传达的。例如，甲、丙互殴，乙在一旁打手势，要甲殴击丙的胸部，甲领会并连击丙的胸部，致丙重伤。对甲、乙二人即可认定成立对丙伤害的共谋。

暗示的共谋只要二人以上者暗示互相协力，沟通实现共同犯罪的意思就可以成立。如果实行担当者虽然了解但拒绝接受单纯共谋者的共谋意图，如上述案例中甲拒绝接过丙递过来的匕首，则甲、丙之间不能成立共同正犯；或者实行担当者并不了解单纯共谋者的意图，如甲、乙知道丙在盗窃，并且同意在丙作案的地方放置梯子帮助他，但丙并未参与谋议，对此也毫不知情，那么也不成立共谋共同正犯。

需要研究的是：当场喝令他人实施犯罪的，是否属于共谋？例如，甲准备杀丙，而站立一旁的乙也想杀丙，但又不愿亲自动手，但是乙发现如果甲再不及时动手杀丙，恐会贻误时机。虽然甲、乙并不认识，但乙仍然大声喝令甲赶快杀丙，甲于是赶紧动手杀死了丙。对乙的行为如何定性？如果说乙的喝令使得甲的犯意从无到有并最终导致甲杀人，乙可以成立教唆犯；但本案中甲本来就有犯罪意图，乙是以实现自己的犯罪意图为目的而喝令，促使甲实施犯罪，所以不能将乙的喝令行为定性

① 马克昌：《比较刑法原理》，683页，武汉，武汉大学出版社，2002。

为教唆。乙的喝令以及甲的杀人，表明甲、乙已经达成了杀丙的合意；甲利用了乙的喝令行为及早动手杀死了丙，乙利用了甲的杀人行为实现了自己的犯意，因此，乙成立共谋共同正犯。

第二，直接或间接的共谋。

共谋可以是各共谋者在某一时间或场所就相互之间要实施的犯罪直接交换意见。此为直接的共谋，例如，甲、乙、丙于某日晚在甲的处所就实施抢劫犯罪进行谋划。共谋也可以是一部分共谋者之间互不见面，由其中一人或数人传递共谋信息，使共谋者之间间接地达成意思沟通。此为间接的共谋。间接的共谋可以分为车轮共谋和链条共谋或顺次共谋。[①] 例如，丁与甲、乙、丙每人都接触，并与他们商议实施放火犯罪，但甲、乙、丙既未接触，也相互不认识。后丙带领甲、乙、丁前往作案地点并详解了地形、风向等。当甲、乙、丁放火时，丙在一旁观望。本案中，甲、乙、丙没有就实施放火犯罪交换过意见，但丁已与他们分别沟通并达成一致意见，可视为此 4 人之间就放火犯罪直接进行了共谋。因此，单纯共谋者丙与实行担当者甲、乙、丁一起成立共谋共同正犯。这种由共谋者中一人轮流与其他人共同谋议，最终形成互为一体的意思沟通的共谋，称为车轮共谋。此外还有顺次共谋，日本刑法很早就通过判例承认了这种共谋形式："为了成立多人的共谋共同正犯，不需要那些人聚集在同一场所，并且不需要这些人之间成立一个共谋，对于同一犯罪，甲和乙共谋，乙又与丙共谋，数人之间进行顺序共谋时，可以理解为这些人的所有人之间都在进行犯罪的共谋。"[②] 这种由数共谋者之间依次进行下去的共谋，就像链条上的环节一环连接一环，顺次进行，所以又可称为链条共谋。间接的共谋只能存在于三人以上的共谋共同犯罪中，如果是只有两人的共谋共同犯罪，是不可能采间接形

① "车轮共谋"与"链条共谋"两个概念，借鉴于英国刑法中的共谋罪（普通法中的共谋罪不同于大陆法系刑法中的共谋共同犯罪，前者是指协议实施任何违法行为的协议）。参见［英］J. C. 史密斯、B. 霍根：《英国刑法》，李贵方等译，334 页，北京，法律出版社，2000。

② ［日］《最高裁判所刑事判例集》，第 12 卷第 8 号，1718 页。

式的。

第三，共谋的内容，是对犯罪行为性质的谋议，不要求是对犯罪细节的谋议。

共谋共同正犯以共同谋划实施犯罪为内容，如果各共谋人不仅就实施何种犯罪达成了一致看法，而且就具体的犯罪行为的客观附随情状如时间、地点、方法、对象、手段等也达成相同意见，当然成立共谋的事实；但如果各共谋人未就犯罪行为的客观附随情状达成协议，只是就犯罪行为的性质形成共谋的，不影响共谋的成立。例如，甲、乙、丙商议实施盗窃犯罪，甲、乙具体实施了盗窃行为，丙指挥甲、乙的行动而未亲身前往现场。甲、乙盗窃过程中，随意选择了火车站的丁作为被害人。此时，虽然丙并不确定甲、乙会盗窃谁的财物，但不能因此否认共谋的成立。如果各人之间只是漫无边际地商议去犯罪，则不能构成共谋共同正犯。如甲、乙、丙商议实施犯罪行为，但是对具体实施何种犯罪并未具体协商，某日晚，丙正在睡觉，甲、乙二人实施了抢劫行为，则丙与甲、乙之间不能就抢劫犯罪认定成立共谋。

2. 实行的必要性

所谓实行的必要性，是指共谋者中必须有一人或一部分人在共谋的基础上直接实行了犯罪构成要件中的实行行为。换言之，共谋共同正犯的成立是以其他共谋者参与了犯罪的实行行为为必要条件的。“有参与了共谋者着手于犯罪的实行”，是“共谋共同正犯成立的第一个客观违法要件”[①]。因此，在共谋达成的前提之下，只有其中的参与人实施了犯罪的实行行为，才可以对全部共谋者进行归责。

共谋共同正犯成立要求参与共谋的人中有一人或一部分人实施了犯罪的实行行为。单纯共谋者的共谋行为，如果没有其他参与者的实行行为或着手于实行行为，则为无效的共谋。此时，单纯共谋者所参与的共谋行为只能被视为犯罪的阴谋，除非在刑法规定处罚阴谋犯的场合（如

① ［日］前田雅英：《刑法总论讲义》，第6版，曾文科译，313页，北京，北京大学出版社，2017。

日本刑法第78条规定的阴谋内乱罪），否则，不能被视为犯罪。如果实行担当者已经实施了行为，但是由于意志以外的原因而没有达到既遂的，则按照犯罪的未遂处理。这一点，可以说是提倡单纯共谋者对于实行担当者要求有“成立上的从属性”。在实行共同正犯的情况下，共同者各人均需分担部分实行行为，所以不存在“从属性”的问题；在共谋共同正犯的情况下，则须提倡“至少其中一人着手了犯罪的实行行为”这一“成立上的从属性”，在这一点上，共谋共同正犯肯定说可以说是“完全将共同正犯的‘成立上的从属性’作为其理论的归结点”的。[①]当其中至少一人实施了实行行为之后，单纯共谋者与实行担当者就可以成立共谋共同正犯，此时，他们之间在正犯的成立上又是一体性的。

在共谋共同正犯肯定说中，“以行为支配说、间接正犯类似说为首，个人责任原则基础上的共谋共同正犯肯定说通过对实行行为有价值的、规范的把握，承认所谓‘共谋者’也有实行行为”[②]。行为支配说认为，只要是对实行者的行为起支配作用者就可以成立共谋共同正犯；间接正犯类似说主张，共谋而未参与者利用实行者的行为，就像间接正犯中利用者与被利用者的情况，构成共谋共同正犯。这两个学说都立足于单纯共谋者自身行为与共犯责任之间的关系，努力从个人责任的角度为共谋共同正犯奠定根据。无论是行为支配说还是间接正犯类似说，都是在强调将他人的行为作为自己犯罪的工具，只不过前者是通过“支配”关系来表达，后者是通过“利用”关系来说明。如此一来，从价值论的视角分析，他人的行为就是自己的行为了，单纯共谋者于是也有了实行行为。这种看法并不妥当，理由在于：其一，行为支配说与间接正犯类似说所遭受的批评，决定了以之为据认为共谋者有自己实行行为的观点难以成立。行为支配说无法解释对等型共谋共同正犯；间接正犯类似说更不妥当，因为单纯共谋者与实行担当者之间的关系并不同于间接正犯中利用者与被利用者的关系。既然这两种学说难以充分说明承认共谋共同

① 参见［日］冈野光雄：《共同意思主体说と共谋共同正犯论》，载《刑法杂志》，1990（3）。

② 同上文。

正犯的合理性，以之为基础继续讨论共谋者是否有实行行为的问题自是难以为继。其二，认为共谋者有实行行为的观点容易混淆价值评价与事实评价两个不同的层面。站在规范的价值行为论的立场，刑法理论对于发挥了重要作用的行为也可评价为实行行为，但这是在法评价层面对于单纯共谋者在共同犯罪中发挥的作用所作的价值评判，也是理论向实践屈服之后的解释论立场。据此认为共谋共同正犯有实行行为，就会混淆价值评价与事实评价之间的区别，因为对后者只能立足于既有事实作有无之评价。其三，如果通过价值行为论的观点承认单纯共谋者也具有自己实行行为，则会导致共犯的基本原理受到冲击，实行行为的规范性把握等都无法进行。如果认为共谋者也有实行行为，那么，这一观点“不过是通过扩大实行行为的概念来扩大‘实行’共同正犯。在‘共谋者’身上承认其具有固有的实行行为的话，实行的着手时间以及与此相关的实行共同正犯的从属性，还有‘部分行为全部责任的法理’是否适用都成了问题。不管怎么说，都是与本来的实行共同正犯在性质上完全不同的东西”[①]。

然而，共谋中的任何一人实施了犯罪的实行行为即可考虑共谋而未参与者构成共同正犯，这样的标准仍然失之宽泛。为了有效地限制共谋共同正犯的成立，对于共谋而未参与者的行为与实行行为之间的关系，在日本的判例中曾出现将他人的实行行为作为自己的手段实施犯罪的手段论、役使共犯中的实行担当者完成自己犯意的役使论、相互利用他人的行为将自己的意思转移到实行行为之中的利用论等主要观点，此外，还有前述在其他判例和学说中出现的诸如作用论、了解论等。这些看似不同的学说都有一个共性，即力图强化共谋而未参与者的行为与实行行为之间的关联性；它们的本质内容是，未参与实行行为的共谋者，不但对于他人的实行行为有清晰的认识，而且希冀通过他人的实行行为来实现自己犯罪的意图，换言之，“共谋共同正犯之所以能够成立正犯，是因为通过‘共谋’，设定了相互的利用和依存关系，将他人的行为化作

① ［日］冈野光雄：《共同意思主体说と共谋共同正犯论》，载《刑法杂志》，1990（3）。

自己的手段即实行行为"[①]。如果说各共谋人是否将要实施的犯罪视为"自己的犯罪"这一标准流于内在主观层面，不易把握，那么，将必要的实行行为作为单纯共谋者当作其自己行为的要求，则是从外在方面对于共谋共同正犯的成立的社会客观要件的把握。比如：甲、乙共谋杀丁并进入丁家，甲手执菜刀，站立于客厅四下逡巡找丁；乙手拿铁棍，悄悄进入卧室找丁。丁从厕所出来后见甲大惊，甲迅速举刀砍向丁。乙闻声冲出卧室，丁已被甲刺中心脏倒地身亡，甲、乙在共同伪造了丁自杀的现场后逃走。

本案中，甲实施了杀害丁的故意杀人罪中的实行行为，乙在卧室寻找丁而未直接动用铁棍对丁施加杀人行为的物理性外力。但是，甲、乙共谋杀丁，乙未对丁施加物理性的杀害行为是因为他进入室内寻找丁，而在这短短的时间内，甲与丁已经遇见且甲已迅速采取了行动，拿刀刺向丁而致丁死。对此行为，乙显然充分认识并知道甲的行为的性质。对于未碰见丁的乙而言，甲杀死丁的行为正和自己亲手杀死丁一样，甲的行为其实也是乙自己实施杀害丁这一犯罪的手段。同理，如果站在客厅的甲未碰见丁，而是进入卧室内的乙先碰见了丁，乙举棍打向丁的头部而致其死亡，甲同样也会理解乙行为的性质，并将乙的行为当作自己的行为一样对待。为此，在共谋事实存在的前提下，即使各共谋人没有各自实施构成要件的行为，而只有一方实施了实行行为，只要各共谋人之间存在着相互的利用关系和依存关系，单纯共谋者将实行担当者的行为当作自己的实行行为，他们之间就能成立共同正犯。所以，本案中，甲、乙是故意杀人罪的共同正犯。

如果实行担当者在将行为付诸实施的过程中发生了错误的情况，能否将该结果归之于单纯共谋者并令他也承担共同正犯的责任？比如，甲、乙、丙、丁、戊共同决定进入某赌场杀害赌场老板 B，5 人于某日赌场歇业整顿之际潜入赌场，甲误认为 A 是赌场老板而开枪杀害。这种情况属于行为对象错误，乙、丙、丁、戊同样要承担故意杀人罪既遂

① ［日］松本时夫：《共谋共同正犯と判例・实务》，载《刑法杂志》，1990（3）。

的责任，成立本罪的共谋共同正犯。原因在于，甲射杀A有误，但该射杀行为是在共谋杀害赌场老板B的前提之下作出的，这意味着乙、丙、丁、戊也是认可该行为的。即使其中有人比如丁、戊未能参与现场谋杀B的行为，而是在家坐镇指挥，对于甲错杀A的行为丁、戊同样要承担共谋共同正犯的责任。总之，当各共谋人达成谋议、结为一体时，对于犯罪过程中发生的错误，和单个人犯罪发生错误的情况一样处理。

3. 客观实质条件：实行行为分担性

这是指单纯共谋者的共谋关系对于共同犯罪的实行行为形成了重要参与关系，以至于能够被评价为具有分担实行行为的性质。在共谋共同正犯的认定中，“不是通过是否存在实行分担这个形式上的标准，而是根据对每件事情的斟酌这种实质上的判断来区别共同正犯和帮助犯”①，换言之，不是通过物理性的事实上是否参与了实行行为，而是通过单纯共谋者在“每件事情的斟酌”，尤其是实行行为的展开上是否实质性地参与了来考察，因此，这里所说的实行行为分担性是从共谋者对实行行为与犯罪结果的贡献上的价值分担而言，“不是亲自分担了实行行为，而是与实行担当者的行为一并进行实质的考察，认定为共同造成结局者”②。这是共谋共同正犯成立的第二个客观违法要件，也是对共谋共同正犯限制成立的条件之三。

前已述及，必须要有二人以上共谋，且共谋者中的一人或一部分人直接实行了犯罪，这两个条件只是从外在形式上表明了成立共谋共同正犯的条件。是否满足这两个条件的都能够成立共谋共同正犯？这涉及共谋共同正犯的成立范围问题。根据实行行为的分担性这一客观实质条件，只有在共谋者不仅仅是在主观上对实行行为有精神上的支持，而且在客观上已形成对实行行为的支配性作用或与之对等的作用时，才能成立共谋共同正犯。据此，共谋共同正犯的类型分为两种：一种是支配型，另一种是对等型。

① ［日］村井敏帮：《共谋共同正犯》，载《刑法杂志》，1990（3）。

② ［日］藤木英雄：《新版刑法演习讲座》，197页，东京，立花书房，1966。

首先，支配型共谋共同正犯。

支配型共谋共同正犯是指单纯共谋者对实行担当者具有实质的支配作用的共谋共同正犯类型。比如：单纯共谋者对犯罪共同故意的形成以及犯罪实行行为的开始和完成起着什么样的作用？参与共谋之后，是消极地容忍其他谋议者通过犯罪的实行行为来实现自己的犯意，还是积极指导、促进或推动其他谋议者实施犯罪实行行为？是否给实行担当者提供行动方向、引导犯罪进程？是否在事后对于共同犯罪结果的实现与否表示强烈的个人导向性意见？支配型共谋共同正犯分为典型和不典型两种。典型的支配型共谋共同正犯主要体现为有组织犯罪或集团犯罪中幕后的“大人物”。“黑幕重罚论”正是典型的支配型共谋共同正犯产生的源头。例如，甲作为盗窃集团的头目，定期召集手下盗窃犯制订盗窃计划、选择盗窃对象、明确盗窃时间，并且手下盗窃犯在实施盗窃行为的过程中，随时要向甲汇报进展及结果，以便甲调整盗窃计划，从而顺利地完成犯罪。虽然甲从未参与任何一起盗窃犯罪的实行行为，但其对各个盗窃犯的实行行为起着绝对的支配作用，此时，其幕后指挥行为的危害性更甚于盗窃犯的实行行为，因此，甲成立支配型共谋共同正犯。日本刑事判决中众所周知的“练马案”“保镖案”等即为此类支配型共谋共同正犯的典型案例。“保镖案”的基本案情：某暴力团组长X，带领包括自称为特种部队的保镖在内的组员进京，保镖手持装有实弹的枪支。对此，日本最高法院指出，即使X并未对保镖直接作出持枪保护的指示，他们是自发为了保护X而持有手枪，但那也是因为，本事实早已被X理所当然地接受、认可，保镖也知道这件事情。所以“根据上述事实关系，X与保镖之间关于持枪显然进行过意思联络”，“如果保镖为了对X进行保护携带了本案手枪等且始终跟随在X身边与X一起参与行动，从拥有指挥与命令他们权限的X的地位，以及接受由他们保护的X的立场综合考虑，可以说明实质上正是X让保镖持有手枪”[①]。

① ［日］丸山雅夫：《共谋共同正犯——その构造と成立范围》，载《南山法学》，2010（3）（4）。

因此，X是保镖非法持有枪支的共谋共同正犯。本案的宗旨在于，即使不能确定事先有明确的共谋即谋议具体时间、地点等详细事项，但根据行为人在犯罪团伙中的地位和影响力及以往一贯做法，也可认定共谋的存在，以避免处罚了不重要的人却放纵了对这些人起支配作用者。

随着前述公司非法丢弃废弃物构成共谋共同正犯的判例的确立，和处于实质破产状态的公司从银行取得不正当融资构成犯罪的判例的确立[①]，以及最近被称为不道德商法的利用公司组织进行欺诈犯罪等案例的相继判决[②]，理论上有观点认为，共谋共同正犯“至少从实体法的关系来讲，并不是以处罚幕后黑手为‘目的’的理论，也不应该是为此而存在的”，“对于所谓的幕后存在的背后者可能作为共同正犯进行处罚之事”，“那是共谋共同正犯被认定的‘结果’，并不是为了实现这样的结果才构筑了共谋共同正犯论”，总之，“处罚幕后黑手并不是共谋共同正犯论的本来职责，只不过是在一个一个的事件中可认定为共谋共同正犯的这么一个结果而已”[③]。共谋共同正犯的处罚范围逐步由暴力团犯罪扩张至非暴力团犯罪，而后者，可称为不典型的支配型共谋共同正犯。说其不典型，是因为日本刑法中早期的“保镖案”等被誉为“支配型共谋共同正犯”的“典型案例”[④]，相对而言，在其他一般性犯罪中成立的共谋共同正犯，当然是不典型的。

不典型的支配型共谋共同正犯又可分为作为的与不作为的两种。以作为方式实施的支配型共谋共同正犯，对于单纯共谋者而言，通过行为人的作为行为即可判断是否成立。比如，陈某英4人抢劫案[⑤]：被告人陈、郭、王、李4人合谋抢劫。陈提出他认识住在光林旅馆的赵，可对其抢劫；其余3人赞同。4人商议用陈的假身份证另租旅馆，由陈以同

---

① 参见［日］冈本洋一：《共谋共同正犯论的现状与问题》，宋文华译，载张海燕主编：《山东法学法律评论》，第7辑，249-250页，济南，山东大学出版社，2010。

② 参见［日］松本时夫：《共谋共同正犯と判例·实务》，载《刑法杂志》，1990(3)。

③ 同上书。

④ ［日］丸山雅夫：《共谋共同正犯——その构造と成立范围》，载《南山法学》，2010(3)(4)。

⑤ 参见最高人民法院刑事审判第一庭、第二庭编：《刑事审判参考》，第4卷·下，81-87页，北京，法律出版社，2004。

乡约见赵叙谈为幌子将赵诱至旅馆，采用尼龙绳捆绑、封箱胶带封嘴的手段对其抢劫。次日上午，陈将赵诱至租住旅馆，赵进入房间之际，王掏出尖刀威胁其，不准其反抗；李、郭分别对赵捆绑、封嘴，从赵身上劫得人民币 50 元和光林旅馆财物寄存牌。陈、李持该牌前往光林旅馆取财，郭、王留在现场看管赵。赵挣脱绳索欲逃跑，郭、王发现后用尖刀连刺赵胸部数刀，赵被制伏并再次被捆绑。陈、李因没有赵的身份证取财不成返回旅馆，得知赵被害的情况，随即拿了赵的身份证再次前往光林旅馆取财仍未得逞。后 4 人一起逃逸，赵因大出血而死亡。分析全案，陈某英不但积极参与共同抢劫故意的形成，其行为对于抢劫犯罪的开始和完成更是起着至关重要的作用：由于陈的提议，赵才成为本案被害人；陈利用了假身份证，才租住了旅馆作为犯罪地点；特别是，正是陈利用与赵同乡的关系，才顺利将赵骗至犯罪现场。没有陈与赵的关系以及陈的上述行为，尤其是第一、三个行为，本案难开始并完成。陈在整个抢劫犯罪中给实行担当者提供行动方向、引导犯罪进程，并在赵被害后迅速拿走其身份证等行为，也表明陈对赵被害的结果完全认同的个人导向。总之，本案中，不能因陈没有实施物理性外力于赵而否定其正犯性，反而因为陈对全案的进程所起的引导、支配作用而应将其定性为支配型共谋共同正犯。

判断以不作为方式实施的支配型共谋共同正犯是否成立，其难点在于，行为人以不作为方式实施犯罪，其不作为与实行担当者的实行行为之间是否具有支配的关系，难以认定。对此，日本学者山口厚指出，“要想肯定成立出于不作为的共犯，保障人地位依然是必要的。这里所说的保障人地位，是能奠定相应作为义务之基础的地位，而这里的作为义务的内容在于，其本应使正犯或者其他共同者更难于施行犯罪”①。就共谋共同正犯而言，单纯共谋者如果具有使实行担当者更难于或者无法施行犯罪的义务并且有实施这一义务的能力，就可以认定其共谋共同

① ［日］山口厚：《刑法总论》，第 3 版，付立庆译，386 页，北京，中国人民大学出版社，2018。

正犯的成立。比如，父亲与母亲共谋，母亲以作为方式杀害他们年幼的小孩。尽管父亲在现场，可容易地防止，却未加制止。如何对父亲的行为定性？这要结合此类案件中当事人的关系来分析。毋庸置疑，父亲可以轻易制止母亲杀害小孩的行为，比如，在母亲着手杀害小孩之际采取拖走等强力制止母亲，或支走小孩或报警等。总之，父亲作为男性在体力上较之母亲作为女性的优势，以及其他极易采取的外援措施，表明父亲可以较容易地阻止母亲杀害小孩，果如此，则母亲的行为难以达成。反之，如果父亲在现场按照共同谋议的内容，看着母亲杀害孩子而任之不理，则母亲的行为一定会顺利完成。显然，母亲杀害小孩的行为能否顺利实施，其实取决于父亲是否会采取措施阻止母亲的杀人行为。这说明，父亲是采取阻止还是放任行为，对于母亲的杀害行为来说，是起着支配作用的。父亲不作为的行为“系依父亲之不作为而机能性地予以支持，倘若父亲有防止犯罪之行为，则此种犯罪行为共同体即告崩解，很容易地具有防止之可能性”，“换言之，对于共同正犯之成立，在有必要的‘共同行为支配’之情形中，可谓系共同正犯”[①]。因此，父亲的行为成立故意杀人罪的共谋共同正犯，而不是帮助犯。总之，分析不作为的支配型共谋共同正犯能否成立，需要以不作为者是否具有防止犯罪结果发生的保障人地位与义务为前提，以不作为者是否可以轻易阻止实行担当者的实行行为为基础，辅之以不作为者与作为者之间的关系、前者对后者的影响力以及不作为与结果之间的因果性等案件的当时情况等综合判断。

其次，对等型共谋共同正犯。

对等型共谋共同正犯是指各参与人之间“处于对等立场参与犯罪的实现，且分担各自作用的”共谋共同正犯，故又被称为分担型共谋共同正犯。在此种场合，“尽管没有分担实行行为，但共谋者对于犯罪的实现实际发挥了相当于实行的重要作用，这一点仍可为其共同正犯奠定理

① ［日］山中敬一：《不作为与作为之共犯关系》，余振华译，载林山田教授纪念论文集编辑委员会编辑：《刑与思》，102页，台北，元照出版有限公司，2008。

论基础”[1]。虽然单独犯以实行行为为要件才能构成犯罪，但是数人联合对犯罪目标进行侵害会产生一种新的额外的力量去造成伤害。换言之，在实行担当者实行了犯罪行为的情况下，单纯共谋者的精神加功对于实行担当者对犯罪目标的侵害形成了更为有利的因素，并通过共谋关系发挥了比实行行为更为重要或至少同等重要的作用。其所谓作用分担，并非实行行为意义上的作用分担，而是“是否完成了以实行为标准的重要作用”[2]，亦即“不是团体内部的作用分担，是对犯罪结果有多大贡献意义下的作用分担”[3]。在以日本“保镖案”为代表的支配型共同正犯案件中，一般比较重视案发前相关人员之间的人际关系及相互关联，只要行为人属于团伙中较为重要的人物，哪怕对某次犯罪并没有详细、具体的谋议，只要有一般暗示性或者一定程度的抽象的共犯表示，都可以被认定为共谋共同正犯；其标准相对抽象，范围也相对弹性，其目的，似乎是基于刑事政策的考虑，以更为有效地打击暴力团犯罪。与支配型不同，对等型共谋共同正犯对于案发前相关人员之间的关系结构并不在意，且他们之间一般并无特定的关联，较为松散甚至并不熟悉，它“比较重视犯罪发生当时各自发生的具体作用及参与形式”，对共犯的认定，“通常情况下需要认定事发内容进行具体的意思表示”[4]；其标准相对具体，范围也相对稳定，其目的，则是脱离“黑幕重罚论”，从规范刑法学立场思考解决共谋而未参与者的刑事责任问题。

根据分担型共谋共同正犯所分担的行为是与实行行为性质相同还是相异的行为，可将其分为分担同种行为的共谋共同正犯与分担异种行为的共谋共同正犯。

分担同种行为的共谋共同正犯，是指参与谋议而未参与实施犯罪构

---

① ［日］西田典之：《日本刑法总论》，第2版，王昭武、刘明祥译，313页，北京，中国人民大学出版社，2013。

② ［日］后藤启介：《日本刑法における共谋共同正犯と国际刑法における“正犯”概念に关する一考察》，载《法学政治学论究》，2010年第87号，47页。

③ ［日］野村稔、西原春夫、西田典之等：《讨论的经过》，载《刑法杂志》，1990（3）。

④ ［日］丸山雅夫：《共谋共同正犯——その构造と成立范围》，载《南山法学》，2010（3）（4）。

成要件的行为，但是参与分担了犯罪构成要件以内的行为。例如，甲、乙共谋走私枪支。甲因在缓刑期间不便亲自出面，便委托其朋友丁代替参与走私活动，并答应在事成之后给丁报酬。甲提供了 50 万元给丁作为走私枪支的部分资金。乙与丁联系好境外走私犯，随后按照约定时间、地点取货，在运送枪支时被海关抓获。本案中甲虽未亲自实施与乙共同运送枪支通过海关或者与境外走私犯联系等实行行为，但甲委托丁代替自己参与走私，丁的行为等同于甲所实施；甲付给丁犯罪资金，由丁负责接受走私货品，其犯罪所得亦归甲而不是丁。[①] 这些表明，甲与乙先是达成了共同走私枪支的谋议，后甲通过丁参与乙走私，也就等同于分担了走私行为的一部分。如果甲不是处在缓刑期间，而是具有人身自由，甲、乙共谋走私枪支时，甲提供资金，并负责在海关处疏通关系以放行乙所携带的枪支，则这种行为也是违反海关法规、逃避海关监管的走私行为，其行为性质与乙藏匿枪支试图“通关”的走私行为一样，同样属于分担同种行为的共谋共同正犯。

分担异种行为的共谋共同正犯，是指参与谋议而未参与实施犯罪构成要件的行为，但是参与分担了犯罪构成要件以外的行为。例如，甲、乙共谋入丁家盗窃。甲是丁的密友，熟悉丁家的房屋设施和钱财放置处；作为出租车司机的乙熟悉逃跑路线。甲、乙商定由甲进入丁家，乙守候在出租车里在外放风。作案前乙提出让甲提供丁的相片供其识别。放风过程中，乙见有人走来并认出来人是丁，乙发短信给甲提示其在该楼的另一出口见。甲知丁回来后迅速离开丁家，与乙会合后坐出租车离开了现场。甲、乙平分了 3 000 元赃款。本案中，没有乙主动要求甲提供丁的相片，乙就无法认出丁并及时告知甲现场外的情况；没有乙的放风通知行为，甲就可能被回家的丁碰上而盗窃未遂；没有乙的接应，甲在现场及现场周边逗留的时间就会延长，从而会增加被发现或抓获的风险。乙所分担的放风行为在性质上与甲实施的盗窃行为具有同等重要的

① 本案改编自日本刑法理论中著名的分担型共谋共同正犯案例“大麻走私案”。参见［日］松本时夫：《共谋共同正犯と判例・实务》，载《刑法杂志》，1990（3）。

作用。总之，甲、乙共谋入室盗窃，并根据各自与被害人的关系及职业特点而进行了妥帖的分工；他们之间不但有共同盗窃的谋议，而且实施了共同的行为，只不过在行为的分担上，甲分担的是盗窃罪客观上的实行行为，乙分担的是为甲的盗窃行为顺利实施提供保证的行为。故甲、乙成立分担异种行为的共谋共同正犯。

需要说明的是，支配型共谋共同正犯因为支配者的地位、作用比较明显，因而在共谋共同正犯的认定上较为容易；而对等型共谋共同正犯中各参与人之间的作用是否对等，需要更多客观实质上的判断，“只是挑起了直接实施者的犯意或者加强其犯意者只作为教唆犯或从犯”，必须还要有“共谋者的意思的现实、客观的功能”①。因此，在单纯共谋者的共谋关系对于共同犯罪的实行并未形成重要的参与关系的场合，不能被评价为具有实行行为的分担性，自然也不能认定成立共谋共同正犯，此时应直接以帮助犯论处。

比如，甲、乙共谋入丁家行窃，乙在楼下放风，甲顺利进入丁家窃取财物后，与乙一起离开。此种一般意义上放风，对于实行者的行为起到了强化、支持犯意的功能，对于全案的顺利完成不发挥与盗窃行为同等重要的作用，故乙只能成立盗窃罪的帮助犯而非共谋共同正犯。再如，甲、乙先后在火车站盗窃铁路运输物资作案二十多起，二人每次盗窃前，都向丙、丁（拖拉机司机）打招呼：“你们把车准备好。”甲、乙盗窃后，叫丙、丁将赃物拉到销赃点销赃，并每次给丙、丁20元。甲、乙在每次盗窃前均通知丙、丁，让其准备车子拉赃，属于在事前有共谋的共同犯罪。但是，丙、丁的谋议行为和所实施的盗窃犯罪构成要件以外的行为（准备车），没有形成对盗窃犯罪的指导、支配作用，没有对甲、乙产生心理上的强烈约束、影响，没有形成与甲、乙盗窃实行行为作用对等的关系，因此，丙、丁仅成立盗窃罪的帮助犯，而不是共谋共同正犯。

总之，无论是分担同种行为的还是分担异种行为的共谋共同正犯，各行为人是否分担了与实行行为作用相当的行为，是判断共谋共同正犯

---

① ［日］平场安治：《刑法总论讲义》，155－158页，东京，有信堂，1961。

能否成立的关键。将共谋共同正犯划分为支配型与对等型，可以起到尽量限定共谋共同正犯成立的作用。但是，正如日本学者指出，无论是支配型共谋共同正犯中“实质的支配作用”还是对等型共谋共同正犯中“等价的分担”，“客观地确定其内容都比较困难，只能一个个案例进行判断”[①]。如果共谋者的行为只是为了帮助实行者实施犯罪而不是为了实施自己的犯罪，如果共谋者发挥的作用并不与实行行为具有等值性，如果共谋者并未起到支配他人的重要作用，则均不宜认定共谋共同正犯的成立。

根据以上共谋共同正犯成立的三个条件进行分析，前述 2007 年日本非法丢弃废弃物犯罪案中，公司就不应该成立共谋共同正犯；即使认定 5 名被告人有非法丢弃废弃物的间接故意，也只能认定 5 名被告人与 B 公司之间存在共同的故意而不是共谋。5 名被告人与 B 公司之间并未就非法丢弃废弃物的犯罪行为，以将各自的意思付诸实施为内容，进行共同发挥作用的意思沟通，换言之，5 名被告人与 B 公司之间虽然不排斥有共同的间接故意，但仅仅是有间接故意难以认定共谋事实的存在以及一体化的紧密关系的形成，正因为如此，学界有观点认为，“共谋只能是出于直接故意，具有明确的犯罪目的”[②]。仅仅因具有共同间接故意而认定为共谋共同正犯，无疑是将松散的不确定的共同关系认定为共谋，从而扩大了共谋共同正犯的范围，必须予以反对。再如，分析前述我国刑法以往常常所举的“甲、乙二人共谋杀丙案”，以及“甲、乙相约盗窃铜板案”，也不能成立共谋共同正犯。其实，以“甲、乙二人共谋杀丙案”讨论共谋共同正犯的问题本来就不合理：甲、乙虽然“共谋”杀丙，但后来乙因睡觉而未能前去，甲一人杀丙。此案中，乙对于共同犯罪的实行行为未形成任何重要参与关系，其仅仅有共谋事实存在而无任何客观实质上的分担行为，当然是不能成立共谋共同正犯的。同样的道理也适用于“甲、乙相约盗铜板案”。至于我国司法实践中前述

① ［日］村井敏帮：《共谋共同正犯》，载《刑法杂志》，1990（3）。

② 林亚刚：《共谋共同正犯问题研究》，载《法学评论》，2001（4）。

审判中确立的“共谋共同犯罪”案件，有的可以成立共谋共同正犯，如“事前共谋、事中不知而事后分赃案”“运输毒品共犯的认定案”；有很多也不成立共谋共同正犯，例如，“王某参与预谋未到抢劫现场案”“明知他人抢劫，事后参与分赃的行为案”“刘某、陈某刚共谋抢劫而陈某刚未动手案”“毒品案”等，这些案件中的共谋者与实行者之间均未形成支配或者对等的作用，其共谋而未实施实行行为没有达到相当于实行行为或更重要的作用，没有产生与实行行为同等贡献的实效，亦即未能具备实行行为的分担性这一客观基准条件，因而都不能成立共谋共同正犯。至于“共谋抢劫独自放弃他人实施案”，涉及的是共犯关系的脱离，更不应成立共谋共同正犯，实践中对该案的处理明显不妥。由于篇幅所限，此处对共犯关系的脱离不予展开。总之，对共谋共同正犯必须基于限缩处罚之立场从严掌握入罪条件。

五、结　语

基于实质的二阶层体系，以及该体系之下所倡导的客观实质共犯论，主张从实质评价角度将共谋而未参与犯罪实行行为评价为共同正犯，承认共谋共同正犯是必然之结果。在我国研究共谋共同正犯，有助于构建精细化的正犯与共犯区别理论，实现对主犯核心共犯体系的反思，并推动我国犯罪论体系阶层化的前行。鉴于当今在实行行为与共犯理论实质化思潮影响之下，刑法理论对共谋共同正犯的争论早已由“是否当罚”转为“如何处罚”，对于共谋共同正犯的成立，应从客观上对其条件进行细化，以尽量限定其处罚范围：首先要严格认定主观共谋事实的存在，仅仅具有共同的故意不能成立共谋，还必须有各参与人将他人的行为作为自己的手段实施犯罪的正犯者的意思，以及借此谋议共同形成犯罪的客观事实；其次在客观违法要件上必须有其他共谋者实施了实行行为，尤其是，在客观基准上，单纯共谋者的行为对实行担当者的实行行为形成了支配地位或者与之作用对等的关系。

第十一章　客观实质共犯论视野下的共谋共同正犯论（二）

在客观实质共犯论视野下，其解决了引入共谋共同正犯理论的必要性和意义，并对于我国刑法中适用共谋共同正犯的成立条件进行了明确，然而，这只是解决了贯彻实质刑法立场客观共犯论视野下共谋共同正犯引入的前提问题，而不是充分条件。要想让共谋共同正犯理论落到实处，还必须要解决我国此前在刑法理论和司法实务中关于该理论所存在的不当理解和不妥做法，厘清并分析这些理论与实务误区及其成因。只有完成这一必要条件，我国刑法引入共谋共同正犯概念才具有充分可能性。与此同时，对于共谋共同正犯与罪刑法定原则的关系、共谋共同正犯的处罚原则等其他未尽问题，也必须一一明确。

一、我国刑法共谋共同正犯的理论误区及成因分析

我国刑法学界对共谋共同正犯的讨论从 20 世纪 80 年代初开始并延续至今。不过，这种讨论始终处于一种较为分散的状态，未曾形成系统而深入的研究。讨论的分散性体现在研究主体及主题很不集中，同时，在“西学东进”风的吹拂下，不加辨别、盲目运用共谋共同正犯概念的情况也很多。这导致我国刑法学理论与实务界对共谋共同正犯概念的研究和使用均存在很多误区。为了推动对正犯与共犯相关问题的深入探讨，也为了加深对共谋共同正犯自身的研究，以下拟分析我国以往及现在今共谋共同正犯论研究及司法实践中的种种误区，并在此基础上对共

谋共同正犯的有关理论进行修正，以期为我国在引进或适用外国刑法理论与概念时尽量实现精准化提供支持。

在我国使用共谋共同正犯理论，至少存在着如下五个重要误区：理论前提上，将作用分类法下的共犯体系视为引进共谋共同正犯理论之障碍；概念使用上，将共谋“共同正犯”的问题粗化为共谋“共同犯罪”；主观界定上，将共谋共同正犯之“共谋”庸俗化为共同犯罪的“故意”；客观基准上，将未形成支配/对等作用的共谋者认定为共谋共同正犯；方法分析上，立足于犯罪预备形态而非正犯范畴对共谋共同正犯展开讨论。

（一）理论前提上，将作用分类法下的共犯体系视为引进共谋共同正犯之障碍

在我国，一直存在着共谋共同正犯概念的肯定论与否定论之争。否定论中有力的主张是：日本刑法提出共谋共同正犯的概念是为了解决幕后“大人物”的量刑问题。日本刑法上只有正犯概念，没有主犯概念。正犯不仅是定罪的标志，而且在量刑时，也以正犯之刑为标准，来确定对教唆犯与从犯的刑罚。因此，是否被认定为正犯直接决定了行为人的刑罚轻重。如果严格根据是否实施了刑法分则构成要件行为来认定是否为正犯，那么，就会将在犯罪中起主要作用但并不符合正犯形式要件的人排除在正犯概念之外，而处以较轻的刑罚。这无异于放纵，并与普通国民的法感情相违背。所以，日本刑法才发展出共谋共同正犯的概念。“我国的刑法主要是以共同犯罪人在共同犯罪中所起的作用为标准划分主犯和从犯，因此能够解决实践中存在的‘共谋共同正犯’现象”[①]。根据我国刑法的规定，起重大作用的幕后“大人物”可直接被认定为主犯；刑法规定的对主犯的处罚本来就比对教唆犯、从犯的重，所以，主犯概念的存在充分保证了对起主要作用的犯罪人的严惩，用不着使用共谋共同正犯理论。[②] 一言以蔽之，“共谋共同正犯是克服正犯·共犯二

① 朴宗根：《正犯论》，307页，北京，法律出版社，2009。

② 参见陈家林：《析共同正犯的几个问题》，载《法律科学》，2006（1）；李洁：《中日共犯问题比较研究概说》，载《现代法学》，2005（3）。

元参与体系致命缺陷的产物，我国采用作用分类法，无须引进这一概念”①。

以上观点的误区在于：以作用分类法为主导的主犯核心共犯体系，的确能够确保对幕后“大人物”的处罚和罪刑相适应原则的实现，不存在放纵罪犯之嫌；但是，该类观点不仅将对共犯人的量刑问题的解决等同于对共犯人的定性问题的解决，而且满足于我国作用分类法之下主犯核心共犯体系的便利实用性，而未能反思该体系所具有的种种不足。

我国《刑法》第 25 条规定，共同犯罪是指二人以上共同故意犯罪；第 26 条至第 28 条根据作用分类法将共犯分为主犯、从犯与胁从犯；第 29 条根据分工分类法，单独就教唆犯作了规定，而对正犯或共同正犯（实行犯）、帮助犯和组织犯没有规定；而刑法中对从犯与胁从犯的处罚又都是比照主犯从轻或者减轻的。因此，我国刑法的共犯体系是以主犯为核心的。但是，主犯所发挥的作用仅是对于在共同犯罪中起重要作用之人的量刑问题的解决，只是宣告了主犯概念的量刑功能，却也因此暴露了主犯概念在定性功能上的先天不足。根据主犯概念，能够知道在共同犯罪中各参与人的作用层次之高低，但无法明了各参与人的性质。而通过正犯概念，一旦确定谁是正犯，教唆正犯之人就是教唆犯，帮助正犯之人则是帮助犯，各行为人的性质清晰。正因为我国《刑法》没有就正犯或共同正犯作出规定，刑法理论更有必要就正犯及其成立范围进行深入探讨。我国刑事立法上没有正犯概念，不代表刑法理论和司法实践中没有正犯概念，只不过，正犯在我国刑法中向来被称为实行犯，而实行犯与非实行犯的区别，同样是我国刑法共犯论中的重要问题。如果引进、研究诞生在以正犯为核心的日本刑法共犯体系之下的共谋共同正犯概念，则必然要求先对何谓正犯进行深入的研究，这对于深化我国刑法共同犯罪的有关理论大有裨益。

我国的主犯核心共犯体系是以作用分类法为标准建立的。作用分类法的特点是，根据各行为人在共同犯罪中发挥作用大小将其分为主、从

---

① 陈洪兵：《共犯论思考》，248－252 页，北京，人民法院出版社，2009。

犯，而作用大小的论定又是以各行为人在共同犯罪中的行为所具备的社会危害性大小为标准进行的。例如，我国通行的刑法教科书在论述主犯时直接指出“主犯具有更大的社会危害性”[①]，或者说主犯“具有特别严重的社会危害性”[②]，亦即行为的社会危害性较大的人为主犯，可见，以主犯概念为核心的我国共犯体系体现的是以社会危害性为核心的思路，它因而具有社会危害性理论自身所具有的一切缺陷。

社会危害性概念本身存在主观随意、难以操作性等缺陷，在认定共犯人作用大小时都能体现。实践中，常常为某共犯人在整个共同犯罪中所发挥的作用是大或是小而争论不休，从而直接产生对之是否应定主犯的争议。例如，毒贩集团头目赵男的情人周女是否可以认定为主犯？周女在跟随赵男贩毒的过程中成为赵的情人。公诉方认为，周女应当被认定为贩毒集团中的主犯，因为“虽然从货源所有者看，周不是毒品拥有者，有 11 次犯罪事实她没得到报酬，但这更证明她和赵密不可分的关系”。但周女反驳指出：“买毒品和卖毒品的人都不是我找的，我只是按赵的指示，将毒品传递给来拿货的工头。”周女的辩护人认为，周虽知道赵的犯罪行为，但并没任何证据证明她在共同犯罪中起了主要作用；周只起了传递作用，是个可有可无的角色，因为赵同样可以将毒品直接交给工头。让周拿给工头主要是为了体现自己的老板身份。周应该和这些工头一样，都应当被认定为从犯。[③] 同样是周女在赵男和工头之间传递毒品的行为，公诉方认为该行为在整个共同犯罪中起到了主要作用，而周女本人和其辩护人认为该行为只是一个依据赵男命令的传递行为，是可有可无的。同样是周女 11 次不拿报酬的行为，在公诉方看来，这表明其与赵男关系密切，显示了周女类似于和老板赵男同等地位的老板娘角色，所以其作用当然巨大；但在周女和其辩护人看来，也许不拿报酬更加可以证明周女在整个贩毒活动中不是主要的既得利益者，而起主

① 高铭暄、马克昌主编：《刑法学》，9 版，169 页，北京，北京大学出版社、高等教育出版社，2019。

② 马克昌主编：《刑法学》，172 页，北京，高等教育出版社，2003。

③ 参见《主犯的情人是否主犯有分歧》，载《法制日报》，2010－04－27，5 版。

要作用的人往往会在犯罪利益的分配上得到更多，所以，不拿报酬违背了犯罪作用与犯罪利益相挂钩的共犯内部分配法则。很显然，同样的行为，同样的身份，是否为主犯，在不同的人看来，结论大相径庭。不得不说，正是由于社会危害性概念本身的不规范性、模糊性和主观性，对于什么是体现了所谓严重社会危害性的主犯的行为，可以有完全不同的看法。如果抛掉以社会危害性为基础的标准来划分共犯人种类，而采用是否实施了构成要件中的实行行为这一分工分类法的标准，就可以避免这些不必要的和极富主观色彩的争议，而转为对构成要件实行行为定型性的把握以及相关理由的说明。

构成要件天然具有的人权保障机能，决定了分工分类法必然具有较之于作用分类法的人权保障优势。刑法的要旨在于保障人权，罪刑法定主义要求国家不得随意发动刑罚以保障公民的自由，而罪刑法定主义的人权自由保障机能，是通过对客观犯罪行为在刑法典中的类型化、法定化的规定来实现的：对于不符合构成要件规定的行为，任何人不得以有罪被处以刑罚；在构成要件所定型化的犯罪行为之外，只要不实施符合构成要件的行为，国民就不受国家刑罚权的干预。故此，构成要件也天然具有人权保障机能。当根据分工分类法划分各共犯人时，必须严格恪守“是否实施了构成要件中的实行行为”这一客观的定型的标准，而这种做法，无疑对于彰显构成要件的人权保障机能大有裨益，因为：这决定了采用分工分类法所划分出来的各共犯人，必须是在回答了是否在客观上实施了构成要件实行行为这一客观标准之后的结果，而不是如作用分类法那样虽然也会考虑客观行为，但却常常要分析行为人主观上对其他共犯人的影响作用。这种恪守行为是否实施的客观标准虽然在现代受到客观实质说的冲击，但毕竟，那也是围绕形式客观说并在克服其缺陷的基础上对实行行为所作出的进一步深化和发展；而且，这种客观实质说以“客观”行为为前提，这决定了它并非可以随意“实质化”。即使有人想突破实行行为的定型意义，也必定在学术上遭受诸多的指责或者必须提供足够的理论支持，共谋共同正犯正是实例。而这，较之以“作用大”或者“作用小”这种似是而非的概念游戏，将不同共犯人划分为主犯或从犯的做法，显然更有优势。

理论上有观点认为，“在立法论上单纯从形式侧面或者实质侧面划分共犯都是不可想象的。所谓分工分类与作用分类只具有理论分类的意义。实际上，我国刑法采纳了形式与实质两个侧面的共犯分类模式，实现了分工分类与作用分类的同一”①。这种看法难以成立。用康德的话说，“一个体系，来说，是‘各式各样的知识在一个思想（Idee）下的统一’，是一个‘根据各种原则组织起来的知识整体’”②。作为统领划分各参与人的性质与责任的共犯体系，其划分共犯人，自应在一个思想之下予以展开，要么采分工分类法，要么采作用分类法，所谓双重标准可以兼容吸收各自合理性的说法，比如，兼顾形式与实质合理性的优势，似乎更多的是一种似是而非的说法，因为，即便采用双重标准，仍存在何种标准为主、何种标准为辅的问题，而主要标准一旦明了，共犯体系的性质即相应明确。我国以主犯为核心的共犯体系，决定了我国的共犯体系是以实质侧面为主的共犯分类模式；唯一作为形式侧面之体现的教唆犯的存在，因没有正犯概念作为组合与之对应，反倒在我国刑法中的地位显得非常另类，其所产生的处罚上的独立性或从属性之争因此成为颇有本土特色的问题。在此，如何根据形式侧面认定我国的共犯人种类，显然缺乏足够的立法标准。而根据实质侧面，亦即行为人的作用大小，将各行为人分为主、从犯，倒是形成了我国刑法理论与实务中的固有思维。因此，所谓兼顾形式侧面与实质侧面的我国共犯人的双重分类法，说到底其实就是实质侧面在主导，形式侧面的作用几乎未曾显现。这正如我国刑法的犯罪概念：我国《刑法》第 13 条规定的犯罪概念是典型的融“犯罪是违反刑法的行为”这一形式侧面与“犯罪是具有社会危害性的行为”这一实质侧面为一体的，因而被认为是克服了形式与实质犯罪概念各自缺陷的最为合理的混合型犯罪概念。但是，这种说法顶多也就是逻辑上的，具体到经验的层面，我国混合型犯罪概念被证明，在形式与实质两侧

① 杨金彪：《分工分类与作用分类的同一——重新划分共犯类型的尝试》，载《环球法律评论》，2010（4）。

② Kant，Metaphysische Anfangsgründe der Naturwissenschaft，Bd. 5，1957，S. 11 .

面之间，最终起关键作用的仍然是实质侧面。所以，我国的犯罪概念根本无法克服实质的犯罪概念所具有的随意性等缺陷。可见，在很多立法与理论问题上的折中说，往往难以折中而最后只能取其一端，或者说，所谓的折中总是难以从逻辑步入经验层面，而至多只是“看上去很美”。

可见，如果放弃我国以主犯为核心概念的作用分类法，而转换为以正犯为核心的分工分类法，将有利于将以社会危害性为出发点的共犯论转化为以构成要件定型性为中心的共犯论。这一做法，对于突出我国刑法的人权保障机能无疑大有助益；而这种转换，意味着“共谋共同正犯问题……就成为必然的研究课题”[①]。主犯核心共犯体系并不足以成为引进共谋共同正犯论的障碍，相反，它可以通过后者反观出主犯核心共犯体系之不足以及正犯核心共犯体系之所长。在日本，研究和承认共谋共同正犯是理论向实务妥协的结果，“判例和实务想重处幕后黑手的治安对策目的或出于减少对每一个参与者实行行为取证的麻烦的权宜之计”[②] 而提出共谋共同正犯；在我国，研究共谋共同正犯则是为了提倡和建立以正犯为核心概念的共犯体系，树立正犯作为不同于其他共犯人的类型有其独特的内涵与意义的观念，并在此基础上展开对正犯与共犯类型的精细化研究，以推动理论和实务面向变化万千的共犯实务，而不是以粗线条的主、从犯定之。

（二）概念使用上，将共谋“共同正犯”的问题粗化为共谋“共同犯罪”

我国刑法通说对于单纯共谋者的责任持肯定看法，但其肯定并非肯定成立共谋共同正犯，而是肯定其应当成立“共同犯罪”。这从讨论该问题的标题即可看出。在 20 世纪 80 年代刑法学对此问题的讨论是围绕“共谋而未实行，不构成共同犯罪吗”[③] 而进行的；在 90 年代通说直

① 李洁：《中日共犯问题比较研究概说》，载《现代法学》，2005（3）。

② ［日］松本时夫：《共谋共同正犯と判例・实务》，载《刑法杂志》，1990（3）。

③ 邓定一：《共谋而未实行，不构成共同犯罪吗?》，载《法学》，1984（6）。

言："仅仅参与共谋，未参与犯罪的实行的，是否构成共同犯罪?"① 当今刑法理论对此问题的探讨虽大多数已转为使用教义刑法学意义上的共谋共同正犯概念，但是，20 世纪通说的影响仍然随处可见，例如，在实践中，面对"参与共谋但未直接实行犯罪的行为定性"问题，其回答仍然是"尽管李某并未直接实施抢劫的实行行为，但由于李某实施了抢劫的共谋行为，对共同犯罪的结果发生具有心理的因果关系，李某应当……成立共同犯罪"②。

我国通说的误区在于：主张共谋而未参与实行者"应当成立共同犯罪"，丝毫没有解决共谋共同正犯这一命题所提出的问题：共谋而未实行者与实行者之间是何种分工？其相互间的联系方式如何？换言之，共谋而未实行者究竟是共犯人种类中的哪一种？研究共谋共同正犯，正是基于对此问题的回答。简言之，明确共谋而未实行者在共同犯罪中的活动是什么性质，才是赞成或者否定共谋共同正犯概念所具有的意义。

肯定论者如此分析可能有其立法上的根据。我国《刑法》第 310 条第 1 款规定，"明知是犯罪的人而为其提供隐藏处所、财物，帮助其逃匿或者作假证明包庇的"，构成窝藏、包庇罪；第 2 款规定，"犯前款罪，事前通谋的，以共同犯罪论处"。该条中的事前同谋者，虽然并不完全与日本刑法中共谋共同正犯的内涵和外延相一致，但并不排除有共谋共同正犯的存在。也因为如此，我国学者在引进研究共谋共同正犯时，往往会以窝藏、包庇罪为例来说明我国"无论是 1979 年刑法还是现行刑法，都规定了有关共谋成立共同犯罪的情况"③。实际上，肯定成立共谋共同犯罪，并不等于肯定成立共谋共同正犯，这是完全不同层次的两个概念。如果只是认为单纯共谋者可以与实行者一起成立共同犯罪，就与前述认为对幕后"大人物"可以依照主犯定罪的观点如出一

① 高铭暄、马克昌主编：《刑法学》（上编），294 页，北京，中国法制出版社，1999。这一观点在新版中，作者认为构成共同犯罪，参见高铭暄、马克昌主编：《刑法学》，9 版，232 页，北京，北京大学出版社、高等教育出版社，2019。

② 邱晓虎、罗真：《参与共谋但未直接实行犯罪的行为定性》，载《人民法院报》，2011-03-24，7 版。

③ 林亚刚、何荣功：《论"共谋"的法律性质及刑事责任》，载《浙江社会科学》，2002（3）。

辙：前述以主犯概念可以保证对幕后“大人物”严惩为由而反对引进共谋共同正犯论者，实际上就是以单纯共谋者与实行者成立共同犯罪之认识为前提的。如果说误区一的观点是否定论，则通说的观点可称为回避论——肯定共谋者当罚，但对其共犯者的性质问题避而不答。当然，也有一种“共谋共同犯罪”的观点其实就是否定论：“从我国刑法理论来看，仅有共谋而未有实行行为者，与实施实行行为者不可能成立共同正犯。那么，共谋而未实行者是否可以成立实行犯的共犯呢?”[①] 该观点就是在否定成立共同正犯的前提之下讨论共同犯罪能否成立的问题。果如此，该问题其实是一个伪问题：如果仅仅争论单纯共谋者与实行者之间是否成立共同犯罪，共犯理论早已有了肯定答案。正是为了避免“可能不直接具备刑法规定的构成要件的人逍遥法外”，“避免只考虑直接参与实施犯罪的实行人，将其他主体撇在一边”[②]，所以，刑法中才会出现有身份者与无身份者构成共同犯罪、利用未成年人作为犯罪工具构成间接正犯等情况。正如在讨论放风行为时，刑法理论从来只是探讨放风行为的法律性质是什么，而不讨论放风者是否成立实行者的共犯，因为，后者是一个不证自明的问题，而前者，才是需要分析的。如果不联系共谋共同正犯理论来分析单纯共谋者与实行者之间的关系，而只讨论他们之间是否成立共犯，其本身就是对共犯制度与立法规定的漠视，纯属多此一举。

根据分工分类法，共同犯罪人的种类有正犯、共同正犯、教唆犯与帮助犯。正犯作为不同于教唆犯、帮助犯和组织犯的一类共犯人，有其独特内涵和重要价值。正犯是实施了实行行为之人，教唆犯和帮助犯是教唆、帮助他人实行犯罪之人，是实行犯的教唆和帮助者。显然，实行行为作为基本构成要件的行为，与包含在修正构成要件中的教唆行为和帮助行为，在构成要件的定型意义上具有明显的区别。因此，德、日和我国刑法学者一般认为，只有在正犯引起了法益侵害的危险时，对教唆

① 肖中华：《析共谋而未实行者可否成立共犯》，载《人民法院报》，1999－09－02，3版。

② ［意］杜里奥·帕多瓦尼：《意大利刑法学原理》（注评版），陈忠林译评，279页，北京，法律出版社，2004。

和帮助犯才能处罚。此即为共犯从属性说。虽然关于我国《刑法》所规定的教唆犯和帮助犯（《刑法》第27条规定的在共同犯罪中起辅助作用的从犯），在处罚的独立性还是从属性问题上存在着极大的争议①，但这只表明我国刑事立法在教唆犯规定上的特殊性，而不能因此否认共犯从属性说的地位，更不能因此抹杀教唆犯、帮助犯与实行犯的区别。而且，“由于中国刑法采取的是‘凡二人以上共同故意参与犯罪，均认定为共同犯罪’这一原则”，所以，“中国并没有对共同正犯与教唆犯·从犯的区别问题展开特别深入的研究”②。共谋共同正犯概念正是对于单纯共谋者在何种情况下成立实行者共同正犯的问题的探讨，因此，引进并研究共谋共同正犯概念，意味着关于正犯类型朝着更精细化的方向探索，并对于为何不成立教唆犯与帮助犯给予充分说明，这恰恰是整个共同犯罪理论所关注的中心问题。近些年来，我国刑法理论日益关注正犯与共犯的区分，因而在著述中将共同犯罪一章按照“正犯的类型”与“共犯的类型”进行划分③，并开始专门探讨“正犯与共犯的区分”④。这恰恰表明了理论界对于构建精细的正犯、共犯区别论之尝试。

有观点认为，仅有共谋而未共同实行者，可以依其情节以教唆犯或帮助犯论处⑤，即认为“不将共谋行为解释为实行行为，以贯彻实行的观念，而将共谋行为与教唆行为同等看待，对共谋而不实行的人以教唆犯处理”⑥。该种观点不妥：与教唆犯相比，共谋共同正犯与教唆犯本属于分工内容完全不同的共犯人种类。“共谋共同正犯之共谋人，仅事先同谋而未参与犯罪行为之实施，就外形上观察，与教唆犯颇有相似之

① 参见伍柳村：《试论教唆犯的二重性说》，载《法学研究》，1982（1）；陈兴良：《共同犯罪论》，405页，北京，中国社会科学出版社，1992。

② ［日］大谷实：《日本刑法中正犯与共犯的区别——与中国刑法中的“共同犯罪”相比照》，王昭武译，载《法学评论》，2002（6）。

③ 参见陈兴良：《本体刑法学》，552页，北京，商务印书馆，2001。

④ 陈兴良：《刑法研究》，第9卷·刑法总论Ⅳ，33页，北京，中国人民大学出版社，2021。

⑤ 参见陈弘毅：《刑法总论》，209页，台北，汉林出版社，1983。

⑥ 周光权：《刑法学的西方经验与中国现实》，载《政法论坛》，2006（2）。

处，实两者并不相同，其区别在于共谋共同正犯间，彼此系出于自己犯罪之意思，发动而为谋议犯罪，而教唆犯为唆使原无犯意之人，实施犯罪行为也。”① 因此，行为人出于教唆故意对本来没有犯罪意图的他人实施教唆行为，他人因此产生犯意的，构成教唆犯；如共同相互实现各自的犯意的，为共谋共同正犯。例如，甲教唆原本无犯意的乙盗窃，则为教唆犯；若甲与乙共谋盗窃，而由乙实施盗窃行为，则甲为共谋共同正犯。

帮助犯是帮助他人实行犯罪行为者。与之相比，共谋共同正犯是指二人以上为了实施特定的犯罪进行谋划，“相互间利用他人的行为，将各自的意思转化为实行”②。易言之，以实现自己行为的意思者是正犯，以加功于他人行为的意思帮助他人实施犯罪者，是帮助犯。在成立帮助犯的情况下，“必须先有已经决意实行故意犯罪或刑事违法行为的行为人，而帮助者对之提供助力”③。假如，甲、乙共同商议杀丁，甲跟踪丁长达1月，并与乙制订了详细的关于谋杀时间、地点、使用的工具等的计划。甲怕丁认出自己，从而妨碍计划的顺利完成，故商定由乙出面杀丁，甲在暗中相助。本案中，甲虽然未实施杀人的实行行为，但从甲与乙共同商议杀丁之事以及甲在全案中所起的作用可以看出，甲不但参与了共谋，其与乙的共识形成了杀人的犯罪行为，且甲在整个犯罪过程中起着重要作用——至少与乙的杀人行为具有同等重要性的分担作用，因此，甲、乙应当成立故意杀人罪的共谋共同正犯。又假设乙想杀丁，找甲相助。甲出于朋友情谊决定暗中相助。在乙杀丁的路上，甲事先以石子设置路障，丁路过时被绊倒，乙迅即现身，顺利完成了杀丁的行为。此案中，在甲决定参与之前，乙已经有了杀丁的决意和行为计划，甲并没有与乙共谋，而只是在暗中相助，且实施的也仅是设置路障以将丁绊倒的行为，故在整个犯罪过程中并未起到重要作用，因此只能够成

① 高仰止：《刑法总则之理论与实用》，404页，台北，五南图书出版公司，1986。

② ［日］山口厚：《刑法总论》，第3版，付立庆译，336页，北京，中国人民大学出版社，2018.

③ 林山田：《刑法通论》，增订9版，下册，109页，台北，作者自版，2005。

立片面正犯甚至片面帮助犯。

讨论单纯共谋者的性质与责任，意味着此类人要么是共同正犯，要么是教唆犯或帮助犯。“正犯与‘教唆犯’‘帮助犯’，并不单纯是‘量’的差异，始终应认为是‘质’的差异。”① 但无论是共同正犯还是狭义共犯，共谋而未参与实行者肯定而且本来就是共同犯罪者，亦即他们的行为本来就“成立共同犯罪”。泛泛而论的所谓“通说”主张共谋而未参与实行者“应当成立共同犯罪”，不但没有回答针对共谋共同正犯这一命题所提出的问题，反而将这一命题粗化为共谋者能否成立共同犯罪的简单问题。刑法设立共同犯罪制度，“是为了解决在什么样的情况下，不直接具备刑法分则规定的构成要件行为属于共犯行为”②。只有在是否成立共同正犯的层面讨论共谋者的性质与责任，才能实现这一目的。今后我国刑法理论与司法实务在讨论共谋而未实行者的性质与责任时，应避免再使用共谋共同犯罪的命题，而改采规范化的共谋共同正犯概念。

（三）主观界定上，将共谋共同正犯之“共谋”庸俗化为共同“故意”

理论上，我国刑法将共谋共同正犯之“共谋”理解为共同犯罪的“故意”，“仅参与共谋，未参与犯罪的实行，说明行为人有共同犯罪的故意，但没有共同犯罪行为”③。实践中，对“共谋”也是在共同“故意”的层面进行理解。例如，某农产品公司经理黄某代表本公司与某粮食储备库签订了代购代销小麦种子协议，资金由储备库提供；收购期间，陈某负责看管储备库。某日，黄让其员工打开储备库拉出部分粮食予以销售。次日陈到储备库并予以制止，黄随后及时将粮款交给了储备

① ［日］川端博：《刑法总论二十五讲》，余振华译，347页，北京，中国政法大学出版社，2003。

② ［意］杜里奥·帕多瓦尼：《意大利刑法学原理》（注评版），陈忠林译评，280页，北京，法律出版社，2004。

③ 高铭暄、马克昌主编：《刑法学》（上编），294页，北京，中国法制出版社，1999。此观点在后来的新版教材中已经更改，论者认为，共谋本身就是共同犯罪行为。参见高铭暄、马克昌主编：《刑法学》，9版，161页，北京，北京大学出版社、高等教育出版社，2019。

库。2006年1月，黄又拉出部分粮食予以销售并得款五十余万元。陈闻讯后让黄尽快交款，黄称要用款做生意，陈同意黄用到5月底。在检察机关侦查期间，黄将粮款全部退还。有观点认为，“被告人黄某在第一次销粮后基本交纳了销粮款，二被告人似乎没有共谋。但是，在第二次销粮后，二被告人通过电话联系，当黄某提出使用粮款做生意时，陈某擅自表态同意，事后也不向单位汇报，直至案发。两人的意志表示应视为共谋的一种表现形式”，因此，“二被告人应认定为共谋犯罪”[①]，亦即陈某构成黄某挪用公款罪的共谋共同正犯。

以上见解的误区在于：理论上，我国刑法将共谋共同正犯之共谋理解为共同犯罪中的共同故意，似乎只要二人以上就实施某种犯罪有共同认识，并且该二人以上对该种犯罪的性质、结果等均了解，就能成立共谋。它体现为对共谋的内在属性缺乏深刻把握，对共谋的外延没有周全的了解。实务中，司法工作人员在将共谋等同于共同故意的错误基础上，将不能被认定为共谋的人也作为共谋罪犯来处理，从而扩大了共谋共同正犯的处罚范围。实际上，共谋共同正犯中的共谋不是共同的犯罪故意；将共谋等同于共同故意的理解，是对共谋的简单化和庸俗化。

根据我国《刑法》，明知自己的行为会发生危害社会的结果并且希望或者放任这种结果发生的，是犯罪故意。就共谋而言，各参与人当然具备故意成立的“明知自己的行为会发生危害社会的结果”之认识因素和“希望或者放任这种结果发生”之意志因素，但是，具备了认识因素与意志因素的共谋而未实行者却不一定能成立实行担当者的共同正犯，原因在于：共谋是具备特定内涵的概念，除却对自己行为性质的认识和对犯罪结果的了解这一最基本的前提之外，其重点在于“共同谋议”即共谋而未实行者与实行担当者之间就犯罪的实施达成了协议，而协议的内容是，以将各自的意思付诸实施为内容，互相就犯罪的实行共同发挥

① 乔国立、张圣玉：《使用人和公物保管人共同挪用公物——本案构成挪用公款罪》，载《人民法院报》，2010-10-27，6版。

作用进行意思沟通。“在共谋共同正犯关系中，形成各个构成成员之心理内容的中心者，乃在于利用各对方之行为，容易且确实地实现犯罪。”[①] 因此，“仅仅认识他人的犯行，不能说就有共谋。然而，例如，盗窃的共犯者，互相认识是在实施盗窃，对盗窃给予种种协力，并且预先商量分配赃物时，那就认为是盗窃的共谋”[②]。只有在认识他人犯行的基础上，出于将他人的行为当作自己的行为以实现自己犯意时，才是单纯共谋者具有正犯性的责任根据。

日本刑法理论界最早为共谋共同正犯提供理论支柱的学说是草野豹一郎法官提出的共同意思主体说，该说主张“共同正犯的本质在于二人以上同心一体，相互倚重、互相支援，为共同实现各自的犯意，实施特定的犯罪，所有的共同者均应对既成事实负全部责任。其原因在于谈到共同实现的手段，存在一律不是或一律都是亲手完成犯意的情况，或在共同形成谋议后一部分人去完成的情况。即使这种形式不同，两种手段也均是处于同心协力的作用中，在价值上没有区别，所以无论在什么情况下都应该认定为共同正犯关系，也因此将其作为原则”[③]。该说中“各自的犯意”“同心一体”等概念的提出，从理论上为单纯共谋者发挥与实行担当者相比“有过之而无不及”的作用提供了支持，它表明：单纯共谋者所谋划的并不是实行者的犯罪；其与实行担当者一样，具有实施自己犯罪的意图，只是因故未能亲自付诸实施，但在观念上，却是将实行者的行为当作自己的行为同等看待的。这一点，被认为是共谋共同正犯之共谋成立的关键。因此，虽然共同意思主体说因其强烈的团体责任色彩而受到了诸多的批判，并且日本刑法学界后来陆续发展出了十余种学说，如间接正犯类似说、行为支配说、优越共同正犯说、价值的行为论说、意思方向说、包括的正犯说、实质的正犯说等，来为共谋共同正犯的合理性提供理论上的说明，但是共同意思主体说的核心思

---

① ［日］川端博：《刑法总论二十五讲》，余振华译，354 页，北京，中国政法大学出版社，2003。

② 马克昌：《比较刑法原理》，623 页，武汉，武汉大学出版社，2002。

③ ［日］《大审院刑事判例集》，1936 年第 15 卷第 11 号，733－734 页。

想——“二人以上同心一体，相互倚重、互相支援，为共同实现各自的犯意，实施特定的犯罪”，却自此被保存下来并体现在此后的判例和学说中。因此，在日本，虽然判例和学说都试图超越共同意思主体说，“但是，不管怎样，可以说基于判例的共谋共同正犯的理论根据在于共同意思主体说”[①]。

比如，最大判昭1958年5月28日的判决指出，两个以上的人“相互间利用他人的行为，将各自的意思转化为实行，据此而实行了犯罪，欲成立共谋共同正犯，就必须能够肯定这样的事实”[②]。再如，日本长崎地方裁判所佐世保支部1985年3月20日的判决中指出，“在共同谋议时，通过自己或他人，对实行行为者下达代替自己完成该犯罪实行行为的指挥命令、委托或通过利诱等方式按照自己的意思完成应属支配或利用的推动行为，其结果是在事实上让该实行行为者承诺作为自己的代行者完成实行行为，基于这一承诺让该实行行为者实施该犯罪（存在实质上的支配或利用关系）”[③]。在刑法理论上，学者亦普遍认为各参与人是否具有实施自己犯罪的意图是判断共谋成立与否的关键，“不只是单单协助·帮助他人犯罪，而是怀有与其他人共同实现自己的犯罪意图的意思的两人以上对共同完成犯罪进行协议，其中有的人在协议基础上现实地实行了犯罪，其他人也应该作为共同正犯追究责任。只有将通谋理解为这样的协议，才能够肯定”[④]，简言之，“在被告人自己作为所谓‘自己的犯罪’而参加的场合，肯定该人成立共同正犯”[⑤]。自此，刑法理论一致认为，应该立足于是否按照“自己的意思”来实施“自己的犯

---

① ［日］野村稔：《刑法总论》，全理其、何力译，409页，北京，法律出版社，2001。

② ［日］山口厚：《刑法总论》，第3版，付立庆译，336页，北京，中国人民大学出版社，2018。

③ ［日］《判例时报》，1985年第1169号，157页。

④ ［日］藤木英雄：《新版刑法演习讲座》，197页，东京，立花书房，1969。

⑤ ［日］山口厚：《刑法总论》，第3版，付立庆译，337页，北京，中国人民大学出版社，2018。

罪"[①]，亦即以实施"自己的犯罪"还是"他人的犯罪"[②]为基础来把握何谓共谋。

可见，单纯共谋者在犯罪中具有主体性与自我性，即单纯共谋者通过其他共犯实施的是自己的犯罪而不是他人的犯罪，这种主体性决定了他们不是教唆犯或帮助犯。通过分析是实施"自己的犯罪"还是"他人的犯罪"来判断共谋是否成立，才能有效区分共同犯罪的故意与共谋之间的界限。共同意思主体说中的核心概念"各自的犯意"之所以发展成为日本刑法理论界与实务界判断共谋是否成立的关键，与正犯的含义有直接关系。正犯的本来含义是直接实施了实行行为之人，因此，共谋共同正犯一定是共同实施自己犯罪的行为人，换言之，各参与人都要将实行者的犯罪行为当作是自己的而不是他人的犯罪行为，否则，就脱离了正犯原本的含义。

因此，我国刑法理论在界定共谋共同正犯之共谋时，应该脱离"共同犯罪的故意"这一粗浅的层面，以及共同犯罪是否成立之层面，将对共谋的理解回归到正犯之视角，基于"实施自己的犯罪"这一"正犯者的意思"，进一步讨论共同犯罪的故意是否为共谋。比如，在"事先参与共谋但犯罪时'未实行'"[③]一案中，A与B系个体户张某小吃店的小工，二人想离开小吃店而遭张拒绝。A、B商议趁张不注意时将其财物盗走后一起离开。某日张妻外出而张在休息。B发现张妻外出时放在抽屉里的柜子钥匙，便打开柜子将里面1 500元盗走。之后B来到外屋，对A称其已经偷了张的钱，A听后，又到里屋将柜里剩余的500元盗走。之后两人逃到一旅馆里进行分赃。本案中，对A、B二人即可认定为共谋：A、B事先就盗窃行为达成了共识，商议趁张不注意时盗走其财物，可见其各自均有盗窃张某财物的意思，而且关于犯罪的实施

① ［日］松原芳博：《共谋共同正犯论の的现在》，载《法曹时报》，2011年第63卷第7期，1499页。

② ［日］松本时夫：《共同正犯——帮助との区别》，载［日］芝原邦尔编：《刑法の基本判例》，66页，东京，有斐阁，1988。

③ 方忠良、王伟：《事先参与共谋但犯罪时"未实行"应如何认定》，载《检察日报》，2003-11-28，3版。

条件是持机会主义者的立场，即在张某何时不注意且容易得逞时就何时实施盗窃。B发现张妻外出、张在休息而钥匙就躺在抽屉里的“天赐良机”时就实施了盗窃行为，该行为也是在A、B共同协议之后而发生的。因此，就整个盗窃行为而言，B任何时候实施，A可以说都是知情的，因此，A、B之间可以肯定共谋关系的存在。A虽然没有参与B盗窃 1 500元钱的实行，但其与B之间事先共谋，B作案时A在外屋，对于B而言，B知道如有任何情况发生A一定会随时声援自己；事后A又进里屋将剩余的500元盗走。这些表明，A在整个盗窃行为中起到了与B至少同等重要的作用，二人成立盗窃罪的共谋共同正犯。

总之，在理论上，不能单纯地将共谋理解为共同犯罪中的主观故意，而应该理解为“共同谋议（Verabredung）”，否则，所有的共同正犯就都是共谋共同正犯了，从而会失去探讨共谋共同正犯的意义。[①] 在实务中，不能将仅有共同故意而未实行者一律作为共谋者看待并依共谋共同正犯理论作入罪处理。在前述陈、黄挪用公款案中，相关司法实务人员更是清楚无误地将共同故意等同于共谋：“当黄某提出使用粮款做生意时，陈某擅自表态同意，事后也不向单位汇报，直至案发。两人的意志表示应视为共谋的一种表现形式。”黄第一次私自销售储备库粮食时，陈被发现了并及时催促黄上交了粮款，这表明陈是反对黄以私自销售粮食取得公款的行为的，他并无犯罪的故意；第二次，在又发现黄同样的行为后，陈未及时上报此事，但陈仍然积极催要粮款并在黄的恳求下愿意延至5月底还款，但这是对于黄某自己私销粮食私用公款行为的无可奈何。陈既没有自己实施私销粮食以及私用公款的任何犯罪意图和行为，也没有利用黄某的私卖和挪用行为实施自己的犯罪的意图，即并非将黄某的行为当成实施自己的犯罪的手段。陈对黄某行为的无奈认可也只是在黄的行为实施完毕之后帮助其掩盖而已，并非共谋中所要求的正犯者的意思。因此，陈的行为只能成立黄挪用公款罪的帮助犯。但其帮助作用在客观上意义很小——黄的行为已实施完毕，而陈只是不作为

① 参见［日］夏目文雄：《共谋共同正犯论》，载《刑法杂志》，1982（2）。

的帮助，主观上也不属于积极帮助而只是被动地帮助，所以，其帮助行为不具有可罚性，最终应认定陈的行为不构成犯罪。

严格掌握是实施自己的犯罪还是他人的犯罪这一标准，是为了有效区分共谋共同正犯与帮助犯，以及有效区分共谋共同正犯与教唆犯。比如，甲见丙家有收录机一台，欲占为己有。甲约乙前往丙家盗窃收录机。二人到丙家屋后，甲安排乙放哨，甲本人则进入丙家窃取收录机。[①] 得手后甲将收录机据为己有。在此，甲邀约乙与自己一起偷窃丙的收录机，是为了实施自己的盗窃犯罪；乙前往丙家并在屋外放风，只是为了帮助甲实施其窃取收录机的行为，而不是出于完成自己盗窃犯罪的意图，乙本人也没有自己盗窃并占有他人财物之意图。可见，站在乙的立场，是为了帮助甲实施甲的犯罪；站在甲的立场，是为了让乙帮助自己实施自己的犯罪，而不是互相补充，将对方的行为当作实现自己的犯罪的手段。因此，甲、乙二人之间就不能成立共谋，自然也不能成立共谋共同正犯，乙只能成立共同犯罪中的帮助犯。

（四）客观基准上，将未形成支配/对等作用的共谋者认定为共谋共同正犯

我国肯定共谋共同正犯理论的学者，对于其范围的认定，并没有严格地把握共谋共同正犯客观基准条件，往往有扩大之嫌。在毒品案中共谋而未参与实行者的罪责认定中，赵、孙、李合谋贩毒，商定由赵承担买毒资金，李到广东联系毒贩后再通知孙与其会合看货，而后赵汇款至广东完成毒品交易，获利后三人平分。李到广东联系好上家，孙因吸毒受审无法前往广东。赵随后指使王、张二人携带钱款前往广东与李完成了贩毒行为。本案中“孙某仅参与共谋贩卖毒品，但未参与具体的实行行为”。有观点认为，孙某“参与共谋，其共谋的行为在一定程度上坚定了犯罪计划的实施，加功于犯罪实行行为”，因此，他成立贩卖毒品

① 参见最高人民检察院《刑事犯罪案例丛书》编委会编写：《刑事犯罪案例丛书（抢夺、敲诈勒索罪）》，97－98页，北京，中国检察出版社，1991。

罪的共谋共同正犯，并“应对贩卖毒品罪的既遂承担刑事责任”①。

在“张某与李某合谋实施抢劫案”中，张、李合谋抢劫，他们制订了抢劫计划，准备了管制刀具、尼龙绳子等作案工具。二人原定某日晚在张家集合后共同抢劫。事发当晚，李越想越怕，决定不去了，便以身体不适为由电话回绝张，张未置可否。随后，张按照两人事先制订的计划，独自去抢劫，在抢劫过程中遇被害人反抗，张将被害人打成重伤并劫取现金两千多元和手机一部。有观点认为，“李某与张某共谋实施抢劫行为，尽管李某因为害怕而未参与实行行为，但张某最终实施了抢劫行为，依据共谋共同正犯理论，李某仍然应当构成抢劫罪”②。换言之，李某作为共谋者成立实行者张某的共同正犯，其行为成立抢劫罪。

以上结论的误区在于：认为共谋共同正犯的成立，仅需考虑是否有共谋的事实，重视的是行为人的主观层面之共谋，没有充分考虑或者不考虑单纯共谋者对于实行者的实行行为是否具有支配性或者等价的分担性，忽视了各参与人之间的客观联系。“共同正犯中的共谋共同正犯的场合，共同人在通过共同谋议，形成相互作用、补充的合作关系，实施犯罪的实行行为，从而引起对法益的侵害或威胁这一点上，能找到对其处罚的根据。”③ 因此，在客观违法性上，认定共谋共同正犯的客观违法条件有两个：一是实行的必要性，共谋者中必须有一人或一部分人在共同谋议的基础上直接实行了犯罪构成要件中的实行行为；二是单纯共谋者在实行行为的展开上是否实质性地参与了。在这两个条件中，实行的必要性其实是针对实行者的条件，它体现的是单纯共谋者对于实行者的从属性，不存在争议之处。成为问题的或者说对于共谋共同正犯的成立有直接针对性和意义的是第二个客观违法条件，该条件是指，单纯共谋者“只是没有分担实行行为，但是纵观该犯罪的计划及从准备阶段到

① 郭寅、黄伯青：《毒品案中共谋而未参与实行者的罪责认定》，载《人民法院报》，2010-06-24，7版。

② 邱晓虎、罗真：《参与共谋但未直接实行犯罪的行为定性》，载《人民法院报》，2011-03-24，7版。

③ ［日］大谷实：《刑法讲义总论》，新版2版，黎宏译，364-365页，北京，中国人民大学出版社，2008。

最终实行阶段的整体犯罪完成过程，自己也作为与完成该犯罪相同或比之更甚的主体发挥了作用，并且由于自己的行为发挥了获得与实行行为者的行为等价之评价的重要作用（存在等价的分担关系）”①。如前所述，共谋共同正犯可分为“实质的支配或利用关系”或“等价的分担关系”② 两种。该条件以实行的重要作用为基础来把握单纯共谋者对于实行者的支配性或分担性，因此，共谋共同正犯违法性的根据在于，在以实行行为为基准的实质意义上来考虑犯罪实现的客观参与的重要性，考察单纯共谋者对于实行者是否具有支配或对等作用，这实际上是成立共谋共同正犯的客观基准条件。形象地说，较之实行分担的实行行为，单纯共谋者所发挥的作用是“有过之而无不及”。

对共谋共同正犯在客观基准条件上进行限制，是为了缩小其处罚范围，因为正如日本学者冈本洋一所担心的，共谋共同正犯会扩大刑法的处罚范围，“X实行犯罪，如果认定他的朋友或者是与他认识的人Y和Z（与X）之间有某些关系，或者对X存在重要的影响力的话，Y和Z就有可能受到和X同样的处罚”③。显然，可能会导致罪刑不相适应，可能会罪及无辜，从而导致侵犯人权。这是共谋共同正犯否定论者依据的重要理由。虽然现在“共谋共同正犯理论已成为不可动摇的理论”，但是这并不意味着否定论者的担忧毫无道理，所以，“现在应该说，一边肯定共谋共同正犯一边主张限定其成立范围的观点占据主流”④。

前述毒品案中“孙某仅参与共谋贩卖毒品，但未参与具体的实行行为”，抢劫案中“李某与张某共谋实施抢劫行为，李某因为害怕而未参与实行行为”，这两个案件的共同特点是，被告人事先参与了共谋，犯罪行为实施过程中出现了种种特殊情况，因故其未能参与犯罪的实行，

① ［日］《判例时报》，1985年第1169号，157页。

② ［日］村井敏帮：《共谋共同正犯》，载《刑法杂志》，1990（3）。

③ ［日］冈本洋一：《共谋共同正犯论的现状与问题》，宋文华译，载张海燕主编：《山东法学法律评论》，第7辑，246页，济南，山东大学出版社，2010。

④ ［日］西田典之：《日本刑法总论》，第2版，王昭武、刘明祥译，310页，北京，中国人民大学出版社，2013。

将此二人认定为共谋共同正犯，是不当扩张共谋共同正犯成立范围、扩大刑法处罚的错误情况。

（1）先分析毒品案。

孙某事先参与了与赵、李的共谋，在贩毒行为实施过程中，孙因为自己吸毒被审查而未能参与贩毒实行行为，其与赵、李之间的关系止步于共谋行为。如果说李赴广东寻找毒品上家的行为也许有共谋事实对其心理的影响，但当其联络孙赴广东与之会合并完成后续贩毒行为而未果后，孙因吸毒接受审查，再也没有与赵、李联系，既没有对赵、李的贩毒行为进行指挥或提供行动方向或引导犯罪进程，也没有随时提供重要信息或提供其他精神支持以机能性地分担整个贩毒行为，甚至没有跟进了解赵、李的贩毒行为。赵、李见孙某未能前往广东会合，旋即选取了王、张二人，也说明共谋事实的存在固然属实，但该共谋根本未对赵、李的贩毒行为产生什么强烈的心理影响；孙某没有参与共谋，根本不影响贩毒罪的实施、完成。这也意味着，孙某仅仅参与共谋的事实，根本没有对于赵、李贩毒犯罪的实施提供任何使之更有利的因素，也没有对于犯罪结果发挥任何贡献力。因此，孙某不成立分担型共谋共同正犯。至于支配型，在毒品案中显然是绝对排除的，故不赘述。前述认为孙某成立共谋共同正犯观点的错误在于，根本不考虑相关人员的作用分担，一经共谋，即可宣告共谋共同正犯的成立。问题是，“如果不考虑相关人员的作用分担，那么更感觉其像过去的共同意思主体说”；对于“共谋共同正犯，从实质的实行共同正犯论的立场来看，未承担实际实行行为的人，不仅与谋议有关，也与以实行行为为标准的承担重要作用的共谋有关，这一共同正犯的标准是正确的”[①]。因此，只有以是否具有与实行行为同等或更重要的作用为基准，讨论孙某是否成立共谋共同正犯，才能避免仅以主观共谋的存在而不当归罪的错误做法。

分析全案，仅仅根据共谋就认定共同正犯的成立，无疑是主观说的

① ［日］后藤启介：《日本刑法における共谋共同正犯と国际刑法における“正犯”概念に关する一考察》，载《法学政治学论究》，2010 年第 87 号，47 页。

立场和做法，只有在此基础上从客观上分析“是否完成了以实行行为为标准的重要作用”才能得出合理结论。孙的行为恰恰达不到该客观基准条件，其与赵、李的实行行为之间既未发挥对等型作用，更谈不上支配型作用，不应成立共谋共同正犯，令其对全案承担犯罪既遂的责任是错误的。孙只是与赵、李共同策划，在李某赴广东着手贩毒罪的实行行为之后，孙因吸毒受审查而未能有进一步的行为，故可认定孙的行为成立贩毒罪的预备，其在贩毒共同犯罪中的共犯人性质应该是帮助犯，而不是正犯。

同理，在“参与共谋未共同盗窃是否构成共同犯罪”一案中，宋某、石某二人预谋实施盗窃，且约定无论谁盗得物品均一块儿分赃。后来，宋、石二人来到县城分路实施盗窃，宋某见被害人李某购物后将钱包放在摩托车后备箱内，遂尾随被害人，趁机将其钱包偷走。包内装有现金 780 余元、一部手机及钥匙等小物件。宋某得手后给石某打电话，告诉他盗窃情况，并约定见面地点。两人见面后宋某对石某说盗窃的现金仅有 200 元，并分给石某 120 元。本案中石某虽然参与共谋，但其共谋并未给同案犯带来强烈的心理影响，其共谋也没有形成与宋某实行行为同等重要的作用，不能被认定为共同正犯。[①] 总之，如果严格把握共谋共同正犯的客观基准条件，可以避免将仅有意思共同而未形成支配或对等作用的单纯共谋者定性为正犯，从而更加有利于实现刑法的人权保障机能。

（2）再分析抢劫案。

张、李合谋抢劫，但事发当晚李因害怕决定不去，并给张打电话回绝，张独自实施完了抢劫行为。不同于上述毒品案，本案中的共谋者李未参与犯罪不是因为自己有其他阻碍而不能参加，而是自己不愿意参加。这种情况属于共谋关系的脱离。在肯定共谋共同正犯的场合，理论上一般认为，如果参与共谋的一部分人，在着手实行前的阶段改变意

① 参见孔凡超：《参与共谋未共同盗窃是否构成共同犯罪？》，载《河南法制报》，2014-03-11，13 版。

图、脱离共谋关系，脱离者一般不能再承担共同正犯的责任。通常认为，要脱离共谋关系应具备以下三个条件：一是必须在直接实行者着手实行之前脱离；二是必须表明脱离的意思，明示或默示均可；三是必须让其他共谋者知道，单纯内心的脱离，不认为是共谋关系的脱离。[①] 据此分析，本案中李某已经脱离了共谋关系，不成立张某的共谋共同正犯：在张某着手实施抢劫罪之前，李某由于内心害怕而决定放弃参与抢劫，并且通过电话告知张某，明确地表明了脱离共谋抢劫关系的意思，张某对此一清二楚。可见，李某的行为完全符合共谋关系脱离的三个条件，从而，即便张某实施了此前共谋的抢劫行为，但由于李某“已经祛除了该行为所具有的犯罪促进效果，和构成要件该当事实之间的因果关系也就不存在了”，“这样的话……此后即便是由正犯或者其他的共同者引起了构成要件该当事实，就此也不承担作为共犯的罪责”[②]。在李与张已经解除了共谋关系乃至共犯关系的前提下，李某自然不能成立以共犯关系为前提的共谋共同正犯，也不应对张某的行为承担任何责任。对于李某与张某共谋的行为，只能在犯罪预备与中止等犯罪形态中予以讨论。李与张合谋抢劫，他们“制订了抢劫计划，准备了管制刀具、尼龙绳子等作案工具”，这表明李在客观上已经实施了为犯罪准备工具这一预备行为；但是在预备、着手实行之前，李虽然是因为害怕而不是良心忏悔决定不参与抢劫，但无论如何仍然是出于已意决定放弃参与犯罪，这属于预备阶段的中止。对于犯罪预备，重罪预备可以处罚，轻罪预备一般不处罚；而对于犯罪预备过程中的中止，一般来说，无论是重罪预备还是轻罪预备都不主张处罚，因为犯罪预备已经属于可罚性较低的行为，而预备阶段的中止，无论从客观违法性的可罚程度，还是从主观可非难性的程度，均属较轻，因此，依笔者一贯所主张的实质的犯罪论中只处罚可罚的达法益侵害程度的行为之基本观点，李某的行为属于不可罚的犯罪预备（阶段的中止），即李某的行为不构成任何犯罪。前述观

① 参见张明楷：《外国刑法纲要》，3 版，285 页，北京，法律出版社，2020。

② ［日］山口厚：《刑法总论》，第 3 版，付立庆译，373 页，北京，中国人民大学出版社，2018。

点将李某的行为作为抢劫罪处理，已然错误；将李某作为抢劫罪的共同正犯处理，更是错上加错。该种观点罔顾共谋共同正犯的基本理论，对本不该定罪入刑的人非但入罪，而且错误地适用了较重的刑罚，严重地侵犯了被告人李某的权利。此种误区，必须警惕。同理，在“共谋抢劫独自放弃他人实施”① 一案中，赵某虽然事先参与共谋，但在其他人着手实行前自动放弃犯罪的行为，也应被视为共谋关系的脱离，因而不能成立共谋共同正犯，至多只能以抢劫罪预备处理。

需要说明的是，有观点根据共谋共同正犯要求单纯共谋者与实行者之间形成了支配或对等作用的事实这一客观基准条件认为，“不应当一般性地承认所谓的共谋共同正犯的概念，以共谋的行为贡献共同参与犯罪者是否成立共同正犯，不应一概而论，而必须正确区分共谋参与的类型，依据不同的参与类型，决定共谋者的刑事责任。根据共谋者之间的关系……可将以‘共谋’的共同参与区分为支配型共谋与对等型共谋。”② 问题是：无论该论者是否主张一般性的共谋共同正犯概念，其在实质上所使用的支配型与对等型共谋难道不就是共谋共同正犯概念中的两种类型吗？这种观点与其说是要取消共谋共同正犯概念，莫如说是从更为深入、细化的角度支持并论证了共谋共同正犯的有关理论；在主张支配型与对等型这一共谋共同正犯的属概念的前提下，恰恰是从实际上贯彻了共谋共同正犯理论，又如何能取消共谋共同正犯的概念？很显然，这种观点非但是偷梁换柱的概念游戏，而且是自相矛盾、难以立足的。因此，对于共谋共同正犯成立的客观基准，既要有严格的把握，也要对它与共谋共同正犯一般概念之间的关系有准确的认识。

可喜的是，随着我国刑法理论的发展，实务中开始出现重视共谋行为对于在犯罪实施过程中的实质贡献，比如，在“上海高院裁定余某林、曾某等人盗窃与掩饰、隐瞒犯罪所得案”中，针对被告人郁某“参

---

① 郎永恒、牛中华等：《共谋抢劫独自放弃他人实施如何处理》，载《检察日报》，2007-07-15，3版。

② 陈毅坚：《“共谋共同正犯”——一个多余的法范畴》，载《北大法律评论》编辑委员会编：《北大法律评论》，第11卷·第1辑（2010），260页，北京，北京大学出版社，2010。

与了盗窃共谋，但其未参与起诉指控的第一次盗窃活动”的情况，法院就明确指出，“共谋行为对某次犯罪行为的危害结果不具有原因力时，共谋而未实行者不需要对该次行为承担刑事责任”[①]，并据此判定郁某对第一次盗窃活动不承担刑事责任。这种对共谋共同正犯客观基准准确把握的趋势，值得称道。

（五）分析方法上，立足于犯罪预备形态对共谋共同正犯展开讨论

我国有观点认为，共谋是一种犯罪预备：“从刑法理论分析，共谋已不同于共同犯意表示，最低限度内已经是一种共同的犯罪预备行为，执意将共同的犯罪预备行为排除在共同犯罪行为之外，显然是不科学的。”[②]“例如，甲、乙、丙共谋于某日晚去丁家共同将丁杀死。届时，甲因故未能前往杀丁，而是乙、丙将丁杀死。在这里，乙、丙构成共同犯罪，这是确定无疑的。那么甲与乙、丙是否也构成共同犯罪？对此，持肯定说者认为，所谓共谋是指二人以上为了实施特定的犯罪而进行的谋议，可能是策划实施犯罪，也可能是商讨如何实施犯罪，或者两者兼而有之，可见共谋本身就是共同犯罪行为，所以参与犯罪谋议而未参与犯罪实行的，应当认为构成共同犯罪。[③]“那种认为仅参与共谋者与实行行为者之间缺乏共同犯罪行为的观点，忽视了犯罪的预备行为与实行行为的同质性，也忽视了仅参与共谋者与实行行为者行为之间的协同性、关联性……甲、乙二人既然共谋杀害丙，就不仅仅是有杀人的意思联络了，而是也有共同的犯罪行为了。”[④]

以上分析的误区在于：认为共谋是共同犯罪的预备行为，这种预备行为不应被排除在共同犯罪行为之外，从而共谋而未实行者当然也与实行担当者一起构成共同犯罪。这种观点存在方法论上的混乱：立足于犯

① 沈言：《共同犯罪人之间有意思联络方能成立共同犯罪》，载《人民法院报》，2010-05-27，6版。

② 林亚刚、何荣功：《论“共谋”的法律性质及刑事责任》，载《浙江社会科学》，2002（3）。

③ 参见高铭暄、马克昌主编：《刑法学》，9版，161页，北京，北京大学出版社、高等教育出版社，2019。

④ 肖中华：《析共谋而未实行者可否成立共犯》，载《人民法院报》，1999-09-02，3版。

罪预备阶段讨论共谋而未实行者的性质，是将犯罪形态与共同正犯的成立范围两个截然不同的问题混为一谈。共同正犯属于共同犯罪层面的问题，对之理应从共犯与正犯的界限及广义共犯的可罚性角度来讨论，而不是使用犯罪的停止形态理论来印证其成立与否。

首先，仅仅根据事前谋议的准备作用而将共谋共同正犯中的共谋当作犯罪预备，在方法论上存在着以偏概全、以点代面的问题。

仅仅是为了完成犯罪而进行意思沟通层面的谋议，并不能认定为犯罪的预备行为，而只能认定为犯罪的阴谋；而对于阴谋犯，除了极少数重罪之外，一般是不可罚的。对于共同谋议的性质，日本学者藤木英雄指出，“二人以上就犯罪的实施进行商量计划的通谋，这还不能说达到了预备，至多只是处于阴谋阶段，此时，只有内乱罪、外患罪这种特别重要的罪才具有可处罚性”。只有“达成完成犯罪的协议，并且为实现该协议实施了必要的准备行为，在这个阶段才能认定为预备而不是阴谋”①。比如，藤木举例指出：甲、乙谋议杀丁，甲选定了实行担当者戊，甲、乙还亲自送戊前往犯罪现场。有了这些显现于外的行动，才能说甲、乙的共谋属于杀人预备行为。因此，武断地认为共同谋议就是犯罪的预备行为，其实扩大了预备的认定范围。

如果单纯共谋者在共谋的主观意思沟通之外，还在客观上实施了必要的准备行为，则共同谋议由阴谋阶段发展到了预备阶段，即或如此，其共谋预备行为也不一定具有可罚性。

即便在预备阶段的共同谋议，具有事先为犯罪制造条件的预备行为性质，也不能据此将其定性为犯罪预备。大谷实指出，所谓预备，是指以实现犯罪为目的的准备行为。② 共同犯罪的各参与人在实行行为之前就犯罪的实施共同商议制造了主观上的有利条件，虽然对此可认定为为实施犯罪制造有利的主观条件的预备行为，但是，并非这种预备性质的商议行为就是共谋共同正犯理论中所说的共谋关系。甲、乙商议共谋抢

---

① ［日］藤木英雄：《新版刑法演习讲座》，197页，东京，立花书房，1969。

② 参见［日］大谷实：《刑法讲义总论》，新版2版，黎宏译，328页，北京，中国人民大学出版社，2008。

劫犯罪，后来甲未去，乙单独抢劫，此类案件中，并不能仅仅因甲事先与乙通谋就可认定共谋关系的成立并且进一步认定甲成立乙的共同正犯；相反，即使乙成立了抢劫罪，甲仅仅参与商议的行为因其作用有限而只可能成立乙的帮助犯，二者之间不能成立共谋共同正犯。可见，共谋共同正犯中所说的共谋关系存在除了要求有主观上的沟通，还必须有共谋形成犯罪的客观事实。

对于支配型共谋共同正犯而言，单纯共谋者的共谋行为显然不仅仅是以实行犯罪为目的的准备行为，他/她（们）支配着整个犯罪的实施，引导犯罪方向，控制犯罪进程，并非只是实行行为之前的谋议这么简单。所以，将共谋当作犯罪的预备行为，显然与支配型共谋关系的实际情况相违背，同时，也降低了支配型共谋者的行为地位：虽然支配者未实施实行行为，但却指引着整个实行行为的进行，其支配行为并非仅仅停留在犯罪的准备阶段。因此，如果甲未参与抢劫的实行行为，但却在附近通过视频与无线电指挥乙的抢劫行为，则甲可作为乙抢劫罪的共同正犯。在分担型共谋共同正犯中，单纯共谋者的共谋行为同样不仅仅停留在事先准备阶段，他/她（们）在谋议之后，通过自身实施的一系列为了实施谋议计划的非实行行为，配合着实行担当者的实行行为；其所实施的非实行行为，在作用性质上可以与实行行为作等值性的评价，所以才会被认为是实行担当者的共同正犯。可见，分担型共谋共同正犯中的分担行为，也不是仅仅停留在犯罪的准备阶段，而是与实行行为同步行进的。比如，上述甲、乙共谋抢劫，如果甲虽未参与乙抢劫的实行行为，但却在附近发挥着同等重要的放风作用，则甲的行为起着与乙的实行行为一样重要的作用，甲可成立分担型共谋共同正犯。

共谋共同正犯中的共谋是具有特定内涵与外延的概念，它既具有主观上的谋议，又具有客观上参与犯罪的事实。仅仅限于意思沟通而无任何客观外在行为的共同谋议，只是犯罪的阴谋，将之一律认定为预备行为，有承认思想犯之虞。当谋议由阴谋发展至预备阶段，也不能据此认为共谋是犯罪预备。如果只是简单地参与共谋，止步于为犯罪做准备的预备程度，则其并不是共谋共同正犯中的共谋，自然也不成立共同正犯；仅根据事前谋议的准备作用而将共谋共同正犯中的共谋当作犯罪预备，在方法论上存在着以偏概全、以点代面的误区。

其次，“要理解就要有解释的前见”①，立足于预备行为与实行行为的关联性推导出二者均为“共同犯罪行为”，并在此基础上肯定单纯共谋者的可罚性，其在解释方法上蕴涵了“共同犯罪必须有共同犯罪行为”这一并不妥当的“前见”，由此所作的进一步逻辑推论势必也难以成立。

上述观点的主张者之所以从犯罪预备形态入手讨论单纯共谋者的可罚性，原因在于其持有的前见，即只有具有共同的犯罪行为才能成立共同犯罪。然而，这一前见并不妥当：教唆犯只是单纯唆使、教唆他人实施犯罪，在被教唆者没有犯被教唆之罪的情况下，教唆者与被教唆者之间缺乏共同的犯罪行为，可为何教唆者仍有独立的被处罚性？因此，讨论单纯共谋者的可罚性，必须跳出是否具备共同的犯罪行为这样的常规思维：此种思维针对的是实行共同正犯，而对共谋共同正犯往往缺乏说服力。预备行为与实行行为难以成为“共同犯罪行为”，二者的阶段不同、性质不同，是否具有可罚性亦大相迥异；讨论共同犯罪行为，其实主要是针对共同实行犯罪而言，但共谋共同正犯的关键就在于单纯共谋者并无实行行为。

反对者可能认为，单纯共谋者也具有自己的实行行为。比如，有观点认为，“提议犯罪后又实施共谋行为的，如果其提议犯罪的行为具有教唆的性质，而其共谋行为又应当被评价为实行行为的，则根据吸收犯的理论，应当以实行行为吸收非实行行为。所以，在该种情况下其法律性质不宜再认定教唆行为”②。这里，就蕴含了共谋行为包含实行行为的观念。如反对论者指出，“‘共谋’不是实行行为，上述吸收犯理论就不能适用”③。这种见解与上述观点所认为的共谋具有犯罪行为性质的

① ［美］安德雷·马默主编：《法律与解释》，张卓明、徐宗立等译，5页，北京，法律出版社，2006。

② 林亚刚、何荣功：《论“共谋”的法律性质及刑事责任》，载《浙江社会科学》，2002（3）。

③ 章盼：《共谋共同正犯成立范围初探》，载《人民检察》，2010（3）。

观念有异曲同工之效。

在共谋共同正犯中，外观上很难认为有犯罪实行之共同。[①] 之所以被评价为共同正犯，是从“实质上扩张实行之概念”的结果，即“从规范面及价值面将共谋等置于实行行为或部分分担行为”[②]。换言之，基于共谋行为对于整个共同犯罪的完成与结果的贡献和作用进行实质的评价，将本来不具备犯罪行为性质的共谋从功能上评价为与实行行为具有等值性，在实行担当者成立正犯的情况下，共谋者成为其共同正犯。可见，共谋共同正犯本身是不实施实行行为的。

最后，在研究方法上，研究共谋共同正犯“有必要强调一种类型学的方法”，因为“正犯概念是一个‘理想类型的概念，共同正犯在正犯概念下，和直接正犯、间接正犯等正犯类型具有‘家族类似’的亚类型概念’”[③]。

易言之，研究共谋共同正犯，应立足于正犯类型，从单纯共谋者所具有的正犯特性着力，以解决“未真正实施构成要件行为的共同正犯”这一刑法“整个理论史的核心问题”[④]。

仅仅截取事前共谋中的谋议行为具有为犯罪做准备的预备行为性质，就认为单纯共谋者可以成立实行担当者的共同犯罪，是前文所述我国共谋“共同犯罪”思维模式的产物，此外，其在方法论上将本属于正犯类型中的问题放置于犯罪形态之中讨论，通过犯罪形态之中预备行为与实行行为的关联性来论证单纯共谋者的可罚性的做法，不但未能深入正犯与共犯的界限自身问题，也没能说明单纯共谋者与正犯之间具有何种联系。即使不将共谋细化为阴谋与预备等不同阶段，而是如我国学者上述观点主张的，泛泛而论地认为共谋是犯罪的预备行为，在方法上，此种观点仍存在着逻辑错误，即通过实行行为的可罚性推导出作为预备

① 参见［日］川端博：《刑法总论二十五讲》，余振华译，345 页，北京，中国政法大学出版社，2003。

② 陈志辉：《共谋共同正犯与共同正犯之参与行为》，载《月旦法学杂志》，2004（10）。

③ Schünemann, Die Rechtsfigurdes “Täterhinterden Täter” unddas Prinzipder Tatherrschaftsstufen, ZIS, 2006, S. 306.

④ 许玉秀：《检视刑法共犯章修正草案》，载《月旦法学杂志》，2003（1）。

行为的共谋也具有可罚性。我国学者上述观点的逻辑思路是：共谋具有预备行为的性质，而预备行为与实行行为之间具有关联性。既然实行担当者的实行行为是可罚的，那么，单纯共谋者的参与共谋行为当然也是可罚的。这种推论的逻辑错误在于，以实行行为的可罚性涵盖预备行为的可罚性，认为，实行行为是可罚的，预备行为自然是可罚的。很显然，以实行行为与预备行为的关联性无法解释后者的可罚性，否则，就无法回答为何在很多共同犯罪中只处罚了实行行为而未处罚单纯的预备行为，或者说，就无法回答为何“在司法实践中，处罚犯罪预备是极为例外的现象”了。[1] 从预备行为与实行行为关联的角度讨论共谋而未实行者的可罚性问题，非但在逻辑推论上难以立足，而且还会导致无法回答“预备犯为何没有一律处罚”的问题。只有采取立足于正犯概念的类型化研究方法，讨论单纯共谋者作为共同正犯是否具有可罚性的问题，才能在正犯概念之下，形成正犯与共同正犯、直接正犯与间接正犯、实行正犯与共谋正犯等具有家族类似性的亚类型概念，从而推动正犯理论的发展及正犯与共犯界限的清晰化。

总之，共谋含有犯罪预备的成分，但共谋不是犯罪预备行为。用谋议阶段的预备行为代替共谋关系的认定和成立，是对共谋的简单化，会导致共同正犯认定范围的扩大化，故需要予以摈弃。共谋和犯罪预备行为是完全不同的两个概念，用犯罪预备理论来讨论共谋共同正犯之共谋，是混淆两种不同事物的结果；仅以可能成立预备行为来解释共谋的可罚性，存在着方法上的以偏概全之误；从犯罪预备行为与实行行为的关联性推导出共谋而未实行者的可罚性存在着逻辑推理上的错误，其在解释方法上蕴涵了只有共同的犯罪行为才能成立共同犯罪这一并不妥当的“先前理解”[2]。单纯共谋者没有自己的实行行为，在共同正犯成立意义上而言，必须超脱共同的犯罪行为的层面，从规范价值的意义对其共谋行为进行与实行行为等值性的评价。单纯共谋者作为共同正犯的可

① 参见张明楷：《刑法学》(上)，6版，434页，北京，法律出版社，2021。

② ［德］卡尔·拉伦茨：《法学方法论》，陈爱娥译，99页，台北，五南图书出版公司，1996。

罚性问题，“归根到底还是执着于以实行行为的有无而理解正犯·共犯类型的见解”[①]，而这正是正犯概念自身所关注的问题，因此，研究共谋共同正犯，必须采取以正犯概念为核心并关注其自身内涵与外延的类型研究方法。

二、共谋共同正犯论与罪刑法定原则之间的一致性

虽然现今共谋共同正犯肯定论已成为通说，但这并不代表没有反对的声音，只不过，肯定共谋共同正犯的学说一直在修正中发展，从共同意思主体说至间接正犯类似说，再到行为支配说及优越支配共同正犯说，再至价值的行为论说和意思方向说，以及包括的正犯说和实质的正犯说，等等。而反对共谋共同正犯的理由始终如一：共谋共同正犯理论违反了罪刑法定原则。罪刑法定原则“对可能成为处罚对象的国民，规定了什么是犯罪以及该处以怎样的刑罚”，“所以，如果从罪刑法定原则来考虑的话，应当否定共谋共同正犯”[②]。然而，这只是对罪刑法定原则的机械解释。

罪刑法定原则产生于19世纪后期刑事古典学派即旧派的个人自由主义政治思想基础之上，至20世纪初经刑事实证学派即新派依以社会本位为基础的团体主义修正之后，演变为相对的罪刑法定原则。它将旧派的对个人自由的保障与对社会的保全有机地结合在一起，并在有效地避免堕入旧派的法律形式主义与新派的法律虚无主义的前提下，重新评价罪刑法定主义的内容与价值，体现在刑法解释层面，不再是如同旧派那样不允许对法律的解释或者只能进行最基本的文义解释，而是在法条文字的合理含义之内，允许进一步探究法条的实质含义，以实现罪刑法定原则的实质侧面即刑罚法规的适当性。第二次世界大战后日本“犯罪

① ［日］高桥则夫：《规范论和刑法解释论》，戴波、李世阳译，125页，北京，中国人民大学出版社，2011。

② ［日］冈本洋一：《共谋共同正犯论的现状与问题》，宋文华译，载张海燕主编：《山东法学法律评论》，第7辑，250页，济南，山东大学出版社，2010。

论的主流，毋庸置疑，虽然也存在着各种对立，但基本上，是以构成要件和实行行为概念等为论点的形式上的争议”[①]。其争论的重点在于，能否对刑法中的构成要件和实行行为等进行实质的解释，以实现刑罚法规的妥当性。实质的犯罪论者主张，对刑法中的犯罪构成要件的判断不可避免地含有实质的内容，即某种行为是否构成犯罪应从处罚的必要性和合理性的角度进行判断，因此，对刑罚法规和构成要件的解释应该从这种实质角度进行。[②] 总之，实质的犯罪论者主张的是实质的刑法解释。

放眼当今的刑法理论，实质的刑法解释几乎主导了整个刑法总论中的重要问题。比如，对于犯罪论的核心——实行行为，刑法理论不再严格定义为实行了犯罪构成要件的行为，而是定性为具有法益侵害危险的行为。在此，学者已经“不仅在与构成要件之间的关联上形式地理解实行行为概念，同时在与危险概念之间的关联上实质地理解实行行为概念”[③]。再如，关于对实行行为的着手的判断依据，日本的判例逐渐从形式客观说向实质客观说转变，从行为侵害法益的危险中寻求未遂犯的处罚根据。[④] 在德国理论上多数学者采取实质客观说和折中说。我国学者在广泛接受“对实行行为这一重要概念，不能仅从形式上认定，还必须从实质上考察”这一理念的基础上[⑤]，越来越多地主张采取实质客观说，认为对法益侵害的危险明显达到紧迫程度的即可认定为着手[⑥]；或者至少是采取主张开始构成要件实行行为的形式客观说与以考察对法益的现实紧迫危险性为基础的实质客观说相结合的折中说。[⑦] 在过失犯实

---

① ［日］前田雅英：《现代社会と实质的犯罪论》，183 页，东京，东京大学出版会，1992。

② 参见［日］前田雅英：《刑法的基础——总论》，84－89 页，东京，有斐阁，1993。

③ ［日］西原春夫：《犯罪实行行为论》，戴波、江溯译，302 页，北京，北京大学出版社，2006。

④ 参见黎宏：《日本刑法精义》，2 版，234 页，北京，法律出版社，2008。

⑤ 参见张明楷：《刑法学》（上），6 版，188 页，北京，法律出版社，2021。

⑥ 参见何荣功：《实行行为研究》，250－256 页，武汉，武汉大学出版社，2007；范德繁：《犯罪实行行为论》，140 页，北京，中国检察出版社，2005。

⑦ 参见钱叶六：《犯罪实行行为着手研究》，166 页，北京，中国人民公安大学出版社，2009；张永江：《未遂犯研究》，98－103 页，北京，法律出版社，2008。

行行为的认定上，通说认为，“从合理限定过失犯的处罚范围的角度出发，还是要以实质的危险评价的角度为基础，确定过失犯的实行行为”，换言之，反对遵循严格的罪刑法定原则，将所有违反防止结果发生义务的行为一律视为实行行为。[①]

而在共同犯罪论领域，在前述“共犯论整体处于实质客观说”的支配之下，这体现在：一方面，以往正犯概念的有力学说即形式客观说“实质性地朝着以正犯自己实施为正犯性要件的实行行为概念方向扩展”，这样“基于规范主义立场，即作为法的价值评价，在被认为是自己实施实行行为场合，即使没有实施形式的实行行为，也认可正犯性”；另一方面，“正犯和共犯区别的讨论日益从形式主义移向实质主义”，“主张正犯、共犯应该在整体地、实质地考虑犯罪事实实现的参与形态后确定”[②]。为此，当今刑法中的正犯理论也由早期的形式客观说而演变为当今的实质客观说，以往形式的正犯概念“试图仅在实行行为（构成要件行为）的分担这一形式框架的范围内才肯定这一共同惹起”。但是，“也存在这样的场合：虽伴有实行行为（构成要件行为）的分担，但对于惹起构成要件该当事实发挥了重要的作用，能够看作是实质上共同惹起了构成要件该当事实。将这样的场合也纳入共同正犯的范围之内，就可能会按照事态的实体进行评价，这样，共谋共同正犯亦得以肯定”[③]。

可见，共谋共同正犯作为与正犯发挥同等甚至更高作用之人，从法理上将其当作正犯对待并处以正犯的刑罚，正是为了实现刑罚法规的适当性原则。与其动辄以违反罪刑法定原则为由进行扣帽式的简单指责，莫如仔细思考当今罪刑法定原则的时代特点，以及刑法实质解释思潮下刑法基本理论的发展趋势；与其简单地批判对实行行为的规范化、价值化评价，对着手的实质认定或对共犯论的实质考察等，莫如为这些理论

① 参见黎宏：《日本刑法精义》，2版，99页，北京，法律出版社，2008。

② ［日］桥本正博：《正犯理论的实质基础》，载《现代刑事法》，1999（2），14、15页。

③ ［日］山口厚：《刑法总论》，第3版，付立庆译，373页，北京，中国人民大学出版社，2018.

的实质化认定尽可能设定一些客观的标准，以将实质化的思维尽量限定在法律形式的框架内。本书对共谋共同正犯的探讨，既是对共谋共同正犯在中国刑法视野下问题的展开，也是在这一方面的尝试。

三、共谋共同正犯的处罚原则：部分行为全部责任

共谋共同正犯具有共犯性和正犯性的双重属性，决定了它也承担着双重任务：定罪任务与处罚任务。在定罪之时，通过确定共谋共同正犯的存在，肯定将没有实行犯罪构成要件行为但是对正犯起到帮助作用的人也成立犯罪——共犯，因而可以对之科处刑罚；处罚之时，对共同正犯与正犯一样量刑。然而，在具体量刑过程中，对共谋共同正犯适用何种处刑原理，对共谋共同正犯是否必须与实行正犯处一样的刑罚，是否在发生加重结果时也要求共谋共同正犯承担其责任，等等，都是必须要探讨的问题。

1. “部分行为全部责任”的基本法理

“没有责任就没有刑罚”，这是近代刑法的基本原则；而以责任原则为根本原则的近代刑法，所采取的责任主义是主观责任和个人责任：前者意味着只有在能对行为人进行谴责的场合，才能追究行为人的责任；后者则主张，个人只能对其所实施的犯罪负责任。这一“不能对他人所实施的犯罪承担责任的个人责任原则”，就成为必要的“归责中的责任原则”[①]。严格贯彻近代刑法的个人责任原则，刑法共同犯罪的责任法理只能有两个：全部行为全部责任或者部分行为部分责任。共谋共同正犯中，单纯共谋者没有参与犯罪的实行行为，实行担当者直接实施了实行行为并造成了犯罪的后果，此时应当如何归责？在共谋共同正犯的责任领域，“一直以来，以对实行行为积极结果的责任的形式，来讨论现实地参加了共谋但未现实地实施实行行为者是个人责任、团体责任还是

① ［日］大谷实：《刑法讲义总论》，新版2版，黎宏译，281-282页，北京，中国人民大学出版社，2008。

部分行为全部责任”①。可见，共谋共同正犯承担刑事责任的基本法理是什么，是全部行为全部责任还是部分行为部分责任，抑或是部分行为全部责任，是对共谋共同正犯持肯定论之后所必须解决的一个问题。

首先，共谋共同正犯不能适用全部行为全部责任的法理。所谓全部行为，意味着各参与人均实施了整个共同犯罪的所有行为；所谓全部行为全部责任，意味着各参与人实施了全部的行为，自然也应对全部的后果承担全部的责任。它充分体现了近代刑法的个人责任原则。比如，甲、乙一起共谋盗窃，一起翻墙入室，一起翻箱倒柜，一起窃取财物，最后一起分赃；或者甲、乙一起共谋杀丁，共同持一把手枪向丁的心脏射杀了两颗子弹，共同掩埋丁的尸体，也即各人均参与实施了整个犯罪行为，且所有的行为均由各人共同完成。对这样的共同犯罪的归责最无争议：所有人对全部行为及其结果承担全部责任。但是，既然各参与人均参加了犯罪的实行行为，那么当然就是实行共同正犯了。可见，在各参与人实施了“全部行为”的共同犯罪案件中，并无共谋共同正犯的存在空间。

其次，共谋共同正犯也不能适用部分行为部分责任的法理。共同犯罪中最常见的并非各参与人参与实施“全部行为”，而是各参与人只参与了部分行为。此时，能否令各人仅对自己的部分行为承担部分责任？在前述甲、乙共谋入丁家盗窃案中，如果不是甲的入室行为，则乙的放风就无意义；如果没有乙事先看过丁的相片并在放风时认出丁，则甲的盗窃行为也无法顺利实施完毕。可见，甲、乙的行为构成一个完整的共同体，没有甲、乙彼此主、客观上的齐心合力，犯罪就不可能完成；要求甲、乙共同对盗窃罪的所有数额 3 000 元承担刑事责任，才能体现刑事归责的原则和要求。如果仅仅要求甲对盗窃罪的 3 000 元承担责任，而乙只对放风行为承担责任，其后果就是，甲的行为成立盗窃罪，而对乙的行为无法定罪。可见，如果严格贯彻部分行为部分责任的法理，就

① ［日］野村稔、西原春夫、西田典之等：《讨论的经过》，载《刑法杂志》，1990（3），358 页。

会出现明显的处罚不公：对于本该被定罪的乙却无法追究责任，甲一人却承担了两人的行为及后果。

之所以说部分行为部分责任也无法适用于除了共谋共同正犯之外的其他共同正犯，是因为，在一些实行共同正犯中，常常出现共同实行犯罪但又无法准确查出结果是由谁实施的情况，此时，如果严格恪守部分行为部分责任，就有可能出现无法将结果归责于任何人的情况。比如，在甲、乙共同射杀丙，但又无法查出是谁射出的子弹打死了丙的情况下，令甲、乙共同对丙的死亡承担责任就比较合理。如果查不出射死丙的子弹由谁开枪，就定甲、乙故意杀人罪未遂，那么，就没有任何人对丙死亡的结果承担刑事责任了。但是，甲、乙明明具有杀人的故意，而且发生了丙的死亡，结果却无人对丙的死亡承担责任。这无论如何是不妥当的。这不但放纵了罪犯，并违反了刑事归责的基本原理，“刑事归责的本体内容是确定行为人是否应受谴责”①，将丙的死亡结果归责于共同实施了杀丙行为的甲、乙，才是正确的。

最后，对共谋共同正犯只能适用部分行为全部责任的法理。全部行为全部责任的不合适，部分行为部分责任的无法贯彻，决定了对共谋共同正犯只能适用部分行为全部责任的法理。对此，通说早已承认。部分行为全部责任的法理，是指作为犯罪实行的方法，即使每个人均分担了一定的任务，但全体人员应为共同实行的整个犯罪承担实行者的责任。② 共谋共同正犯中，单纯共谋者虽然没有实施实行行为，不是犯罪的实行者，但是，单纯共谋者或者支配了实行行为或者对于实行行为的完成发挥了重要的分担作用，对于整个犯罪结果的实现或占据主要作用或起着与实行行为等价的作用，从规范化价值论的角度考察，其行为和实行行为的性质一样，都是令犯罪得以完成的重要力量；令单纯共谋者和实行者一样对实行行为承担全部的责任，是处罚共谋共同正犯的通行做法。在前述甲、乙入室盗窃案中，通过对乙分担实行行为作用进行价

① 冯军：《刑事责任论》，修订版，18页，北京，社会科学文献出版社，2017。

② 参见［日］西原春夫：《犯罪实行行为论》，戴波、江溯译，286页，北京，北京大学出版社，2006。

值考量，联系甲参与共谋的事实、对犯罪结果的期待与认可、事后的分赃，令乙与甲共同对入户盗窃的行为及 3 000 元的盗窃金额承担责任，正是考察共同犯罪整体与机能的结果。

共谋共同正犯部分行为全部责任的法理，在理论上被批判为违反了个人责任原则："被告人只在犯罪前参加共谋，不到犯罪现场，也不实施具体的行为，但因为和实施犯罪实行行为者属于同一个团体、集团，并且证明了其有重大的影响力，那么也可能被追究刑事责任。这点违反了应当针对个人行为追究刑事责任的责任原理"，这种做法实际上是"处罚已经被否定了的团体责任或者连带责任，这种考虑方法是很危险的"①。然而，遗憾的是，在民法组合理论、社会系统力学等的冲击下，在现实尖锐问题难以解决的情况下，纯粹的个人责任原则在刑法中早已屡受冲击：法人犯罪正是将组合性质的单位拟制为"人"，使其共同体和个人犯罪一样承担刑事责任；更有甚者，在共同犯罪领域中，无论是否承认共谋共同正犯，部分行为全部责任的法理也早已是解决共同正犯责任问题的通说。"如果贯彻个人责任原则，则需要回答一个反论，即在实行共同正犯中如何说明'部分行为全部责任的法理'。"② 这意味着在共同犯罪的认定中，其实一直存在着将共同犯罪当作共同现象、集体现象来把握的思维逻辑，从而存在着与彻底的个人责任原则不相容的东西；而刑法的变更也许正是在各种力量的推动、影响下慢慢发生的；也因为如此，对共谋共同正犯适用部分行为全部责任的法理，在理论上被认为是"修正的个人责任原理"③，换言之，它既非纯粹的团体责任，也非纯粹的个人责任。

2. 共谋共同正犯是否均负既遂罪的责任

在承认共谋共同正犯的前提下，当然应该承认共谋共同正犯应该与

① ［日］冈本洋一：《共谋共同正犯论的现状与问题》，宋文华译，载张海燕主编：《山东法学法律评论》，第 7 辑，249 - 250 页，济南，山东大学出版社，2010。

② ［日］立石二六：《"共谋共同正犯"论の现在》，载《现代刑事法》，2001（8），54 页。

③ ［日］西原春夫：《犯罪实行行为论》，戴波、江溯译，287 页，北京，北京大学出版社，2006。

实行正犯一起承担犯罪既遂的责任。这是因为，单纯共谋者对于犯罪的实施不但了解，而且对其性质、意义和相关后果都有所认识；即使单纯共谋者未能参与犯罪的实行，但是，基于部分行为全部责任的法理，对于实行者实施构成要件行为所造成的既遂后果，单纯共谋者理当承担既遂的责任。

在前述陈某英等4人抢劫案中，认定陈某英作为抢劫罪的共谋共同正犯并无疑义，具体到责任的追究上，陈应否对被害人赵某的死亡承担责任？也即，在共谋共同正犯的场合，对于部分行为人引起的致人重伤、死亡后果，其余未在现场的行为人应否承担责任？本案被告人辩护律师提出，“陈事先未预谋杀人，抢劫中也未在现场实施杀人行为，故对被害人的死亡后果不应承担责任”①。本案的问题，实际上就是单纯共谋者是否应当承担既遂罪责任的问题。分析本案，陈某虽然并未亲手使用暴力杀死赵某，但是，陈在谋议和计划抢劫赵时就应知道，抢劫犯罪是使用暴力或者以暴力相威胁的一种暴力取财行为，既然是暴力犯罪，就有可能出现被害人伤亡结果。如果陈对此结果的出现既未采取措施阻止，例如叮嘱郭、王二人不要杀害赵某，也未表示自己对于赵某的死伤是否在意，则表明，陈认同赵在被抢劫过程中可能会出现的伤亡后果。因此，陈应该对赵被抢劫乃至死亡等全部既遂结果承担正犯的责任。对于该案我国司法机关也正是这样判决的。再如，甲、乙共谋杀害丙，即使甲的子弹没有射中丙，而是由乙的子弹将丙射死，但甲已经将乙的行为作为自己的行为同等看待，因此，甲成立共谋共同正犯，承担杀人罪既遂责任。

如果行为人超出了共谋的事项，自己实施了其他的犯罪并造成了相应结果，则单纯共谋者不应对此结果承担责任。例如，在前述甲、乙共谋入室行窃案中，如果甲入室后又实施了强奸女屋主的行为，则乙只对盗窃行为承担共谋共同正犯的责任，而不应对甲的强奸行为承担责任，

① 最高人民法院刑事审判第一庭、第二庭编：《刑事审判参考》，第4卷·下，81-82页，北京，法律出版社，2004。

因为，强奸行为不属于盗窃共谋中的内容。可见，单纯共谋者在实行担当者实施了超出共谋行为的犯罪时，不承担该犯罪既遂的责任。

3．共谋共同正犯是否具有独立的被处罚性

共谋共同正犯只是参与了谋议而未参与犯罪的实行行为，这容易使人误以为对共谋共同正犯应该比照正犯从轻或减轻处罚。是否可以这样做，取决于共谋共同正犯在刑罚处罚上是否具有独立的被处罚性，详言之，对单纯共谋者的处罚是否以实行担当者被处罚为前提。

日本从明治末期的刑事判决开始，尤其是在昭和11年（1936年）的刑事联合部的判决中，出现并形成了以单纯共谋者与实行担当者在犯罪成立上的一体性为前提，在责任上以刑罚个别化原理为补充的趋势。这些判例的共同特点是：在成立方面，承认共谋的一体性；在责任方面，承认“所有的共同者均应对既成事实负全部责任”的责任连带性，即“部分行为全部责任”，以及承认根据共同者的参与程度的刑罚个别化。这种成立的一体性、责任的连带性、刑罚的个别化应该说都是将集体原理与个人原理巧妙结合的二元论。也只有这样，才是依据共同犯罪中犯罪的共同引起（成立的一体）和参与犯罪的程度以及性质考虑责任（责任的个别化），符合事物逻辑的东西。[①] 这种正犯处罚上的独立性，其实亦有刑法立法为依据。比如，《德国刑法典》第28条第1款就明确规定，“正犯的刑罚取决于特定的个人特征”。换言之，将单纯共谋者与实行担当者认定为共同正犯后，并非对所有正犯处以相同刑罚，而是承认共谋共同正犯作用大小等个人的特征，“将每个人对犯罪实现的贡献作为各人刑事责任的基础”[②]，以此决定刑罚的轻重，从而允许对共谋共同正犯独立处罚。这才是贯彻现代刑法个人责任原则的正确做法。

自此，共谋共同正犯在处罚上的独立性被确立。应对各个共谋共同正犯即单纯共谋者和实行担当者各自独立科以正犯的刑罚，而不必考虑

① 参见［日］夏目文雄：《共谋共同正犯论》，载《刑法杂志》，1982（2），223页。

② ［日］野村稔：《共谋共同正犯理论の综合的研究》，载《刑法杂志》，1990（3），280页。

对于其他正犯所科处的刑罚如何，成为共谋共同正犯处罚的通行做法。对共谋共同正犯的处罚不是依据从属性归责的原则，即对单纯共谋者的处罚并不是以对实行担当者的处罚为前提，因为无论单纯共谋者抑或实行担当者，都是在共同犯罪决意的范围内实施犯罪行为（或直接参与实行行为或从精神上分担实行行为）的，而在法律上，共同正犯的所有行为是被同等看待并被归责于每一个共同正犯的。这样一来，对单纯共谋者当然应根据其在犯罪决意的范围内所实施的犯罪行为直接予以归责。因此，对单纯共谋者的处罚，不需要比照对实行担当者的处罚从轻或减轻，反之，对实行担当者的刑罚也无须比照对单纯共谋者的处罚从重或加重。对单纯共谋者或实行担当者的处刑轻或重，完全取决于各人参与谋议的程度、各人在犯罪中的地位/利益关系、谋议行为对实行行为作用的大小、实行行为在案件中的作用大小、谋议行为与实行行为各自对于案件完成的作用大小等因素综合确定。简言之，对共谋共同正犯的处罚也要贯彻个人责任原则，刑罚的加重或减轻事由等，只有对于具备这些事由的各行为人，才能加以考虑适用。因而根据各人的情况，各共同正犯所被判处的刑罚可能并不相同。如此一来，对单纯共谋者的处刑有可能比对实行担当者的处刑重，也有可能比后者轻。如在前述陈某英等4人抢劫案中，法院在量刑时考虑到被害人赵某系被郭、王二人杀死，陈未亲手实施杀人行为，在量刑上充分体现了个人责任原则：对郭、王二人判死刑，而对陈判处11年有期徒刑。① 在前述“王某参与预谋未到抢劫现场，事后分赃案”中，王虽然因路遇友人而未能与同伙一起实施抢劫行为，但他参与事前的抢劫共谋，并与李甲、李乙一同骑车去抢劫现场，而后在楼下等候，待其同伙抢劫得手后便主动一同去分赃，应视为实施了一定的抢劫行为。因此，被告人王某应该成立共谋共同正犯；但考虑到他在全案中所发挥的作用，对其量刑应当较李甲、李乙的量刑为轻。

① 参见最高人民法院刑事审判第一庭、第二庭编：《刑事审判参考》，第4卷·下，83页，北京，法律出版社，2004。

总之，共谋共同正犯具有独立的处罚性，各自的责任应根据其对于共同犯罪意思的形成以及实行行为活动所发挥的作用来确定。

四、结　语

我国如要引进日本刑法中的共谋共同正犯理论，必须明确共谋共同正犯概念的自身意义并非仅仅在于解决共谋而未实行者的处刑问题，在我国刑法背景之下，更重要的是解决如何确定共犯人法律性质的问题。我国以主犯概念为核心的共犯体系不是引进共谋共同正犯理论的障碍，在解释论的层面，即便维持这一体系，亦可结合我国已有的实行犯概念讨论实行共同正犯与共谋而未实行却成立共同正犯的情形。从立法层面而言，我国学者适时展开对共谋共同正犯问题的探讨，有助于反思我国以主犯为核心的共犯体系人权保障机能的不足，并为进一步探索是否需要转换为正犯核心共犯体系提供支持。在共谋共同正犯的问题讨论上，应从传统是否成立共同犯罪的粗放层面转向精细化的是否成立共同正犯的层面。共谋共同正犯的认定，首先要严格认定主观共谋事实的存在，仅仅具有共同的故意不能成立共谋，还必须有各参与人将他人的行为作为自己的手段实施犯罪的正犯者的意思，以及借此谋议形成共同犯罪的客观事实，才能成立共谋；其次在客观违法要件上必须有其他共谋者实施了实行行为，尤其是，在客观基准上，单纯共谋者只有对实行担当者的实行行为形成了支配地位或者与之作用对等的关系，才能成立共谋共同正犯。在共谋共同正犯的研究方法上，应采取以正犯概念为核心的类型化方法，而不能从诸如犯罪的停止形态等其他方面展开研讨。

共谋共同正犯肯定论与否定论的对立，反映了官僚主义法学与民主主义法学的对立、集体共犯论与个人共犯论的对立、实质犯罪论与形式犯罪论的对立、实行行为理解上形式客观说与实质客观说的对立。在日本，现今共谋共同正犯肯定论虽已成通说，但这并不代表对相关问题不可予以探讨，比如，如何从罪刑法定主义角度解释共谋共同正犯的可罚性，如何回答共谋共同正犯与近代刑法的个人责任原则不相违背，如何应对在形式与实质犯罪论对峙之下共谋共同正犯对犯罪实行行为的冲击，等等。我国刑法理论与司法实践在援用共谋共同正犯理论之际，不能囫囵吞枣、似是而非，必须知其然并知其所以然，厘清该理论产生的背景与缘由，明确核心概念诸如共谋的内涵与外延，了解共谋共同正犯的成立条件与处罚原则，掌握共谋共同正犯论的发展现状与方向等。唯有如此，当面对共谋共同正犯概念时，才不会因盲目援用而产生诸多谬误，在我国以主犯为核心的共犯体系与德、日以正犯为核心的共犯体系之间存在隔阂的情况下造成更大的理解障碍。这种态度，也是我国在借鉴西方其他刑法理论时应具备的。

第十二章　客观实质共犯论视野下共犯脱离的判断基准

既然实质二阶层犯罪论体系主张客观实质的正犯论，在共犯脱离问题上，一以贯之，必然主张以实质上是否脱离了共同犯罪关系为思路，来确立共犯脱离的判断基准问题。刑法当下理论与实务，往往根据教唆犯、帮助犯与共同正犯是否脱离了与正犯即实行犯之间的事实的因果关系来认定脱离成立与否，这导致对共犯脱离的判断流于形式，并导致不当地扩大或缩小了共犯脱离的成立范围。为此，基于实质二阶层所主张的基于处罚必要性与合理性的立场，宜贯彻实质的考察方法，具体到脱离理论的学说中，是将事实的因果关系遮断说转变为加入了法的价值衡量的规范的因果关系遮断说，以之作为共犯脱离的判断基准。

出于“架设后退的黄金桥”之刑事政策上的立场考虑，各国都规定了犯罪中止形态及其成立条件。于犯罪中止，任意性和有效性是其必备条件，即在共同犯罪中，成立共犯的中止，必须是出于自己的意志自动停止了犯罪，以及必须有效地阻止了其他共犯人进一步实施犯罪行为，从而有效地防止了结果的发生。然而，行为人不是基于任意性而与其他共犯者解除共犯关系的，或者行为人与其他共犯者解除了共犯关系，但最终未能有效防止结果发生的，均无法适用犯罪中止理论。对此情况，如果一律严格实行共犯“部分实行全部责任”的责任原理，对行为人按照既遂处理，无异于过于严苛；如果按照中止犯处理，却又不符合中止犯的成立条件。为此，共犯关系脱离的概念顺势而生。共犯脱离理论对于化解共犯人的彼此参与，弱化共犯人的犯罪意志，降低被害人的风险，都具有积极的效果。然而，共犯脱离系来源于日本而非我国刑法本土概念，不论在我国或日本，共犯脱离问题纯属是在理论层面上探讨的内容而非立法上的规定，这些导致共犯脱离的认定与成立条件等核心问题均存在诸多需要细化与探讨之处。考虑到在日本“大部分的共犯案件都是共同正犯案件，因此共犯的脱离、消解相关的裁判例大部分的问题在于共同正犯是否成立的问题”①，基于前述对正犯概念的一贯推崇，同时也为了使讨论的焦点更为集中，本章以共同正犯的脱离为主线，展开对共犯脱离问题的探讨，因而具有针对性的意义。

一、案例引发的思考：如何认定共（同正）犯关系的脱离

共犯关系的脱离，是指在共同犯罪的任何阶段，部分行为人放弃了犯意，脱离了共同犯罪，而其他共犯人仍继续实施并完成了犯罪的情形。

案例1：李、张计划抢劫，二人制订了抢劫计划并准备了管制刀具、尼龙绳子等作案工具。二人原定于10月20日晚在张家集合后共同去实施抢劫。事发当晚，李越想越怕，决定不去了，便以身体不适为由电话回绝张，张未置可否。随后，张按两人事先制订的计划，独自一人去实施抢劫，在抢劫过程中由于遭到被害人反抗，张将被害人打成重伤，并当场劫取现金2 300元、手机一部。有观点认为，李与张共谋实施抢劫行为，尽管李因害怕而未参与实行行为，但张最终实施了抢劫行为，李的行为应当构成抢劫罪（既遂）。②

案例2：吴某为杀蔡某准备了菜刀并邀请王某帮忙。一天夜里，吴、王在蔡必经的小巷将其拦住。吴捅了蔡一刀，扎中蔡的腹部。蔡负伤逃跑，吴、王紧追。此时两人警察发现，吴、王二人仓皇逃离。王逃回家中后就睡觉了。吴在现场某处躲藏，待警察走后，吴四处寻找蔡并

① ［日］荻原滋：《共犯の离脱·解消》，载《冈山大学法学会杂志》，2008（2）。

② 参见邱晓虎、罗真：《参与共谋但未直接实行犯罪的行为定性》，载《人民法院报》，2011-03-24，7版。

在蔡家附近发现了蔡某，吴持刀连捅蔡某数刀，蔡倒地身亡。本案中对王某的行为如何定性？

以上案例的共同特点是：行为人在共同犯罪完成以前，从业已形成的共犯关系中抽身而离去，但其他共犯人在行为人离去之后仍继续将犯罪实施完成并至既遂；行为人与其他共犯人之间均属共同正犯关系；对于行为人的行为如何定性存在争议。以上案例反映的共同问题是：一方面，根据我国刑法的规定，对于两个案例中的被告人的行为都无法认定成立犯罪中止。我国《刑法》第 24 条就明确规定，“在犯罪过程中，自动放弃犯罪或者自动有效地防止犯罪结果发生的，是犯罪中止”。如果说对案例 1 中的李和案例 2 中的王在停止犯罪的自动性上可能存有疑问，则在成立中止的有效性这一客观条件上毫无争议地应予否定，此二人的行为无法被认定为犯罪中止；另一方面，对于此类案件，司法实务部门以及我国学者多主张认定成立犯罪既遂，但很显然，以犯罪既遂认定李、王的行为的性质及责任过于苛刻，只体现出了“共犯现象是共犯者全员作为一个整体，宛如一个人活动”[①] 的全体考察观，却未能有效贯彻以因果共犯论为基础的“共犯自我责任原则”[②]，无法反映李、王的行为与张、吴的行为的性质之区别，无法体现罪刑法定主义的刑罚法规的妥当性之要求。为此，如何有效解决此类行为人停止参与共同犯罪但犯罪结果又已发生案件中行为人的归责问题，因立法上的漏洞而成为理论上的难题。共犯关系的脱离概念，正是为了解决此类问题而生：它不同于共犯中止，因而也无须依照中止犯的严格条件；它以数人共同犯罪中个人的罪责为基础，有效矫正了共同犯罪一律实行连带责任和团体责任所存在的缺陷，在一定程度上贯彻了近代刑法的个人责任原则。然而，正是共犯关系的脱离不同于共犯中止，因而难以适用中止犯的成立条件，那么，共犯脱离自身的成立条件又是怎样的？上述案例中的被告人是否均可成立共犯的脱离并因此减免罪责？

---

① ［日］植松正：《共犯の中止・预备の中止》，载《时の法令》，1953（97）。

② ［日］西田典之：《共犯理论の展开》，242 页，东京，成文堂，2010。

为此，结合各种不同共犯脱离案件总结出规律性的共犯脱离的成立条件，成为适用共犯脱离理论所面临的首要问题。

二、规范的因果关系遮断说：共犯脱离的判断基准

（一）确立共犯脱离的立场：排除共犯中止的狭义脱离概念

讨论共（同正）犯关系的脱离，必须首先明确共犯脱离中脱离概念的涵盖范围。目前学界并未对此问题进行直面分析，但笔者认为，对脱离概念应在广义与狭义两种不同层面来讨论。脱离亦即消解之意，共犯的中止亦属共犯关系的消解方式之一，广义的共犯脱离概念无疑是包含共犯的脱离和共犯的中止两种类型的。分析中外刑法理论所使用的脱离概念，似乎偏向于或者说就是在广义上使用的。学理上对脱离的探讨总是惯于在“共犯关系的脱离”问题之下讨论成立中止犯的种种情况，比如，有观点指出，脱离如果是在正犯或其他共犯者实行着手之前，则脱离者不产生刑事责任；脱离如果是在这些人着手之后，但只要是在既遂之前，脱离者仅在未遂的限度内产生共犯的责任，当“脱离是‘出于自己的意思’的场合，成立中止犯”[①]；或指出，着手前“如自动脱离，则是预备阶段的中止犯”；“如果脱离者在正犯着手之后、结果发生之前脱离，则仅在未遂的限度内承担共犯的责任”，但“如果是自动脱离，则成立中止犯”[②]；或者在“共犯的脱离”标题之下讨论“着手之后的中止”[③] 问题，诸如此类，不一而足。这种将脱离与中止的交错探讨，其实是试图建立一种广义的共犯脱离理论概念，但是这种广义的脱离概念极易导致理论上的混乱，而且不利于建立富有准确内涵的脱离概念。为此，必须建立排除共犯中止情况的狭义的共犯脱离概念，以避免脱离

① ［日］山口厚：《刑法总论》，第3版，付立庆译，373页，北京，中国人民大学出版社，2018。

② 张明楷：《刑法学》(上)，6版，606页，北京，法律出版社，2021。

③ ［日］西田典之：《日本刑法总论》，第2版，王昭武、刘明祥译，332－334页，北京，中国人民大学出版社，2013。

理论的混沌化。

从共犯脱离概念的机能分析，时至今日，虽然脱离理论的独立性已被确立，但终究难以抹杀其弥补中止理论之不足的机能，这决定了共犯脱离概念应排除并区分于共犯中止，而不是在探讨脱离问题时总是将其与中止理论纠缠不清，使之混沌化。率先确立共犯脱离概念的日本学者大塚仁，其对共犯脱离概念是“从共同正犯关系脱离这一独特的见解”[①] 出发的。他认为，共同正犯中的一部分人员虽然任意并且真挚地实施了中止行为，但是其他共同者完成了犯罪（中止行为有效阻止了共犯者的实行，阻止了结果的发生时，中止犯成立），如果将中止行为者和其他共同者一样作为正犯处罚则显得过于苛刻，应当作从共同正犯关系脱离的处理，对于到中止行为之前的共同实行，中止行为者和其他的共同者一起承担共同责任。[②] 日本刑法第 43 条规定：“已经着手实行犯罪而未遂的，可以减轻其刑，但基于自己的意志而中止犯罪的，应当减轻或者免除刑罚。”这意味着，在着手之前，行为人如果与其他共犯者之间解除共犯关系，则无法适用犯罪中止理论；着手之后、结果发生之前，行为人如果不是基于任意性与其他共犯者解除共犯关系的，也无法适用犯罪中止理论；着手之后，行为人如与其他共犯者解除了共犯关系，但是最终未能有效防止结果发生的，也不能适用犯罪中止理论。由此可见，大塚仁博士的上述见解，首次为此类共同正犯人打开了轻罚甚至出罪渠道，通过将他们的行为认定为共同正犯关系的脱离，继而比照未遂罪减轻处罚。可见，大塚仁的学说在理论上的出发点在于“力图弥补中止未遂所不能救济之处，属于中止未遂的救济对策”[③]。然而，对于脱离理论具有弥补中止之不足的机能，有观点认为，“脱离理论发展到今天，已不再具有中止犯理论的‘救济对策’这一法律性格，其与中

① ［日］岛田聪一郎：《监禁、拐取者身の代金要求等被告事件について共犯关系からの离脱が认められた事例》，载《判例时报》，2003－08－1，总第 1821 期。

② 参见［日］大塚仁：《刑法论集》（2），35 页以下，东京，有斐阁，1976。

③ ［日］香川达夫：《刑法讲义（总论）》，421 页，东京，成文堂，1995。转引自王昭武：《论共犯关系的脱离》，载刘明祥主编：《武大刑事法论坛》，第 1 卷，123 页，北京，中国人民公安大学出版社，2005。

止犯理论处于不同理论层面，二者并无直接必然的联系”[①]。这一说法难以成立。在日本，如果中止理论可以解决全部的共犯关系解除之问题，就没有必要叠床架屋地提出所谓的共犯脱离理论；在我国，虽然中止理论不要求是着手以后才能成立中止，亦即对中止成立的时间段并没有限制，但同样存在无论着手前或者着手后，在不具有任意性或有效性但却解除了共犯关系的案例中难以对行为人进行归责的问题，否则，就没有必要讨论引进共犯脱离的理论。因此，那种认为“共犯脱离在我国刑法中仅具有弥补着手后共犯中止之机能”[②] 的观点也是错误的。可见，共犯脱离理论天然具有弥补中止理论之不足的机能，否定此点，是对共犯脱离理论自身意义的抹杀。总之，“救济说”正表明了脱离理论不同于中止理论；而且，在中止理论力有不逮之时，脱离理论的确为共犯人开辟了一条救济渠道。共犯脱离理论所具有的不可抹杀的中止犯的救济对策之法律性格，决定了应反对将共犯中止涵括于共犯脱离的广义脱离理论，而确立排除共犯中止的狭义脱离概念。

（二）因果共犯论：因果关系遮断说之理论基础

因果关系遮断说的理论基础是什么，事关对共犯处罚根据学说的理解和选择。

关于共犯的处罚根据，学说上向来有责任共犯论和因果共犯论两种不同主张。责任共犯论以团体责任为基础，基于人的违法观和行为无价值论之立场，从“诱导善良的他人犯罪使其堕落中寻求共犯的处罚根据”[③]，亦即刑法处罚共犯，皆因其使正犯“陷于责任或刑罚”[④]，换言之，各共犯参与人之所以形成共同关系，是因为“共犯者将自己的意思与有责的正犯者的意思相结合”[⑤]，前者诱惑了后者，后者接受了前者

---

① ［日］香川达夫：《刑法讲义（总论）》，421页，东京，成文堂，1995。转引自王昭武：《论共犯关系的脱离》，载刘明祥主编：《武大刑事法论坛》，第1卷，124页，北京，中国人民公安大学出版社，2005。

② 赵慧：《论共犯关系的脱离》，载《法学评论》，2003（5）。

③ ［日］西田典之：《共犯理论の展开》，243页，东京，成文堂，2010。

④ ［日］川端博：《刑法总论二十五讲》，余振华译，364页，台北，元照出版有限公司，2008。

⑤ H. Mayer, Täterschaft, Teilnahme, Urheberschaft, Festchr, f. Rittler, 1957, S. 255.

的诱惑。共同意思主体说是责任共犯论中的有力学说，其正是在此思想基础上发展起来的。责任共犯论以团体责任为基础，过于强调人的主观善恶之人性，将对共犯的处罚依附于正犯的行为之无价值，忽视对法益侵害客观效果的考察，易致出入人罪。因果共犯论以个人责任为基础，基于物的违法观和结果无价值论之立场，从正犯惹起对法益的侵害或者威胁中寻求处罚的根据；认为刑法之所以处罚共犯，皆因正犯的行为引起了法益侵害的后果。[①] 因果共犯论是目前刑法的通说。“刑法的根本任务在于保护法益，共犯的处罚如果是其中一环的话，其处罚根据也应该从正犯惹起的法益侵害中寻求。因此，因果共犯论将正犯产生结果乃至犯罪的完成之间的因果性作为共犯处罚的出发点是恰当的。”[②]

案例 3：甲、乙商议杀仇人丁，丙在旁随声附和表示赞同。数日后，甲、乙路遇丁，二人持刀杀死了丁，事后告知了丙。按照共同意思主体说，因为甲、乙、丙三人是在共同杀人的犯罪目的之下结成了共同的意思主体，当这一共同“主体中的一人或者数人在共同目的下实施犯罪时，则肯定其为共同意思主体之活动”[③]，其中所有成员都成立犯罪，因此，丙与甲、乙成立故意杀人罪的共同犯罪。但是，按照因果共犯论，对丙不能仅根据其对甲、乙的杀人行为赞同的意思表示而肯定其行为的可罚性，而必须致力于从丙与甲、乙杀丁的法益侵害行为及其后果之间的因果性中寻求处罚根据：由于丙仅随声附和甲、乙的杀人行为，在主观意思层面似乎形成共同看法，但是，丙的意思表示既不可能从实质上左右甲、乙的杀人意思，也未能从客观实质上推进甲、乙的杀人行为，换言之，其与甲、乙这两个正犯的行为和结果之间没有任何因果性，有无丙的附和、赞同，甲、乙都会杀丁。既然如此，丙不应成立甲、乙故意杀人罪的共同犯罪或者说共犯，仅根据其赞同的意思不能肯定其行为具备刑法中的可罚性。很显然，责任共犯论过于看重共犯各参

① 参见［日］大谷实：《刑法讲义总论》，新版 2 版，黎宏译，364 页，北京，中国人民大学出版社，2008。

② ［日］西田典之：《共犯理论の展开》，243 页，东京，成文堂，2010。

③ 陈子平：《共同正犯与共犯论》，214 页，台北，五南图书出版公司，2000。

与人之间的主观意思联络，忽视了各参与人对共同犯罪作用的考察，从而不当地扩大了共犯的处罚范围；因果共犯论立足于近代刑法的个人责任原则，以共犯与正犯的法益侵害行为及其结果之间的因果性这一客观要素为基点，更有利于限制共犯的成立范围，有利于发挥刑法的人权保障机能。因果共犯论由此成为共犯处罚根据的理论通说。

随着因果共犯论的通说化，考察脱离者与其他共犯人的行为以及结果之间物理的、心理的因果性成为判断脱离成立与否的标准，由此产生了因果关系遮断说。该说认为，只有在将脱离者当初的加功行为与结果之间的物理以及心理的因果性遮断的场合，才能承认共犯的脱离①，脱离者对其后的行为及其结果不承担责任。日本实务界对于共犯脱离关系主要就是采用因果关系遮断说来进行说明并判决的。

案例 4：甲和乙等一起对 X 施加暴行（第一暴行）后，甲因为制止乙等对 X 再度施加暴行，反而被乙打昏。随后乙等对 X 施加暴行（第二暴行）。对于 X 所受到的伤害，很难区分是来自第一暴行还是第二暴行。此案的判决认为："乙对被告人甲施加暴行致其昏迷将其抛弃的行为，意味着单方解消了以乙为中心包含被告人形成的共犯关系。其后第二暴行排除了被告人的意愿与参与，判定为乙、丙等的行为是稳妥的。"② 显然，在因果关系遮断说看来，"在被告人因脱离遮断了对剩余共犯的犯罪行为的因果关系的情况下，因为缺少共犯处罚依据，被告人无须对剩余共犯的犯罪行为负责"③。从这种立场看来，共犯关系是否被解除以及能否被解除，并不在于被告人的脱离是在犯罪实施着手之前还是之后，而在于是否遮断了因果关系。假设案例 4 中在被告人甲和乙共同对 X 施暴前，甲决定不干了，但其后乙对 X 的施暴仍然是按照此

---

① 参见［日］西田典之、山口厚、佐伯仁志编集：《注释刑法》，第 1 卷，861 页，东京，有斐阁，2010。

② ［日］名古屋高判平成 14. 8. 29 判时 1831 号 158 页。转引自［日］高桥则夫：《刑法总论》，471 页，东京，成文堂，2010。

③ ［日］丰田兼彦：《共犯者が住居に侵入した后强盗に着手する前に现场から离脱した场合にかいて共谋关系の解消が否定された事例》，载《刑事法ジャーナル》，2010 - 02 - 01，总第 27 期。

前甲所出的主意、时间、地点等进行的，换言之，甲从实质影响上其实未能遮断其与暴行之间的因果关系，则甲难以成立共犯关系的脱离，仍需对乙的暴行及后果承担责任。可见，成立遮断，既取决于物理性的因果关系之解除，也取决于对心理性影响的消除，否则，脱离无法成立。

（三）规范的因果关系遮断说之确立：基于因果关系遮断说的缺陷

因果关系遮断说的通说化以及判例对该学说的采用，使得基于因果关系遮断说的立场思考共犯脱离问题成为一种定式。但是，有学者不这么认为："因果关系遮断说由于变成有力学说，却忘了其中存在未解决的问题。那就是行为者产生的影响在事实上虽然仍然存在，但是承认脱离是比较合适的案件处理方式。"① 之所以产生这一问题，是因为，根据因果关系遮断说，"祛除共犯行为所致的物理的因果性以及心理的因果性这两者"成为判断共犯脱离的核心。② 然而，这里的祛除是百分之百的祛除，还是有可能在事实上仍有因果影响的存在？从实际情况分析，有的案件相对而言可能比较彻底地祛除了因果关系的存在。

案例5：张三与李四共同商议入室盗窃，到了犯罪现场，张三决定放弃，并奉劝李四也别干了，李四执意不肯。争执之际，张三的女友开车经过此地并看见张三，女友并不清楚张三在干什么，只是因看见男友便习惯性地招呼男友张三上车，张三跳上车离去。李四待张三走后，路见女子王五，便假装路过王五身边，并迅即伸手拽下了王五脖子上的金项链。此案中，李四后来的抢夺行为与此前和张三共谋的盗窃行为相比显属新的犯意，而张三非但决定自己不盗窃且劝阻了李四，后在路遇女友这一较为突发的情况便不得已离开了现场而留李四一人。由此基本可以否定当初的盗窃共谋和之后李四抢夺行为之间的心理和物理的影响，换言之，张三较为彻底地实现了因果关系的祛除，因而成立共犯关系的脱离。

---

① ［日］岛田聪一郎：《共犯からの离脱・再考》，载《研修》，2010（3）。

② 参见［日］山口厚：《刑法总论》，第3版，付立庆译，373页，北京，中国人民大学出版社，2018.

有的案件或者说可能更多的案件无法彻底实现对因果关系的祛除。从纯粹的因果性进行判断，认为脱离的共犯人必须彻底消除对于其他共犯人的行为及结果的原因力，在很多具体案件中非但难以实现，在具体判断上更是存在困难。原因在于，因果的影响一旦产生，很难甚至不可能被完全祛除。[①] 如果严格要求彻底祛除因果关系，则共犯关系的解除基本上不可能实现。日本也曾经出现虽然没有完全祛除因果关系但也承认脱离的判例。

案例6：一起生活的甲、乙、丙、丁、戊5人盗窃了6罐甲苯，5人共谋共同用去1罐，售出剩余5罐，并进行平均分赃。但是之后5人在4个地方分开生活，每个人随意使用甲苯。共谋两个月后的某天，乙将剩余的1罐甲苯售出并独吞了赃款。对于此案，“裁判例认定为乙的单独犯行。虽然不能否认入手甲苯行为和售出甲苯行为之间的物理因果关系，但是未有学说对此结论表示异议”[②]。本案中，对于乙后来一人独自售出了1罐甲苯并独吞赃款的行为，很难否定之前乙与甲、丙、丁、戊的共谋事实对之的影响力，换言之，甲、丙、丁、戊与乙共谋及共同盗窃甲苯行为产生的影响虽然在事实上仍然存在，但是，考虑到甲、丙、丁、戊对于乙擅自销售、独吞赃款行为的不知情，承认甲、丙、丁、戊不对乙售出的1罐甲苯承担刑事责任，显然比较合适。

“甲苯案”反映的问题是，当共犯中的一人或数人与其他共犯人的行为及后果之间存在事实的因果关系时，不足以肯定共犯脱离关系的存在；应该对是否祛除因果性进行规范的判断，才能得出因果关系是否被遮断的结论，进一步，才能确立共犯关系的脱离是否成立。此即规范的因果关系遮断说。根据因果共犯论，既然加功和正犯的行为结果之间的因果关系在共犯成立时是必要的，那么随之而来的因果关系的祛除问题必然要面临究竟是事实认定或规范评价的问题。考虑到理论上与实务中共犯人的“加功的效果到底有多大，或者自己亲自撤销的加功参与有多

① 参见［日］松宫孝明：《刑法总论讲义》，5版补订版，318页，东京，成文堂，2018。
② ［日］岛田聪一郎：《共犯からの离脱·再考》，载《研修》，2010（3）。

少，很难用数学的、科学的精密测定出来”，可以得出结论，“判断因果关系是否遮断存在规范的性质”①。然而，将经过规范判断的因果关系遮断的“见解称为‘因果关系遮断说’并不妥当”②。采用何种见解更为妥当，学者并无特别说明。对此，笔者以为，以规范的因果关系遮断说取代因果关系遮断说，既能体现前者的理论根源，又能借助后者的学说根基来将前者的规范判断尝试具体化。总之，所谓规范的因果关系遮断说，是指规范地考察脱离者当初的加功行为与其他共犯人的行为及结果之间的物理及心理的因果关系是否遮断的学说；如果认定脱离成立，则脱离者对其他共犯人其后的行为与结果不负责任。

近些年，在日本的学术界，在没有完全地消除因果关系、脱离产生的因果关系很弱、不该将剩余共犯的罪行归责到脱离者的情况下，承认解除共犯关系成立的观点及说明在逐步增加。③ 对于此种现象，有学者指出，“这是在直率地承认共犯关系的解除问题最终是规范的评价问题，这个方向是对的”④。

三、脱离基准的具体化：规范的因果关系遮断说之贯彻

确立了规范的因果关系遮断说为判断共犯脱离成立与否的基准之后，如何贯彻、适用这一学说，如何规范地判断因果关系是否遮断，是更为重要的难题。如前所述，为使讨论的焦点更为集中，也为了使讨论更为深入，以下的讨论主要是以共同正犯为主线。

---

① ［日］荻原滋：《共犯の离脱・解消》，载《冈山大学法学会杂志》，2008（2）。

② ［日］葛原力三：《平成21年度重判解》，2010年，31页。转引自［日］丰田兼彦：《共犯者が住居に侵入した后强盗に着手する前に现场から离脱した场合にかいて共谋关系の解消が否定された事例》，载《刑事法ジヤーナル》，2010-02-01，总第27期。

③ 参见［日］井田良：《讲义刑法学・总论》，第2版，562页，东京，有斐阁，2018；［日］山中敬一：《刑法总论》，第2版，960页，东京，有斐阁，2008。

④ ［日］丰田兼彦：《共犯者が住居に侵入した后强盗に着手する前に现场から离脱した场合にかいて共谋关系の解消が否定された事例》，载《刑事法ジヤーナル》，2010-02-01，总第27期。

（一）主观基准条件：表达了脱离的意思并为其他共犯者所了解

成立共犯关系的脱离，首要条件应该是行为人主观上表达了脱离共同犯罪的意思并为其他共犯者所知悉。主观上的脱离意思，是脱离者内心不再参与犯罪的恶性减弱之体现，也是对其从轻、减轻甚至不罚的根据。作为实现刑罚个别化、鼓励犯罪人从共同犯罪中后退的制度设计，如果脱离者连脱离的意思都未表达，则意味着其对其他共犯人的行为及结果的因果影响力并未消失。

1. 脱离者必须以某种方式表达了脱离的意思

脱离意思的表达根据其方式不同可以分为积极表达与消极表达两种。（1）脱离意思的积极表达，即脱离者本人明示或者暗示地表达了脱离的意思。明确地说“我回去了”“不干了”等即为明示地表达脱离的意思；脱离者以某种动作或者神态等表达脱离的意思，例如，摇头或作出逃跑的动作等，则为暗示地表达脱离的意思。比如在日本著名的“我回去了”[①]案例中，行为人就是采用明示的方式表达了脱离的意思；又如，案例7：甲、乙蒙面入室盗窃丙，进入丙家后，丙正在午睡。乙见丙家设有佛堂，便拍了拍甲的肩膀，并用手指了指佛像，摇了摇头。甲知道乙信佛，估计是不愿意当着佛祖的面行窃。但甲不愿变更，随即对乙也摇了摇头。后甲入室行窃，乙不停地在佛像前跪拜磕头。本案中乙就是以手指佛像来表明不愿参与行窃之意，此即为暗示地表达脱离的意思。

（2）脱离意思的消极表达，即由于情势变更而认定脱离共犯之意思。脱离者本人并未明示或暗示其要脱离，但“所谓地用行动表明了脱

① 本案件发生于某日凌晨2点左右。共犯者中2名从受害者家的窗户侵入地下1楼的材料堆积场。因为此处与住宅等相连的门被上锁，等到户主一出门，这2名共犯打开与受害者住宅相通的窗户上的锁，从窗户侵入，并从内侧打开门锁，确保了其他共犯者的侵入口。负责看守的共犯者，在屋内2名共犯者着手盗窃之前，发觉犯罪现场附近有人来，因害怕罪行暴露，于是给屋内共犯者打电话：“有人，快点出来。”屋内人回答“再等会”。在进行“太危险了，不等了，我先回去了”的单方说明后，此共犯者将电话挂断，进入停靠在附近的汽车内。车内被告人和另外1名共犯者正在等待实施盗窃行为，但是三人商量后决定一起逃离，并随后乘坐被告人驾驶的汽车逃离了犯罪现场。屋内2名共犯一出受害人房屋便发现了被告人等3名共犯者已逃离的事实。但在本案件发生的当日凌晨2点55分左右，这两名共犯者同逗留在现场附近的另外3名共犯者继续实施了盗窃行为，并且对被害人施加暴力，导致2名被害人受伤。

离意思”，此时，“其他共犯者只要意识到相关脱离，就可承认其脱离”[①]。换言之，行为人没有使用语言或动作等明示或暗示地表达脱离之意，而是直接“不参与”或者“退出”了犯罪行为，而这些行动于实质上传递了脱离的意思。此时能否认定成立脱离，取决于其他共犯人是否对此了解，以及其后的犯罪行为是在新的共谋基础上进行的还是利用了此前的共谋的物理或心理影响。如果说脱离者明示或暗示表达了脱离意思，是属于脱离意思的事实表达，那么，由于情势变更而认定的脱离意思，是从法价值角度对脱离意思表达的规范考察。

案例8：A、B共谋盗窃并前往现场，A碰巧肚子疼，B于是单独实行了盗窃。

案例9：甲、乙约定：甲放哨乙进入室内行窃，到时间后甲未出现，乙久等后独自实施了盗窃。

案例10：甲、乙、丙商议某日晚抢劫，集合后不久甲突然一声不吭地走了。乙、丙二人不明所以，但没有时间理会，后在广场附近的小巷中抢劫了被害人戊。

这三个案例的共同点是，行为人可能在内心有脱离的意思，但是都没有用言语明确表达，行为人似乎都用行动表达了脱离意思，因为，情势的变更，使其他共犯人都明白了行为人可能想要停止犯罪。但是，能否成立共犯脱离，这三个案件的情况有所不同。案例8是发生于日本的真实案例，对该案日本判决认为：即使A内心有中止的意思，也不能承认脱离；它“只能认为是实行共同正犯转化为共谋共同正犯，因为B依然是和A存在共同认识，当然否定A的脱离”[②]。换言之，A虽然肚子疼，但其仍在现场且为B的行动提供着心理支持。虽然A无法行动，但认定其与B成立共谋共同正犯而不是共犯的脱离是妥当的。案例9中，甲一直没有按照约定的时间出现，其用“不来”的行动表明了其要脱离的意思，乙久等后决定独自盗窃。这说明甲在用实际行动表达了脱

① ［日］西田典之：《共犯理论の展开》，254页，东京，成文堂，2010。

② 同上书，8页。

离意思后，乙对此也有所认知，但在此情况下乙仍决定独立完成犯罪，其后的行为可以认为是在以往的共犯关系解消之后，自己重新下定的犯罪决心所致，因此，应将甲的行为认定为成立共犯脱离。[①] 至于案例10，虽然甲在犯罪着手之前突然离去，而且没有参与其后乙、丙的抢劫行为，似乎属于共犯脱离，但是，甲在离去之时，一言不发，乙、丙也未能理解甲是何意，对甲内心可能的脱离意愿并不了解。这导致甲与乙、丙之间共犯关系是否解消尚存疑问，其对乙、丙抢劫的心理帮助之影响也不可能完全消除。将这样的“离开者”的行为贸然定性为共犯的脱离，对行为人缺乏最低限度的脱离要求，势必无法发挥“脱离理论”“一般预防与特殊预防的目的”[②]。总之，脱离意思的消极表达往往是由情势变更引起的，但能否成立共犯关系的脱离，还需联系其他条件综合考察。

2. 脱离者的脱离意思不一定是基于任意性

在是否要具备任意性问题上，有学者认为，承认共犯脱离必须要具备任意性，即“部分行为者基于自己的意志主动放弃犯罪”[③]，或者说“在主观上，脱离者必须有自动放弃犯罪的意思”[④]。这些观点均是将共犯脱离的主观条件等同于共犯中止的做法。基于弥补共犯中止之不足的法律机能，塑造共犯脱离的成立条件时，势必应区分于共犯中止的严格要求，方能达到引导共犯人停止侵犯法益的行为，并根据各共犯人的人

---

① 联邦德国出现过类似案例 9 的判例：基于被告人 X 的提议，X 同 3 名共犯者共谋在早上甩卖超市 Penny 只有店主 O 一人时，对其进行袭击，抢夺店内的销售金额。X 等人于 2007 年 1 月 29 日，按照计划等待 O，但是 O 没有出现。X 等人因为嫌等待时间过长而离开（第一犯行）。第二天之后的数日，X 由于倒班没能参加早上的犯行。X 认为袭击可以在日后自己积极参与时再度实行。同月 31 日，共犯者和其他人一起，承担不同于当初计划的分工，排除 X 而对 O 实行了袭击（第二犯行）。X 在报纸上知道此事后要求分赃，打了其中 1 名共犯者耳光。该人从抢劫金额 1 529.5 欧元中拿出 300 欧元交给 X。对于该案，联邦最高法院认为，X 仅参与了第一犯行，第二犯行属于基于其他共犯人新的犯意的新犯行，X 不需对后者承担责任。Vgl. BGH NStZ 2009，25.

② 王昭武：《论共犯关系的脱离》，载刘明祥主编：《武大刑事法论坛》，第 1 卷，136 页，北京，中国人民公安大学出版社，2005。

③ 王清国：《论共犯脱离的认定》，中国青年政治学院 2009 年硕士学位论文，11 页。

④ 何龙军：《试论共犯关系脱离》，西南政法大学 2011 年硕士学位论文，13 页。

身危险性之高低适用不同的刑罚。如果将任意性之要求附加于共犯脱离者的主观方面，无异于以中止的标准看待脱离者，这除了会抹杀共犯脱离理论自身的独立意义，对脱离者而言也是不公平的：毕竟，共犯脱离只是刑事政策上的鼓励措施和理论上的动议方向，但共犯中止是各国刑事立法上实实在在刑之减免规定。至于脱离者的脱离动机，是因为害怕法律的惩治或良心发现或意欲忏悔等，也不作要求，诸如“共犯开始后、尚未既遂前，共犯中一部分人，心生悔悟，而自共犯关系离去之谓”等看法①，均是对脱离者的强人所难。在现今对中止犯的动机亦不作任何要求之际，对脱离者当然更无须考察至动机。

案例11：甲、乙在抢劫银行时突发地震。甲家人曾在地震中丧生，故甲对地震恐慌异常，一边叫着“发地震了、发地震了！”一边急速跑离了银行。因此地位于地震带，乙对此不以为意。乙趁地震人们混乱之际仍实施完了抢劫行为。此案中甲因发地震离开了犯罪现场，而不是所谓的出于任意性，但是，一般而言，“只要行为人退出共犯关系，且该共犯关系因退出行为而归于解消，便成立共犯关系的脱离，对脱离之后的行为与结果不再承担责任，这与‘任意性’并无必然联系”②。即便甲此时不是自动停止了犯罪，而是因为意志以外的原因退出了共犯关系，同样也能成立共犯的脱离。如果说以往我国学者在研究共犯脱离时受前述大塚仁“任意且真挚”的脱离成立观点的影响，那么，随着对共犯脱离理论理解的日益深入以及面对实务中的案例，现今我国学者早已就共犯关系的脱离“并不以脱离者的自动性（任意性）为前提”③ 或者说“任意性并非脱离的必要要件”④ 的问题达成了共识。

3. 脱离者的脱离意思必须得到其他共犯人的了解

只有在其他共犯人了解脱离者的脱离意思的前提下，才能为因果性

① 参见甘添贵：《刑法之重要理念》，162页，台北，瑞兴图书股份有限公司，1996。

② 王昭武：《论共犯关系的脱离》，载刘明祥主编：《武大刑事法论坛》，第1卷，125页，北京，中国人民公安大学出版社，2005。

③ 张明楷：《刑法学》（上），6版，606页，北京，法律出版社，2021。

④ 王昭武：《论共犯关系的脱离》，载刘明祥主编：《武大刑事法论坛》，第1卷，126页，北京，中国人民公安大学出版社，2005。

的客观遮断提供主观基础条件。关于其他共犯人的认可是否为脱离者成立脱离的必要条件，肯定说认为，脱离者除了要停止自己的行为，还必须对其他共犯人表明自己脱离的意思，并要得到其他共犯人的了解。如野村稔教授就指出，“甲和乙作为共同正犯实施犯罪的场合下”，“甲为了脱离与乙的共犯关系，当然应该中止自己的行为，还必须对于乙表明自己脱离的意思，即自己停止以后的犯罪遂行，从而不把乙的行为利用于以后自己的犯罪遂行里的意思，并要得到乙的了解”①。否定说主张，将“‘认可’当作要件缺乏合理性”②。对此争论，有学者认为，以其他共犯人对脱离的“认可”为要件这种观点并不合适。笔者以为，否定论和肯定论看似对立，实际上它们都承认其他共犯人对于脱离者脱离这一事实的认识或者说知道。因为所谓的否定说也认为，“脱离是否得到了其他共犯人的‘认可’并不重要，关键在于其他共犯是否在认识、意识或察觉到‘脱离’的情况下，依然坚持实施犯罪行为”③。换言之，脱离是否得到其他共犯的“许可”或者说“同意”并不重要，重要的是要得到其他共犯人的认识，“‘脱离意愿的共有’是解除共犯关系的基本条件”④。事实上，上述争论取决于对“认可”一词的理解：如果不是严格地立于“可”而是立于“认”，那么，从文义解释来看，至少，其他共犯人对脱离者脱离意思的了解是绝对必需的。

案例 12：A 放风，为 B、C 实行盗窃放哨，但在 B、C 实行期间默默逃走。德国帝国法院判定，“由于 A 的放哨对 B、C 产生了‘安心感（Gefühl der Sicherheit）’，此种影响一直持续到既遂完成为止”，因此判定 A 为入室盗窃的共同正犯。⑤ 该案中 A 在 B、C 行窃之时悄然离

---

① ［日］野村稔：《刑法总论》，全理其、何力译，439 页，北京，法律出版社，2001。

② ［日］西田典之：《共犯理论の展开》，254 页，东京，成文堂，2010。

③ 王昭武：《论共犯关系的脱离》，载刘明祥主编：《武大刑事法论坛》，第 1 卷，127 页，北京，中国人民公安大学出版社，2005。

④ ［日］丰田兼彦：《共犯者が住居に侵入した后强盗に着手する前に现场から离脱した场合にかいて共谋关系の解消が否定された事例》，载《刑事法ジャーナル》，2010-02-01，总第 27 期。

⑤ RGSt 54，S. 177. Ebenso RGJW 1923. 373；BGHMDR 1966，S. 22.

去，而B、C毫不知情，反而以为A仍然在屋外放风守候，因此内心极为安心，并且在这种安心的感觉的持续促进作用下顺利完成了盗窃行为。可见，脱离者的脱离意思是否为其他人所知道或者说所了解，并不是如有学者所认为的是将“脱离成立与否”交由“其他共犯的主观意愿来决定”[①]，而是为对于脱离者是否切断了与其他共犯人之间的关系进行主观规范层面的考察提供前提。脱离者的脱离意思只有为其他共犯人所了解，才有可能进一步判断是否切断了脱离者与后来行为及结果之间的因果关系。从此角度而言，以对脱离者脱离意思的“认可”而不是仅仅“了解”就可认定共犯关系的脱离，日本判例也可能失之过严，甚至于以“得到其他共谋者的认可是要因”[②] 来发展认可说，将会导致脱离的成立过于严格，失去脱离理论的意义；将认可说改为了解说，可能是更为务实的态度。

综上所述，表达了脱离意思且为其他共犯人所了解，是成立共犯脱离的主观基准条件，也是共犯脱离的第一个基准条件。不论出于任意性与否，行为人以明示或暗示的方式表达了脱离的意思，或者因情势变更变相地表达了脱离意思，且已为其他共犯人所了解、所知悉，则共犯脱离的主观基准条件即已具备，然后进入下一个基准条件的判断之中，否则，如果行为人连脱离的主观基准条件都未达到，则可以在对第一个基准条件的判断上就得出脱离不能成立的否定结论，无须进入对下一个基准条件的判断、适用。

（二）客观基准条件：停止了自己的犯罪行为且离开了犯罪现场

共犯脱离的客观基准条件为，行为人必须停止了共同的犯罪行为。然而，如何理解停止了共同的犯罪行为，在不同的共犯人那里，显然是有差别的。所有的共犯人，从地理空间上与其他共犯人的关系而言，无非分为两种：在场或不在场。所谓在场，是指与正犯同在犯罪现场共同实施犯罪；所谓不在场，是指与正犯并不在同一犯罪现场但却共同实施

① 王昭武：《论共犯关系的脱离》，载刘明祥主编：《武大刑事法论坛》，第1卷，127页，北京，中国人民公安大学出版社，2005。

② ［日］福冈高判昭和28年（1954年）1月12日高刊集，第6卷1号，1页。

犯罪。相对于不在场的共犯人来说，在场的共犯人对于其他共犯人犯罪的完成具有更明显的强化犯意、推动完成等作用，如要成立脱离，理应赋予更严格的条件。因此，对于不在犯罪现场的共犯脱离者，只需停止犯罪行为，不存在必须离开犯罪现场的要求；对于“在场”的共犯脱离而言，其成立脱离的客观基准条件，必须是“停止了共同的犯罪行为且离开了犯罪现场”。

首先，脱离者必须彻底停止了自己的犯罪行为。

脱离者表达了脱离的意思，但仍然实施犯罪行为，这显然是用行动传递：我还没有脱离。其所实施的行为也表明，脱离者对其他共犯人有可能继续或明或暗地提供帮助，或者至少提供心理的影响。此时不能认定成立脱离。如案例13：甲、乙、丁共同计划入室盗窃，甲在犯罪现场认出被害人是自己的熟人，不得已只好从盗窃现场撤离。甲走后不久，给乙、丁发短信，告知二人“被害人不喜欢随身携带现金或将钱存放在银行；现金多在家中”等。乙、丁潜伏在被害人家附近良久，待被害人离开家后入室行窃，盗得现金人民币10万元。分析本案，甲没有继续参与盗窃行为，也因怕被害人认出而离开了犯罪现场，但是，甲通过短信给乙、丁继续提供有关被害人的信息，表明其对乙、丁盗窃行为的心理影响没有切断。事实也的确如此，没有甲的短信，乙、丁就不可能潜伏至被害人离开家之后才盗窃且所得数额巨大。因此，甲不能成立共犯的脱离。

有争议的是，如果脱离者在停止自己的犯罪行为、离开犯罪现场时，没有取走自己的犯罪工具，能否认定为“彻底停止了自己的犯罪行为”？如案例14：甲、乙、丁实施盗窃，甲见被害人是自己的熟人，决定退出；甲走时没有拿走自己行窃所用的起子、钳子、绳子等工具。乙、丁继续完成了盗窃。对于这种情况，否定者的观点认为，“被告人即使向剩下的共犯人表达了脱离的意愿，但如果在没有取回道具等东西的情形下，那些道具等东西的存在让共犯者的心理上仍然存在着和道具提供者之间的联系，应当说心理的因果关系还没有被遮断”[①]。笔者以为，对于这种情况应该区别考虑：如果脱离者有意留下犯罪工具，以示对其他共犯人的助力，那么，表明脱离者的脱离意思与脱离行为均非彻底，自不能认定其成立脱离；如果脱离者在慌乱之下忘记了拿走工具，而且其他共犯人明知脱离者已撤离，脱离了共犯关系，则不论其是否使用了脱离者的工具完成犯罪，均不影响脱离的成立。

对此问题，德国帝国法院有如下两个案例：（1）A受B的委托伪造了9份空白支票，后来A放弃犯意，在B着手前要求其返还支票，但因B保证绝不使用这些支票而最终没有取回。但是B后来还是使用这些空白支票实施了诈骗行为。[②]（2）A将钥匙交给企图侵入打工的商店进行盗窃的B、C，但是马上后悔了，从B、C那里取回了钥匙，并让他们保证放弃盗窃。但后来B、C仍然使用在A取回钥匙前让锁匠复制好的备份钥匙实施了盗窃行为。[③] 对于这两起案件，法院认为，虽然A与最终的法益损害结果间存在物理的因果关系，但如果A与正犯之间的中止约定是真挚的，则之后正犯的行为便是基于新的犯罪决意而产生的，因此，除非A再度参与了新的犯行，否则应当认为A无罪。换言之，当初由A制造的法不容许的危险已经因为A与正犯的一致中止而归于消灭，因此尽管A所提供的工具在物理上仍然与法益损害结果的发生具有因果关系，但这一关系已经不在A的认识范围内，即“A对于正犯实施的新的犯行并没有故意”[④]，其也理应不再为行为人新的犯罪行为承担罪责。

其次，对于“在场”的共犯人，在停止了自己的犯罪行为之外，还要求其离开了犯罪现场。

仅仅停止犯罪行为而仍然在场，难以有效遮断与其他共犯人的行为

---

① ［日］原田国男：《最高裁判所判例解说刑事篇》，平成元年度，184页。转引自［日］岛田聪一郎：《监禁、拐取者身の代金要求等被告事件について共犯关系からの离脱が认められた事例》，载《判例时报》，2003-08-01，总第1821期。

② Vgl. RGSt 47，S. 358.

③ Vgl. RGSt 28，S. 105.

④ Vgl. Lenckner，Probleme beim Rücktritt der Beteiligten，FS-Gallas，1973，S. 287.

及结果之间物理心理的因果性。在日本判例以及理论中，“脱离”一词本来就有两种用法，“分别是指从犯罪场所离开这一事实和意味着解除了共犯关系这一法律评价”[①]。可见，认为“在场”的共犯人必须离开了犯罪现场才能成立脱离并非刻意强求。以共同正犯为例：共同正犯可以分为实行共同正犯与共谋共同正犯两种形式。实行共同正犯的脱离，在客观上的基准条件为，停止了共同的犯罪行为且离开了犯罪现场。实行共同正犯有五种具体类型：一是各参与人单独没有能力实现构成要件，只有共同实施构成要件行为，才能实现构成要件。二是各参与人单独可以实现构成要件，在共同实施时各自均实现了构成要件。如甲、乙共谋同时向丙开枪，甲打中丙的头部、乙打中丙的心脏，都是致命伤。此外，直接正犯与间接正犯也可能构成实行共同正犯。三是在单一行为的犯罪中各参与人均实施了足以直接造成结果的行为，但只有一人的行为直接造成了结果。四是在单一行为或复合行为的犯罪中，各参与人均实施了足以直接造成结果的行为，而且各参与人的行为均是结果的原因。五是在复合行为的犯罪中，各参与人分担了一部分实行行为。[②] 可见，无论何种实行共同正犯，均须参加了犯罪行为之实行。实行共同正犯与共谋共同正犯的区别也因此在于：后者重在谋，前者重在行；后者可能在犯罪现场，也可能不在，而前者肯定在，尽管未必是同一空间下的犯罪现场。这决定了实行共同正犯如果要脱离现有共同犯罪关系，除了主观上表达了脱离意思且为其他共犯人所了解，还要求客观上必须停止了共同的犯罪行为且离开了犯罪现场。唯有如此，才可能切断实行共同正犯与其他共犯人之间的因果关系。对于在场的其他共犯人如共谋共同正犯、教唆犯及帮助犯等，同样适用“停止了自己的犯罪行为且离开了犯罪现场”这一客观基准。

以日本著名的“九百日元案”为例：对该案日本最高法院判决如

① ［日］丰田兼彦：《共犯者が住居に侵入した后强盗に着手する前に现场から离脱した场合にかいて共谋关系の解消が否定された事例》，载《刑事法ジヤーナル》，2010-02-01，总第27期。

② 参见张明楷：《刑法学》(上)，6版，542页，北京，法律出版社，2021。

下："被告人甲拒绝了被害人的妻拿出的 900 日元现金，离开同伙如前描述，但是被告人甲却未阻止共谋即一审被告人乙抢劫的犯罪罪行，放任不管。不能将被告人甲当作中止犯论处，被告人甲也不能从上述乙的抢劫未遂的罪行中免责。"[①] 换言之，日本最高法院没有判决被告人成立犯罪中止，而是判决被告人甲承担抢劫罪既遂的责任。对于本案中甲不成立犯罪中止笔者没有异议，因为甲不具备中止的有效性条件。那么，本案能否判决被告人甲成立共犯的脱离？笔者以为，答案应该是否定的。虽然甲表示的"我们走吧"意味着其不愿意要被害人的钱，不想实施抢劫了，在主观上表达了脱离的意思，而且乙对此完全了解、认可，但是，甲表达了脱离意愿之后，并未彻底离开犯罪现场，从而使得其"停止犯罪行为"也只具有或然性，而不是必定性。因为"在场"意味着随时可以重新实施犯罪行为，更意味着甲对共犯人乙的物理和心理影响现实而客观地存在着：乙后来拿走被害人的 900 日元与被告人甲独立出门但却未离开犯罪现场不无关系。停留于门外的甲，虽然不愿意要被害人家里的"小钱"，但于乙而言，甲在门外即意味着物理上的帮助被随时可以提供，比如当遭遇被害人反抗、殴击时，甲就极有可能进屋帮助乙抵抗。至于甲站立于门外对乙而言所显示的心理上的帮助，毫无疑问是存在的，因为对于当事人来说，甲虽然暂时离开了屋内而独立于门外，但一般而言，心理恐慌、害怕的被害人与作案的被告人甲、乙显然是立于对立层面的，甲仍在门外这件事本身就意味着威胁的继续存在。

（三）效果基准条件：规范考察是否遮断了物理与心理因果关系

在满足了前述主观与客观基准条件之后，并不一定就能得出因果关系已经遮断以及共犯脱离可以成立的结论。共犯脱离的成立与否，最终

---

① 日本最高判昭和 24 年（1949 年）12 月 17 日刑集，第 3 卷 12 号，2030 页。其案情如下：被告人等共谋了盗窃案，威胁被害人交出金钱。被害人的妻子从衣柜拿出 900 日元。被告人甲见此情形说"这种小钱我不要，我是因为没钱才进来的，既然你家也没钱的话，这点钱我也不要了。你拿着这钱买点孩子穿的衣服之类的吧"，之后对乙说"我们走吧"便独自走出房间。大约三分钟后乙也走出来，对甲说："你这种菩萨心肠成不了事情，我把 900 日元拿来了，这样也不构成抢劫。"

还需要从法律评价的角度规范地考察是否已经遮断了因果关系，其标准宜为：是否消除了自己贡献的因果影响？消除了自己贡献的因果影响的，一般都成立共犯关系的脱离；尚未完全消除自己贡献的因果影响的，也可能成立共犯关系的脱离。换言之，因果影响是否消除，需从法律规范角度进行评价，而不仅仅是对事实的考虑。

如何判断是否消除了自己贡献的因果影响，似乎是一个罗生门的问题。将其具体化，无疑是确立共犯脱离基准的最终目标。比如，我国众多学者推崇的"真挚的努力"说以及日本判例中发展出来的是否实施了"防止犯罪行为发生的措施"都是这一方面的尝试。受大塚仁学说的影响，是否"为了使其他共同者的实行行为中止，而进行了认真的即尽可能的努力"[①]，即我国学者所概括的"真挚的努力"，一度成为判断是否遮断因果关系的重要因素。《德国刑法典》第 31 条第 2 项规定："犯罪不是因为中止犯的行为而不发生的，或犯罪虽已发生而与中止犯以前参与的行为无关，如其主动努力阻止犯罪完成的，免除其刑罚。"该条规定的犯罪"不是因为中止犯的行为"而没有发生的，所指就是共犯的脱离，其中要求"主动努力阻止犯罪完成"。这与大塚仁所说的"真挚的努力"如出一辙。理论上德国刑法对于共犯脱离的这一要求，在实务中广泛体现。日本平成元年（公元 1989 年）高等法院在某暴行罪的判决中指出，"被告人未采取特别的措施予以防止，而是离开现场，任由事态的发展，因而不能说与 A 之间的当初共犯关系已经解消，应认为 A 其后的暴行也是基于上述共谋"[②]。该判决实际上对"真挚的努力"或者"主动努力阻止犯罪完成"等采取了赞成的立场。作为日本的主流观点，判例的态度都很严格，一般要求被告人采取"防止犯罪行为发生的

---

① ［日］大塚仁：《刑法概说（总论）》，第 3 版，冯军译，341 页，北京，中国人民大学出版社，2003。

② 日本最决平成元年（1989 年）6 月 26 日集，第 43 卷 6 号，569 页。转引自［日］荻原滋：《共犯の离脱・解消》，载《冈山大学法学会杂志》，2008（2）。

措施"①。

如果以脱离者是否付出了"真挚的努力"或采取了"防止犯罪行为发生的措施"来判断是否遮断了因果关系，则失之过严。客观上采取了"防止犯罪行为发生的措施"固然可以成立共犯脱离，如在前述案例4中，甲因制止乙等欲对被害人再度施加暴行而被打昏，成立脱离；行为人没有采取"防止犯罪行为发生的措施"的，也未必不成立脱离，比如案例15：甲、乙少量饮酒后决定殴打丁取乐。甲、乙对丁拳打脚踢几下之后，甲突发昏厥，倒地不醒。乙找来木棍继续殴打丁，直至其重伤。事后查明，甲系病理性醉酒导致的昏厥并致深睡。分析此案，甲突然晕倒不醒，并未使用语言或行动阻止乙的殴打行为，但是，甲晕倒此等突发事件意味着甲与乙后来的殴打行为之间的因果关系被外力切断，晕倒事件导致甲消除了自己贡献的因果影响。"被告在行为时是否具有法律地位责任的问题"② 是刑事责任的基础，在行为人责任能力消亡时其责任自然消亡，如不认定甲成立共犯关系的脱离，而令甲对乙的后续殴打行为承担责任，显然有违刑法的归责原理。

即便不是因为突发事件导致因果关系的中断，行为人脱离后未采取措施防止犯罪行为发生的，也可能成立脱离，如案例16：甲、乙意欲共同毁坏丁的私家车，二人去丁家的路上遇见丙，甲、乙知道丙素来胆小，故意戏弄他说："一起去玩砸车?"丙不愿意，但经不住甲、乙劝说，遂一同前往。三人到丁家楼下，持砖砸车。丙砸了一下后，扔下砖块说："我不砸了!"随后就跑了。甲、乙大骂丙"窝囊废!"丙走后，二人将丁的车砸毁。本案中丙虽然没有采取防止甲、乙砸坏丁车的行为，但是，丙一开始就不愿意参加，其后因被劝说无奈之下可能是假装参与了，但他只砸了一下便表示"不砸了"并跑了。这说明，丙参与砸

---

① ［日］丰田兼彦：《共犯者が住居に侵入した后强盗に着手する前に现场から离脱した场合にかいて共谋关系の解消が否定された事例》，载《刑事法ジャーナル》，2010-02-01，总第27期。

② ［英］维克托·塔德洛斯：《刑事责任论》，谭淦译，168页，北京，中国人民大学出版社，2009。

车并非出于真心，如何摆脱甲、乙可能才是丙一直在考虑的问题；有无丙的参与也丝毫不妨碍甲、乙的砸车行为。可见，本案中一开始丙与甲、乙的砸车行为之间的因果联系就极其微弱，如果说砸了一下的行为可显示其对甲、乙的砸车行为的物理性帮助，其走后则意味着这种微弱的因果关系因此断裂，甲、乙延续着他们最初的二人共同毁坏丁的私家车的故意和行为，丙对此当然不应承担责任。

上述分析似乎更适合实行共同正犯。对于共谋共同正犯来说，共谋而未实行者是否消除了自己贡献的因果影响而成立共犯脱离，需要根据不同的共谋共同正犯类型来设定不同标准。共谋共同正犯分为支配型和对等型，前者在共同犯罪中起着制订犯罪计划、引导犯罪进程、指挥犯罪活动、控制犯罪人员等支配性的作用，后者在客观上与其他实行正犯一起对共同犯罪的实行发挥着分担作用。对于首谋者，理论与实务的通说认为，仅仅有脱离意思的这一条件是不够的，还有必要“恢复到共谋关系成立前的状态”[①]，唯有如此，才能认定共谋者消除了自己贡献的因果影响。“对支配其他共谋者、制造了共谋关系的共谋者”，要承认其脱离，“需要完全解消自己与其他共谋者的共谋关系，特别是如果想脱离的人是共谋者团体的领导者，处在能够统治支配其他共谋者的立场上，如果在脱离者中没有恢复到不存在共谋关系的状态，应该不能说解消了共谋关系”[②]。对于对等型共谋共同正犯来说，不需要恢复到共谋关系成立前的状态，只需要消除自己的谋议行为对其他实行担当者的因果影响力，即可成立共犯关系的脱离。

而在“毒品案”中，有观点认为，孙某“虽然仅参与共谋贩卖毒品而未参与具体的实行行为，但其共谋的行为在一定程度上坚定了犯罪计划的实施，加功于犯罪实行行为”，因此，他成立贩卖毒品罪的共谋共

---

① ［日］丰田兼彦：《共犯者が住居に侵入した后强盗に着手する前に现场から离脱した场合にかいて共谋关系の解消が否定された事例》，载《刑事法ジャーナル》，2010-02-01，总第27期。

② ［日］大塚仁：《刑法概说（总论）》，第3版，冯军译，303-304页，北京，中国人民大学出版社，2003。

同正犯，并“应对贩卖毒品罪的既遂承担刑事责任”[①]。我国司法实践对此案显然进行了错误判决。分析此案，赵、李、孙共谋贩毒，仅在李刚开始联系毒贩上家时，孙就因吸毒而被抓，从而止步于“共谋而未参与实行者”的法律地位。根据孙在贩毒案件中的分工和影响，其为平行共犯而非首谋者。当孙被抓时，其他共犯人已经认识到剩下的行动不能指望孙，能否继续下去，取决于赵、李自己的决定。后赵重新寻找了王、张替代孙，与李一起完成了贩毒行为。这表明，在赵、李后来的贩毒行为中，根本不存在孙的贡献的因果影响。对孙应认定成立共犯关系的脱离，其对赵、李后来的贩毒行为不承担责任。综合孙在被抓之前的行为，应该认定其成立贩卖毒品罪未遂。前述认为孙成立贩卖毒品罪既遂的观点，正是因为我国刑法缺乏共犯脱离理论，而不当对行为人定罪量刑所致。

可见，是否消除了自己贡献的因果影响，提倡的是从因果原因力的角度对于脱离是否成立的考察，不能仅从退出共同犯罪的行为人是否出于真挚的努力采取了“防止犯罪行为发生的措施”来判断。根据案件的具体情况，根据行为人参与犯罪的起因、造成退出的原因、行为人在共犯中的地位与影响、退出之前的加功行为与其他共犯人行为因果性的强弱，以及行为人退出后其他共犯人的感受和行动力等进行考虑，并结合法律目的确定与结果有因果关系的原因，来综合判断行为人的退出行为是否可以成立共犯的脱离。

此外，采用规范的因果关系遮断说，意味着在有的情况下，即便行为人尚未完全消除自己贡献的因果影响，也可能成立共犯关系的脱离，如案例 17：甲、乙、丙共同敲诈勒索他人，三人共同实施了胁迫行为之后，甲萌生退意，说“很抱歉，请原谅从此我与你们断绝关系”，并尽力劝说乙、丙也别干了，但乙、丙不听，待甲离开后二人仍实施完了犯罪并既遂。本案中的甲主动表明了脱离的意思且为其他共犯人所知悉，

① 郭寅、黄伯青：《毒品案中共谋而未参与实行者的罪责认定》，载《人民法院报》，2010－06－24，7 版。

客观上彻底停止了犯罪行为且离开了犯罪现场。但是，甲走后，乙、丙仍然按照此前他们三人的计划实施完了犯罪，可见，在事实上，甲对乙、丙的因果影响很难说完全消除了。但是，此种情况，不认定为共犯的脱离显然不妥。脱离理论的宗旨在于在中止之外瓦解共犯团体，降低被害人的风险，非出于己意没有采取防止犯罪行为发生措施的退出尚且可以认定为脱离，本案中甲出于任意性并实施了制止乙、丙的犯罪行为的行为，更应认定为脱离。应该说，若前述情势变更或者突发事件如警察抓捕或者行为人晕厥等尚属特殊情况，本案中的情况则是大多数共犯脱离案件的情况，也就是常态下的脱离。可见，规范的因果关系遮断说最大的意义在于，相对宽宥地认定共犯脱离的成立范围，以鼓励被告人从共犯中退出以降低共同犯罪对被害人的伤害性，以及分化共犯组织。

回到前述案例 1 与案例 2 再分析抢劫案。案例 1 中，张、李合谋抢劫，但事发当晚李因害怕决定不去，并给张打电话回绝，张独自实施完了抢劫行为。不同于毒品案，本案中李某未参与犯罪不是因为自己有其他阻碍而不能参加，而是自己不愿意参加。这种情况属于共谋关系的脱离。在肯定共谋共同正犯的场合，理论上一般认为，如果参与共谋的一部分人，在着手实行前的阶段改变意图、脱离共谋关系，脱离者一般不再承担共同正犯的责任。通常认为，要脱离共谋关系应具备以下三个条件：一是必须在直接实行者着手实行之前脱离；二是必须表明脱离的意思，明示或默示均可；三是必须让其他共谋者知道，单纯内心的脱离，不认为是共谋关系的脱离。[①] 案例 1 中，在张某着手实施抢劫罪之前，李某由于内心害怕而决定放弃参与抢劫，并且通过电话告知张某，明确地表明了脱离共谋抢劫关系的意思，张某对此一清二楚。可见，李某的行为完全符合共谋关系脱离的三个条件，即便张某实施了此前共谋的抢劫行为，但由于李某“已经祛除了该行为所具有的犯罪促进效果，和构成要件该当实施之间的因果关系也就不存在了”，“这样的话……此后即便是由正犯或者其他的共同者引起了构成要件该当事实，就此也不承担

① 参见张明楷：《外国刑法纲要》，3 版，285 页，北京，法律出版社，2020。

作为共犯的罪责”[①]。在李与张已经解除了共谋关系乃至共犯关系的前提下，李自然不能成立张抢劫罪的共谋共同正犯，也不应对张某的行为承担任何责任。对于李某与张某共谋的行为，只能在犯罪预备与中止等犯罪形态中予以讨论。李与张合谋抢劫，他们“制订了抢劫计划，准备了管制刀具、尼龙绳子等作案工具”，这表明李在客观上已经实施了为犯罪准备工具这一预备行为，但是在预备而着手实行之前，李虽然是因为害怕而不是良心忏悔决定不参与抢劫，但无论如何仍然是出于己意决定放弃参与犯罪，这属于预备阶段的中止。对于犯罪预备，于重罪预备可以处罚，于轻罪预备一般不处罚；而对于犯罪预备过程中的中止，一般来说，无论是重罪还是轻罪都不主张处罚，因为犯罪预备已经属于可罚性较低的行为，而预备阶段的中止，无论从客观违法性的可罚程度，还是从主观责任可非难性的程度，均属较轻，因此，从笔者一贯所主张的实质的犯罪论只处罚可罚的法益侵害程度的行为之基本观点，李的行为属于不可罚的犯罪预备（阶段的中止），即不构成任何犯罪。前述观点将李某的行为作为抢劫罪处理，已然错误；而且作为抢劫罪的共同正犯处理，更是错上加错。该种观点罔顾共犯脱离的基本理论，对本不该入罪人非但入罪，而且错误地适用了较重的刑罚，严重侵犯了被告人李某的权利。对此种误区必须警惕。

同理，在“共谋抢劫独自放弃他人实施”[②] 案中，被告人赵某虽然事先参与共谋，但在其他人着手实行前自动放弃犯罪的行为，也应被视为共谋关系的脱离，因而不能成立共谋共同正犯，至多只能以抢劫罪预备处理。

分析前述案例 2：吴、王在刺杀蔡的过程中，被警察发现后二人仓皇逃离，王逃回家后睡觉，吴继续实施了犯罪行为。对于类似案例，日本判例与理论一般也认为，“共同正犯虽然着手实行了，但是遭遇强烈

① ［日］山口厚：《刑法总论》，第 3 版，付立庆译，373 页，北京，中国人民大学出版社，2018.

② 郎永恒、牛中华等：《共谋抢劫独自放弃他人实施如何处理》，载《检察日报》，2007－07－15，3 版。

反击，各自逃散，其中1人最终实行导致结果发生时，也应肯定共同正犯关系解消"①。王虽然不是出于己意而停止犯罪，而是因为警察的抓捕而出于本能逃离了现场，但其随后逃回家并睡觉的行为，表明其可能在警察抓捕行为的威吓下已经不敢或者不愿再实施犯罪了；而且当警察在实施抓捕行动时，一般而言，被告人基本不会再次回到现场进行犯罪活动，至少在短时间内不会。这意味着，不但王通过外力行为（警察抓捕）被迫地、消极地表达了脱离的意思，而且吴也对王逃离的行为及其性质有了充分认知，即王离开后不可能在今晚再回来了。"只要剩下的共犯认识到被告人已经不会再跟自己一起继续实施犯罪行为，即使被告人没有严格意义上的表明要脱离的意愿并得到承认，也会认定其遮断了心理的因果关系。"② 警察的追捕及二人的四处逃离使得吴、王的共犯关系已经崩坏，其后吴实施犯罪行为，可以认为是在没有共犯关系之后，仍然决定独立一人实施完犯罪的新意图。对于吴后来继续找到并杀死蔡某的行为，吴也知道没有，也不可能有王的帮助了，从而，吴后来杀死蔡某的行为，不存在王任何的物理的或者心理的影响力，完全是吴自己独立的行为。王不应对吴后来杀死蔡某的行为及结果承担责任，而只应对逃离前的帮助行为承担故意杀人罪未遂的责任。

总之，采用规范的因果关系遮断说，案例1中的李某与案例2中的王某的行为均应成立共犯关系的脱离，而不是犯罪既遂。

四、结　语

对共犯脱离的把握只有从弥补共犯中止理论之不足的角度，才能形塑有效的脱离基准理论。鉴于因果关系遮断说的缺陷，应以规范的因果关系遮断说代替之。据此，满足了主观与客观基准的脱离者不一定成立共犯脱离，必须最后综合考察是否彻底实现了因果关系的祛除，才能认

① ［日］高桥则夫：《刑法总论》，李世阳译，455页，北京，中国政法大学出版社，2020。

② ［日］岛田聡一郎：《监禁、拐取者身の代金要求等被告事件について共犯关系からの离脱が认められた事例》，载《判例时报》，2003-08-01，总第1821期。

定成立共犯的脱离与否；在事实因果关系没有彻底祛除的情况下，不排除从规范角度考察认定因果关系的脱离，从而认定成立共犯脱离的情况。换言之，脱离者与其他共犯人的行为及结果之间尽管仍然存在着事实因果关系，但仍然可以认定为脱离。此即为共犯脱离判断基准的规范的因果关系遮断说。

规范的因果关系遮断说，实际是在客观实质共犯理论的视野下，鉴于脱离者与其他共犯人之间的因果关系难以仅凭事实判断得出脱离与否结论的情况，所提出的从价值规范的评价的角度，来考察脱离者与其他共犯人之间因果关系是否遮断的学说。但是，这种价值评价的基础又是脱离者是否表达了脱离意思、是否停止了犯罪行为、是否遮断了物理或心理的因果关系等客观事实，因此，规范的因果关系遮断说又是客观的。可见，规范的因果关系遮断说实际是客观实质共犯理论在共犯脱离领域中的运用或者说具体化，是在贯彻构成要件实质化思潮的实质二阶层体系下客观实质共犯理论的特色之一。我国刑法有必要引进共犯脱离理论，以解决实务中广泛存在的将本该定性为犯罪预备（可罚或不可罚的）的行为，错误地定性为犯罪既遂，从而不利于对被告人的权利保障，也不利于分化、瓦解共犯组织的问题。

参考文献

(一)

1. [德] 黑格尔. 哲学史讲演录：第 4 卷. 贺麟，王太庆，译. 北京：商务印书馆，1978.

2. [英] 哈特. 法律的概念：第 3 版. 许家馨，李冠宜，译. 北京：法律出版社，2018.

3. [英] 约瑟夫·拉兹. 实践理性与规范. 朱学平，译. 北京：中国法制出版社，2011.

4. [英] 尼尔·达克斯伯里. 法律实证主义：从奥斯丁到哈特. 陈锐，编译. 北京：清华大学出版社，2010.

5. [英] J. C. 史密斯，B. 霍根. 英国刑法. 李贵方，等译. 北京：法律出版社，2000.

6. [英] 奥斯丁. 法理学的范围. 刘星，译. 北京：中国法制出版社，2002.

7. [美] 托马斯·库恩. 科学革命的结构. 金吾伦，胡新和，译. 北京：北京大学出版社，2003.

8. [美] 德沃金. 法律帝国. 李常青，译. 北京：中国大百科全书出版社，1996.

9. [美] 布莱恩·比克斯，等. 法律实证主义：思想与文本. 陈锐，编译. 北京：清华大学出版社，2008.

10. [美] 道格拉斯·N. 胡萨克. 刑法哲学. 谢望原，等译. 北京：中国人民公安大学出版社，2004.

11. [美] 希拉里·普特南. 事实与价值二分法的崩溃. 应奇，译. 北京：东方出版社，2006.

12. ［德］N. 霍恩. 法律科学与法哲学导论. 罗莉，译. 北京：法律出版社，2004.

13. ［德］冯·耶林著，奥科·贝伦茨编注. 法学是一门科学吗?. 李君韬，译. 北京：法律出版社，2010.

14. ［德］G. 拉德布鲁赫. 法哲学. 王朴，译. 北京：法律出版社，2005.

15. ［德］伯恩·魏德士. 法理学. 丁小春，吴越，译. 北京：法律出版社，2003.

16. ［德］耶赛克，魏根特. 德国刑法教科书. 徐久生，译. 北京：中国法制出版社，2017.

17. ［德］克劳斯·罗克辛. 德国刑法学总论：第1卷. 王世洲，译. 北京：法律出版社，2005.

18. ［德］约翰内斯·韦塞尔斯. 德国刑法总论. 李昌珂，译. 北京：法律出版社，2008.

19. ［德］格恩吕特·雅科布斯. 行为 责任 刑法——机能性描述. 冯军，译. 北京：中国政法大学出版社，1997.

20. ［德］Arthur Kaufmann. 后现代法哲学. 米健，译. 台北：元照出版有限公司，2002.

21. ［德］Claus Roxin. 德国刑事诉讼法. 吴丽琪，译. 台北：三民书局，1998.

22. ［德］克劳斯·罗克辛. 刑事政策与刑法体系：第2版. 蔡桂生，译. 北京：中国人民大学出版社，2010.

23. ［德］李斯特. 德国刑法教科书. 徐久生，译. 北京：北京大学出版社，2021.

24. ［德］克雷斯蒂安·冯·巴尔. 欧洲比较侵权行为法. 焦美华，译. 北京：法律出版社，2001.

25. ［德］冈特·施特拉腾韦特. 刑法总论：I·犯罪论. 杨萌，译. 北京：法律出版社，2006.

26. ［德］罗伯特·阿列克西. 法律论证理论. 舒国滢，译. 北京：

中国法制出版社，2002.

27. ［德］Ingeborg Puppe. 法学思维小学堂. 蔡圣伟，译. 台北：元照出版有限公司，2010.

28. ［德］许迺曼，等. 法治国之刑事立法与司法. 台北：许玉秀发行，1999.

29. ［日］野村稔. 刑法总论. 全理其，何力，译. 北京：法律出版社，2001.

30. ［日］西田典之. 日本刑法各论：第 7 版，王昭武，刘明祥，译. 北京：法律出版社，2020.

31. ［日］西田典之. 日本刑法总论：第 2 版. 王昭武，刘明祥，译. 北京：法律出版社，2013.

32. ［日］高桥则夫. 规范论和刑法解释论. 戴波，李世阳，译. 北京：中国人民大学出版社，2011.

33. ［日］川端博. 刑法总论二十五讲. 余振华，译. 台北：元照出版有限公司，2008.

34. ［日］大谷实. 刑法讲义总论：新版 2 版. 黎宏，译. 北京：中国人民大学出版社，2008.

35. ［日］西原春夫. 犯罪实行行为论. 戴波，江溯，译. 北京：北京大学出版社，2006.

36. ［日］大塚仁. 刑法概说（总论）：第 3 版. 冯军，译. 北京：中国人民大学出版社，2003.

37. ［日］大塚仁. 犯罪论的基本问题. 冯军，译. 北京：中国政法大学出版社，1993.

38. ［日］曾根威彦. 刑法学基础. 黎宏，译. 北京：法律出版社，2005.

39. ［日］川端博. 刑法总论二十五讲. 余振华，译. 北京：中国政法大学出版社，2003.

40. ［日］山口厚. 刑法总论：第 3 版. 付立庆，译. 北京：中国人民大学出版社，2018.

41. ［日］山口厚. 从新判例看刑法：第3版. 付立庆，译. 北京：中国人民大学出版社，2019.

42. ［日］福田平，大塚仁编. 日本刑法总论讲义. 李乔，等译. 沈阳：辽宁人民出版社，1986.

43. ［奥］凯尔森. 法与国家的一般理论. 沈宗灵，译. 北京：中国大百科全书出版社，1996.

44. ［意］杜里奥·帕多瓦尼. 意大利刑法学原理. 陈忠林，译. 北京：中国人民大学出版社，2004.

45. ［法］斯特法尼，等. 法国刑法总论精义. 罗结珍，译. 北京：中国政法大学出版社，1998.

46. ［爱］莫里斯·凯利. 西方法律思想简史. 王笑红，译. 北京：法律出版社，2010.

47. ［苏］特拉伊宁. 犯罪构成的一般学说. 薛秉忠，等译. 北京：中国人民大学出版社，1958.

48. ［苏］A. H. 特拉伊宁. 犯罪概念和犯罪构成//中国人民大学刑法教研室编译. 苏维埃刑法论文选译. 北京：中国人民大学出版社，1956.

49. ［苏］皮昂特科夫斯基. 社会主义法制的巩固与犯罪构成学说的基本问题//苏维埃刑法论文选译. 第1辑. 北京：中国人民大学出版社，1955.

（二）

1. 李秀林，王于，李淮春主编. 辩证唯物主义和历史唯物主义原理. 4版. 北京：中国人民大学出版社，1982.

2. 熊十力. 新唯知论. 北京：中华书局，1985.

3. 俞宣孟. 本体论研究. 3版. 上海：上海人民出版社，2012.

4. 杨国荣. 存在之维——后形而上学时代的形上学. 北京：人民出版社，2005.

5. 张五常. 经济解释：卷一·科学说需求. 北京：中信出版社，2010.

6. 李桂林，徐爱国. 分析实证主义法学. 武汉：武汉大学出版社，2000.

7. 陈景辉. 法律的界限——实证主义命题之展开. 北京：中国政法大学出版社，2007.

8. 薄振峰. 当代西方综合法学思潮. 北京：法律出版社，2005.

9. 刘建伟. 新康德主义法学. 北京：法律出版社，2007.

10. 卓英子. 新黑格尔主义法学. 北京：法律出版社，2006.

11. 颜厥安. 法与实践理性. 北京：中国政法大学出版社，2003.

12. 蔡墩铭主编. 刑法总则论文选辑. 台北：五南图书出版公司，1983.

13. 蔡墩铭. 现代刑法思潮与刑事立法. 台北：汉林出版社，1996.

14. 洪福增. 刑事责任之理论. 台北：刑事法杂志社，1988.

15. 林山田. 刑法通论. 台北：作者自版，2005.

16. 林山田. 刑事法论丛. 台北：作者自版，1997.

17. 林山田. 刑法通论：上册. 增订10版. 台北：作者自版，2008.

18. 林山田编. 刑事思潮之奔腾——韩忠谟教授纪念文集. 台北：韩忠谟教授法学基金会，2000.

19. 苏俊雄. 刑法总论Ⅱ. 修正版. 台北：作者自版，1998.

20. 陈朴生. 刑法专题研究. 台北：三民书局，1988.

21. 甘添贵. 刑法之重要理念. 台北：瑞兴图书股份有限公司，1996.

22. 陈子平. 刑法总论.4版. 台北：元照出版有限公司，2017.

23. 陈子平. 共同正犯与共犯论. 台北：五南图书出版公司，2000.

24. 许玉秀. 当代刑法思潮. 北京：中国法制出版社，2005.

25. 许玉秀. 犯罪阶层体系及其方法论. 台北：作者自版，2000.

26. 许玉秀，等. 罪与罚——林山田教授六十岁生日祝贺论文集. 台北：五南图书出版公司，1998.

27. 林山田教授纪念论文集编辑委员会编辑. 刑与思. 台北：元照出版有限公司，2008.

28. 林山田，等主编. 刑法七十年之回顾与展望纪念论文集. 台北：元照出版有限公司，2001.

29. 国际刑法学会台湾分会主编. 民主·人权·正义——苏俊雄教授七秩华诞祝寿论文集. 台北：元照出版有限公司，2005.

30. 许玉秀，陈志辉合编. 不移不惑献身法与正义——许迺曼教授刑法事法论文选辑. 台北：春风煦日论坛，2006.

31. 刘幸义主编. 多元价值、宽容与法律——亚图·考夫曼教授纪念集. 台北：五南图书出版公司，2004.

32. 黄荣坚. 刑法问题与利益思考. 台北：元照出版有限公司，1998.

33. 柯耀程. 变动中的刑法思想. 北京：中国政法大学出版社，2003.

34. 柯耀程. 刑法概论. 台北：元照出版有限公司，2007.

35. 林钰雄. 新刑法总则. 7 版. 台北：元照出版有限公司，2019.

36. 张丽卿. 刑法总则理论与运用 .2015 增订版. 台北：一品文化出版社，2015.

37. 陈志龙. 人性尊严与刑法体系入门. 修订 5 版. 台北：作者自版，1998.

38. 林东茂. 一个知识论上的刑法学思考. 北京：中国人民大学出版社，2009.

39. 余振华. 刑法违法性理论 .2 版. 台北：元照出版有限公司，2010.

40. 甘雨沛. 外国刑法学. 北京：北京大学出版社，1984.

41. 马克昌，杨春洗，等主编. 刑法学全书. 上海：上海科学技术文献出版社，1996.

42. 马克昌主编. 外国刑法学总论：大陆法系. 北京：中国人民大学出版社，2009.

43. 马克昌主编. 刑法 .4 版. 北京：高等教育出版社，2017.

44. 马克昌主编. 刑法学. 北京：高等教育出版社，2003.

45. 马克昌. 比较刑法原理. 武汉：武汉大学出版社，2002.

46. 马克昌主编. 犯罪通论. 武汉：武汉大学出版社，1999.

47. 高铭暄，马克昌主编. 刑法学：上编. 北京：中国法制出版社，1999.

48. 高铭暄，马克昌主编. 刑法学 .9 版. 北京：北京大学出版社，高等教育出版社，2019.

49. 高铭暄主编. 刑法学原理：第 2 卷. 北京：中国人民大学出版社，1993.

50. 高铭暄主编. 中国刑法学. 北京：中国人民大学出版社，1988.

51. 高铭暄，赵秉志主编. 刑法论丛：第 3 卷. 北京：法律出版社，1999.

52. 储槐植. 刑事一体化. 北京：法律出版社，2004.

53. 何秉松，科米萨罗夫，科罗别耶夫主编. 中国与俄罗斯犯罪构成理论比较研究. 北京：法律出版社，2008.

54. 何秉松. 犯罪构成系统论. 北京：中国法制出版社，1995.

55. 何秉松主编. 刑法教科书. 北京：中国法制出版社，2000.

56. 赵秉志主编. 刑法论丛：第 19 卷. 北京：法律出版社，2009.

57. 赵秉志主编. 刑法评论：第 6 卷. 北京：法律出版社，2005.

58. 赵秉志主编. 新刑法教程. 北京：中国人民大学出版社，1997.

59. 赵秉志主编. 刑法总则要论. 北京：中国法制出版社，2010.

60. 赵秉志主编. 主客观相统一原则：刑法现代化的坐标——以奸淫幼女罪为视角. 北京：中国人民公安大学出版社，2004.

61. 林文肯，茅彭年. 共同犯罪理论与司法实践. 北京：中国政法大学出版社，1987.

62. 陈兴良主编. 犯罪论体系研究. 北京：清华大学出版

社，2005.

63. 陈兴良主编. 刑法学 . 3 版. 上海：复旦大学出版社，2016.

64. 陈兴良. 共同犯罪论 . 3 版. 北京：中国人民大学出版社，2017.

65. 陈兴良主编. 刑事法评论：第 4 卷. 北京：中国政法大学出版社，1999.

66. 陈兴良主编. 刑事法评论：第 14 卷. 北京：中国政法大学出版社，2004.

67. 陈兴良. 本体刑法学. 北京：商务印书馆，2001.

68. 陈兴良. 刑法哲学 . 6 版. 北京：中国政法大学出版社，2017.

69. 陈兴良. 刑法研究：第 1－13 卷. 北京：中国人民大学出版社，2021.

70. 张明楷. 行为无价值论与结果无价值论. 北京：北京大学出版社，2012.

71. 张明楷. 犯罪构成体系与构成要件要素. 北京：北京大学出版社，2010.

72. 张明楷. 罪刑法定与刑法解释. 北京：北京大学出版社，2009.

73. 张明楷. 外国刑法纲要 . 3 版. 北京：法律出版社，2020.

74. 张明楷. 刑法学 . 6 版. 北京：法律出版社，2021.

75. 张明楷. 法益初论（增订本）. 北京：商务印书馆，2021.

76. 张明楷. 刑法的基本立场. 北京：商务印书馆，2019.

77. 陈忠林. 意大利刑法纲要. 北京：中国人民大学出版社，1999.

78. 陈忠林. 刑法：总论. 北京：中国人民大学出版社，2003.

79. 孙国祥. 刑法基本问题. 北京：法律出版社，2007.

80. 刘宪权，杨兴培. 刑法学专论. 北京：北京大学出版社，2007.

81. 齐文远主编. 刑法学. 北京：北京大学出版社，2007.

82. 冯亚东等. 中国犯罪构成体系完善研究. 北京：法律出版社，

2010.

83. 李希慧主编. 刑法总论. 武汉：武汉大学出版社，2008.

84. 侯国云主编. 刑法学. 北京：中国政法大学出版社，2005.

85. 张军. 刑法纵横谈. 北京：北京大学出版社，2008.

86. 李海东. 刑法原理入门：犯罪论基础. 北京：法律出版社，1998.

87. 刘明祥. 紧急避险研究. 北京：中国政法大学出版社，1998.

88. 刘明祥主编. 武大刑事法论坛：第1卷. 北京：中国人民公安大学出版社，2005.

89. 姜伟. 犯罪故意与过失. 北京：群众出版社，1992.

90. 曲新久. 刑法的精神与范畴. 北京：中国政法大学出版社，2000.

91. 冯军. 刑事责任论. 北京：法律出版社，1996.

92. 冯军主编. 比较刑法研究. 北京：中国人民大学出版社，2007.

93. 黎宏. 日本刑法精义.2版. 北京：法律出版社，2008.

94. 黎宏. 刑法总论问题思考. 北京：中国人民大学出版社，2007.

95. 梁根林主编. 犯罪论体系. 北京：北京大学出版社，2007.

96. 周光权. 犯罪论体系的改造. 北京：中国法制出版社，2009.

97. 杨兴培. “犯罪客体”的反思与批评. 北京：法律出版社，2009.

98. 杨兴培. 犯罪构成原论. 北京：中国检察出版社，2004.

99. 夏勇. 定罪与犯罪构成. 北京：中国人民公安大学出版社，2009.

100. 赵微. 俄罗斯联邦刑法. 北京：法律出版社，2003.

101. 吴玉梅. 德国刑法中的客观归责研究. 北京：中国人民公安大学出版社，2007.

102. 陈家林. 共同正犯研究，武汉：武汉大学出版社，2004.

103. 陈洪兵. 共犯论思考. 北京：中国人民公安大学出版社，2009.

104. 付立庆. 主观违法要素理论. 北京：中国人民大学出版社，2008.

105. 彭文华. 犯罪构成本原论及其本体化研究. 北京：中国人民公安大学出版社，2010.

106. 徐光华. 犯罪既遂问题研究. 北京：中国人民公安大学出版社，2009.

107. 吴光侠. 主犯论. 北京：中国人民公安大学出版社，2007.

108. 朴宗根. 正犯论. 北京：法律出版社，2009.

109. 钱叶六. 犯罪实行行为着手研究. 北京：中国人民公安大学出版社，2009.

110. 聂立泽. 刑法中主客观相统一原则研究. 北京：法律出版社，2004.

111. 刘志伟，周国良. 刑法因果关系专题整理. 北京：中国人民公安大学出版社，2007.

112. 郑永流主编. 法哲学与法社会学论丛（三）. 北京：中国政法大学出版社，2000.

113. 郑永流主编. 法哲学与法社会学论丛（五）. 北京：中国政法大学出版社，2002.

114. 夏芸. 医疗事故赔偿法：来自日本的启示. 北京：法律出版社，2007.

115. 张士宝主编. 法学家茶座：第 14 辑. 济南：山东人民出版社，2007.

116. 中国人民大学刑法教研室编译. 苏维埃刑法论文选译. 北京：中国人民大学出版社，1956.

117. 最高人民法院刑事审判第一庭，第二庭编. 刑事审判案例. 北京：法律出版社，2002.

118. 最高人民法院刑事审判第一庭，第二庭编. 刑事审判参考. 第 4 卷·下. 北京：法律出版社，2004.

119. 中国人民大学刑事法律科学研究中心组织编写. 刑事法学的

当代展开. 北京：中国检察出版社，2008.

120. 最高人民检察院刑事犯罪案例丛书编委会编写. 刑事犯罪案例丛书（伤害罪）. 北京：中国检察出版社，1992.

121. 最高人民检察院刑事犯罪案例丛书编委会编写. 刑事犯罪案例丛书（抢劫罪）. 北京：中国检察出版社，1992.

（三）.

1. ［德］罗伯特·阿列克西. 法与正确性. 王晖，译. 比较法研究，2010（4）.

2. ［德］Claus Roxin. Die Lehre von der objektiven Zurechnung. 许玉秀，译. 政大法学评论，第50期，1994.

3. ［德］Claus Roxin，等. 问题研讨. 许玉秀，郑铭仁，译. 政大法学评论，第50期，1994.

4. ［德］Günther Jakobs. Das Schuldprinzip. 许玉秀，译. 刑事法杂志，1996（2）.

5. ［德］Bernd Schünemann. Über die objektive Zurechnung. 陈志辉，译. 刑事法杂志，1980（6）.

6. ［德］托马斯·魏根特. 论刑法与时代精神. 樊文，译//陈兴良主编. 刑事法评论：第19卷. 北京：北京大学出版社，2007.

7. ［德］克劳斯·罗克辛. 构建刑法体系的思考. 蔡桂生，译. 中外法学，2010（1）.

8. ［德］阿恩特·辛恩. 德国犯罪理论的发展及现状. 徐久生，译. 国家检察官学院学报，2009（2）.

9. ［德］托马斯·李旭特. 德国犯罪理论体系概述. 赵阳，译. 政法论坛，2004（4）.

10. ［德］诺贝特·赫斯特. 法律实证主义辩护. 袁治杰，译. 比较法研究，2009（2）.

11. ［德］罗伯特·阿列克西. 法与正确性. 王晖，译. 比较法研究，2010（4）.

12. ［德］约阿希姆·赫尔希. 论刑法理论与实务的紧张关系. 牛

露露，译. 中国刑事法杂志，2012 (2).

13. ［意］桑德罗·斯奇巴尼. 法学家：法的创立者. 薛军，译. 比较法研究，2004 (3).

14. ［德］沃斯·金德霍伊泽尔. 故意犯的客观和主观归责. 樊文，译//陈兴良主编. 刑事法评论：第 23 卷. 北京：北京大学出版社，2008.

15. ［英］H. L. A. 哈特. 实证主义和法律与道德的分离（上）. 翟小波，译. 环球法律评论，2001 (2).

16. ［日］大谷实. 日本最近的刑事立法. 黎宏译//赵秉志主编. 刑法评论：第 6 卷. 北京：法律出版社，2005.

17. ［日］大谷实. 日本刑法中正犯与共犯的区别：与中国刑法中的“共同犯罪”相比照. 王昭武，译. 法学评论，2002 (6).

18. ［日］山口厚. 日本刑法学中的行为无价值与结果无价值论. 金光旭，译. 中外法学，2008 (4).

19. ［日］山口厚. 论过失. 付立庆，译. 河南省政法管理干部学院学报，2010 (5).

20. ［日］曾根威彦. 交通事犯与不作为犯. 黄河，译. 当代法学，2007 (6).

21. ［日］松宫孝明. 日本的犯罪论体系. 冯军，译. 法学论坛，2006 (1).

22. ［日］西原春夫. 日本与德意志刑法和刑法学. 林亚刚，译. 法学评论，2001 (1).

23. ［日］松宫孝明. 犯罪论体系再考. 张宁，译. 中外法学，2008 (4).

24. ［日］北川佳世子. 交通事故和过失论. 黎宏，译//高铭暄，赵秉志主编. 过失犯罪的基础理论. 北京：法律出版社，2002.

25. 蔡圣伟. 重新检视因果历程偏离之难题. 东吴法律学报，2009 (1).

26. 金光旭. 日本刑法中的侵犯知识产权行为的参与者及其刑事责

任. 清华法学，2008 (2).

27. 高格. 关于共同犯罪的几个理论问题的探讨. 吉林大学社会科学学报，1982 (1).

28. 杨春洗. 罪刑法定原则的法典化：新刑法的一个重大发展. 政法论坛，1997 (2).

29. 马克昌. 论刑事责任与刑罚. 法制与社会发展，1996 (2).

30. 王作富，王宝树. 认定“非法吸存”刑法须兼顾商权保护. 检察日报，2007-07-26，3 版.

31. 高铭暄. 论刑事责任. 中国人民大学学报，1988 (2).

32. 高铭暄. 关于中国刑法学犯罪构成理论的思考. 法学，2010 (6).

33. 高铭暄. 对主张以三阶层犯罪成立体系取代我国通行犯罪构成理论者的回应//赵秉志主编. 刑法论丛：第 3 卷. 北京：法律出版社，2009.

34. 高铭暄，王俊平. 扭送在逃嫌疑犯的行为不应构成非法拘禁罪//赵秉志主编. 刑事法判解研究. 北京：人民法院出版社，2010.

35. 储槐植. 刑法契约化. 中外法学，2009 (6).

36. 储槐植，张永红. 善待社会危害性观念——从我国刑法第 13 条但书说起. 法学研究，2002 (3).

37. 储槐植，张永红. 刑法第 13 条但书的价值蕴涵. 江苏警官学院学报，2003 (2).

38. 储槐植. 新刑法的社会保护功能. 法制日报，1997-05-24，7 版.

39. 储槐植. 解构轻刑罪案，推出“微罪”概念. 检察日报，2011-10-13，3 版.

40. 储槐植. 论我国刑法中犯罪概念的定量因素. 法学研究，1988 (2).

41. 何秉松. 苏联犯罪构成理论的历史与现状. 法学研究，1986 (4).

42. 曹子丹，汪保康. 共同犯罪的若干问题研究//甘雨沛主编. 刑法学专论. 北京：北京大学出版社，1989.

43. 曹子丹. 惩罚犯罪、保护人民思想的突出体现. 政法论坛，1997 (2).

44. 薛瑞麟. 迟来的反批评：对话《刑法原理入门》序之作者. 比较法研究，2009 (3).

45. 薛瑞麟，杨书文. 论新刑法的基本原则. 政法论坛，1997 (5).

46. 陈忠林. 中、德、日现行犯罪论体系的重构//梁根林主编. 犯罪论体系. 北京：北京大学出版社，2007.

47. 赵秉志. 论犯罪构成要件的逻辑顺序. 政法论坛，2003 (6).

48. 赵秉志. 论犯罪实行行为着手的含义. 东方法学，2008 (1).

49. 赵秉志，肖中华. 罪刑法定原则的确立历程. 河北法学，1998 (3).

50. 赵秉志. "片面共犯"不能构成共同犯罪——解析应否承认片面共犯之争. 检察日报，2004－07－08，3版.

51. 陈兴良，罗欣. 为什么要取代主客观相统一原则. 检察日报，2007－11－01，3版.

52. 张明楷. 论偶然防卫. 清华法学，2012 (1).

53. 张明楷. 以违法与责任为支柱构建犯罪论体系. 现代法学，2009 (6).

54. 张明楷. 犯罪构成理论的课题. 环球法律评论，2003 (3).

55. 张明楷. "存疑时有利于被告"原则的适用界限. 吉林大学社会科学学报，2002 (1).

56. 张明楷. 刑法理念与刑法解释. 法学杂志，2004 (4).

57. 张明楷. 行为无价值论的疑问. 中国社会科学，2009 (1).

58. 张明楷. 刑法理念与刑法解释. 法学杂志，2004 (4).

59. 林亚刚. 共谋共同正犯问题研究. 法学评论，2001 (4).

60. 刘明祥. 试论盗窃罪犯罪构成中的主客观相统一问题. 法学评

论，1985 (2).

61. 李洁. 中日共犯问题比较研究概说. 现代法学，2005 (3).

62. 李希慧，童伟华. 论行为犯的构造. 法律科学，2002 (6).

63. 梁根林. “刀把子”、“大宪章”抑或“天平”?. 中外法学，2002 (3).

64. 周光权. 刑法学的西方经验与中国现实. 政法论坛，2006 (2).

65. 周光权. 违法性判断的基准与行为无价值论. 中国社会科学，2008 (4).

66. 周少华. 罪刑法定与刑法机能之关系. 法学研究，2005 (3).

67. 金昌俊. 韩国的犯罪故意论及其启示. 河北法学，2010 (11).

68. 童德华. 哲学思潮与犯罪构成. 环球法律评论，2007 (3).

69. 焦旭鹏. 关于“回到塔甘采夫”的刑法学反思//陈兴良主编. 刑事法评论：第25卷. 北京：北京大学出版社，2009.

70. 薛双喜. 苏俄刑法学关于社会危害性理论的论争. 中国刑事法杂志，2010 (3).

71. 王昭武. 论共犯关系的脱离//刘明祥主编. 武大刑事法论坛：第1卷. 北京：中国人民公安大学出版社，2005.

72. 丁银舟，郑鹤瑜. 期待可能性理论与我国犯罪构成理论的完善. 法商研究，1997 (4).

73. 游伟，肖晚祥. “期待可能性”与我国刑法理论的借鉴. 政治与法律，1999 (5).

74. 刘远. 期待可能性理论的认识论反思. 法学评论，2004 (2).

75. 屈学武. 死罪、死刑与期待可能性：基于受虐女性杀人命案的法理分析. 环球法律评论，2005 (1).

76. 聂立泽，苑民丽. 主客观相统一原则与刑事证明标准的层次性研究. 法学评论，2011 (2).

77. 卢勤忠. 刑法应设立单位贷款诈骗罪. 政治与法律，2009 (1).

78. 李翔. 单位自首正当性根据及其认定. 法学家，2010 (4).

79. 欧锦雄. 期待可能性理论的继承与批判. 法律科学，2000 (5).

80. 石磊. 论单位犯罪的直接责任人员. 现代法学，2006 (1).

81. 郑军男. 论定罪中的“主客观相统一原则”. 法制与社会发展，2005 (4).

82. 陈国庆，韩耀元，吴峤滨. 《关于办理妨害信用卡管理刑事案件具体应用法律若干问题的解释》理解与适用. 人民检察，2010 (2).

83. 高海燕. 不能机械、片面地以客观结果认定受贿未遂. 中国检察官，2010 (2).

84. 袁江华. 贩卖毒品罪既遂与未遂的区别及认定. 人民司法，2008 (12).

85. 陈家林. 不能犯新论. 国家检察官学院学报，2000 (1).

86. 夏勇. 我国犯罪构成理论研究视角疏议. 法商研究，2003 (2).

87. 彭文华. 论刑事法治视野中的犯罪既遂标准. 法学评论，2009 (2).

88. 单锋，胡欣诣. 法哲学中的反本质主义和反基础主义. 南京社会科学，2009 (2).

(四).

1. Roxin，Täterschaft und Tatherrschaft，10. Aufl.，Berlin; New York: de Gruyter，2019.

2. Günter Jakobs，Strafrecht Allgemeiner Teil，2. Aufl.，Berlin，1993.

3. Dahm，Täterschaft und Teilnahme，1926.

4. Richard Schmidt，Grundriβ，2 Aufl.，1931.

5. Kienapfel. JuS 1974.

6. Roxin & Greco，Strafrecht Allgemeiner Teil Bd. 1，5. Aufl.，2020.

7. Edmund Mezger, Strafrecht I. Allgemeiner Teil, München und Berlin, 1960.

8. Carsten Momsen, Die Zumutbarkeit als Begrenzung strafrechtlicher Pflichten, Nomos, 2006.

9. Niederschriften der Groben Strafrechtskommission, Bd. 2, Anhang Nr. 31, Umdruck J 10.

10. Küber in HRG BD, Ⅲ Stichwort: Notstand (strafrechtlich).

11. Lange, Niederschriften der Groben Strafrechtskommission, Bd. 12.

12. Frisch, Tatbestandsmässiges Verhalten und Zurechung des Erfolges, 1988.

13. Jürgen Wolter, Objektive und personale Zurechnung zum Unrecht, Bernd Schünemann (Hrsg.), Grundfragen des modernen Strafrechtssystems, Walter de Gruyter, Berlin, 1984.

14. Gallas, Wilhelm, Beiträge zurVerbrechenslehre, Berlin, 1968.

15. Eb. Schmidt, Einführung in die Geschtichte der Strafrechtspflege, Göttingen, 1947.

16. Schmidhäuser, Eberhard, Gesinnungsmerkmale im Strafrecht, Tübingen, 1958.

17. Edmund Mezger, Moderne Wege der Strafrechtsdogmatik, Duncker & Humbolt, Berlin-München, 1950.

18. Edmund Mezger, Die subjective Unrechtselem ent, GS89, 1924.

19. Claus Roxin, Offene Tatbestände undRechtspflichtmerkmale, Berlin, 1970.

20. Bockelmann, Über das Verhältnis von Täterschaft und Teilnahme, 1949.

21. Beling, Die Lehre vom Verbrechen, 1906.

22. M. E. Mayer, Der Allgemeiner Teil des deutsch strafrechts, 2. Aufl. , Heidelberg, 1923.

23. Maiwald, in Heinz Schöch (Hrsg.). Wiedergutmachung und Strafrecht, München, 1987.

24. Köhler, Strafrecht Allgemeiner Teil, Berlin, 1997.

25. Schmidhäuser, Strafrecht Allgemeiner Teil, Lehrbuch, Tübingen, 1970.

26. ［日］木村龟二. 刑法总论. 东京：有斐阁，1986.

27. ［日］西田典之，山口厚，佐伯仁志编集. 注释刑法：第 1 卷. 东京：有斐阁，2010.

28. ［日］西田典之. 共犯理论の展开. 东京：成文堂，2010.

29. ［日］松宫孝明. 刑法总论讲义 .5 版补订版. 东京：成文堂，2018.

30. ［日］高桥则夫. 刑法总论：第 3 版. 东京：成文堂，2016.

31. ［日］山中敬一. 刑法总论：第 2 版. 东京：有斐阁，2008.

32. ［日］井田良. 讲义刑法学·总论. 东京：有斐阁，2008.

33. ［日］曾根威彦. 刑法总论：第 3 版. 东京：弘文堂，2007.

34. ［日］铃木茂嗣. 刑法总论：犯罪论. 东京：成文堂，2001.

35. ［日］前田雅英. 刑法的基础：总论. 东京：有斐阁，1993.

36. ［日］内藤谦. 刑法讲义总论：Ⅰ·下. 东京：有斐阁，1991.

37. ［日］前田雅英. 现代社会と实质的犯罪论. 东京：东京大学出版会，1992.

38. ［日］前田雅英. 刑法总论讲义：第 6 版. 东京：东京大学出版会，2015.

39. ［日］藤木英雄. 过失犯の理论. 东京：有信堂，1969.

40. ［日］藤木英雄. 新版刑法演习讲座. 东京：立花书房，1966.

41. ［日］大塚仁. 刑法论集（2）. 东京：有斐阁，1976.

42. ［日］平场安治. 刑法总论讲义. 东京：有信堂，1961.

43. ［日］西原春夫. 刑法总论. 东京：成文堂，1977.

44. ［日］板仓宏. 新订刑法总论. 东京：劲草书房，1998.

45. ［日］町野朔. 刑法的争点. 东京：有斐阁，2000.

46. [日] 平野龙一. 刑法总论：Ⅰ. 东京：有斐阁，1972.

47. [日] 佐伯千仞. 刑法における的违法性の理论. 东京：有斐阁，1974.

48. [日] 齐藤信治. 刑法总论：第 6 版. 东京：有斐阁，2008.

49. [日] 松尾浩也，芝原帮尔，宫泽浩一编. 刑法判例百选：Ⅱ·各论. 4 版. 东京：有斐阁，1997.

50. [日] 吉田敏雄. 不真正不作为犯の体系と构造. 东京：成文堂，2010.

51. [日] 川端博，曾根威彦，日高义博. 对谈·结果无价值论と行为无价值论. 现代刑事法，1999 (3).

52. [日] 高桥则夫. 主观的违法要素と违法论. 现代刑事法，1997 (3).

53. [日] 丰田兼彦. 共犯者が住居に侵入した后强盗に着手する前に现场から离脱した场合にかいて共谋关系の解消が否定された事例. 刑事法ジャーナル，2010-02-01，总第 27 期.

54. [日] 岛田聪一郎. 共犯からの离脱·再考. 研修，2010 (3).

55. [日] 岛田聪一郎. 监禁、拐取者身の代金要求等被告事件について共犯关系からの离脱が认められた事例. 判例时报，2003-08-01，总第 1821 期.

56. [日] 荻原滋. 共犯の离脱·解消. 冈山大学法学会杂志，2008 (2).

57. [日] 葛原力三. 平成 21 年度重判解，2010.

58. 日本福冈高判昭和 28 年（1954 年）1 月 12 日高刊集，第 6 卷 1 号.

59. [日] 原田国男. 最高裁判所判例解说刑事篇，平成元年度.

60. [日] 植松正. 共犯の中止·预备の中止. 时の法令，1953 (97).

61. [日] 荻原滋. 共犯の离脱·解消. 冈山大学法学会杂志，2008 (2).

62. [日] 村井敏帮. 共谋共同正犯. 刑法杂志，1990 (3).

63. ［日］松本时夫. 共谋共同正犯と判例・实务. 刑法杂志，1990（3）.

64. ［日］丸山雅夫. 共谋共同正犯——その构造と成立范围. 南山法学，2010（3，4）.

65. ［日］野村稔，西原春夫，西田典之，等. 讨论的经过. 刑法杂志，1990（3）.

66. ［日］松原芳博. 共谋共同正犯论の的现在. 法曹时报，2011（7）.

67. ［日］田川靖紘. 共谋共同正犯における共谋について. 早稻田大学研究生院法研论集，2010（135）.

68. ［日］林干人. 默示的・不作为の共谋. 研修，2010（748）.

69. ［日］桥爪隆. 共谋的射程と共犯の错误. 法学教室，2010（359）.

70. 日本最高裁判所刑事判例集，第61卷第8号.

71. ［日］桥本正博. 正犯理论的实质基础，现代刑事法，1999（2）.

72. 日本最高裁判所刑事判例集，第12卷第8号.

73. ［日］冈野光雄. 共同意思主体说と共谋共同正犯论. 刑法杂志，1990（3）.

74. ［日］浅田和茂. 主观的违法要素の犯罪论. 现代刑事法，1999（3）.

代跋　实质二阶层体系与中国刑法研究范式转型

从刑法实体上，构建目的论的实质二阶层体系，意味着提倡一种既不同于我国传统平面四要件体系，也不同于典型的德、日三阶层暨中国三阶层体系的犯罪论体系；它在内容上以将构成要件作为违法、有责类型为起点，强调构建值得科处刑罚的违法性和有责性之概念，从而形成客观上值得处罚的违法构成要件、主观上值得非难的责任要件。实质二阶层体系的提倡并不仅仅意味着刑法犯罪论体系的变化，从犯罪论体系与刑法哲学思潮的联系来看，它还具有刑法方法论的意义，即对于中国刑法学研究范式转型具有直接影响。

在法律的，特别是刑法的变迁中，哲学思潮起着重要的作用。“直接或间接对刑法学产生影响的人物，都抱有其哲学观念。将这两者割裂开来，或者会导致废话连篇，或者无法清晰描述其间的关联”，从而有损于刑法学的发展；而刑法学与哲学之间从来都不乏交流，这显然是因为，“刑法作为国家干预个人权利的最强硬手段需要特殊的合法性基础”[①]。这也在一定程度上解释了为什么恰恰是世界上哲学最发达的德国，刑法学也最发达；并解释了为什么德国的哲学家对刑法学的发展具有深远影响，如康德、黑格尔、普芬道夫，其由刑法学家而发展为哲学家的例子也为数最多，如费尔巴哈、威尔哲尔、拉德布鲁赫、考夫曼等。在我国，刑法学与哲学之间的交流极为匮乏。“新中国成立以后，我国在政治上引入了苏俄的制度，在学术上也是完全引入了苏俄的理

① ［德］托马斯·李旭特：《德国犯罪理论体系概述》，赵阳译，载《政法论坛》，2004（4）。

论，包括在刑法学中也出现了苏俄化的现象。”[①] 在当时的社会背景下，在苏联刑法以及法律虚无主义的影响下，刑法学的研究自始至终呈现出政治化、教条化与意识形态化的特点；哲学更不知芳踪何在，作为部门法学的刑法学与哲学的交流无从谈起。哲学作为一种思维方式，指导着学科的思维范式；有什么样的哲学基础，就会有什么样的研究范式。缺乏与哲学交流的刑法学，自无研究范式可言。当时光的列车驶入 21 世纪的轨道，我国也早已踏上法治的征程；在当代中国刑法学人的推动之下，在晚近长达二十多年的努力下，刑法学的研究逐渐实现了学术化，“刑法知识”也渐至实现了“去苏俄化”[②] 和“刑法知识的教义学化”[③]，并在此基础上努力将德、日教义学的刑法知识本土化；刑法学终于在当代由政治附属物而发展成为真正“‘学科’意义上的”“部门法学”[④]。

从政治刑法到教义刑法虽然也是一种“法学研究之转型”[⑤]，然而，这只是新中国成立以来刑法学研究范式的初次转型。此次转型成功之后，接下来所面临的问题必然是，教义学意义上的刑法学采用何种思维模式推动体系与问题的研究，亦即学科意义上的刑法学的研究范式问题。此即刑法学研究的二次转型。以犯罪论体系为链接点，可以找到教义刑法学之下应采取何种刑法研究范式这一问题的答案。犯罪理论在以往及当今的发展“绝不是一个单纯的刑法内部讨论的结果，而是有着哲学和思想史的发展背景”[⑥]，“刑法学派和哲学思想对犯罪理论体系的影响和制约”[⑦] 是有目共睹的，可以说，有什么样的哲学立场就有什么样的犯罪论体系。当下中国法学研究的热点正在于，如何以“世界的眼光”解决“中国的问题”。在刑法学领域，可具体化为，如何借鉴与中

---

① 陈兴良：《刑法研究》，第 5 卷 · 刑法理论 Ⅱ，243 页，北京，中国人民大学出版社，2021。

② 同上书，40 页。

③ 陈兴良：《刑法研究》，第 5 卷 · 刑法理论 Ⅰ，245 - 251 页，北京，中国人民大学出版社，2021

④ 姚建宗：《法学研究及其思维方式的思想变革》，载《中国社会科学》，2012（1）。

⑤ 张广兴等：《中国法学研究之转型》，载《法学研究》，2011（6）。

⑥ Roxin & Greco，Strafrecht Allgemeiner Teil Bd. 1，5. Aufl.，2020，§ 7，Rn. 19.

⑦ ［德］托马斯 · 李旭特：《德国犯罪理论体系概述》，赵阳译，载《政法论坛》，2004（4）。

国具有法系亲缘性的德、日等国的刑法理论，重构能适应中国国情并解决中国问题的犯罪论体系。面对当下我国犯罪论体系建构中"三阶层抑或二阶层"的关键问题，不能，也不应忽视作为其范式的哲学思潮。这样的视角不仅对于犯罪论体系的自身建构有着直接的作用，对于刑法学科研究的范式问题的探讨也大有助益。当下我国的刑法学者往往刻意保持着与哲学的距离，至少并未尝试主动拉近刑法学与哲学的距离。这样的做法"必将导致一个结果：忽视哲学范式转换对法学可能产生的影响"[①]，进而忽视对刑法研究范式的研究。实质二阶层体系的提倡，意味着刑法学研究应该实现从经验论到规范论之转型。

有没有"法学范式"以及什么是"法学范式"，是讨论刑法研究范式转型问题所必须事先予以大致明确的。美国科学哲学家库恩（T. Kuhn）在1962年发表的《科学革命的结构》一文中提出了"范式"（paragidms）一词。他指出，科学家多数时候都是在一定理论框架内从事解决具体疑难问题的活动，这样的理论框架就是"范式"："我所谓的范式通常是指那些公认的科学成就，它们在一段时间里为实践共同体提供典型的问题和解答"，它是一个时期科学共同体的科学实践的前提，是该共同体一致信从的基本理论、信念、方法、标准等构成的集合。"范式"指导下的科学实践叫作常规科学。[②] 库恩对"范式"的定义是针对自然科学而提出的，但法学不是自然科学，这导致人们对法学研究有无自己的"范式"一度充满疑问。但是，在经过法学家长达一个多世纪的对法学科学性的反复辩论和最终肯定之后，法学有了自己的研究范式，也成为法学研究领域公认的命题。所谓法学范式，亦即法律知识共同体（法学研究者、律师、法官等）经过多年的法律实践积淀而成并通过职业教育传授的基本法律理论、法律信念、法律方法以及规范标准

① 童德华：《哲学思潮与犯罪构成》，载《环球法律评论》，2007（3）。

② 参见［美］托马斯·库恩：《科学革命的结构》，金吾伦、胡新和译，序言，4页；正文，2-3页，北京，北京大学出版社，2003。

等。[①] 没有一成不变的法学范式。随着时代的更迭、人文社科知识的更新、法哲学思维的发展，法学范式也会发生变化，法学研究范式转型之说便由此产生。

经验论与规范论是一对法学研究范式范畴。古典暨中国三阶层的犯罪论体系是采取经验论研究范式之结果。经验论亦即事实主张，“事实主张（assertions of fact）试图表达的是：这个世界其实都在发生一些什么样的事。学者们对事实的学术考察，用一个术语来表达，就是‘经验论’（empiricism）”，“经验论的信仰却是可以通过感性经验得到证实或证伪的”，并认为“只有科学的经验论——学科化的、系统化的自然科学和社会科学经验论，才是学术理论的最佳形式”[②]。基于法实证主义学派、以实证主义作为方法论的古典暨中国三阶层采用的研究范式正是经验论，经验论与法实证主义的实证论基本为同义词。

“科学的理想是精确的科学，即数学式的自然科学”[③]，古典暨中国三阶层体系中，构成要件理论的理想是“数学式的”客观纯粹事实的汇集。这样的体系，可以满足人们对于构成要件判断确定性的追求；依据这样的体系，只要运用形式逻辑的三段论推理来操作、适用规则、概念，就可以得出解决一切法律问题的答案；法律的适用变得像数学计算一样精确和简单。这样一种体系化工作的理想被称为“法律公理体系之梦”[④]。“法律公理体系之梦”在刑法学领域的体现就是，构建完美无缺、层级分明、概念清楚的犯罪论体系，这样的体系可被称为“刑法公理体系之梦”。基于对自然科学精确表达的膜拜，古典时期的刑法学者认为构成要件可以实现封闭完备，仅凭事实判断即可得出该当与否的结

① 参见舒国滢：《寻访法学的问题立场——兼谈“论题学法学”的思考方式》，载《法学研究》，2005（3）。

② ［美］Gene Shreve：《非概念性法学中的事实、价值与行为》，张秀琴译，载《政法论坛》，2005（2）。

③ ［德］Arthur Kaufmann：《后现代法哲学》，米健译，34页，台北，元照出版有限公司，2002。

④ 舒国滢：《寻访法学的问题立场——兼谈“论题学法学”的思考方式》，载《法学研究》，2005（3）。

论，并因此可以与违法性、有责性分离。基于构成要件事实规定的完备性、纯事实判断的可行性、构成要件该当性中“某事的确存在（或不存在）的经验论主张”[①]的结论，在研究范式上，古典暨中国三阶层的梦想，是想“按照自然科学的科学标准来完成法学的‘科学性’、‘实证性’范式转化”。此种刑法研究范式，可以说是“被科学话语遮蔽的‘法学范式’”[②]，是典型的基于法实证主义经验论研究范式所构建的体系。

法实证主义“分离命题”的破解意味着刑法研究范式应实现经验论到规范论之转型。法哲学思潮的发展表明，法实证主义经验论的研究范式早已受到来自非实证主义法学规范论的冲击；“分离命题”在刑法领域破解，正是这种冲击的后果。法学归根到底是评价之学，刑法规范的本身即为何种行为当为、何种行为不当为的界限，其中必然蕴含了价值评判。“评价法学”才是法学之正统，“‘评价法学’所主张的力量，所信奉的信念，所使用的方法，思考的方式和解释的规准，至今仍属于通行的‘法学范式’”[③]。各种新的构成要件理论的发展及其现状充分表明，纯粹以类型化事实为内容的构成要件注定只是一种理想预期，“封闭的法律秩序为一切案件准备好了一个唯一正确的决定，这一传统模式在德国法学中很久以来被视作虚构且已被放弃”[④]。具有独立地位的构成要件的没落，意味着犯罪论体系由形式主义走向实质主义；客观违法构成要件与主观有责构成要件判断中对法官补充的运用，意味着犯罪论体系由封闭走向开放，由经验主义走向价值主义。中国三阶层体系所津津乐道的事实到价值、形式到实质、定型到非定型、客观到主观判断的层层递进关系早已不复存在。这一切意味着，当下中国刑法研究范式必须实现从经验论到规范论的转型。规范论亦即价值主张，“价值主张

① ［美］Gene Shreve：《非概念性法学中的事实、价值与行为》，张秀琴译，载《政法论坛》，2005（2）。

②③　舒国滢：《寻访法学的问题立场——兼谈“论题学法学”的思考方式》，载《法学研究》，2005（3）。

④ ［德］乌尔弗里德·诺依曼：《法律教义学在德国法文化中的意义》，郑永流译，载郑永流主编：《法哲学与法社会学论丛》（五），18页，北京，中国政法大学出版社，2002。

(assertions about value) 试图对经验现象（正在发生的事）或者即将发生的事是否符合人们的理想作出判断。规范论（normativism）是价值主张的学术表达术语”①。基于规范论的法学范式，刑法中的构成要件将是开放的体系，在其该当性判断上行为合法与违法以及是否有责等价值判断将被认可，以法益保护为目的将构成要件与违法性和有责性合为一体的目的二阶层将成为可行的体系。在 20 世纪，法学方法论从实证论到本体论的转换，使古典暨中国三阶层体系的“分离命题”得到破解，三阶层体系受到了冲击，从而为实质二阶层体系的提出提供了可能。据此思路，刑法研究范式似乎理所当然应从经验论向本体论转换。然而，事实并非如此。根据本体论概念自身所存在的问题、规范论对本体论核心思想的吸收、规范论所具有的形式边界效应与实质理念特性，以及刑法规范作为法规范的自身要求，如果要对经验论的刑法研究范式进行转型，宜转为规范论而非本体论。

本体论概念过于抽象，内涵过于丰富，不易掌握，不易使用。本体论在西方被誉为“第一哲学”，它是西方哲学的最高原理，“哲学自从科学发展以后，它的范围日益缩小。究极言之，只有本体论是哲学的范围”②。正因为如此，本体论也以其崇高的地位获得了极其抽象的意义，比如对于什么是本体论，尽管有学者界定为“阐明万化根源，是一切智中最上之智”③ 或“是论”④ 或“形而上学论”⑤ 等，但是，这样的说明除更加充分地体现本体论的抽象性之外，并没真正回答这一问题。这些表明，“哲学的其他分支都应根据它才能得到说明，它却除了自身不能从其他方面得到说明”⑥。要想了解法哲学中的其他学科，可以借助本体论得到说明；要想清楚地了解何谓本体论，则困难重重。因此，哲学

① ［美］Gene Shreve：《非概念性法学中的事实、价值与行为》，张秀琴译，载《政法论坛》，2005（2）。

②③ 熊十力：《新唯知论》，248 页，北京，中华书局，1985。

④ 俞宣孟：《本体论研究》，3 版，20 页，上海，上海人民出版社，2012。

⑤ 杨国荣：《存在之维——后形而上学时代的形上学》，7 页，北京，人民出版社，2005。

⑥ 俞宣孟：《本体论研究》，3 版，415 页，上海，上海人民出版社，2012。

家尽管不断地尝试从各个角度界定何谓本体论，但发现，除发展出更多、更丰富的本体论内涵外，如前述，或形而上学或反经验主义或本质主义或实质合理性等，并无其他助益，因为恰恰是这些丰富的“内涵，同时也制约着其自身的展开方式”①。所以，如果要对作为具体学科的部门法学研究范式进行探讨，不宜直接提倡本体论的范式。面对解决具体问题的学科——刑法学，对其研究范式的转型与其使用过于宏大的命题，莫如本着本体论的思维模式，选取本体论范式中最核心的部分，同时吸收其他学科的合理内核，达成自己的范式转换。前已述及，价值论正是本体论之核心，而“规范论是价值主张的学术表达术语”，可见，提出我国刑法研究范式由经验论到规范论研究的转型是可行的；以之作为我国刑法研究范式，上承本体论的价值核心思维，下启刑法学“作为规范科学的法学”② 的特性，殊为合适。

我国刑法研究范式从经验论向规范论转型，具有一系列积极而深远的意义。

（1）规范论有利于实现法治国的人权保障精神，且易由司法实践操作。

如果说经验论与实证论是同质概念，本体论与规范论则不然：后者吸取了前者最重要的内核，却又较之前者更具规则意识和法治色彩，更为具体，也更易把握。犯罪论体系无非是评价行为是否成立犯罪的指标体系，正因为如此，为防止过度地使用价值评判标准，以合理限制法官的自由裁量权，在依据公平、正义等实质理念对刑法规范进行解释以判断是否该当于违法及有责构成要件时，必须以形式理性为前提，遵循罪刑法定原则，以法条文字的可能含义为辐射范围，对“妨害”“非法”“贿赂”等有关词语进行妥当的解释，以实现刑法的人权保障机能。规范论虽以价值主张为核心，但其英文表述“normativism”的词根毕竟是

① 杨国荣：《存在之维——后形而上学时代的形上学》，17 页，北京，人民出版社，2005。

② Vgl. Rüthers/Fischer/Birk, Rechtstheorie mit Juristischen Methodenlehre, 10. Aufl., 2018, Rn. 302a.

norm即规范，而“与‘规范’最接近的英文语词是‘规则’（rule）”，甚至作为“‘规范’的一些规则”是规范中的常见类型，因此，“规范理论最重要的概念”之一就是“规则”①。这表明，规范论的刑法研究范式，在指引着人们追寻正义、善恶等价值内容的同时，其实早就预设了实质理性的边界，即刑法规范所表达的形式理性，它意味着法官的价值主张不得越过刑法规范的围墙，因此，规范论研究范式既“包含一个实质的‘评价性的’部分，又包含一个涉及概念分析的形式部分”，并因而具有“实践哲学”的性质。② 可见，规范论既坚守了罪刑法定原则的形式理性，又贯彻了其实质理性之理念；它不但与法治国理念具有天然契合性，有利于践行法治国的人权保障精神，且在司法层面容易操作，不易发生出入人罪。

实际上，法学既有一种独特的主题，也有一种独特的研究方法：法学研究主题可被归纳为一种内在的法律观，即“法律学者把法律作为一套被人们设计为一种意义体系的规范性述说（normative statements）来加以研究”，“他们考察法律的内在结构和意义”③。规范与事实具有相对性，规范与形式规则具有关联性。规范论研究范式使学者在面对犯罪论体系的构建以及对违法与有责构成要件进行解释、判断时，是在形式规则的范围之内对刑法的内在结构和意义进行探寻，而不是脱离前者。犯罪行为与刑法规范之间是“符合的或者违反的关系，因此一般意义上的合法与违法是依据规范目的对于行为加以评价的结果”④。规范论研究范式之下犯罪论体系的构建，必然强调对刑法规范法益保护目的之探讨，通过分析每一个罪责条款的规范目的来得出罪或非罪的妥当结论。目的论

① ［英］约瑟夫·拉兹：《实践理性与规范》，朱学平译，导言，3-4页，北京，中国法制出版社，2011。

② 参见上书。

③ 参见郑戈：《法学是一门社会科学吗?》，载强世功、李光星主编：《北大法律评论》，第1卷·第1辑（1998），19页，北京，法律出版社，1998。

④ J. W. Harris, *Law and Legal Science: An Inquiry into Concepts Legal Rules and Legal System*, Oxford: Clarendon Press, 1979, p. 107. 转引自陈景辉：《合规范性：规范基础上的合法观念》，载《政法论坛》，2006（2）。

实质二阶层体系正是为了达成此种目的，并考虑到构成要件与违法性和有责性之间的融合，而提出的一种基于规范论研究范式的理论体系。

（2）规范论有利于吸收不同法学派别法哲学思维的有效成果。

不同于经验论研究范式的强烈法实证主义色彩，规范论研究范式的学派色彩并不特别鲜明，甚至有些博采众长之意。例如，规范论能有效吸收法实证学派的最新思维。就法实证主义而言，在和（新）自然法学的论战与对峙下，在本体论思维方式的冲击下，其诸多主张早已发生了悄然改变，比如，哈特的法律开放性结构（open texture）观念的提出，导致法实证主义向来主张的封闭法律体系观成为历史，无论是实证主义者还是非实证主义者，均承认法律的开放性。在刑法领域，这意味着完备的刑事立法注定是一种幻想，以之为根据建立的作为行为类型的构成要件注定是开放性的，而对于这些开放性的构成要件，“落入开放领域的案件一般被称为‘疑难案件’”，它们“是无法依照实证法来裁判的”，换言之，对其构成要件该当性的判断无法依照刑法条文自身的规定进行，而必须在此之外进行价值评判；“普遍的合目的性考量，关于善、恶以及正义考虑流传下来的以及流行的观念，简而言之就是合目的性、风俗和道德。目前，合目的性考量以及对传统和各自共同体价值观的考虑，在司法判决中毫无疑问地拥有合法的地位”[①]。对这些价值因素根据是违法因素或有责因素，分别进行合法与非法、有责与无责之判断。当下“包容性实证主义法”的出现，彻底宣告了类似于凯尔森的纯粹实证法学的没落。“包容的法律实证主义”其实就是承认“法律系统中的道德术语”[②]，承认道德是法律规则中的一部分。包容性的实证主义在实证法学派那里并不是少数人的见解，而是获得了主流实证法学家的一致认可，比如，哈特就承认这一概念，并且使用了“柔性法实证主

① ［德］罗伯特·阿列克西：《法与正确性》，王晖译，载《比较法研究》，2010（4）。

② ［美］布莱恩·比克斯：《走在法律实证主义的边界：包容的法律实证主义与法律学争论的特性》，载［美］布莱恩·比克斯等：《法律实证主义》，24页，北京，清华大学出版社，2008。

义”[①] 的提法替代之；而科尔曼（Jules Coleman）主张使用“安置主义”法实证主义概念。无论何种称谓，均表明纯粹实证法学派在当今已难觅踪迹，承认法律中的价值评价因素已成共识。再如，规范论也能吸收制度法学派的有效成果，制度法学派基于对法律制度的分析也认可规则/制度/事实与价值的不可分；比如实用主义法学，主张法律和价值的不可分；现实主义法学以及价值论法学，特别是德沃金的法学理论，均主张价值方法在法律分析中的重要性。既然如此，以规范论作为刑法研究的转型方向还具有兼吸众家之长的特性，它是一种折中范式。

（3）规范论有利于对当今各种在本体论道路上走得太远的目的论犯罪论体系进行适当纠偏。自古典犯罪论体系之后，德国犯罪论体系几经更迭，当今主导德国，也在世界上最具影响力的是“作为三层级犯罪结构的代表”[②] 的罗克辛的目的理性三阶层体系。作为新康德主义和新黑格尔主义者的罗克辛，其主张自然深受本体论影响，他指出，现在“在德国刑法学理中占据主导地位的见解，不再是以存在事实（比如，因果关系或目的性）为导向的体系了，而是以刑法的任务和目标作为指导的体系”，据此，在违法阶段，他增添了客观归责理论；在有责阶段，则“引入了以预防为目的的处罚必要性”[③]。然而，一方面，这一体系过度地消费了价值主义，其从刑事政策上的预防目的出发创建的犯罪论体系，过多地关注预防而非报应、行为人的危险人格而非行为本身对法益侵害的危险性，尤其是，“可责性判断也就只能源自预防的处罚必要性。因此，在一个以预防为目的的刑法体系中，罪责概念已经失去了其绝对的意义”[④]。这样一种体系，“使得犯罪论体系失去了限制国家处罚权及保障人权的意义”[⑤]，因而不宜提倡。另一方面，自罗克辛在犯罪论体

① ［英］哈特：《法律的概念》，第3版，许家馨、李冠宜译，321页，北京，法律出版社，2018。

② ［德］阿恩特·辛恩：《德国犯罪理论的发展及现状》，徐久生译，载《国家检察官学院学报》，2009（2）。

③④ ［德］克劳斯·罗克辛：《构建刑法体系的思考》，蔡桂生译，载《中外法学》，2010（1）。

⑤ 柯耀程：《台湾学者谈德国刑法评价体系》，载《检察日报》，2011-06-23，3版。

系中“增添了客观归责理论”之后，客观归责理论其实已经取代三阶层而成为德国主流的类似于犯罪成立的一般理论。客观归责理论认为自己是关于结果可否归责于行为人的学说，这本身亦没有错，然而，客观归责理论所缔造的作为判断归责标准的风险原则，以及其作为构成要件理论的定位，使客观归责理论与违法性、有责性之间纠结不清，以至于其最终发展成为“几乎和可罚性的概念相当”① 的概念了。因此，自客观归责理论提出之后，三阶层在德国逐渐没落，“现在德国人朗朗上口的不是三阶层，而是‘客观归责’”②。可是，这种横跨三阶层体系的归责理论，恰恰意味着其对阶层的抹杀，对价值判断的过度推崇，因为它甚至都抹杀了违法与有责这一现代犯罪论体系的两大支点之间的区分。总之，无论是目的理性体系还是客观归责理论，它们都在本体论的道路上走得太远，过分注重了体系的价值承载，忽视了形式规则的规制意识，将非难可能性在一定程度上建立在是否可以有效预防犯罪这一主观色彩浓烈的因素，从而不利于建立和发展作为人权保障之体系的犯罪论体系。当然，如果联系罗克辛的以主观唯心主义为基础的新黑格尔主义法哲学立场，就不难理解为何其目的理性体系具有如此强烈的主观特性了。如果要对之进行纠偏，也宜依规范论研究范式进行重新思考。

（4）规范论有利于以刑法规范体系为对象的刑法学研究。刑法之中也有规范论，即将刑法规范分为行为规范与裁判规范的二元的规范论，它与法哲学领域里的规范论有相通之处，它们共有着“法体系是由规则构成的”③ 这一前提，而且前者对应于后者关于初级规则与次级规则的区别。哈特指出，法体系有两种不同类型的规则：一种是初级规则，即“不管他们愿不愿意，人们都被要求去做或不做某些行为”，它对人们“科以义务”；另一种是次级规则，即“它们规定了，人类可以通过做或说某些事，而引入新的、取消或修改旧的初级类型规则，或者以各式各

①② ［德］Claus Roxin 等：《问题研讨》，许玉秀、郑铭仁译，载《政大法学评论》，第 50 期，1994，37 页。

③ ［英］哈特：《法律的概念》，第 3 版，许家馨、李冠宜译，57 页，北京，法律出版社，2018。

样的方式确定它们的作用范围，或控制它们的运作”，该种规则“授予权力”[①]。初级规则作为义务规则的特性，意味着它科以人们遵守某种规则的义务，这与刑法行为规范指引国民以便其知道为或不为某种行为如出一辙；次级规则作为授权规则的特性，意味着它授权公职人员以某种权力对于违反了初级规则的人予以处理，这与刑法裁判规范所具有的以法官为对象通过当罚性的判断来对违反了行为规范之人予以处罚如出一辙。“次级规则”的作用就是“补充科以义务之初级规则”并“具体规定了或至少限制了对违反行为的刑罚，并且在法官确定违法的事实时，授予他们指示其他官员施用刑罚的独占权力”[②]。刑法规范与法律规范的通约性，法律规范与法律规则的关联性，决定了规范论研究范式与刑法规范自身结构的天然自洽性。“犯罪论体系并不是像庭园式的盆景一样静态存在的东西，而是有产生规则、确认规则、适用规则等动态机能的东西。在这个意义上，阐明规范为何物的规范论就必须作为犯罪论的基础”[③]。在适用刑法规范时，正是通过法官导入是否违反规范目的的价值评判来适用裁判规范，才能得出人们是否违反行为规范以及犯罪是否成立的结论。规范论虽然是以价值主张为核心，但其毕竟是以形式的法律规范为前提，只是在适用法律规范的过程中主张导入价值的判断，因此，这与刑法规范一方面所具有的行为规范之形式面以及另一方面法官适用裁判规范的实质面极为吻合。面对以这样的规范体系为对象的犯罪论体系，以及整个刑法学研究，采用规范论研究范式无疑最为适应刑法规范自身结构特性。

刑罚是“根据不法和罪责的严重程度来确定的一种痛苦，它表明了国家对行为的公开反对，是对严重违法行为的强制抵偿，以此证明法规

---

① ［英］哈特：《法律的概念》，第3版，许家馨、李冠宜译，137页，北京，法律出版社，2018。

② 同上书，156页。

③ ［日］高桥则夫：《规范论和刑法解释论》，戴波、李世阳译，16页，北京，中国人民大学出版社，2011。

范一如既往的有效性"[①]。构成要件概念提出之初，其意在为人们的行为提供一个界限，而这一界限的效力正是来源于"一如既往的有效"的刑法规范。刑法规范是普遍性的，在对具体行为成立犯罪与否的问题上往往不可能通过普遍规范给出准确判断，法官只有进入包含在具有普遍性的刑法规范的判断之内的具体案例中，并且注意到个案的特殊性，才能得出正确的判断。而普遍正义与具体正义、一般正义与个案正义之间的矛盾，正是通过法官的补充解释，将普遍规范化作具体判断，将抽象正义实现为具体正义才得以化解的。为此，犯罪论体系的建立不能脱离刑法规范的特性及具体正义的实现路径，采取与刑法规范的特性最为吻合的规范论亦因此有利于犯罪论体系的适用。

（5）规范论研究范式有利于推动我国刑法解释论研究。经验论刑法研究范式所提倡的古典暨中国三阶层体系，是基于构成要件应该是毫无遗漏的纯粹的事实规定这一前提而建立的，它不利于发展刑法解释学，但其对于立法具有推动作用，因为如前所述，这样的构成要件排斥了法官的价值补充，这意味着立法者必须尽可能地规定完备而周详的犯罪行为类型，以便法官"根据一些形式上的外在的标准来选择应该采用的方案"，而不是"对各种解决方案的妥当性进行权衡"[②]。这样的体系将会使立法者的作用更加重要，法学家的作用更加式微。但是，"中国的法学研究的转型"必须要"从立法研究更多地转向解释论研究"[③]，这意味着以经验论为基础的中国三阶层体系并不妥当，以规范论为范式的目的二阶层体系更有利于推动刑法解释论的发展。目的二阶层体系充分意识到了构成要件作为价值类型而非中性、无色的行为类型之特点，意识到价值判断无可避免，承认导致法官在对构成要件解释、适用时必须"对各种解决方案的妥当性进行权衡"，而所谓的各种解决方案，当然是

① ［德］耶赛克、魏根特：《德国刑法教科书》（上），徐久生译，19页，北京，中国法制出版社，2017。

② ［意］桑德罗·斯奇巴尼：《法学家：法的创立者》，薛军译，载《比较法研究》，2004（3）。

③ 张广兴等：《中国法学研究之转型》，载《法学研究》，2011（6）。

“法学家”根据“那些指导法本身及其在各种情形中的适用和具体化的价值取向和原则”，“进行解释”的结果。[①]

20世纪以来，西方法学新的趋势就是综合法学派的盛行。各法哲学流派之间相互吸取对方所长、克服对方所短，相互接近并“合流”。各学派代表人物的法学思想中也日益体现这种趋势。[②] 对于当今法哲学的这种研究现状以及今后的趋势，阿列克西指出，“新时期以来，法哲学讨论以方法和论题的多样化为特征。人们对大量的新问题诸如生物伦理、生态学以及全球化等着手进行研究。与此同时，法哲学传统论题中最为经典的论题，即对法的概念与性质的追问，依旧充满活力。在这些讨论中，首先映入眼帘的是，凯尔森与拉德布鲁赫的思想的继续延伸。然而，核心问题却已不再是，法的实证性和理想性究竟何者具有决定性。确切来讲，核心问题乃是要求回答，法的实证性如何与其理想性相统一。这其实就是法的双重属性的问题”[③]。在此，基于构建犯罪论体系之视角所展开的刑法经验论与规范论研究范式的探讨，正是涉及“凯尔森与拉德布鲁赫的思想的继续延伸”问题，甚或与之直接相关。这一问题，其实也就是法哲学中自然法与实证法这一千年不变但却常辩常新的问题。主张刑法研究范式从经验论向规范论转型之观点，正是在吸收法实证主义与非实证主义法学派“何谓正义的法”的价值诉求下，对犯罪论体系的本质追问及其适用效果双重思考之后的选择。笔者所主张的中国刑法规范论研究范式，是立足于综合法学派的范式，“取得了一个范式，取得了范式所容许的那类更深奥的研究，是任何一个科学领域在发展中达到成熟的标志。一种范式通过革命向另一种范式的过渡，便是成熟科学通常的发展模式”[④]。本书的探讨正是在中国刑法学发展日益成熟的大背景下关于刑法研究范式的一次初步尝试。

---

① 参见［意］桑德罗·斯奇巴尼：《法学家：法的创立者》，薛军译，载《比较法研究》，2004（3）。

② 参见薄振峰：《当代西方综合法学思潮》，1-5页，北京，法律出版社，2005。

③ ［德］罗伯特·阿列克西：《法与正确性》，王晖译，载《比较法研究》，2010（4）。

④ ［美］托马斯·库恩：《科学革命的结构》，金吾伦、胡新和译，9页，北京，北京大学出版社，2003。

后　记

2009 年出版的拙著《实质刑法观》一书“补记”中提到，“实质刑法观—实质犯罪论—实质刑法解释论，这三部曲，也因此将成为我的实质刑法立场研究系列”。本书正是我实质刑法立场研究系列中的第二部。第二部离第一部的出版整整 5 年。很多同行都认为我写作速度很快，很“高产”，但其实，那只是一个误解。时光荏苒，5 年间，我只做了“能否以及如何构建实质的犯罪论体系”这一个问题的思考和研究，辛苦的同时也充满了乐趣——尤其是在解决一个又一个理论难题之后，那是一种对自己智识挑战后的乐趣。而结果如何，有待同行们的检验和批评！5 年才完成一个课题，才出一本书，足见作者效率之低；同时，这也让我明白，从纯学术角度而言，我既不适合，也不喜欢做科研项目，各种科研项目都有时间规定、费用报销等诸多杂事，费神费力，这与学术之间的矛盾是不言而喻的。

继确立了形而上的实质刑法观之后，如何将这种较为抽象的实质刑法立场贯彻下去，尤其是贯彻到刑法犯罪论体系之中，无疑是备受挑战的一个问题。本书的写作，正是解决这一难题并“自觉与体系化”地将实质解释方法贯彻于刑法犯罪论构建之结果。“学术研究的成就不仅取决于天赋（个人智力的程度）与勤奋（对智力的一定运用），它还更多地取决于第三种因素，那就是方法，即智力的运用方向。每个人都有其方法，但很少有人在这方面能够达到自觉与体系化的程度。”（萨维尼：《格林笔记》，67 页）虽然这种结果能否作为“学术研究的成就”及其质量如何尚需观察，然而，其作为作者个人学术体系化思考的特点是毋庸置疑的。

从法系归属分析，我国法律应当属于大陆法系。体现大陆法系特色的我国刑法继受了大陆法系传统中的政治性和形式性，对于公民人权保障重视程度还有待提高，对于刑法适用中的个案正义考虑不足。“正义就是使每个人各得其所，并具有永恒的意义。”个案正义不是对普遍正义的背叛，而是在普遍正义之下对正义的坚守。强调开放的犯罪构成要件，并主张对刑罚规范的可罚性要件进行实质解释，进而主张构建以目的理性为出发点、以二阶层为架构的实质犯罪论体系，正好可以合理吸收英美法系中经验主义和实用主义的有效成分，以对我国传统犯罪论体系适当纠偏，使之朝着学术化与实质化方向发展，兼顾刑事司法的普遍正义与个案正义，使我国刑法在司法实务的推动下走向合适的进化之路。当然，在达成这样一个目标过程中，采用分析框架和话语体系是德、日教义学式的。这样一种路径也许是值得质疑的，这种尝试也充满了浪漫主义色彩，然而，它却未必不可行。当下中国，刑法学研究成果煌煌大观，新说旧见众说纷纭，构建一种体系甚至要推广它，并非一件容易的事。但是，我常常认为，我们时代的刑法学，缺乏萨维尼一样的浪漫主义者，人们往往浸淫于烦琐的解释技艺中自得其乐而缺乏人文关照。自觉地基于某种哲学立场而以刑事正义和人权保障为目标建立一种犯罪论体系，无疑有助于推动刑法学的研究朝着真正的人文社会科学的方向发展。

在构建实质的犯罪论体系过程中，基于共犯论是刑法学上最黑暗的绝望之章这一共识，本书只选取了共犯论为链接，讨论实质的犯罪论可否贯彻于共犯论并解决共犯领域中存在的疑难问题。能够在共犯论领域予以贯彻的一种犯罪论体系，在其他问题上的贯彻大致是没有问题的。同时，由于篇幅所限，也由于犯罪论体系问题过于宏大，本书所涉猎的某些问题，如结果无价值与行为无价值、故意和过失的体系地位等，作者只是表明了自身的基本立场而没有完全展开；同时，本书中的种种观点也只是作者的片面陋见，未必妥当，甚至可能是错误，在此真诚地希望老师和同行不吝指正！

刘艳红

2014 年 10 月 8 日于东南大学翠屏山麓

第二版后记

《实质犯罪论》的第一版出版于 2014 年。2019 年《实质刑法观》第二版出版，2020 年《实质出罪论》出版，对这两本书出版社都重新设计了橙红色封面，装帧设计更为精致而大气，在市场上反响良好。为此，抓紧修订《实质犯罪论》并且尽快出版第二版，以使之纳入橙红色套系，成为这两年一个很重要的任务。今天，修订任务终于完成，“三部曲”终于可以实现“形式”和“实质”的统一了。这真是件令人开心的事。

犯罪构成理论亦即犯罪论是刑法教义学里公认的教义，也是最重要的教义。刑法知识的教义学化首先是刑法总论的教义学化，而刑法总论的教义学化，主要是指建立一个合理的犯罪论体系。在刑法教义学发展的早期，并无犯罪构成理论，罪刑擅断代替了规范认定。经 18 世纪启蒙思想家倡议，在罪刑法定主义诞生之后，刑法学上才发展出了以行为为中心、以犯罪的客观违法与主观归责为内容的犯罪构成理论。通过这样的犯罪构成理论来解释刑法分则个罪的适用，围绕行为这一所有个罪的共同核心和解释难点，使为何要归责（客观违法）以及归责于谁（主观有责）这样的问题贯穿整个刑法分则始终，将这样的内在意义脉络提炼出来，并上升为全部刑法分则规范背后的原理，便成为了犯罪论体系。在刑法学内部，犯罪构成理论是研究犯罪的理论工具，是个罪适用的分析框架；在刑法学外部，犯罪构成理论是可以向其他部门法学输出知识养分的刑法教义，民法学上的侵权法理论对刑法犯罪构成理论的借鉴，行政法学界研究行政处罚的学者对刑法犯罪构成理论的借鉴，都证明了这一点。

犯罪构成理论在刑法教义学中所具有的至高无上的地位，决定了它自己的内部构造如何，殊为重要。这一问题，在中国刑法学内部一度体现为平面体系中的顺序之争，即是客观要件在前还是主观要件在前的争论；在外国刑法学内部则一直体现为几阶层之争，即究竟是二阶层、三阶层还是四或五阶层等之间的争论；在中外刑法学之间则体现为平面论与阶层论之间的纷争。毫无疑问，对中国刑法学而言，有意义的是后者，即平面论与阶层论之争。由于犯罪构成理论是根据刑法中的罪刑法定原则的法治内涵发展出来的，所以，我国刑法学界对犯罪构成理论是平面的还是阶层的讨论，始于1997年现行《刑法》规定了罪刑法定原则。迄今为止，时间已过去25年了，学界也已不再讨论这一问题了，阶层论已通过争论取得了主流地位，当然，平面论仍然保持其传统的通说地位。本书的第一版，就是在学界关于犯罪论体系的争论最炙热时期的成果，也是我主张去平面化、提倡阶层论的个人之见。

《实质犯罪论》是我的实质刑法“三部曲”中承上启下的一部，它具有独特而重要的地位。一方面，如果没有犯罪论的实质化，《实质刑法观》所倡导的处罚值得处罚的具有法益侵害性的行为，就难以在实践层面落实。为此，如何承接实质刑法观的理性主义，并以新自然法学派的哲学观为指导，贯彻价值评判于犯罪论体系之中，就成为本书的核心任务。当然，这一任务的难度是很大的，这也是为什么本书的字数是实质刑法“三部曲”中最多的。另一方面，如果没有犯罪论的实质化，《实质出罪论》就缺乏可使用的个罪分析框架。正是通过对实质出罪论的实证运用，建立起“形式入罪、实质出罪”的实质刑法理论之魂，这一目标才能最终达成。可以预见，平面论和阶层论在中国刑法理论上和实践中永远都不可能相互取代，它们将会长久地并存下去。刑法学者选择不同的犯罪论体系，就决定了他们在理论上运用的工具和展现的内容都会完全不同，也注定了这两个阵营里的学术作品各自有其意义，并且持久地为两种体系的相互抵牾提供素材。而《实质犯罪论》，正是其中极为重要的素材，更是读者诸君了解实质刑法系列的中轴心。

本书第二版主要修改了以下内容。一是修订了相关立法和司法解释：根据近十年来国家刑事立法和司法解释的最新发展，对所涉的法律和司法解释及时作了删、改、废等。二是增添了部分内容：对原书中一些晦涩的概念进行了简单的阐述，并在部分理论章节如涉共谋共同犯罪一章的部分增添了大量案例及解析，使其更易理解。三是增添了大量相关文献：包括我近十年间对相关问题的新思考、我国学者与域外学者对相关问题的研究等，并对其中部分观点进行了针对性的回应。

感谢各位师友的帮助，感谢各位参与本书校对的同学的支持，感谢中国人民大学出版社的大力支持和各位编辑老师的辛苦付出。对于本书第二版中存在的疏漏之处，还请读者诸君批评指正。

刘艳红

2022.11.18